"Tirailleurs Sénégalais"

BAYREUTHER BEITRÄGE ZUR LITERATURWISSENSCHAFT

Herausgeber: Walter Gebhard, János Riesz, Richard Taylor

Band 13

Verlag Peter Lang

Frankfurt am Main · Bern · New York · Paris

JÁNOS RIESZ/JOACHIM SCHULTZ (Hg.)

»TIRAILLEURS SÉNÉGALAIS«

ZUR BILDLICHEN UND LITERARISCHEN
DARSTELLUNG AFRIKANISCHER SOLDATEN
IM DIENSTE FRANKREICHS –
PRÉSENTATIONS LITTÉRAIRES ET
FIGURATIVES DE SOLDATS AFRICAINS
AU SERVICE DE LA FRANCE

Verlag Peter Lang
Frankfurt am Main · Bern · New York · Paris

CIP-Titelaufnahme der Deutschen Bibliothek

Riesz, János:

"Tirailleurs sénégalais" : zur bildlichen und literarischen
Darstellung afrikanischer Soldaten im Dienste Frankreichs /
János Riesz u. Joachim Schultz. - Frankfurt am Main ; Bern ; New
York ; Paris : Lang, 1989
    (Bayreuther Beiträge zur Literaturwissenschaft ; Bd. 13)
    ISBN 3-631-41555-9

NE: Schultz, Joachim:; GT

Titelbild: Le Monde Illustré, 11 décembre 1915.
(59e année. - N° 3025)

ISSN 0721-2844
ISBN 3-631-41555-9
© Verlag Peter Lang GmbH, Frankfurt am Main 1989
Alle Rechte vorbehalten.

Printed in Germany

INHALTSVERZEICHNIS

Seite

Die in diesem Band vereinten Beiträge sind aus einem literaturwissenschaftlichen Seminar im Umkreis des Bayreuther Sonderforschungsbereichs (DFG-SFB 214) "Identität in Afrika" hervorgegangen. Wie kaum ein anderes zeigt das Tirailleur-Thema in seinen vielfältigen literarischen und bildlichen Widerspiegelungen und Verarbeitungen zugleich die Komplexität und vielfachen Determinierungen der zugrundeliegenden und dadurch ausgelösten Identitätsprozesse.

Die Rekrutierung afrikanischer Soldaten durch europäische Mächte, zunächst zahlenmäßig begrenzt und mehr oder weniger freiwillig seit der Mitte des 19. Jahrhunderts, dann in großer Zahl und mit Zwangscharakter seit Anfang des 20. Jahrhunderts und vor allem mit Beginn des Ersten Weltkriegs, hat tief in die afrikanische und europäische Geschichte eingegriffen und die Beziehungen zwischen den beiden Kontinenten und ihren Menschen nachhaltig verändert.

In dem räumlich ausgedehnten, aber verhältnismäßig dünn besiedelten französischen Kolonialreich in Westafrika bedeutete die Rekrutierung von Zehntausenden, ja Hunderttausenden von jungen, arbeitsfähigen Menschen einen tiefen Einschnitt vor allem in das Leben der ländlich-bäuerlichen Bevölkerung, die sich dagegen auch immer wieder zur Wehr setzte und dagegen revoltierte.

Auf Seiten des Kolonisators hatte die massenweise Rekrutierung afrikanischer Soldaten eine neue Orientierung in der 'kolonialen Außenpolitik' zur Folge. Die - gegen alle Widerstände der afrikanischen Bevölkerung - notwendige Zustimmung der Betroffenen war nur um den Preis von Lockungen und Versprechungen einer rechtlichen Besserstellung d a n a c h zu bekommen. Als diese dann nicht eingelöst werden konnte, weil damit das Ganze des kolonialen Gebäudes zum Einsturz gekommen wäre, artikulierten sich der Widerstand und die Forderungen auf afrikanischer Seite zunehmend bewußter.

Die Tatsache, daß im Ersten Weltkrieg und in den Jahren danach Zehntausende von afrikanischen Männern in einen kontinuierlichen und alltäglichen Kontakt mit Teilen der europäischen Bevölkerung kamen, blieb ebenfalls nicht ohne Folgen, für beide Seiten. Aus der Nähe gesehen, verlor die europäische Menschheit viel von dem Mythos ihrer Überlegenheit, die afrikanischen Soldaten erschienen nicht mehr nur als unzivilisierte Wilde und rohe Barbaren, sondern als ebenso menschlich und 'verwundbar' wie ihre europäischen Waffenbrüder oder Gegner.

Dadurch, daß die Auseinandersetzung um den Einsatz der Tirailleurs in den deutsch-französischen Konflikt mit einbezogen wurde, gewann sie an Schärfe und nahm internationale Dimensionen an. Die 'schändlichen' Angriffe deutscher Rassisten ließen auf der andern Seite Verteidiger der schwarzen Menschheit auf den Plan treten, deren "louanges de mépris" (L.S. Senghor) freilich ebensowenig als Zeugnisse humanen Respekts und ernstgemeinter Gleichbehandlung angesehen werden können.

Erst mit der Wortergreifung der Betroffenen, autobiographischen Erinnerungen der Tirailleurs, poetischen und erzählerischen Verarbeitungen der historischen Erfahrungen der afrikanischen Soldaten, gewinnt die Auseinandersetzung eine neue Qualität und dem Gegenstand angemessene Ernst und Würde. Es entbrennt ein Kampf um den 'richtigen' Diskurs über den Gegenstand, der bis heute andauert und noch lange nicht abgeschlossen ist, wie die immer neuen Gestaltungen durch afrikanische Schriftsteller (und neuerdings auch Filmemacher) bezeugen.

Daß die damals geschlagenen Wunden noch immer nicht verheilt sind, bezeugen auch die Gespräche, die wir mit ehemaligen "Tirailleurs" führen konnten. Auch um ihr Zeugnis vor dem Vergessen zu bewahren, muß die hier begonnene Arbeit fortgesetzt werden. Sie betrifft unsere europäische Identität, die sich auch durch unser koloniales Erbe und unser heutiges Verhältnis zur 'Dritten Welt' definiert, ebenso wie die Identität der Afrikaner, die darin zum wiederholten Male in ihrer Geschichte Opfer fremder Mächte und Interessen geworden sind, von denen sie sich in einem schwierigen historischen Prozeß der Erinnerung und Bewußtwerdung lösen und befreien.

Der Internationalität des Gegenstandes entsprechend, haben an diesem Band afrikanische, französische, deutsche und ungarische Literaturwissenschaftler und Historiker mitgewirkt. Es sollte auch nicht der Eindruck entstehen, daß das Verhalten der einen oder andern der beteiligten Nationen dabei im besonderen an den Pranger gestellt und post festum verurteilt werden sollte. Weiteres gemeinsames Bemühen, weitere gemeinsame Forschungen werden nötig sein, um dieses Kapitel unserer gemeinsamen Vergangenheit aufzuhellen.

János Riesz / Joachim Schultz

Danksagungen / Remerciements

Für die Bereitschaft zu Auskünften und Interviews, die Überlassung von Informations- und Dokumentationsmaterial, sind wir folgenden Personen und Institutionen zu Dank verpflichtet:

Saliou MBAYE, Directeur des Archives Nationales du Sénégal, Dakar

Doudou DIALLO, Président de l'Association des Anciens Combattants de la Deuxième Guerre Mondiale, Dakar

El Hadj Ali LY, Colonel, Dakar

Abdou Rahmane CISSE, Conseiller technique au Ministère de la Communication, Vice-Président du Club de la Presse, Dakar

Mamadou WATT, Secrétaire Général de l'Association des Anciens Combattants de la Deuxième Guerre Mondiale, Dakar

Cheikh OUMAR, Ancien Combattant de la Deuxième Guerre Mondiale

Ousmane KASSÉ, Ancien Combattant de la Guerre d'Indochine

Ali SÈNE, Ancien Combattant de la Deuxième Guerre Mondiale

Dethié FAYE, Ancien Combattant de la Deuxième Guerre Mondiale

Moussa FAYE, Ancient Combattant de la Deuxième Guerre Mondiale

Ablaye SÈNE, Ancien Combattant de la Deuxième Guerre Mondiale

Alioune DIONE, chercheur à l'IFAN-Cheikh Anta Diop

Souleymane Sega NDIAYE, Ancien Combattant de la Deuxième Guerre Mondiale, archiviste-historien

Karlheinz THALMANN, Direktor des Goethe-Instituts, Dakar

Universitätsbibliothek Bayreuth, IWALEWA-Haus Bayreuth

9

Marc MICHEL

LES TROUPES NOIRES, LA GRANDE GUERRE ET L'ARMEE FRANÇAISE

La "Force Noire", celle des "Sénégalais au service de la France"[1] a exercé un puissant attrait sur l'imaginaire colonial des Français. Associé à des images de bravoure, de loyalisme et d'obéissance, mais aussi de Puissance, ce mythe fut un mythe rassurant en des temps incertains où la nation pouvait douter de sa capacité à se défendre seule contre l'aggression. Aussi, fut-il exalté avec la même ferveur en 1914 comme en 1939, auprès d'une opinion publique d'autant plus réceptive qu'elle était mal informée. Car il s'agit bien d'un mythe si l'on considère les réalités coloniales et métropolitaines du temps. Pendant le premier conflit mondial comme pendant le second, la "Force noire" ne put jamais constituer un élément capital de la décision, ni même un appui de grand envergure: "vu qu'elle ne représentait pas plus de 1,6% au total des effectifs militaires". Pourtant, il représenta pour les populations soumises à "l'impôt du sang", un effort disproportionné à leur état démographique et social. De cet effort, la métropole paraît s'être rendue compte, bien distraitement à la fin du conflit, néanmoins, celui-ci, loin de dissiper les illusions, les renforça au contraire. Il n'est pas sans intérêt d'en découvrir les origines, la nature et la portée.

A l'origine, se trouve l'action menée par le général Mangin dont l'énergique personnalité, le sens de la persuasion et l'opiniâtreté contribuèrent puissamment à la fabrication et la perpétuation du mythe. Né dans une famille d'officiers et de grands commis de l'Etat, Mangin est plus connu dans le public français par son rôle - fort controversé d'ailleurs - pendant la guerre que par sa carrière coloniale. Celle-ci fut cependant exemplaire et marquée par l'Afrique qu'il découvrit en 1889, à l'issue de ses deux années de Saint-Cyr; à l'époque, l'Afrique n'attirait pas et la plupart des officiers affectés dans l'Infanterie de Marine n'avaient guère brillé à l'Ecole. Mangin fut de ceux-ci et ne se retenait point de la revendiquer: "Tout ce qui pense, tout ce qui trouve, tout ce qui est dans le commandement autre chose que la leçon piètrement récitée, vient de la tribu des mauvais élèves", écrivait-il à un ami en 1887.[2] L'Afrique lui offrit le terrain le plus propice sans doute à calmer ses désirs d'action et d'indépendance. C'est en tout cas au cours de ses campagnes soudanaises qu'il découvrit son exceptionnel ascendant sur les hommes, ascendant entretenu d'ailleurs d'une manière tellement affichée qu'il suscita la satire agacée de certains de ses camarades; Mangin savait, certes, se faire obéir, mais encore plus se faire admirer de ses tirailleurs, ironisait le capitaine Baratier, son compagnon de la célèbre mission "Congo-Nil", "en ne leur enseignant qu'un commandement de Dieu et de l'Eglise... un seul Blanc tu adoreras, de tous les autres tu te moqueras".[3]

Surtout, il découvrit alors la valeur de ces tirailleurs noirs qui avaient constitué déjà sous Faidherbe, leur véritable créateur, puis sous le commandement de Gallieni et celui d'Archinard, la force principale des expéditions coloniales en Afrique noire. Mais, Mangin fut le premier à concevoir le projet grandiose de faire de l'Afrique le réservoir d'une grande "Armée noire" pour l'avenir. Ce fut la grande idée dont il poursuivit la réalisation tout au long de sa vie. Il ne trouva l'occasion de la développer qu'après l'alerte de Fachoda lorsque le ministre de la guerre Gallifet sollicita l'avis de deux experts, en l'occurence Mangin et Gouraud, sur la possibilité de recruter un corps expéditionnaire noir pour défendre Diégo Suarez contre une éventuelle attaque anglaise. Les troupes noires ne représentaient alors qu'une partie minime des troupes coloniales: 6.000 hommes environ sur les 30.650 du corps d'armée colonial. Il n'était pas non plus venu à l'esprit du commandement de les opposer à des Blancs. Mangin et Gouraud furent d'avis qu'on pouvait aisément recruter 6.000 soldats noirs de plus et les faire servir contre des troupes blanches.

Les événements ayant démontré l'inanité des craintes françaises, le projet fut mis en sommeil jusqu'après 1905. Les affaires du Maroc et le déséquilibre croissant des forces avec l'Allemagne donnèrent à Mangin l'occasion de le ressusciter. Il utilisa pour cela ses relations personnelles, familiales et amicales, s'assura le soutien de hautes autorités militaires, les généraux de Lacroix et Langlois, et réussit d'abord à obtenir que les "Bureaux" de l'Etat Major reprissent les études abandonnées "en masquant le but principal: servir en Europe".[4] Toutefois, n'obtenant rien de concret, il eut recours à l'opinion publique; après avoir publié son fameux livre sur la *Force noire* à l'été 1910, il organisa une spectaculaire campagne de presse avec l'appui du périodique *l'Armée coloniale*. A cet égard, il n'était pas le premier militaire à se servir ainsi de l'opinion, mais il fut peut-être un de ceux qui en perçurent le mieux la nouvelle puissance et il sut s'entourer d'un véritable lobby de fidèles. Le but était d'instaurer la conscription générale dans les colonies d'Afrique noire. Le moment était propice. Les problèmes de la défense nationale étaient à l'ordre du jour. Tandis que le ministre Messimy défendait un projet de conscription algérienne et "d'armée numide", Jaurès publiait *l'Armée nouvelle* où socialisme et jacobinisme s'interpénétraient dans une nouvelle vision de la Nation en armes. Mangin, lui, exaltait "la plus grande France, celle qui va de la mer du Nord aux bouches du Congo", une seule France dont les provinces d'Afrique étaient "prêtes à défendre la Patrie commune".[5]
La formule devait connaître un avenir extraordinaire. En attendant, les résultats furent minces jusqu'à la Grande Guerre. A gauche, les Socialistes avec Jaurès dénonçaient le danger de créer "l'armée prétorienne au service de la Bourgeoisie et du Capital"; sur place, les "colons" - c'est à dire les représentants des maisons de commerce - s'inquiétaient des ponctions de jeunes gens qui affaibliraient la production; par dessus tout, l'Etat Major s'employa à ruiner le projet. Mal jugées par le commandement en Algérie et au Maroc, par Franchet d'Esperey et Lyautey, considérées comme plus fragiles et plus coûteuses que les autres troupes, les troupes noires souffrirent alors d'une mauvaise image militaire. Aussi, les "tirailleurs sénégalais" n'étaient-ils que 30.000 en 1914, 15.000 en A.O.F. et en A.E.F. et 15.000 en unités d'occupation à Madagascar, en Algérie et surtout au Maroc. On était loin des 70.000 hommes prévus, des "divisions de choc" et de la "réserve expéditionnaire" dont avaient rêvé Mangin et ses partisans.
De plus, la "Force noire" avait changé de nature, sans que les "experts" s'en fussent vraiment rendus compte. D'une troupe formée de soldats de métier, on était passé à une troupe de simples conscrits, requis d'office, arrachés à leurs activités rurales traditionnelles et nullement déterminés par nature au métier des armes. Le tournant

s'était situé en 1910-1912 lorsque le ministère de la Guerre, céda aux pressions du "lobby Mangin" appuyé par William Ponty, alors gouverneur général de l'A.O.F., et chargea Mangin d'une grande enquête sur le recrutement dans la Fédération. Ses conclusions furent enthousiastes; l'Afrique pourrait devenir le grand réservoir d'hommes de la métropole. Plus prudent, cependant, le gouvernement se contenta en 1912 d'un décret qui instituait le principe de l'obligation militaire et la possibilité du "service extérieur", mais dont l'application fut limitée au renouvellement des effectifs existants. On aboutissait donc à une situation de compromis à la veille de la Grande Guerre et l'impact de la campagne de persuasion de Mangin n'avait en fait convaincu ni le haut commandement métropolitain, ni même bon nombre des officiers coloniaux.[6] Il est donc permis de conclure à un impact largement décevant de la "Force noire" sur l'Armée française avant 1914; considéré comme indispensable à la conquête coloniale en Afrique, l'emploi des soldats noirs n'était jugé par les responsables, ni utile, ni souhaitable pour la défense de la métropole en Europe, en dépit d'une propagande destinée au grand public.

La Grande Guerre fut donc une mise à l'épreuve imprévue des théories de Mangin. Dès septembre 1914, des unités noires venues d'Afrique du Nord débarquèrent en France et furent presqu'immédiatement engagées dans la tourmente de la "course à la mer". William Ponty était à l'origine de cet "appel à l'Afrique"; persuadé de la validité des idées de Mangin et sans doute aussi, trompé par les manifestations de loyalisme affiché de la part des Africains, peut-être aussi désireux de se donner un grand rôle patriotique, il offrit le concours "enthousiaste" de sa fédération à la métropole et ce qui ne fut d'abord qu'une expérience pour le haut-commandement devint une nécessité. Dès l'automne 1914, le cycle des relèves et des recrutements était engagé. Au début de 1915, l'expédition des Dardanelles, élargit la demande; en octobre 1915, la moitié des effectifs français restés aux Dardanelles était formée par des "Sénégalais".
Cependant, jusqu'en 1915, il n'y eut qu'une succession d'appels limités (32.000 hommes) et la première levée massive eut lieu à la fin de cette année. En dépit d'avertissements de plus en plus clairs, fuites devant les commissions de recrutement, présentation d' "inaptes", refus individuels et surtout la révolte des Bambara du Bélédougou, au nord de Bamako, le gouvernement décida une levée de 50.000 hommes pour le printemps 1916. C'était le résultat à la fois de la crise des effectifs qui se faisait sentir en France et d'une nouvelle campagne de persuasion de Mangin qui commandait alors une division d'Infanterie métropolitaine, auprès de quelques grands "ténors" politiques, Clemenceau, Millerand, Doumer. Donnant à ses projets, une dimension nouvelle, il n'hésita à affirmer qu'on pourrait trouver 500.000 hommes dans l'Empire, dont 150.000 en A.O.F.; il suffirait d'y mettre le prix en allocations et primes... Même réduit, le recrutement en Afrique occidentale n'en détermina pas moins des révoltes acharnées et désespérées dans les régions entre la Volta et le Niger puis dans le Nord-Dahomey. Mangin et ses amis en rejetèrent la responsabilité sur les "civils" d'une administration coloniale hostile et fatiguée.[7]
De nouveau, à la fin de 1917, Mangin eut l'occasion de faire triompher ses conceptions. La crise des effectifs devenait angoissante tandis que la Paix à l'est de l'Europe allait ramener des légions d'Allemands sur le front occidental; il fallait tenir en attendant les Américains. Clemenceau se laissa de nouveau persuader par Mangin qui conservait

l'estime du "Tigre" malgré sa disgrâce militaire.[8] Il conseillait des recrutements encore plus importants qu'en 1916: 362.000 combattants dont 70.000 Noirs et 252.000 travailleurs dans les diverses colonies. Clemenceau n'allait cependant pas jusqu'à adopter toutes les vues de Mangin et il confia la préparation politique de la nouvelle levée au député du Sénégal, Blaise Diagne, en dépit des vives réticences du général. Cette décision était politique et il paraît incontestable qu'elle permit la réussite du recrutement de 1918 en A.O.F. et pour la première fois en A.E.F.

Au total, la Grande Guerre permit la véritable mise en pratique de l'idée de la "Force Noire". Mais, il est à souligner qu'elle ne fut jamais, sur le plan des effectifs, qu'une simple force d'appoint: sur les 160.000 mobilisés et les 30.000 déjà sous les drapeaux en 1914, seulement 134.000 gagnèrent l'Europe et ils ne représentèrent pas plus de 1,6% des effectifs de l'Armée française. En définitive, cet apport peut paraître plus symbolique que réel par rapport aux dimensions gigantesques du conflit mondial. Il n'en fut pas de moins insupportable par son poids relatif et ses répercussions en Afrique.

La "Force Noire" devait aussi agir comme une force de choc incomparable. Sa faible utilité aurait pu être alors contre-balancée par son efficacité d'emploi. La réalité fut là aussi bien différente. Mangin était persuadé que le goût de la guerre était inné chez les Noirs, du moins ceux des "races" (entendons ethnies) dites "guerrières". Dans sa vision des Africains, il partageait en effet les stéréotypes de la plupart des officiers coloniaux.[9] Les "races" de la forêt, qui n'avaient opposé qu'une guérilla au conquérant, n'entraient évidemment pas dans cette catégorie "respectable..." - ce qui n'empêcha nullement les recrutements de les affecter tout autant.[10] Compte tenu de cette réserve, "le Noir naît soldat" avait affirmé Mangin; "on peut en faire un fantassin, un cavalier, un méhariste, un cannonier, un conducteur, un soldat du train, un sapeur du génie, un ouvrier d'artillerie ou d'administration, un matelot de pont sur mer ou sur rivière, un chauffeur mécanicien aussi bien dans la machine d'un bateau que sur une locomotive".[11]

La guerre en Europe devait démentir de tels propos. Lorsque les premiers Noirs furent engagés en 1914, ce fut un désastre; les vieux soldats du Maroc furent décimés dans les boues glacées d'Ypres et de Dixmude; les jeunes recrues du Sénégal se débandèrent en Picardie. Ces débuts malheureux devaient laisser une mauvaise impression au commandement métropolitain, impression renforcée par la suite avec l'arrivée de contingents totalement inexpérimentés. Quel que fut le courage des hommes, leur efficacité militaire fut réduite et largement formée par la réputation de férocité qu'on leur prêtait ... et qu'on exploita sans vergogne. Cette inexpérience contribua à reléguer les soldats noirs dans des rôles spécialisés ou subalternes sans qu'il y eut jamais de véritable doctrine d'emploi tactique. Comme troupes d'assaut, ils ne furent jamais employés isolément, en avant des autres éléments, comme la propagande allemande voulut le faire croire d'ailleurs. Comme troupes de soutien, ils servirent d'auxiliaires. L'unité de base, jugée presque tout au long de la guerre comme indissociable, fut le bataillon; son emploi fut presque toujours réalisé au combat en "panachage", c'est à dire en association avec des bataillons blancs.

La seule tentative d'emploi massif eut lieu en avril 1917, au Chemin des Dames, dans l'Armée Mangin à laquelle Nivelle avait accordé l'appui de 24 bataillons "sénégalais". Mangin passait pour les avoir utilisé avec succès à Verdun en les "panachant" avec des unités blanches. En fait, il laissa faire ses subordonnés qui tantôt les dispersèrent, tantôt

14

les regroupèrent en régiments de marche. Dans un cas comme dans l'autre, ce fut un désastre; les Noirs perdirent près de 45% de leurs effectifs, hors de combat, tués, blessés, disparus et prisonniers. Cette hécatombe aurait-elle pu être évitée? Tous les témoins remarquèrent que les Noirs furent complètement paralysés par le froid et qu'ils étaient arrivés un mois plus tôt au front. Mangin ne pouvait l'ignorer.

Ce lamentable échec provoqua une violente attaque contre Mangin; le député du Sénégal, Blaise Diagne, dénonça la "doctrine" en comité secret de la Chambre. A vrai dire, il n'y avait pas de "doctrine Mangin", mais 1917 fit renoncer définitivement à un emploi massif des soldats noirs. Pétain, qui leur était fort hostile sur le plan militaire, voulut même les éparpiller en compagnies auxiliaires au front. Les protestations des officiers coloniaux permirent cependant en 1918 le retour à l'organisation en bataillons. Est-ce à dire que, sur le plan tactique, l'utilité des troupes noires fut aussi plus symbolique que réelle? Non, au moins en 1918, où les bataillons "sénégalais" jouèrent un rôle décisif dans la défense de Reims. Toutefois, il faut remarquer que ces combattants de 1918 étaient des rescapés des campagnes précédentes qui, à travers les douleurs passées avaient eu le temps d'apprendre la guerre européenne. Ainsi, les soldats noirs furent employés avec plus d'insuccès que de succès. On était loin des chimères caressées avant la guerre par certains chefs militaires acquis aux idées de Mangin, dont l'un avait osé écrire: "J'estime qu'une division de troupes noires forte d'environ 10.000 hommes est susceptible de faire dans une ligne de bataille occupée par les Allemands, une brèche de trois à quatre kilomètres".[12]

Doit-on également évacuer l'accusation d'avoir utilisé les Noirs comme "chair à canon" de la guerre européenne? Il est certain que cet état d'esprit existait chez une partie des chefs militaires pour lesquels l'emploi des Noirs avait d'abord pour objectif "d'épargner dans la mesure du possible du sang français".[13] En dehors de toute considération morale sur leur sacrifice, il est certain que celui-ci fut particulièrement cruel puisque un homme sur cinq ne revint pas au pays. Le prix de la "Force Noire" fut plus élevé que celui de la conquête pour les Africains. Mais, il faut remarquer aussi qu'il ne fut pas plus élevé que celui qui fut payé par leurs camarades d'infortune; qu'il fut absolument égal en proportion à celui des fantassins blancs des tranchées.[14] Ajoutons que le froid et la maladie à l'arrière tuèrent autant que les combats. En ce sens, seulement, il est permis de parler d'une légende de "chair à canon".

Au total, si la Grande Guerre ne démontra pas la validité des thèses de Mangin sur la "Force Noire", elle en prouva au moins l'existence et, plus encore, consolida les illusions à son sujet. Mais, le divorce entre une opinion publique sensibilisée à la question par une présence pour la première fois importante de Noirs en France et un haut-commandement resté sceptique.

L'après-guerre ne dissipa nullement ces illusions, au-contraire. Les circonstances étaient de nouveau favorables à un élargissement de la "Force Noire". L'Armée française se voyait chargée de nouvelles responsabilités extérieures en Rhénanie, en Mer noire, en Syrie... La démobilisation métropolitaine risquait de l'handicaper; elle pouvait disposer, par contre, de contingents coloniaux, surtout des Noirs.[15]

Le premier effet de la situation fut l'instauration du service militaire obligatoire dans les colonies françaises d'Afrique noire par un décret de juillet 1919. Non sans paradoxe

15

apparemment car la décision réflétait à la fois les vues de Mangin et de Blaise Diagne.[16] Tandis que le premier, alors commandant du corps d'occupation en Rhénanie, y voyait un nouveau pas vers la réalisation de son grand projet, le second y voyait un premier pas vers une assimilation progressive des Africains aux Français. Diagne croyait aux vertus unificatrices et éducatrices du service militaire, à "l'école de l'Armée". Mais Mangin aussi: "La plus grande France est née, écrivait-il en 1920; nous pouvons admettre qu'en temps de paix, il y aura autant de Français de couleur que de Français blancs" et qu'en temps de guerre, elle pourra compter sur "plusieurs millions de combattants" de son Empire.[17]

A vrai dire, les réalités devaient une fois de plus démentir les espérances. Une conscription générale ne pouvait être réalisée et on adopta un système de mobilisation des recrues en deux "portions", l'une réellement enrôlée, l'autre restant en réserve.[18] La première "portion" ne concerna que 10 à 12.000 hommes par an pendant l'entre-deux-guerres. On maintint la distinction entre unités d' "indigènes" et unités de "citoyens", seules ces dernières permettant l'amalgame entre Blancs et Noirs. Comme les "citoyens" n'étaient encore en 1938 que 90.000 en A.O.F. et 5.000 en A.E.F. on peut juger de la portée pratique et juridique de l'application du décret de 1919.

Néanmoins, l'Armée resta avec l'Ecole et l'Administration en Afrique noire, un efficace agent d'acculturation, quel que soit le jugement qu'on puisse porter sur la qualité de celle-ci. Un extraordinaire manuel d'instruction militaire sur *Le Français tel que le parlent les Tirailleurs Sénégalais* en donne en effet une idée bien pitoyable; or, ce manuel, paru en 1916, paraît malheureusement avoir tout à fait correspondu au lamentable sabir du "Français-tirailleur" pratiqué dans les unités coloniales de l'entre-deux-guerres.[19] En dépit de cela, l'Armée, sans doute moins que l'Ecole toutefois, fut elle aussi porteuse d'une espérance d'assimilation qui fut, au moins jusqu'en 1946, la suprême aspiration des jeunes "évolués".

Justement, la réalisation d'une telle aspiration passait par la promotion de cadres militaires africains. Et, là aussi, on peut se rendre compte des contradictions entre les principes et les réalités. En 1920, Mangin fut promu aux plus hautes reponsabilités militaires et devint membre du Conseil supérieur de la Guerre, président du Conseil de Défense des Colonies, inspecteur général des Troupes coloniales. Il fut alors placé à la tête d'une commission interministérielle chargée de proposer des mesures d'harmonisation de la politique de défense outre-mer.[20] On renonça très vite à créer la "grande armée indigène" qu'aurait voulue Mangin; trop de divergences de vues le séparait des représentants de l'Afrique du Nord à propos de la conscription générale. On ne put pas non plus unifier la défense des colonies et, à la veille de la seconde Guerre mondiale, celle-ci était presque aussi inorganisée qu'à la veille de la première, sans coordination avec la métropole, sans plan ni Etat-Major communs, dispersée enfin entre des territoires dont la défense était laissée à leurs propres forces.[21]

Les divergences furent encore plus graves à propos de la formation des cadres. Mangin, approuvé par Diagne, proposait une large promotion d'officiers "indigènes": il y voyait une nécessité morale ("on ne peut pas traiter les races indigènes comme des races irrémédiablement inférieures") et politique ("ouvrir de larges perspectives aux élites indigènes"). Les autres y voyaient un danger et ne cachèrent guère leurs préjugés, comme le chef de la "Section Afrique" (c'est à dire l'Afrique du Nord) de l'Etat Major

("Nous voulons d'une part que l'officier indigène n'ait qu'une valeur professionnelle médiocre et ne constitue pas pour nous un danger, d'autre part que l'officier instruit appartienne au cadre français de façon à pouvoir l'envoyer servir ailleurs si par hasard il devenait dangereux dans son pays").[22] Ce langage avait au moins le mérite de la clarté. Dans ces conditions, la promotion des cadres militaires se réduisit à peu de choses et s'effectua de manière très inégalitaire. Les Noirs furent, contrairement aux voeux de Mangin et à la logique de la "Force Noire", les plus mal servis. Il y avait eu des officiers "indigènes" du temps de la conquête. A la veille de la Grande Guerre, ils avaient presque tous disparus des rangs de l'Infanterie coloniale et le lieutenant Abd El Kader Mademba, faisait figure d'exception; il devait d'ailleurs sa situation à des attaches familiales privilégiées et des liens personnels d'amitié particuliers avec les "Soudanais", surtout avec Mangin.[23] Pendant la guerre, très rares furent les promotions jusqu'à 1918 où le nouveau recrutement fut assorti de promesses dont profitèrent surtout des fils de notables élevés au rang de sous-lieutenants "à titre indigène" ou "à titre temporaire".[24] Quelques uns d'entre eux restèrent dans l'Armée après la guerre et furent nommés lieutenants; d'autres furent formés par l' "école de Fréjus" qui permit à des sous-officiers de sortir du rang, les "citoyens" constituant toujours une catégorie à part dont les membres étaient incorporés dans des unités de l'Armée métropolitaine. En définitive, le nombre des officiers noirs appartenant à l'Armée coloniale demeura dérisoire jusqu'à la seconde Guerre mondiale et très inférieur à celui des officiers malgaches ou indochinois: sur les 4357 officiers rayés des cadres (retraites, démissions, décès) entre 1919 et 1939, il n'y eut que 43 Noirs. On argua du niveau intellectuel insuffisant de la plupart des candidats, de leur manque de "motivation", de leur "laisser-aller" par rapport aux adjudants qu'ils avaient été eux-mêmes souvent auparavant, des difficultés de leur rapports humains avec leurs camarades blancs. Ils se plaignaient, eux, des comportements racistes dont ils souffraient et de la situation inférieure dans laquelle on les maintenait; le fait est que très rares furent ceux qui atteignirent le grade de capitaine comme le capitaine Tcholliré, un Gabonais, et un seul obtint le grade de commandant, Abd El Kader Mademba, à la veille de sa mort par tuberculose en 1932. Il est certain que la disparition de Mangin en 1925 porta un coup dur à la promotion des officiers noirs qui ne furent qu'une infime poignée. Ceci explique certainement l'absence remarquable d'officiers parmi les élites politiques de l'Afrique noire française dans l'après-seconde Guerre mondiale.

Conclusion

Mangin voulut faire croire qu'on pouvait attendre beaucoup, beaucoup trop, du concours militaire de l'Afrique noire. Il s'employa à convaincre les décideurs et l'opinion avec une efficacité inégale avant la guerre; en tout cas, il le fit, avec une conviction telle que ses adversaires auraient pu, sans aucun doute, se rallier à ce mot de Blaise Diagne selon lequel "il y a lieu d'élucider la question de savoir si Monsieur le général Mangin a été crée pour les Troupes Noires ou si les Troupes Noires ont été créees et mises au monde pour Monsieur le général Mangin".[25]
Apparemment efficace auprès de l'opinion et de la "classe politique" si l'on en juge des réactions qu'elle provoqua, la campagne de Mangin ne put triompher des réticences de

l'Etat-Major en France jusqu'à la Grande Guerre. Et, ce fut seulement avec celle-ci qu'il est possible de parler d' "impact" sur l'Armée française. Le jugement que l'on peut porter alors est ambivalent. Les soldats noirs ne démentirent pas leur réputation de bravoure, d'héroïsme même, et de loyalisme à toute épreuve.[26] Ils ne démontrèrent pas pour autant que la "Force Noire" était la panacée des insuffisances de la Mère Patrie aussi bien par leur nombre, peu important en fait, que par leur emploi. Ils ne formèrent qu'une force d'appoint de soldats non-professionnels, de conscrits inexpérimentés. Ajoutés aux autres contingents venus de l'Empire, ils constituèrent tout de même un atout important de la capacité de la métropole à "tenir".

La présence des "Sénégalais" en France fut aussi suffisamment nombreuse, dans les camps de l'arrière et dans les tranchées du front, pour éveiller la conscience métropolitaine à l'existence réelle des colonies et des hommes de ces colonies qui étaient restés jusqu'alors dans un imaginaire assez flou et sommaire.[27] Pourtant, les contacts réels ne diminuèrent pas les illusions. On connut à peine (en tout cas on n'y prêta guère attention) les troubles que l'appel à l'Afrique provoqua sur place; à aucun moment, on ne s'interrogea sur la légitimité d'un tel appel, même pas dans les rangs socialistes; au-contraire, le concours des Africains, des sujets de la France, à la défense de la métropole semblait si naturel qu'il parut évident de l'élargir encore pour l'avenir. L'esprit du temps ne portait pas aux doutes.

La création d'une grande armée noire était donc plus que jamais à l'ordre du jour à l'issue de la guerre. Elle passait par l'instauration de la conscription en Afrique noire française et il est intéressant de noter le remarquable consensus qui s'établit à ce sujet entre Mangin et Diagne. Tandis que les objectifs de ce dernier étaient essentiellement politiques, ceux du premier étaient évidemment d'abord miltaires. Mais, les concordances éxistaient. Il faut, en effet, souligner que le créateur de la "Force Noire" avait des vues plus généreuses et plus larges que la plupart de ses homologues militaires... et civils lorsqu'il proposait une véritable promotion des Noirs dans l'Armée et qu'il traçait un programme nouveau pour l'avenir.[28]

Notes

1)   Titre d'un ouvrage du général. A. DUBOC, paru en 1939 et préfacé par le général Benoit, ancien commandant supérieur des troupes en A.O.F.
     Pour le détail, nous nous permettons de renvoyer à notre thèse: MICHEL Marc, *L'Appel à l'Afrique, Contributions et réactions à l'effort de guerre en A.O.F.*, Paris, Publications de la Sorbonne, 1982.
     Sur les antécédents, bonne synthèse à partir des sources imprimées: BALESI Charles J., *From adversaries to comrades in Arms, West Africans and the French military, 1885-1918*, Brandeys Univ. Mass. Crossroads Press, 1978, 181 p.
     Egalement, les excellents articles de Leland Conley BARROWS, "L'influence des conquêtes coloniales sur l'armée française (1830-1919)", *Le Mois en Afrique*, 192-193, déc. 1981-janv. 1982, pp. 97-127 et 194-195, janv.-fév. 1982, pp. 126-148.

2) MANGIN, *Lettres du Soudan*, Paris, Les Portiques, 1930, p. 22, 12 octobre 1887. Sur Mangin, biographie par son fils Louis-Eugène MANGIN, *Le général Mangin, 1866-1925*, Paris, Sorlot-Lanore, 1986.

3) Souvenirs inédits du capitaine Baratier, s.d., vol. 1, p. 83, Archives Nationales, Paris, Papiers Baratier, 99 AP.

4) Général de Lacroix à général Picquart, ministre de la Guerre, transmission du dossier sur les troupes noires, 19 mars 1910, SHAT, (Service Historique de l'Armée de Terre), Vincennes.

5) MANGIN, *La Force Noire...*, Paris, Hachette, 1910, p. 238.

6) Cf. MICHEL Marc, "Un mythe, la "Force Noire" avant 1914", *Relations Internationales*, 1974, 2, pp. 83-90.

7) Sur les révoltes, MICHEL, *L'Appel à l'Afrique...*, op. cit. pp. 100-120.

8) La commision d'enquête composée de Foch, Brugère et Gouraud innocenta Mangin de la responsabilité de l'échec de l'offensive du 16 avril et Clemenceau tint à témoigner de sa sympathie au chef disgrâcié de la 5ème Armée, SHAT, dossier personnel du général Mangin.

9) Il est intéressant de constater les mêmes stéréotypes du côté britannique: cf. KIRK-GREENE Anthony, "'Damnosa Hereditas'; Ethnic Ranking and the Martical Races Imperative in Africa" in *Ethnic and Racial Studies*, 4. oct. 1980, pp. 393-414.

10) Sur les recrutements, MICHEL, *L'Appel à l'Afrique*, op. cit., Annexe 1.

11) MANGIN, *La Force Noire*, op. cit., p. 238.

12) Général de BONNAL, *Questions diplomatiques et Coloniales*, décembre 1910.

13) Minute du général Pellé, P.O. Nivelle à Lyautey, ministre de la Guerre, 14 février 1917, SHAT, Vincennes. Cette partie de la minute a été rayée; elle n'en traduit pas moins l'état d'esprit d'une partie du commandement.

14) Les pertes noires se situent dans une fourchette de 21,6% à 22,4% de l'effectif venu en Europe; les pertes de l'infanterie se situent à 22,9%.

15) Les derniers recrutés avaient été mobilisés en 1918 "pour la durée de la guerre plus six mois".

16) Sur Blaise Diagne, voir les travaux du professeur G. Wesley JOHNSON, en particulier *The emergence of Black Politics in Senegal. The struggle for Power in the Four Communes, 1900-1920*, Stanford Univ. Press, 1971, 260 p.

17) MANGIN, *Comment finit la Guerre*, Paris, 1920, pp. 253 et 266.

18) Sur la question du service militaire et de la société en Afrique noire française après 1920, voir les travaux de Myron ECHENBERG, en particulier "Les migrations militaires en Afrique occidentale française, 1900-1945", *Revue Canadienne des Etudes Africaines*, 14, 3, 1980, pp. 429-450; "Morts pour la France: The African Soldier in France during the Second World War", communication au colloque "Africa and Second World War", S.O.A.S., Londres, 1978; *Africans for France: Military Service and Social Change in Colonial French West Africa*", ouvrage à paraître.

19) Cf. MICHEL, *L'Appel à l'Afrique...*, op. cit., pp. 372-373.

20) Procès-verbaux et correspondances de la Commission Interministérielle des Troupes Indigènes, SHAT, Etudes et Notes, 718 et Archives Nationales, Paris, Papiers Mangin, cartons 11 et 12.

21) MICHEL Marc, "La Puissance par l'Empire, Note sur la perception du facteur impérial dans l'élaboration de la Défense Nationale, 1936-1938", *Revue Française d'Histoire d'Outre-Mer*, t. LXIX, 1982, 254, pp. 35-46.

22) P.V. de la C.I.T.I., séance du 9 juin 1922.

23) Abd El Kader Mademba était le fils du fama de Sansanding intrônisé par Archinard et le frère du célèbre capitaine Racine; il était lié très étroitement à Mangin et joua un rôle fort important dans la réussite du recrutement de 1918, dit "recrutement Diagne".

24) Parmi eux, Amadou Touré, un des fils de Samory, M'Bakhane Diop, fils de Lat Dyor, Saïdou Djermakoye, fils du chef des Djerma. Cf. MICHEL, *L'Appel à l'Afrique...*, op. cit., p. 325.

25) Diagne in *La Démocratie du Sénégal*, 4 décembre 1913.

26) Les soldats noirs restèrent presque totalement étrangers au mouvement des mutineries qui affectèrent l'Armée française en 1917; il n'y eut qu'une mutinerie, à contre-temps, en août 1917 dont les motivations furent circonstancielles. Cf. MICHEL, *L'Appel à l'Afrique*.

27) Sur les "images réciproques", ibid. pp. 391-397.

28) "Les services que les Africains nous ont rendus au cours de cette guerre et ceux que nous allons leur demander crée entre eux et nous des liens d'affection et de reconnaissance. Nous nous efforçerons de plus en plus de connaître leurs besoins et leurs désirs, en consultant leurs représentants naturels ou élus, en développant les Assemblées Indigènes locales et plus tard en instituant des Parlements par colonie", MANGIN, *Comment finit la Guerre*, 1920, cité dans L.E. MANGIN, *Le général Mangin*, op. cit., p. 305.

20

Werner GLINGA

EIN KOLONIALES PARADOXON -
BLAISE DIAGNE UND DIE REKRUTIERUNGSMISSION 1918

Der Senegalese Blaise Diagne war zwanzig Jahre lang - von 1914 bis zu seinem Tod 1934 - Parlamentarier in der französischen Nationalversammlung. Er war der erste französisch gebildete schwarzafrikanische Politiker, der die einzige wahlberechtigte französische Kolonie in Afrika, die sogenannten *quatre communes* von Senegal, in Paris repräsentierte.[1]

Das koloniale Paradoxon

Blaise Diagne gehört zu jenen Politikern, deren politische Karriere ein Spiegel ihrer Epoche ist und zum Schicksal der Nation gehört. Sein Name ist ein halbes Jahrhundert nach seinem Wirken noch immer populär, im Volk überall bekannt und im politischen Establishment eine verehrte Autorität. Dennoch steht diesem Ruf als Nationalheld die Tatsache gegenüber, daß er durch seine maßgebliche Mitwirkung an den Kampagnen von 1918 zur Rekrutierung von Zehntausenden von afrikanischen Soldaten, die zum Einsatz auf den europäischen Schlachtfeldern des Ersten Weltkrieges bestimmt waren, zur Konsolidierung des Kolonialsystems beigetragen und daß er es im Laufe seiner langjährigen parlamentarischen Tätigkeit aus Überzeugung immer wieder gegen alle Angriffe verteidigt hat.

Dieser Widerspruch ist typisch für die afrikanische Kolonialgesellschaft und gehört zur Vorgeschichte der politischen Kämpfe der unabhängigen Nationalstaaten Afrikas von heute. Ein wichtiges Kapitel der Vergangenheitsbewältigung besteht in Afrika in der Frage, wie weit Afrikaner mit den weißen Kolonialherren kollaboriert haben und damit dazu beitrugen, die Lebensdauer des Systems zu verlängern. Es besteht ein Widerspruch zwischen der prokolonialen Loyalität derjenigen Menschen, die Träger der afrikanischen Kolonialgesellschaft waren, und dem antikolonialen Verlauf der Geschichte. Die Meinungen und Positionen der kolonialen afrikanischen Führungsschicht haben sich gerade nicht durchgesetzt, und doch wurden viele nach der Unabhängigkeit zu Helden der Nationalgeschichte. Wäre es nach Politikern wie Diagne gegangen, wären das französische Mutterland und seine Kolonien zu einem untrennbaren Groß-Frankreich verschmolzen. Wären seine Vorstellungen verwirklicht worden, würde die Welt heute aus wenigen eurozentrierten Großnationen bestehen.

Subjektiv gehörten die *tirailleurs sénégalais*, die mehrheitlich keine Schulbildung hatten und aus einfachsten, zumeist bäuerlichen Verhältnissen stammten, und der gebildete Politiker Blaise Diagne als Vertreter der neuen Elite, zu den treuesten afrikanischen Anhängern des Kolonialsystems; und dennoch haben sie objektiv zu seiner Aushöhlung beigetragen, weil sie auf der Verwirklichung von Versprechungen bestanden, die das

Kolonialsystem aus propagandistischen Gründen zwar gegeben hatte, aber nicht verwirklichen konnte, ohne zentrale Prinzipien der Kolonisierung aufzugeben. Politisch gehören hierzu die Ideale der Französischen Revolution, die Teil der offiziellen Propaganda waren. Die juristische Gleichstellung mit der Metropole war eines der zentralen Argumente von Diagne bei der parlamentarischen Verteidigung afrikanischer Interessen.

Der Grundwiderspruch des französischen Kolonialsystems - zwischen demokratischem Anspruch, der "mission civilisatrice", und wirtschaftlicher Ausbeutung, der "mise en valeur" - erwies sich historisch als unlösbar. Dieser Widerspruch manifestierte sich in den unterschiedlichsten Formen, sowohl auf Seiten der französischen als auch auf Seiten der afrikanischen Kolonialgesellschaft. Eine höchst skurrile, aber symptomatische Erscheinungsform dieses 'kolonialen Paradoxons' ist die räumliche Trennung beider Pole in die *quatre communes* und das *indigénat*. In dem einen Bereich wurde der "mission civilisatrice" bis zur legalen Gleichstellung mit der Metropole reale Gestalt gegeben, indem die afrikanischen Bürger dieser Städte, die sogenannten "originaires", die französische Staatsbürgerschaft erhielten, während im Geltungsbereich des *indigénat* de facto Militärrecht herrschte und in Form von Zwangsrekrutierungen und Zwangsarbeit Methoden einer Sklavenhaltergesellschaft praktiziert wurden. Die einander ausschließenden Pole des kolonialen Widerspruchs wurden auf eine Weise räumlich voneinander getrennt, als habe man Versuchslabore errichten wollen, um beide extreme Konsequenzen des Kolonialsystems in Reinkultur auszuprobieren.

Die beiden ungleichen Pole aber zogen sich wie magisch an. Von Anfang an machte das Doppelsystem den inneren Widerspruch des Kolonialismus nur um so deutlicher und gab den Afrikanern einen konkreten Anschauungsunterricht über die Funktionsweise des Systems, dessen abstrakte und theoretische Prinzipien nicht so leicht durchschaubar waren - für beide Seiten, den Kolonialherrn und den Kolonialuntertan -, weil sie auf keinem vorgefaßten Plan gründeten, sondern sich naturwüchsig herausgebildet hatten. Ein *originaire*, der die Stadt Saint-Louis verließ, um seine Verwandten auf dem Land zu besuchen, unterlag plötzlich einem neuen Rechtssystem und merkte sehr schnell, was es hieß, Kolonialuntertan zu sein. Er war nicht mehr *citoyen*, sondern *indigène*. Umgekehrt erfuhren *indigènes* vom Land, die zu Besuch in die Stadt kamen, daß die Beziehungen zwischen Schwarz und Weiß sehr wohl gleichrangig sein konnten.

Die Rekrutierungsmission von 1918

Blaise Diagne wurde in seiner Eigenschaft als senegalesischer Parlamentsabgeordneter am 14. Januar 1918 von der französischen Regierung zum *Commissaire de la République dans l'Ouest Africain* ernannt und mit den Vollmachten eines Generalgouverneurs ausgestattet. Er erhielt den Auftrag, propagandistisch und organisatorisch eine neue Rekrutierungskampagne in der AOF, der *Afrique Occidentale Française*, und AEF, der *Afrique Equatoriale Française*, zu leiten, der ein Ziel von 63 500 Rekruten gesetzt worden war. Im August 1918 meldete Diagne nach Paris den Abschluß der Kampagne in der AOF, im September in der AEF. Mit 77 000 rekrutierten Afrikanern war das Soll bei weitem übererfüllt, 63 000 kamen allein aus der AOF, dem Wirkungskreis von Diagne, und 14 000 Mann stellte die AEF, was in etwa dem Planziel entsprach.[2]

Die Kolonialsoldaten kamen aus dem *indigénat* und waren damit unterprivilegierte Kolonialuntertanen; Blaise Diagne hingegen war höchster politischer Repräsentant der *quatre communes*, der privilegierten Enklaven. Der Unterschied zwischen beiden Systemen stand notwendigerweise als kritische Frage im Raum, wenn sich Angehörige beider Kolonialbereiche auf diese Weise zur Zusammenarbeit trafen.

Der französische Kolonialherr begründete seinen Aufruf im wesentlichen mit patriotischen Parolen, aber die Afrikaner des *indigénat* griffen die metaphorisch, bewußt unpräzise gehaltenen Losungen auf - auch sie seien Kinder des Vaterlandes - und verlangten ihre juristische Einlösung.[3] Die Formel 'Wehrdienst gegen Staatsbürgerschaft' wurde zum schlagkräftigsten Argument der Rekrutierungskampagne. Der Wehrdienst wurde als Leistung verstanden, die nach dem Kriege mit einer Gegenleistung zu entschädigen sei.

Wir wissen nicht genau, welche weiteren Versprechungen auf den zahlreichen Rekrutierungsversammlungen von Blaise Diagne und seinem Gefolge gemacht wurden, aber die Unzufriedenheit, die unter den *anciens combattants* nach dem Kriege über die geringen Entschädigungen verbreitet war, läßt darauf schließen, daß die Erwartungen sehr hoch waren. Diagne reiste in Begleitung von eigens zu Propagandazwecken beurlaubten Tirailleurs durchs Land, die prächtige Paradeuniformen bekommen hatten und ihre Medaillen zur Schau trugen.[4] Die Blaise Diagne kraft seines Amtes erwiesenen Ehren durch die höchsten weißen Kolonialbeamten erschienen in der Art der Zurschaustellung als Ehrenbezeugungen, die auch den Tirailleurs galten.[5]

Die Verwechslung war von höchster Seite gewollt. Das Kolonialministerium hatte aufgrund der negativen Erfahrungen von 1916, als es bei Rekrutierungen zu Aufruhr und empfindlichen Störungen gekommen war, ausdrücklich jede Gewaltanwendung untersagt und eine "préparation politique" angeordnet, die von den Gouverneuren sehr detailliert vorbereitet wurde und die Diagne dann durch seine öffentlichen Rekrutierungsversammlungen in die Tat umsetzte.[6]

In den Anweisungen des damaligen Kolonialministers Henry Simon war aber auch unmißverständlich definiert, daß Diagne nicht als 'Supergouverneur' unbegrenzte Vollmachten zum Gelingen seiner Mission gegeben waren.[7] Ihm war vorrangig eine Propagandarolle zugedacht, weil er sich als schwarzer Parlamentsabgeordneter seit seiner Wahl 1914 ein großes Prestige in den Kolonien erworben hatte. Als Regierungskommissar war er dem Generalgouverneur nur deshalb gleichgestellt worden, weil die Regierung aufgrund ihrer höchst berechtigten Sorge um das Gelingen der Aktion eines Verbindungsmannes bedurfte, der direkt dem Minister rechenschaftsschuldig war. Der Regierung lag an einer ständigen und direkten Unterrichtung über den Verlauf der Kampagne. Man konnte im Frühjahr 1918 noch nicht wissen, daß der Krieg mit Deutschland im November siegreich zu Ende gehen würde und befürchtete Unruhen in den Kolonien, von wo die meisten wehrfähigen Weißen abgezogen waren, so daß auch kleine Aufstände schnell hätten erfolgreich sein, sich ausbreiten und zum Zusammenbruch der Kolonialverwaltung im Hinterland führen können. Eine der ersten vorbereitenden Maßnahmen für die Rekrutierungskampagne von 1918 bestand deshalb in der Entwaffnung der Bevölkerung. Überall wurden Schußwaffen sowie Pfeile und Bogen eingesammelt. Allein in Senegal beschlagnahmte man 12 000 Gewehre.[8]

Blaise Diagne hatte aber mit dieser technischen Durchführung der Aktion nichts zu tun, da sie nicht seiner Kompetenz unterlag. Er war Leiter einer Propagandaaktion und sollte einzig und allein Überzeugungsarbeit leisten. Ihm wurde das hohe Amt des Regierungskommissars im Generalgouverneursrang verliehen, damit er und die Mitarbeiter seiner Mission durch ihre Auszeichnungen und Privilegien, wie etwa die Zugreisen erster Klasse, überzeugend demonstrierten, daß sich der Einsatz lohnte und Frankreich sich erkenntlich erweisen würde. Dies ist auch der Tenor des Schreibens, in dem Kolonialminister Henry Simon am 14. Januar 1918 den beiden Generalgouverneuren der AOF und AEF die Ernennung begründete. Die Gouverneure mußten genau wissen, welche Aufgabe Diagne zugedacht war:

> Fort de l'autorité qu'il tient de son mandat, fort de l'action qu'il peut personnellement exercer sur ses frères de race, M. Blaise Diagne leur dira ce que représente la France dans le monde; il leur montrera comment elle a été provoquée d'abord puis jetée malgré elle dans une lutte dont elle ne veut plus sortir que victorieuse; il leur fera comprendre que cette victoire qui sauvera notre race sauvera aussi la leur; il les assurera, sans qu'ils puissent en douter désormais, que leur généreux élan crée à la France reconnaissante une dette dont elle s'acquittera pleinement un jour.

Die Argumente sind nicht neu, wohl aber die Tatsache, daß die Überzeugungsarbeit einem schwarzen Afrikaner übertragen wird. Auch die weißen Gouverneure und Administratoren müssen von diesem Novum überzeugt werden. Die Kolonialadministration vor Ort hatte schwere Bedenken gegen eine neue Rekrutierungskampagne so großen Stils. Man sollte in wenigen Monaten so viele Soldaten rekrutieren wie in den vorausgegangenen Kriegsjahren insgesamt. Die offiziellen Lageberichte der *Commandants du cercle* an die Gouverneure zeigen, daß sich die Situation der Landbevölkerung seit Einführung der Wehrpflicht 1912 in der AOF verschlechtert hatte. Von überall her wurden schwere Hungersnöte gemeldet, und die Aushebung der wenigen arbeitsfähigen Männer zum Kriegsdienst in Europa trug auch politisch zur Instabilität der Lage bei.[9]

Der am 8. Mai 1917 ernannte Generalgouverneur Joost van Vollenhoven hatte von der Regierung unter Alexandre Ribot, dem Chef des *Parti républicain*, die Zusicherung erhalten, daß man aufgrund der Unruhen von 1916 von neuen Rekrutierungen absehen und stattdessen der wirtschaftlichen Entwicklung in den Kolonien Vorrang einräumen werde.[10] Der Beitrag der Kolonien zu den Kriegsanstrengungen der Nation sollte nicht mehr aus Soldaten, sondern aus wirtschaftlichen Gütern bestehen. Van Vollenhoven hatte auf diese neue Ausrichtung der Kolonialpolitik auch deshalb gedrungen, weil bereits seit 1916 deutlich wurde, daß die heimgekehrten Tirailleurs eine schwer zufriedenstellende neue soziale Gruppe bildeten, die höhere Ansprüche hatte und ein

Unruhepotential darstellte. Er befürchtete, daß nach dem Kriege durch die vielen Heimkehrer soziale Probleme großen Ausmaßes entstehen würden. Van Vollenhoven hatte weitere Zusagen für die Durchführung der neuen Kolonialpolitik von General Maginot und dem Unterstaatssekretär im Kriegsministerium René Besnard erhalten.[11]

Die am 20. November 1917 neu gebildete Regierung unter Georges Clémenceau, dem Chef der *gauche radicale*, suchte jedoch nach jedem Mittel, um die ausgezehrte französische Armee durch neue Truppen zu stärken. Der Mythos vom unermeßlichen Menschenreservoir Afrika, den General Mangin unter anderem in seiner Schrift *La force noire* von 1910 propagiert hatte, gewann neue Aktualität. Als die Rekrutierungskampagne von 1918 beschlossen wurde, wollte Van Vollenhoven nicht eine Politik ausführen, die er seit seinem Amtsantritt bekämpft hatte. Van Vollenhoven bat darum, von seinem Amt entbunden und an die Front in Europa versetzt zu werden. Am 17. Januar 1918, drei Tage nach Unterzeichnung der Rekrutierungsdekrete, trat er zurück und starb wenige Monate später am 19. Juli 1918 bei einem Vorstoßversuch an der Front.[12] Im Rückblick der Geschichte hatte Van Vollenhoven recht. Die massenhafte Aushebung von 1918 hatte keinen Einfluß mehr auf das Kriegsgeschehen in Europa, brachte aber für Französisch-Afrika großes Leid und forderte unnötige Opfer. Aufgrund mangelhafter militärischer Ausbildung und ungenügender Vorbereitung auf den mörderischen Stellungskrieg in Europa wurden Tausende von Afrikanern als 'Kanonenfutter verheizt' - der grausame Ausdruck gibt hier eine krude Realität angemessen wieder.

Blaise Diagne als Symbolfigur der afrikanischen Emanzipation

Warum hat sich Blaise Diagne auf ein so leichtfertiges Spiel mit Menschen eingelassen, die ihm vertrauten und ihn als Vorkämpfer der schwarzen Emanzipation verehrten? Die Frage hat afrikanische Intellektuelle seit 1918 bis heute bewegt. Es ist die Frage nach der Position der afrikanischen Führung, den Zielen und der Ausrichtung ihrer Politik.

Zum Gedenken an den 100. Geburtstag von Blaise Diagne fanden in Dakar eine Reihe festlicher Veranstaltungen statt. In einer Gedächtnisausstellung "Blaise Diagne et son temps" waren von dem Archivar des französischen Nationalarchivs in Aix-en-Provence, Jean-François Maurel, Dokumente aus allen Lebensperioden zusammengetragen worden. Die öffentlichen Gedenkreden wurden in einer Luxusausgabe "Blaise Diagne: Sa vie, son oeuvre" veröffentlicht. Die Zeitschrift *Notes Africaines* vom *Institut Fondamental de l'Afrique Noire* widmete unter der Redaktion von G. W. Johnson eine ganze Nummer dem Bildmaterial zu Diagne. Auch Interviews mit *anciens combattants* bestätigen den Eindruck, daß Blaise Diagne heute nicht nur für das offizielle Senegal, sondern auch für die Mehrheit der Bevölkerung einer der großen Vorkämpfer der modernen unabhängigen Nation ist. In Wirklichkeit hatte Blaise Diagne jedoch die Idee eines von Frankreich unabhängigen Nationalstaates zeitlebens bekämpft. Was für ein Widerspruch tritt hier zutage?

Blaise Diagne gehört zu jenen Politikern, die aufgrund der Kämpfe ihrer Zeit, zum Symbol nationaler Belange werden und als solche Symbolfigur in die Geschichte eingehen. Ihre reale Position als Vertreter bestimmter parteipolitischer und klassenspezifischer Interessen tritt hinter ihrer symbolischen Rolle zurück und wird von der Nachwelt zugunsten ihrer nationalen Rolle vergessen. Ähnliches gilt für Blaise Diagnes Regierungschef zur Zeit seiner Rekrutierungsmission, Georges Clémenceau, und im Zweiten Weltkrieg für Winston Churchill in England. Als nationaler Führer des Krieges war Churchill unangefochtener Held der Nation, aber als konservativer Politiker erhielt er in den Wahlen von 1945 eine beschämende Niederlage. Das Beispiel zeigt, daß die Nachwelt öffentliche Persönlichkeiten fast vollständig auf ihren nationalen Symbolwert reduziert und die Tageskämpfe vergißt. Im Rückblick der Geschichte muß jedoch zusätzlich die Position einer Figur als partikularer Interessensvertreter rekonstruiert werden, um Widersprüche und Kontroversen erklären zu können.

Blaise Diagne ist seit den Rekrutierungskampagnen von 1918 von afrikanischen Oppositionellen als Verräter an der Sache der schwarzen Afrikaner bezeichnet worden. Zu einer ersten dramatischen Zuspitzung der Gegensätze zwischen Diagne und der schwarzen Opposition in Frankreich kam es anläßlich der beiden ersten panafrikanischen Kongresse 1919 in Paris und 1921 in London, Brüssel und Paris. Diagne war Mitorganisator des ersten Kongresses und stellte sich gegen W.E.B. Du Bois und dessen Kolonialkritik, verwässerte die Resolutionen, indem jede Form des Unabhängigkeitsgedankens durch allgemeine Forderungen nach einem kulturellen Fortschritt der "schwarzen Rasse" ersetzt wurde, und er versuchte, Frankreich als Land der realisierten Rassengleichheit darzustellen.[13] Ebenso deutlich distanzierte sich Blaise Diagne von Marcus Garvey, für dessen - sicher sehr utopistisch vorgetragenen - Vorstellungen von einem geeinten Afrika unter seiner "provisorischen Präsidentschaft" er nicht das geringste Verständnis hatte.

Diese Positionsbeziehungen schadeten allerdings mehr und mehr Diagnes Ruf unter afrikanischen Intellektuellen, die ihn schließlich insbesondere wegen seiner Rolle als Regierungskommissar der Rekrutierungskampagnen im letzten Kriegsjahr angriffen. In der von René Maran herausgegebenen Zeitschrift *Les Continents*[14] wurde ihm in der Nummer vom 1. Oktober 1924 vorgeworfen, er habe aus den "Leibern seiner Brüder" patriotisches Kapital geschlagen und in der folgenden Ausgabe vom 15. Oktober 1924 erschien dann ein Artikel des weißen Chefredakteurs Jean Fangeat unter dem Titel "Le bon Apôtre", der Anlaß zu einem heftigen Ausbruch des ständig schwelenden Konfliktes zwischen Diagne und seinen afrikanischen (und linken französischen) Gegnern geben sollte.

Diagne, heißt es in dem Artikel, habe den Posten des Regierungskommissars erst angenommen, nachdem ihm Clémenceau "une certaine commission par soldat recruté" versprochen hatte. Diagne erhob Klage gegen den Verfasser des Artikels, der im November 1924 zu sechs Monaten Gefängnis auf Bewährung, 1500 Francs Strafe und 2000 Francs Verleumdungsentschädigung verurteilt wurde.[15] Die konkrete Frage des Kopfgeldes war Anlaß, aber nicht Ursache der harten Auseinandersetzungen, die durch den Prozeß zum politischen Tagesthema der schwarzen Diaspora und der französischen Linken wurden. Der Prozeß hatte die Fronten verhärtet und bei vielen erst zur Bewußtwerdung darüber geführt, wo die Fronten verliefen.

So bei Lamine Senghor, der ehemaliger Tirailleur war, an der Front eine schwere Gasvergiftung erlitten hatte, 1924 einige Monate zum Polizeispitzel wurde[16] und erst durch den Prozeß, bei dem er gegen Diagne ausgesagt hatte, zu einer klaren antikolonialen Position gelangte. Er schrieb über die Gerichtsverhandlung unter dem Titel "Un procès nègre" unmittelbar darauf in der Zeitschrift *Le Paria*:

> Au lieu de s'attarder à prouver combien de centimes près le grand négrier touche par tête de sénégalais qu'il recruta, il aurait fallut faire passer devant lui toute une procession d'aveugles, de mutilés. Ceux dont la face est horriblement défigurée, ceux qui souffrent d'atroces douleurs internes, et les orphelins et les veuves et ceux qu' il fit déporter comme le martyr Hunkarin. Toutes ces victimes lui auraient craché à la face toute l'infamie de la mission qu'il avait accomplie.[17]

Lamine Senghor, der bis zu seinem Tod am 25. November 1927 einer der bedeutendsten Wortführer der oppositionellen schwarzen Diaspora war, wußte, wovon er sprach, wenn er die grausamen Leiden so vieler namenloser Tirailleurs als wahren Gegenstand des Prozesses bezeichnete. Er selbst starb an den Folgen der Gasvergiftung, die er im Kriege erlitten hatte. Blaise Diagne wurde für ihn zur Symbolfigur des Verräters am eigenen Volk.

Kurz vor seinem Tode veröffentlichte er die kleine Erzählung *La violation d'un pays*, in der die Geschichte der weißen Kolonisation in Afrika in Form einer märchenhaften Parabel dargestellt wird. Die Kolonisation wird von Anfang bis Ende als Geschichte eines Verrates geschildert. Am Anfang machte der afrikanische Verräter gemeinsame Sache mit dem europäischen Sklavenhändler und verkaufte seinen Bruder gegen ein Gewehr, um sich Macht über sein Volk zu verschaffen, und am Ende verschacherte er seine Brüder massenweise als Soldaten, um sich Ansehen und Einfluß beim "König Kolonialismus" zu sichern. Schon der erste Verräter heißt in der Erzählung Diagne. Die Parabel ist eines der ersten bedeutenden literarischen Dokumente der französischsprachigen afrikanischen Literatur. Blaise Diagne figuriert darin als Symbol des ewigen Kollaborateurs und der Tirailleur als moderne Erscheinungsform des Sklaven, Symbol des ewig unterdrückten Volkes.

Die literarische Anklage blieb nicht die einzige. Rund vierzig Jahre später, kurz nach der Unabhängigkeit griff der senegalesische Lyriker und Romancier Lamine Diakhaté das Thema Blaise Diagne wieder auf und machte die Rekrutierungen selbst in enger stilistischer Anlehnung an Lamine Senghor zum Thema seiner Erzählung "Prisonnier du regard". Diagne, der namentlich nicht genannt wird, kehrt darin aus dem Reich der Toten an den Ort seines unheilvollen Wirkens als Rekrutierungskommissar zurück. Die vielen sinnlosen Opfer haben seine Seele nicht zur Ruhe kommen lassen, und so wie der Mörder vom Tatort magisch angezogen wird, so stellt sich der ewig Irrende aus dem Totenreich den Überlebenden, um von seiner Schuld erlöst zu werden. Die Menschen, die ihm seine Rechnung vorlegen, beklagen sich bitter darüber, daß sie ihm vertraut hatten und er ihr Vertrauen brutal mißbrauchte, um seine Stellung bei den Weißen zu stärken. Sie können ihm verzeihen, aber von seiner Schuld nicht erlösen, und so verläßt er das Dorf wie er gekommen ist, als ewig Irrender des Totenreiches. Dieses literarische Bild ist zugleich ein Symbol dafür, daß das Problem Diagne noch immer ungelöst ist. Als

Frage nach der Kollaboration eines Teils der afrikanischen Elite während der Kolonialzeit geistert es durch die Köpfe der Lebenden und ist ein Stück Vergangenheit, das sich nur schwer bewältigen läßt.[18]

Blaise Diagne als Interessensvertreter der neuen Bourgeoisie

Der koloniale Widerspruch, der sich in Diagnes Wirken als Parlamentsabgeordneter zeigt, bestimmte auch die zwiespältige Haltung seiner Nachfolger Galandou Diouf, Lamine Guèye und schließlich auch Léopold Sédar Senghor.[19] Hier zeigt sich eine Kontinuität der senegalesischen Politik und Nationalgeschichte, die wenig mit individueller Prinzipienlosigkeit zu tun hat. Ganz im Gegenteil.

Blaise Diagne hat von Anfang bis Ende seiner Parlamentskarriere sehr klar und folgerichtig dieselben Prinzipien vertreten. Seine politische Position ruhte auf zwei Säulen, die sich aus der politischen Konstellation des Kolonialsystems ergaben. Erstens verstand er sich als Vertreter der *quatre communes*, deren Interessen er gegen Angriffe der weißen Kolonialgesellschaft zu verteidigen hatte. Die zweite Säule ergab sich notwendig aus der ersten und bestand in der Durchsetzung der Assimilationspolitik für alle Afrikaner bis zur vollständigen juristischen, ökonomischen und gesellschaftlichen Gleichstellung mit dem Mutterland Frankreich. Nach seinem Selbstverständnis bestand sein Kampf keineswegs in der Auseinandersetzung mit anderen afrikanischen Positionen und schon gar nicht mit der Opposition in der Diaspora. Für ihn gab es nur einen ernsten Gegner, und zwar diejenigen Kräfte der weißen Kolonialpolitik, die alle errungenen Privilegien der *quatre communes* und die Assimilationspolitik rückgängig machen wollten, um das alte rassistische Kolonialprinzip durchzusetzen, wonach sich Kolonialherr und Kolonialuntertan nur durch die Hautfarbe zu unterscheiden haben und nicht durch juristische Statuten.

Diagne stand ständig unter Druck von Seiten der rechten weißen 'Kolonialpartei'. Bezeichnend hierfür ist ein Vorfall, der sich 1921 ereignete. B. Diagne hatte an einer Versammlung des *Comité d'action républicaine aux colonies* teilgenommen. Anwesend waren unter anderem der Generalgouverneur der AEF Victor Augagneur, der ehemalige Generalgouverneur der AEF und der AOF p.i. Angoulvant und der Parlamentsabgeordnete von Réunion Boussenot. In einem Vortrag über den neuen *conseil colonial* lobte der Rechtsanwalt Widal aus Dakar die Institution als bahnbrechende Einrichtung zur sinnvollen Einbindung der *chefs indigènes* und der entmachteten Aristokratie in die neue Kolonialordnung. Hierauf meldete sich Diagne zu Wort und polemisierte gegen diese Kolonialpolitik. Er lehnte die Förderung der alten Feudalklasse ab und bezeichnete es als Fernziel seiner eigenen Politik, allen Senegalesen die französische Staatsbürgerschaft zu gewähren.

Die Standpunkte sind in der Tat diametral entgegengesetzt. Die konservative weiße Kolonialpolitik zielte auf verstärkte Trennung zwischen Weiß und Schwarz, Diagne hingegen auf fortschreitende Angleichung. Es kam anschließend zu einem Wortgefecht. Den "diagnistes" wurden separatistische Bestrebungen vorgeworfen - ein ständig wiederholter Vorwurf -, und Diagne führte als Gegenbeweis den Einsatz der Tirailleurs im Weltkrieg an. Der Kriegsdienst der Tirailleurs war nach Diagne ein Zeichen der Loyalität gegenüber Frankreich. In der Hitze des Gefechtes ließ er sich an dieser Stelle der Argumentation zu einer Bemerkung hinreißen, die er im Munde anderer selbst oftmals und energisch bekämpft hatte: "les noirs qui n'avaient cependant pas d'intérêts à défendre sont venus combattre sur le front".[20] Es war in jeder Hinsicht eine Freudsche Fehlleistung. Diesen Gedanken hätte sich Diagne bewußt nie gestattet. Es war die Stimme der afrikanischen Opposition, deren Argumente er plötzlich wiedergab.

Schon im Kriege war Diagne nicht müde geworden, die Tirailleurs als Söhne ein- und derselben Nation darzustellen, die nach Europa kamen, um das gemeisame Vaterland zu verteidigen. Am 8. Juni 1917, also noch vor seiner eigenen Mission, hatte er im Parlament seinen weißen Widersachern entgegengehalten: "Vous avez affaire à des hommes qui sont des Français comme nous".[21] Wenn er jetzt in einem unbedachten Augenblick seine weißen Gegner mit dem Argument zu Zugeständnissen provozieren will, man müsse die Afrikaner für den Kriegsdienst in Europa angemessen entschädigen, weil es ja schließlich nicht ihr Krieg war, dann greift er damit zwar ein in Afrika gängiges Argument auf, das aber nicht im geringsten seiner eigenen Überzeugung entspricht. Bis zu seinem Tode 1934 hat er alle hohen Kolonialbeamten, die insbesondere aufgrund der Unabhängigkeitsbestrebungen in Vietnam Zweifel an den Möglichkeiten zur Aufrechterhaltung des Kolonialreiches in der gegebenen Form hegten, als Defaitisten bekämpft. Für ihn waren Frankreich und seine Kolonien ein untrennbares Reich, das eines Tages zu einer einzigen Nation nach den Idealen der Revolution von 1789 verschmelzen werde.

Der erwähnte Vorfall hatte weitere Auswirkungen, die die wahren Intentionen der weißen Gegner von Diagne offen zu Tage treten ließen. Man wollte ihn aus seiner Funktion verdrängen. Kurz nach der Komiteesitzung erschien im *Courrier Colonial* vom 25. November 1921 ein perfider Artikel von Francis Mury, einem damals bekannten Journalisten des rechten Kolonniallagers, unter dem Titel: "Nous n'avions rien à défendre pendant la guerre, affirme publiquement le député du Sénégal".[22] Wider besseres Wissen wurde "les noirs" in "nous" verfälscht, um aus dem banalen Zwischenfall einen politischen Skandal zu machen. Der Artikel ist eine Diffamierung der "diagnistes" als Emporkömmlinge der untersten Stände, unter denen sich kein Angehöriger der "grandes familles noires" befinde. Der Journalist Mury, der schon mehrmals gegen Diagne zu Felde gezogen war, spielte genüßlich zwei Punkte gegen ihn aus, die ihn zutiefst treffen mußten. Erstens verwischte er den Unterschied zwischen *originaires* und *indigènes*, indem er Diagne als einen "Zivilisierten" bezeichnete, dessen wahre Natur als "Primitiver" bei dergleichen Anlässen zu Tage trete. Diagnes Identität als schwarzer Franzose wurde hier in einer Weise in Frage gestellt, die für einen Außenstehenden kaum durchschaubar war, für einen *originaire* aber eine tödliche Beleidigung darstellte.[23] Die zweite, ebenso perfide Spitze besteht in dem Argument, von niederer Herkunft zu sein. Er sei kein Sproß der großen afrikanischen Aristokratie. Auf der einen Seite wird ihm vorgeworfen, er stehe den *indigènes* kulturell und geistig noch immer zu nahe, und im anderen Zusammenhang wird argumentiert, er stehe ihnen gesellschaftlich nicht nahe genug.[24]

Die koloniale Rechte spielt hier mit Diagne wie der Igel mit dem Hasen. Je mehr Belege er für seine Loyalität zu Frankreich erbringt, um so mehr errichtet sie neue patriotische Ziele. Das wahre Wohlverhalten ist immer da, wo er gerade nicht ist. Die Argumente können natürlich nur bei jemandem funktionieren, der sich wie Diagne als integraler Bestandteil des Systems versteht. Diese Art der Konfrontation vermittelte Diagne die Lehre, daß die einmal errungenen Privilegien der Gleichstellung der *quatre communes* mit Frankreich sehr schnell wieder genommen werden konnten.

Der Durchbruch einer Klasse

Frankreichs Rechte bestand aus zwei sehr gegensätzlichen Flügeln, der eine leitete sich vom *ancien régime* her, der andere berief sich auf die Ideale der Französischen Revolution. Diesem nationalistischen Flügel von 1789, dessen Parteien zumeist die Prädikate "radical" oder sogar "socialiste" und "gauche" im Namen führten, fühlte sich Diagne verbunden. Zu Beginn seiner Abgeordnetentätigkeit 1914 schrieb er sich in die rechte Gruppierung der *Union républicaine, radicale et socialiste* ein. 1919 wechselte Diagne und schloß sich der ebenfalls rechten Gruppe des *parti républicain socialiste* an, dessen Sekretär Maurice Violette zwei Jahre später dazu beitrug, als Vorsitzender des republikanischen Kolonialkomitees Diagne zu dem beschriebenen Lapsus zu provozieren. Ab 1931 war Diagne schließlich Mitglied der einundvierzig Unabhängigen im Parlament. Es gab für Diagne noch keine Notwendigkeit, sich bei Wahlkämpfen in Senegal parteipolitisch zu artikulieren, weil die Wahlkämpfe von eigens gebildeten Wahlvereinen durchgeführt wurden. Bei seiner Wahl 1914 ging es in erster Linie um den Machtkampf der drei wahlberechtigten Bevölkerungsgruppen der Kolonie: der schwarzen *originaires*, der *métis* und der weißen *colons*. Blaise Diagne siegte als Interessensvertreter der neuen schwarzen Bourgeoisie der *quatre communes*, für die ihre Privilegien als französische Staatsbürger auch ökonomisch Grundlage ihrer Existenz bildeten. Ohne die juristische Gleichstellung hätte sie gegenüber der Gruppe der *métis*, die unter der Selbstbezeichnung *habitants* im 19. Jh. herrschende Schicht der Kolonie Senegal waren, und gegenüber den weißen *colons* nie die Vormacht erringen können. Die schwarzen *originaires* waren ab 1900 zur neuen herrschenden Schicht geworden und ihre Nachkommen fühlen sich bis heute als *crème de la crème* der senegalesischen Bourgeoisie.

Blaise Diagne betrachtete sich immer in erster Linie als Mandatsträger dieser Gruppe, deren Interessen er mit erstaunlichem Weitblick verteidigte. Seinem Selbstverständnis nach war diese kleine Gruppe von Pivilegierten Vorreiter für alle Kolonien. Mit Befremden müssen viele seiner Wähler 1915 Diagnes Forderung gleich bei seinem ersten öffentlichen Auftritt im Parlament zur Kenntnis genommen haben, man solle den *quatre communes* endlich gestatten, als Soldaten in den Krieg ziehen zu dürfen: "nous réclamons le droit de servir au même titre que tous les citoyens français".[25] Bis dahin waren die *originaires* vom Militärdienst freigestellt gewesen. Diagne verlangte im Parlament auch für sie die Wehrpflicht, weil er aus den Diskussionen der kolonialen Rechten wußte, daß den *quatre communes* nach dem Kriege die Rechnung aufgemacht werden würde, sie hätten als Drückeberger nicht wie jeder Franzose ihre patriotische Pflicht getan und verdienten es deshalb auch nicht, weiterhin in den Genuß der Rechte ihrer französischen Staatsbürgerschaft zu kommen. Das Argument wurde nach dem Kriege tatsächlich vorgebracht, weil nur wenige *originaires* ihrer Wehrpflicht nachgekommen waren.

Diagne hatte aber noch einen zweiten Grund für die Einführung der Wehrpflicht. Ein schwarzer *originaire* diente nämlich keineswegs als Tirailleur in den rein schwarzen Bataillonen der Kolonialarmee, sondern in weißen Regimentern und hatte im Gegensatz zum Tirailleur Zugang zur höchsten Offizierslaufbahn. Die Eingliederung in die Armee der Metropole war eine gewichtige Sanktionierung des Status der *originaires* als gleichgestellte schwarze Franzosen.

In Parallelität hierzu betrachtete Diagne auch seine Rekrutierungsmission als Regierungskommissar. Durch den massenhaften Einsatz afrikanischer Soldaten in Europa wollte er moralischen Druck auf die Metropole ausüben, um sie dazu zu bewegen, die französische Staatsbürgerschaft auf eine weitere Gruppe auszudehnen. Immer wieder hat er auch später noch den Kriegsdienst der Tirailleurs als "rançon de leur liberté" für die Zukunft bezeichnet und im Parlament schon 1915 offen in der folgenden Weise interpretiert:

une patrie qui leur doit pour demain - et demain c'est bientôt - cette intronisation à la qualité de citoyens français, parce que demain nous aurons payé la rançon nécessaire pour qu'entre les colonies et vous il n'y ait plus de distance.[26]

Politisch war dies im Rahmen der Kolonialgesellschaft ein sehr geschickter Schachzug, der ihn selbst in höchste Funktionen brachte, zuerst als Regierungskommissar der Rekrutierungskampagne und später sogar als *sous-secrétaire d'Etat aux colonies* im Ministerrang. Aufgrund dieser Funktionen wurde er in koloniale Angelegenheiten verwickelt, die weit über die Belange seines eigentliches Mandates als Abgeordneter der *quatre communes* hinausreichten und die ihn im Volk zur Symbolfigur afrikanischer Emanzipation machten, zum "redresseur de torts", zum "empêcheur de tourner en rond", als die er noch heute erinnert wird.[27]

Diese Doppelfunktion als Symbolfigur afrikanischer Emanzipation und Interessensvertreter der Bourgeoisie der *quatre communes* ist die Ursache für den Widerspruch, den sein Denken und Handeln im Rückblick der Geschichte kennzeichnet. Diagne hat, wenn es ihm opportun erschien, zur Konfusion beider Positionen beigetragen, um daraus politisches Kapital für sich selbst zu schlagen. Für ihn persönlich standen beide Positionen nicht im Widerspruch zueinander.

Er war Vertreter einer neuen Klasse, die zu seiner Zeit an der Schwelle zur Macht stand und die nach mehreren Seiten kämpfen mußte, um sich zu behaupten. Die Rekrutierung der Tirailleurs im Ersten und auch im Zweiten Weltkrieg war für diese Klasse ein wichtiges Mittel, um sich mehr Bewegungsfreiheit gegenüber dem weißen Kolonialherrn zu verschaffen und um das Volk dem Einfluß der Aristokratie der alten Gesellschaftsordnung zu entziehen und an sich selbst zu binden.

Diagne war weder ein "Verräter" noch ein "Kollaborateur", weil die von ihm vertretenen Interessen mit einem bestimmten Kolonialinteresse zusammenfielen. Die Befreiung vom Kolonialismus ist in diesem Teil des Kontinents paradoxerweise in diesen historischen Bahnen verlaufen. Subjektiv sind seine Vorstellungen von einem Groß-Frankreich nicht verwirklicht worden, aber objektiv ist er ein Wegbereiter der afrikanischen Unabhängigkeit, weil er zumindest in Senegal der neuen Bourgeoisie zur Macht verhalf, die dann zum Träger des unabhängigen Nationalstaates werden sollte.

Dasselbe koloniale Paradoxon gilt für den Tirailleur: er war ein loyaler Soldat im Dienste des Kolonialherrn, und doch wurde er durch den Dienst selbst vom untergeben Dienenden zum hartnäckig Fordernden. Das Kolonialsystem konnte seine eigenen Versprechen nicht einlösen, ohne sich selbst aufzulösen.

Anmerkungen

1) Der Begriff wurde für die vier Gemeinden Saint-Louis du Sénégal, Dakar, Rufisque, Gorée und einige Dependancen im Inland nach Schaffung des Sonderstatus von 1872 bis 1887 verfassungsrechtlich eingeführt. Die bisher beste Untersuchung über die politische Bedeutung der *quatre communes* stammt von G. W. Johnson *The emergence*.

2) Vgl. M. Michel 242-43; Zahlentabellen 481-83.

3) Der französische Kolonialminister Henry Simon betonte in seinem Begründungsschreiben an die Generalgouverneure der AOF und AEF zur Ernennung von Blaise Diagne: "Ces populations doivent d'ailleurs comprendre que, par l'appel même qu'elle leur adresse, la France les élève jusqu'à elle" (49). In Form einer Instruktion an die Kolonialverwaltung nennt er dann konkret die folgenden gesamtgesellschaftlichen Verbesserungsmaßnahmen: "accorder aux appelés les avantages consentis déjà aux engagés, d'étendre le code de l'indigénat en faveur de ceux qui auront génereusement versé leur sang pour la France [z.B. durch Zuerkennung des Status "évolué"], faciliter leur naturalisation [d.h. nur unter noch zu präzisierenden Bedingungen], créer pour eux des sanatoria, leur réserver des emplois spéciaux, appeler une élite dans les écoles de médecine ou d'agriculture, améliorer les conditions d'existence de la population noire toute entière, enrichir le pays en augmentant sa production" (50). Auch die weißen Verwaltungsbeamten vor Ort waren bei der Erklärung der zu erwartenden Entschädigungen überfordert und machten teilweise überhöhte Versprechen. Vgl. M. Michel 248-50.

4) Eine tatsächliche Verbesserung ihres Status als *indigènes* erhielten später nur die Tirailleurs, die im Kriege eine formelle *citation* für Tapferkeit und eine Auszeichnung in Form von Medaillen erhalten hatten. Der Mythos der Medaille oder des Ordens als sichtbares Zeichen sozialer Beförderung, wie er von Ferdinand Oyono in *Le vieux nègre et la médaille* dargestellt wird, mag hier seinen Ursprung haben.

5) Die Diagne kraft seines Amtes erwiesenen öffentlichen Ehrenbezeugungen sowie seine Befehlsgewalt haben einen gewaltigen Eindruck auf die Bevölkerung gemacht, weil innerhalb des Kolonialsystems noch nie ein Afrikaner mit so großer Machtbefugnis ausgestattet war. Vgl. die Darstellung einer Rekrutierungsversammlung von B. Diagne in der Erzählung "Prisonnier du Regard" von Lamine Diakhaté 35-36. Noch heute berichten *anciens combattants* Anekdoten über eine Szene, wonach der Generalgouverneur den frisch ernannten Regierungskommissar Diagne bei seiner Ankunft in Dakar erst auf Befehl von Paris zähneknirschend mit dem vorgeschriebenen Zeremoniell empfing. Der von M. Prinz am 4.6.1987 interviewte ehemalige Tirailleurs Souleymane Sega Ndiaye erinnert sich: "C'était la grande fête parce que les Africains ont senti que le Gouverneur Général avait perdu la face devant leur parent-député".

6) Diagne hat gegenüber den Gouverneuren auf die Bedeutung dieses Aspektes gedrungen. An den Generalgouverneur in Dakar telegrafierte er am 16. März 1918 von Koulouba nach einer Auseinandersetzung mit Gouverneur Poiret: "recrutement ne peut commencer qu'après préparation politique dont suis seul chargé". Als eine seiner ersten Maßnahmen nach seiner Ankunft in Dakar forderte Diagne vom Generalgouverneur politische Lageberichte sowie eine Liste aller ehemaligen Tirailleurs an. Dossier Diagne ANS.

7) In der *Instruction du Ministre des Colonies au Commissaire de la République dans l'Ouest-Africain* vom 31. Januar 1918 heißt es "[Le Commissaire] ne participe pas à la direction des opérations de recrutement qui reste entièrement confié aux Gouverneurs Généraux et Gouverneurs, et à leurs subordonnés. [...] Le Commissaire de la République et les membres de la Commission seront principalement des conseillers et ne devront jamais se substituer au personnel d'exécution ou de direction. [...] Etrangers à la direction, n'ayant pas d'ordres à donner, ne pouvant arrêter ni même retarder l'exécution d'aucune opération, les membres de la Mission tiendront le Ministre des Colonies au courant de la marche du recrutement..." Hier manifestiert sich deutlich die Sorge, einen Kompetenzkonflikt zwischen Diagne und den Gouverneuren zu vermeiden.

8) Vgl. M. Michel 248.

9) Vgl. in J.-Y. Marchal die Berichtsjahre 1914-1916.

10) Vgl. M. Michel 117. In einem "Câblogramme Officiel" vom 17. Okt. 1917 an den Kolonialminister bestätigt Van Vollenhoven die Sanktionierung der neuen Politik, ein deutlicher ₊Versuch, die Vereinbarung durch schriftliche Dokumente so weit wie möglich abzusichern: "vous remercie d'avoir adopté les conclusions de mon rapport sur le recrutement et de reconnaître que ce dernier doit être strictement limité à engagements volontaires stop - Cette solution permettra employer toutes nos ressources en hommes à intensifier ravitaillement metropole".

11) Vgl. C. Cros 102. Das Buch von Cros ist eine kommentierte Sammlung der Parlamentsreden von B. Diagne und bildet zusammen mit *Blaise Diagne: Sa vie, son oeuvre* die wichtigste veröffentlichte Quellensammlung.

12) Der Rücktritt von Generalgouverneur Van Vollenhoven ist auch als Sieg Diagnes aufgefaßt worden, da Van Vollenhoven in seinem Rücktrittschreiben den Kompetenzkonflikt als weiteren Grund mit dem inzwischen berühmt gewordenen Satz anführte: "Les pouvoirs de la République ne se partagent pas comme de la brioche" (C. Cros 102). Persönliche Rivalität hat offenbar auf beiden Seiten eine Rolle gespielt, da Diagne in einem ersten Erfolgsbericht vom 20. Juni 1918 an den Kolonialminister mit Stolz betont, daß er da gesiegt hat, wo Van Vollenhoven und seine Freunde scheiterten: "ces heureux résultats ont pu être atteints, contrairement aux prévisions pessimistes de certaines personnalités plus préoccupées de défendre M. Vollenhoven et ses théories que de regarder en face les nécessités de la Défense Nationale" (B. Diagne, No 115 ANS).

13) Vgl. O. Sagna 86-97, 195-200. Mit diesem Frankreich-Mythos stand B. Diagne nicht allein. Auch einer seiner berühmten afrikanischen Gegner, Tovalou Houénou, Direktor der Zeitschrift *Les Continents*, erklärte auf einer Veranstaltung in den USA: "la France est le seul pays qui non seulement n' a pas le préjugé de race mais lutte pour sa disparition" (Sagna 232). Das französische Mutterland kannte in der Tat nicht dieselben Rassenschranken, wie sie in den Kolonien und auch noch in den USA vorhanden waren. Als das Kontingent von 100 000 schwarzen Amerikanern nach Frankreich kam, protestierten weiße amerikanische Offiziere offiziell über die Freizügigkeit zwischen Schwarzen und Weißen im öffentlichen Leben in Frankreich, aus Furcht davor, das Beispiel werde unter den schwarzen amerikanischen Soldaten Schule machen.

14) Die Zeitschrift hatte nur sieben Monate von Mai bis Dezember 1924 Bestand, veröffentlichte aber 14 Nummern. Nach Ansicht von O. Sagna, der mit seiner Arbeit "Des pionniers méconnus..." eine der besten Darstellungen der schwarzen Diaspora zwischen den beiden Weltkriegen in Frankreich vorgelegt hat, ist *Les Continents* trotz der geringen Lebensdauer "le premier grand journal africain en France" (241).

15) Vgl. O. Sagna 237-241; Mbelolo 158-60; Steins 284-341. M. Michel weist darauf hin, daß die *agents recruteurs* 1918 in Afrika in der Tat eine Prämie zwischen 6 und 20 Francs pro Mann erhielten (251).

16) L. Senghor schickte Berichte über politische Versammlungen an den *C.A.I.* (*Contrôle et Assistance des Indigènes*), einem Geheimdienst des *Directeur des Services Militaires* im Kolonialministerium. Der Name des Geheimdienstes war bewußt irreführend, um politisch unbedarfte Mitarbeiter anzulocken. Wie der weitere Lebensweg zeigt, war Senghors Mitarbeit ein Akt politischer Naivität und nicht prokolonialer Überzeugung.

17) *Le Paria* 31 (Nov.-Déc. 1924), zit. nach O. Sagna 311-12. Hunkarin war ehemaliger Mitarbeiter von Diagne und Tirailleur gewesen. Es wurde später von Diagne als Bolschewist denunziert und von 1923-33 nach Mauretanien verbannt. Vgl. Sagna 176-81. Die Zeitschrift *Le Paria (Tribune des populations des colonies)* war das Organ der Union Intercoloniale (U.I.C.), eine der Kommunistischen Partei

nahestehende Organisation für Oppositionelle aus den Kolonien, in der L. Senghor entscheidende politische Anstöße erhalten hatte.

18) Die Auseinandersetzung mit B. Diagne durchzieht die gesamte Darstellung der afrikanischen antikolonialen Opposition von O. Sagna in "Des pionniers méconnus ...". Sein abschließendes Urteil ist repräsentativ für die Bewertung Diagnes durch die senegalesische Linke: "s'il fut effectivement perçu comme un héros en 1914, il a très tôt trahi la mission qui lui avait été confiée" (807).

19) L. S. Senghor war häufiger Gast in der Familie von Blaise Diagne während seiner Studentenjahre in Paris. Die direkte Verbindungslinie von B. Diagne zu L. S. Senghor zieht O. Sembène in seinem Roman *Le dernier de l' Empire* 1: 48-53.

20) "Chambre de commerce et Association coloniales: Au comité républicain des colonies."

21) Vgl. C. Cros 49.

22) Vgl. F. Mury.

23) Der Journalist verwischte absichtlich alle für Diagne wesentlichen Unterschiede und verglich die kommunistischen Oppositionellen in Vietnam mit den angeblich separatistischen Diagnisten, die alle beide im Kriege Drückeberger gewesen seien: "Ce ne sont pas ces Annamites qui vinrent défendre la France pendant la guerre, pas plus que les diagnistes ne s'exposèrent volontairement aux dangers des batailles".

24) Mury schreibt: "Serviteurs ou fils d'anciens serviteurs des blancs, coolies, petits employés de factoreries, voilà le parti de M. Diagne, qui, naturellement, est l'ennemi des chefs indigènes. C'est cette tourbe qui entend être au Sénégal l'élément dirigeant." Wenn das Rassenargument nicht anwendbar ist, wird das Klassenargument angeführt. Aber auch das traf Diagne empfindlich, weil er sich als Sohn einer ganz anderen Klasse verstand: der Bourgeosie nämlich, deren Existenz vom rechten Kolonialflügel nicht wahrgenommen wurde.

25) Vgl. C. Cros 77.

26) Vgl. C. Cros 77.

27) Vgl. *Blaise Diagne* 68-69. Kurz vor dem geschilderten Zwischenfall im *comité républicain des colonies* war sein hohes Ansehen im Volk von der Zeitung *Le Journal* mit einiger Verbitterung folgendermaßen dokumentiert worden. Der Sonderkorrespondent Paul Erio berichtet aus Dakar: "dès qu' un indigène a une réclamation à formuler, il écrit à «Blaise» - c'est sous ce prénom familier que les nègres désignent leur député - et je suis obligé de renonnaître qu'à la suite de ses interventions plusieurs fonctionnaires ont quitté le Sénégal - quelquefois il est vrai, volontairement".

Literaturhinweise

"Chambres de commerce et Associations coloniales: Au comité républicain des colonies." Dossier B. Diagne, Archives Nationales Aix-en-Provence, ohne Datums- und Titelnachweis.

Biagui, Elie. "Effort de guerre et résistances au recrutement des tirailleurs en Guinée pendant la première guerre mondiale." Mémoire de maîtrise. Université de Dakar, 1980-81.

Blaise Diagne: Sa vie, son oeuvre. Dakar, NEA, 1974

Cros, Charles. *La parole est à M. Blaise Diagne: Premier homme d'état africain.* Aubenas, Impr. Habauzit 1961.

Diagne, Blaise. "Télégramme officiel" 16 mars 1918 Kouloube. Dossier Blaise Diagne ANS No 5.

Diop, Papa Samba und Manfred Prinz. Videointerviews mit ehemaligen Tirailleurs. Tirailleur-Archiv Bayreuth.

Erio, Paul. "Les rêves des jeunes sénégalais." *Le Journal.* 7 nov. 1921. Archives Nationales Aix-en-Provence.

Johnson, George Wesley. *The Emergence of Black Politics in Senegal: The Struggle for Power in the Four Communes 1900-1920.* Stanford: Standford University Press, 1971.

----. *Commémoration du centenaire de la naissance de Blaise Diagne.* Notes Africaines 135. Dakar: Institut Fondamental de l'Afrique Noire 1972.

Marchal, Jean-Yves. *Chroniques d'un cercle de l'A.O.F.* Paris: O.R.S.T.O.M., 1980.

Maurel, Jean-François. "Catalogue de l'exposition d'archives: Blaise Diagne et son temps." Ronéotypé. Dakar, 1972. Archives Nationales Aix-en-Provence.

Mbelolo ya Mpiku. "La poésie sénégalaise de langue française: Son contexte socio-historique et ses rapports avec le mouvement 'nègre' du vingtième siècle." Thèse Université de Liège, 1979-80.

Michel, Marc. *L'appel à l'Afrique: Contributions et réactions à l'effort de guerre en A.O.F. 1914-1919.* Paris, Publications de la Sorbonne, 1982.

Mury, Francis. "Nous n'avions rien à défendre pendant la guerre, affirme publiquement le député du Sénégal." *Courrier Colonial.* 25 nov. 1921. Dossier B. Diagne, Archives Nationales Aix-en-Provence.

Sagna, Olivier. "Des pionniers méconnus de l'indépendance: Africains, Antillais et luttes anti-colonialistes dans la France de l'Entre-deux guerre (1919-1939)." Thèse Université de Paris VII, 1986.

Simon, Henry [Kolonialminister]. "Instructions du Ministre des Colonies au Commissaire de la République dans l'Ouest-Africain." 31. Januar 1918. Dossier Blaise Diagne ANS No 31.

----. "Lettre du Minstre des Colonies aux Gouverneurs généraux de l'Afrique occidentale française et de l'Afrique équatoriale française, relativement au recrutement dans chacun de ces groupes de Colonies." *Journal Officiel de l'A.O.F.* No 678 2. Fév. 1918: 49-50. Dossier Blaise Diagne ANS No 158.

Steins, Martin. "Les antécédents et la genèse de la négritude senghorienne." Thése Université de Paris III, 1981.

Van Vollenhoven, Joost [Generalgouverneur der AOF]. "Câblogramme Officiel à Colonies" 17 oct. 1917. Dossier Blaise Diagne ANS No 132.

Abkürzungen:
ANS: Archives Nationales du Sénégal
NEA: Nouvelles Editions Africaines

Résumé

Blaise Diagne est aujourd'hui un héros national du Sénégal, symbole de la lutte anticolonialiste. Son image populaire est restée celle d'un «redresseur de torts». L'historiographie par contre, aussi bien que les lettres sénégalaises, ont conservé une toute autre image de Diagne: celle du collaborateur actif et défenseur de l'idée coloniale d'une «plus grande France». Vu dans son temps et dans le contexte historique qui est celui des quatre communes du Sénégal Diagne apparaît en premier lieu en tant que représentant d'une nouvelle classe sociale au Sénégal: la bourgeoisie. Diagne a défendu les intérêts de celle-ci contre les attaques de l'adminstration coloniale jalouse d'un concurrent en herbe et il a ainsi contribué à la percée historique de la bourgeoisie sénégalaise lors de l'indépendance puisque c'était elle qui était appelée à prendre le pouvoir.

Papa Samba DIOP

LA FIGURE DU TIRAILLEUR SENEGALAIS DANS LE ROMAN SENEGALAIS
1920-1985

"Vous n'êtes pas des pauvres aux poches vides sans honneur"
(Léopold Sédar Senghor, *Hosties noires*).

Ils n'ont pas choisi. Ou alors, lorsque leur prestation s'est traduite en termes de choix, celui-ci était truqué. Chair à canon happée par un engrenage, celui du colonialisme et de la guerre, ils ont été des milliers à se retrouver broyés par la machine infernale, qui leur a fait perdre la conscience de ce qu'ils étaient, l'harmonie avec leur monde d'origine, très souvent la vie.

L'initiative de la formation des premiers d'entre eux (corps dont le décret annonçant l'existence est signé par Napoléon III en 1857) revient au Général Faidherbe, qui les a employés à l'intérieur même du continent africain. A la suite de Faidherbe, l'expression de "tirailleur sénégalais" restera définitivement attachée à des faits de guerre, en raison de l'utilisation massive que des Généraux comme Gallieni (1879), puis Archinard (1891) et enfin Mangin (1907) ont faite des soldats africains dans leur oeuvre de soumission militaire d'une partie de l'Afrique, ou dans les guerres européennes. L'un de ces généraux, le Général Mangin, fondateur véritable de l'armée noire, avait été frappé, lors de ses nombreuses missions en Afrique (Soudan, Tchad, Niger), par les qualités militaires des Sénégalais (Wolof, Soninke, Hal-Pulaar) qui furent, au début de la conquête coloniale française en Afrique, les premiers à s'enrôler dans l'infanterie de marine. Les groupes formés de ces éléments furent dénommés "bataillons de tirailleurs sénégalais".

Depuis, l'expression a recouvert d'autres réalités. Avec la conquête du Soudan, celle du Haut-Niger et du Dahomey, les bataillons de "tirailleurs sénégalais" comprirent non plus uniquement des Wolof, Soninke ou Hal-Pulaar, mais aussi des Bambara, des Djerma et des Malinke, des Mossi, des Fon et des Fang. Toutefois, en dépit de la pluralité des origines, les officiers français conservèrent l'appellation " tirailleurs sénégalais". Tracer le portrait littéraire de ces soldats, voilà à quoi s'attache le présent exposé. Il se limite au corpus romanesque sénégalais, corpus au sein duquel il tente de saisir les traits les plus caractéristiques de la figure du tirailleur sénégalais rentré au bercail.

1. LE STATUT DE TIRAILLEUR SENEGALAIS

Le corpus romanesque laisse apparaître deux profils de tirailleurs sénégalais: celui des soldats ayant combattu auprès des Français en Afrique même, et un autre, plus fréquent, celui de soldats ayant participé, en Europe, aux deux grandes guerres mondiales. Sur le tirailleur resté en Afrique les informations sont minces et tendent à prouver que ces soldats n'ont, somme toute, accompli que de très modestes exploits.

Le tirailleur resté en Afrique

Le tirailleur ayant participé à la conquête militaire d'une partie de l'Afrique par l'armée française est représenté dans le roman sénégalais comme une victime. Non seulement il est poussé par ses supérieurs français à tuer d'autres Africains, mais encore, très généralement, sa famille est laissée dans le besoin lorsque qu'il est tué ou diminué physiquement. De façon assez paradoxale, c'est l'un des textes romanesques sénégalais les plus favorables à la présence française en Afrique, *Les trois volontés de Malic*,[1] qui aborde cet aspect de la collaboration militaire entre Africains et Français. Dans ce texte Mapaté Diagne met en scène un jeune Sénégalais, Malic, dont l'un des voeux les plus chers est d'aller à l'école. Sa mère, qui désire garder son fils le plus longtemps possible auprès d'elle, tente de l'en dissuader en lui énumérant tous les méfaits de l'instruction. Selon elle, un jeune Sénégalais instruit finit toujours par se retrouver dans les rangs de l'armée coloniale, perdu pour sa famille et pour son propre pays, et les exploits qu'il pourrait être amené à accomplir seront toujours dérisoires. Pour achever de convaincre son fils la mère n'hésite pas à lui citer le cas du père, mort pendant une campagne au Dahomey.

- Aller à l'école!... Ne sais-tu pas que tous tes camarades qui vont à l'école seront plus tard des soldats?

- Je veux aller à l'école... Tant pis si plus tard je devenais soldat. Mon père couché là-bas sous les grands arbres du Dahomey n'était-il pas soldat?

- Et puis, qu'a gagné ton père à être soldat. Il est mort en brave, nous racontent ses camarades, mais que serions-nous devenus sans tes grands-parents Darguène et Manoté?[2]

Bien que l'auteur défende un point de vue opposé à celui de la mère, le fait notable ici est l'évocation du peu de gloire attaché à la figure du tirailleur sénégalais resté en Afrique.

Ousmane Sembène se range à cet avis lorsque, dans *Le dernier de l'empire*,[3] il introduit le personnage d'Abdoulaye Sall, père de Cheikh Tidiane Sall, un vieux ministre dégoûté des affaires de l'Etat. Il ne fait pas de doute que sous la plume de Sembène, lequel écrit plus d'un demi-siècle après Mapaté Diagne, Abdoulaye Sall illustre la perpétuité d'un état d'esprit: celui de la collaboration dégradante avec les tenants du pouvoir, quelle que puisse être leur obédience.

Abdoulaye Sall est un laptot-tirailleur, un modèle de discipline, qui a gagné ses galons en participant activement à différentes campagnes dites de "pacification" dans certaines régions d'Afrique. "Il savait faire respecter l'ordre de la *civilisation* par la trique ou par les armes".[4]

Au retour de l'une de ces expéditions punitives, le laptot est récompensé par ses maîtres français qui destituent un chef de village traditionnel pour nommer leur protégé à sa place. L'ironie est grinçante lorsque le narrateur présente le personnage couvert de médailles parmi lesquelles brille d'un éclat tout particulier celle de la Légion d'honneur "pour services rendus à la France".

Le tirailleur en Europe

Contrairement au tirailleur resté en Afrique, celui dont les exploits se sont déroulés sur le sol européen et qui parvient à rentrer au bercail est une figure fréquente du roman sénégalais. Il se présente souvent lui-même (c'est le cas de Bakary Diallo) pour narrer les péripéties d'une aventure singulière dont il est le protagoniste.

2. LE RECRUTEMENT

D'une manière générale, le recrutement (motif fréquent dans la représentation littéraire du tirailleur) s'est fait sur la base de la ruse ou de la contrainte. Le texte romanesque le plus explicite sur ce point est celui de Lamine Senghor, *La violation d'un pays*.[5] L'auteur accuse sans ambages Blaise Diagne[6] d'avoir servi d'intermédiaire peu scrupuleux pour doter la France d'une armée noire taillable et corvéable à merci. Dans ce texte allégorique, contrairement à la propagande officielle française selon laquelle la patrie était en danger, le recrutement procède du sentiment d'égoïsme national dont la France fait preuve en voulant élargir son espace géographique au sein même de l'Europe:

> Le domaine du roi colonialisme n'ayant pas été à la mesure de son ambition, il arma ses esclaves et les força d'aller conquérir les pays environnants à son profit.[7]

Le texte de Lamine Senghor met en relief deux sortes de méthodes utilisées pour le recrutement: la négociation, puis la force. Quand la première, verroteries et quantité de bouteilles d'alcool à l'appui, n'a pas abouti au résultat escompté, "le roi colonialisme", par le biais de Blaise Diagne, a appliqué la seconde stratégie consistant à faire recruter de force:

> Deux ans après, de nombreux navires revinrent au pays, mais les paysans n'ayant rien voulu savoir de ce qu'ils disaient, ni rien voir de ce qu'ils leur montraient, les hommes pâles les attaquèrent. Ils se défendirent vaillamment. Mais ils durent capituler devant la force des armes criminelles que les assaillants dirigeaient contre eux.[8]

Blaise Diagne aurait par conséquent abusé son public, les futurs soldats n'ayant pas vraiment compris le langage qu'il leur a tenu.

Selon *La violation d'un pays*, les propos du député sénégalais ont été suivis d'actes de violence répréhensibles, faits liés à la soumission par les armes de tous ceux qui tenaient encore à l'indépendance de leur pays:

> Le bon bougre, escorté d'une armée de soldats de sa race, tous galonnés et médaillés à poitrine débordée, encadrés d'officiers, de sous-officiers et caporaux à figure pâle (...) ne parlait pas en langage du pays.[9]

Plus près de nous, Ousmane Sembène est revenu sur le sujet dans *Le dernier de l'empire*,[10] où il ne fait nul doute que le personnage de Pascal Wellé, député du Sénégal, marié à une Française et défendant la cause des enfants métis, est celui à peine masqué de Blaise Diagne. Il est dépeint comme un excellent orateur dont chaque phrase est l'expression d'une promesse: des bourses d'études pour les enfants des tirailleurs, des retraites substantielles pour les volontaires au recrutement, de multiples garanties sociales pour les familles en cas de décès. Il fallait recruter. Pour ce faire, aucune promesse, fût-elle trop belle pour pouvoir être tenue, ne semblait exagérée. Il recruta.

Encore plus violent et cynique que Blaise Diagne nous est décrit par Malick Dia le Commandant français chargé du recrutement dans la région de Ngalgu, décor du roman *L'impossible compromis*. Le personnage est dépeint entouré de plusieurs interprètes chargés de traduire pour la population locale ses ordres et ses insultes. Quant à ses gardes, il les a dressés à brutaliser tout autochtone réticent à son appel à l'enrôlement dans l'armée française. Parmi ces personnes peu enthousiastes pour le départ de la jeunesse de Ngalgu pour l'Europe, un vieillard aveugle (Tacoura) et père d'un fils unique (Talla). Le Commandant n'a cure de ses raisons: sa vieillesse, sa cécité et le rôle de guide, vital, que joue son fils à ses côtés:

> Il fit signe aux gardes qui se précipitèrent sur Talla, bousculant au passage le vieux Tacoura, qui en perdit son couvre-chef.[11]

Toutefois, le recrutement fait sur la base de la duperie et de la force est loin d'être la seule méthode décrite dans le corpus romanesque sénégalais. Cette image est contrebalancée par celle de troupes de soldats enthousiastes et prêts à sacrifier leurs vies pour la cause du pays qu'on leur a appris à considérer comme étant leur patrie: la France. Bakary Diallo est le champion de cette école:

> Les jeunes tirailleurs dont l'ancienneté de service n'est que de trois, quatre ou six mois, à l'admiration qu'ils ont pour la bravoure exercée de leurs anciens se croient eux-mêmes des soldats de métier ayant déjà obtenu la couronne de gloire. Tous ensemble ils sont debout, prêts à rendre plus affirmative leur réponse à l'appel suprême de la patrie adoptive qu'est la France.[12]

Sans conteste, Bakary Diallo demeure, non seulement au sein du corpus romanesque sénégalais, mais aussi dans l'ensemble de la littérature ouest-africaine de langue française, l'auteur le plus riche dans le témoignage, *Force-Bonté* constituant le tableau (à peine romancé) le plus complet que l'on détienne sur la vie d'un tirailleur sénégalais. Son auteur est un inconditionnel de l'armée et de la France.

3. UNE TYPOLOGIE DE COMPORTEMENTS

Le tirailleur enthousiaste

Bakary Diallo symbolise le tirailleur entièrement dévoué à la cause de la France. Il est né vers 1892 à Mbala, entre Podor et Dagana. *Force-Bonté* est son unique roman publié. L'ancien berger pulaar y retrace l'itinéraire qui l'a mené de son village natal en France.

C'est d'abord dans la ville de Saint-Louis du Sénégal que Bakary Diallo cherche un emploi mieux rémunéré que celui de berger qui par ailleurs l'ennuyait. Simplement, les travaux qu'on lui offre se révèlent aussi inintéressants les uns que les autres. Il a dix-huit ans et est prêt à affronter l'aventure. Encouragé par un de ses compagnons de village, Demba Sow, il s'enrôle dans l'armée française, pour quatre ans.

Sa première sortie hors du Sénégal le mène au Maroc où l'armée française cherche à imposer son autorité. Bakary Diallo est enthousiaste à l'idée qu'il va pouvoir se rendre utile en servant la cause de la France. A bord du bateau qui l'emporte de Dakar à Casablanca, il rêve à son avenir brillant: il va pouvoir bientôt lire et écrire.

Au Maroc même, le héros du livre s'étonne que les paysans, horrifiés par la vue des troupes militaires recrutées en Afrique, fuient leurs champs. Selon lui, les Marocains ont tort de refuser la domination française, puisque la France est présente sur leur sol pour une mission civilisatrice légitime. C'est à Casablanca que le héros du livre apprend la nouvelle de la déclaration de guerre: la France doit se défendre contre un ennemi puissant, l'Allemagne.

Il fait partie d'un bataillon qui arrive dans le département de l'Hérault, accueilli par la population aux cris de "Vive la France! Vive les Sénégalais!". Au front de la Marne, le tirailleur est blessé au bras, puis à la mâchoire. Une première intervention chirurgicale est tentée à l'hôpital d'Epernay, sans résultat satisfaisant. Dès lors, le soldat malade est transporté d'un centre hospitalier à un autre, sans qu'on puisse réellement le guérir. Ces différents séjours à l'hôpital sont l'occasion pour le tirailleur de brosser le tableau des milieux hospitaliers français, peinture qu'il veut uniforme et rassurante. Le lecteur parvient cependant à surprendre quelques notes discordantes, en l'occurence le comportement arbitraire et expéditif d'un médecin militaire trop autoritaire. Parce que le tirailleur blessé a osé réclamer un régime alimentaire plus approprié à sa mâchoire brisée, il est envoyé en prison pour cause d'indiscipline. Ce n'est pas le seul aspect pénible du livre de Bakary Diallo.

On note encore parmi les désagréments du soldat invalide, la décision prise par l'armée française, n'entrevoyant aucune forme de guérison possible, de le rapatrier sans autre forme de procès. En outre, le tirailleur se trouve dans une situation financière et morale critique l'obligeant à renouveler son contrat avec l'armée pour une période de deux ans, à l'issue desquels il demandera sa démobilisation définitive. Pour survivre, il acceptera un emploi de portier dans la ville de Monte Carlo, tout en n'excluant pas la possibilité de revenir plus tard à Paris pour régulariser sa situation vis-à-vis de l'armée, toujours réticente à lui accorder un statut définitif d'ancien combattant. Le moment venu, les démarches s'annoncent multiples et difficiles. De plus, le soldat démobilisé ne sait où habiter dans le Paris de l'après-guerre, où tout, nourriture et surtout logement, est outrageusement cher, donc inabordable pour son maigre budget. Une rencontre va le sauver, celle d'une dame âgée habitant la Capitale et ayant entendu parler de lui par l'intermédiaire de son ancien commandant de bataillon. C'est elle finalement qui lui offre le couvert et le logis.

Le roman se termine sur une promenade du tirailleur dans Paris, au Parc Monceau, où Bakary Diallo observe une dame distribuant du pain à des oiseaux heureux de venir picorer les miettes qui leur sont jetées. Le narrateur compare la dame à la France et les oiseaux aux hommes noirs des colonies françaises.

Le plus surprenant dans ce livre reste, en dépit des blessures subies dans les rangs de l'armée, des traitements discriminatoires et de l'isolement psychologique dû à la situation d'exil, la magnanimité de Bakary Diallo, qui accomplit l'exploit de n'avoir retenu que les côtés positifs de son aventure. Son livre n'est pas un livre amer. Il est optimiste et très sincère dans l'hommage qu'il rend à la France et à sa culture.

Le tirailleur fasciné par l'Europe et assoiffé de connaissances

Quoique l'Europe lui demeure encore mystérieuse à la fin de son séjour, le tirailleur éprouve à son égard un sentiment ambigu, qui oscille entre la fascination et la haine. Fascination et haine pouvant s'expliquer par le fait que certaines nouvelles recrues sont présentées dans le roman comme profondément marquées par des croyances de type ethnocentrique, persuadées que l'humanité cesse aux frontières de leur groupe villageois et que l'espace extérieur à cet univers n'est peuplé que de barbares ignorant jusqu'à l'art de se vêtir ou de s'alimenter. Partant de telles certitudes, l'arrivée en Europe se révèle à la fois douloureuse et séduisante. Douloureuse parce qu'elle correspond au brouillage des repères culturels, ethniques, voire moraux. Séduisante en ce qu'elle prépare à des découvertes. Lorsque le tirailleur s'appelle Bakary Diallo, ces découvertes sont relatives à la beauté des femmes et à la poésie verdoyante des paysages, à l'ineffable générosité des hommes et à la chaleur de leur amitié. Certaines pages de *Force-Bonté*, dont il est vrai que le ton général frise la candeur, suscitent en dépit de leur emphase, la sympathie du lecteur:

J'ai voulu savoir si les tirailleurs avaient regret d'aller en France faire la guerre au lieu de rentrer en Afrique Occidentale Française, comme il était projeté. Et j'ai découvert que seul j'avais eu la faiblesse de songer à cela. Alors ma peine s'est encore accrue, en écoutant mes frères d'armes, pareils aux amants d'une beauté attaquée qui attend son défenseur, répéter frénétiquement le nom de la France, tandis que mes observations semblaient seules aller de la France au Sénégal, se portant sur maints souvenirs, au lieu de se concentrer dans une volonté unique, de remettre à plus tard tous les beaux projets de famille et, donnant tout son sens au devoir sacré, de répondre à la Mère Patrie, comme ils ont tous fait: Présent.[13]

Qu'il se soit trouvé en Afrique ou en Europe, le tirailleur a connu ou observé des hommes jeunes, dont la position sociale enviable est due non pas à leur force physique mais à leurs qualités morales et intellectuelles. Il veut leur ressembler. Aussi le voit-on, fréquemment, épeler des mots, imiter ses supérieurs hiérarchiques, consulter des journaux ou griffonner sur des bouts de papier. Selon Bakary Diallo la possibilité d'apprendre à lire et à écrire figure au premier plan des bienfaits du contact avec les Français. Tout comme le Samba Diallo de *l'Aventure ambiguë*, il a d'abord été fasciné par l'alphabet français. *Force-Bonté*, l'oeuvre livresque achevée, se présente comme le résultat le plus concret de cette fascination:

Il y a une chance de me voir caporal dans peu de temps... Mais je comprends à peine le français; je ne sais ni lire ni écrire, et cependant, quand je serai nommé, ma responsabilité sera engagée... Je recevrai des ordres à exécuter...qu'il faudra bien comprendre. Je ne voudrais pas être un gradé qui fait mal, consciemment ou inconsciemmemt, parce qu'il ignore le sens des ordres donnés... J'aime la justice, l'équité et j'ai l'amour de la liberté... Il faut donc que j'apprenne à parler le français. Il n'est pas si difficile qu'on le suppose... J'arriverai à le lire, à le comprendre comme ma langue maternelle... J'arriverai... Je l'aime profondément... J'en parle déjà quelques mots.[14]

Le tirailleur comme civilisateur

Le tirailleur revenu chez lui est décrit comme impatient de changer l'ordre des choses. Dans l'ensemble du corpus romanesque, la figure la plus affirmée de tirailleur entreprenant et progressiste est celle d'Oumar Faye, le protagoniste de *O pays, mon beau peuple*[15] d'Ousmane Sembène. Il est originaire de la Casamance et rentre chez lui après huit années passées en Europe. Oumar Faye est marié à une Française, qu'il veut aller présenter à ses parents. En dehors des difficultés liées à cette démarche, le héros du roman se heurte, en Casamance même, à un lobby français monopolisant l'import-export et la distribution des terres. Le narrateur nous le présente fort et combatif, impatient d'une part de prendre ses distances avec son milieu familial plutôt conservateur et rétrograde, d'autre part de se faire respecter par la colonie française, qui par ailleurs n'a que mépris pour les autochtones.

Le héros du roman parvient à construire sa maison sur un terrain gagné sur la densité de la forêt casamançaise. Là, à l'écart de ses parents et des querelles familiales, il mène, avec sa compagne, une vie de cultivateur dans le but de créer une coopération agricole. On sait que le personnage d'Oumar Faye payera de sa vie sa volonté d'établir des rapports d'égalité avec les colons français. Attiré par ceux-ci dans un guet-apens, il est battu à mort tandis que sa femme fait l'objet d'une tentative de viol. Nulle part ailleurs dans le roman sénégalais, un auteur n'avait dépeint avec autant d'amertume les barrières psychologiques et culturelles dressées contre la volonté d'un ancien combattant de mener sa vie comme il l'entend, de manière constructive et dans le respect de son entourage. Le héros de *O pays, mon beau peuple!* connaît la France essentiellement par le biais de l'armée française au sein de laquelle il a passé plusieurs années au titre de tirailleur. Ce séjour a développé en lui l'amour de la rigueur et un sens particulièrement aigu de la justice, toutes qualités qu'il voudrait, une fois de retour en Casamance, inculquer à l'ensemble de son groupe social. Le drame de ce personnage est qu'il conçoit la vie en général selon des critères spécifiques à la seule vie militaire. Aussi, lorsqu'il se prononce sur les "Blancs", faudrait-il entendre, de manière très restrictive, les militaires blancs:

> Faye, sur de nombreux points, avait parfaitement assimilé les modes de pensée, les réactions des Blancs, tout en ayant conservé au plus profond de lui l'héritage de son peuple. Il avait beaucoup vu, beaucoup appris pendant ses années passées en Europe; d'importants bouleversements s'étaient produits en lui, il en était même venu à juger sans indulgence ses frères de race: leur sectarisme, leurs préjugés de castes qui semblaient rendre illusoire toute possibilité de progrès social, leur particularisme et jusqu'à la puérilité de certaines de leurs réactions "anti-blancs".[16]

O pays, mon beau peuple est le *tagg*[17] d'un tirailleur chez lequel le temps passé dans les rangs de l'armée française n'a pas annihilé une conception presque idéaliste du patriotisme: la recherche d'une société casamançaise où des citoyens libres et gouvernés par des lois équitables vivraient heureux parce qu'unis, dans le respect et l'estime réciproques.

Le droit à l'égalité avec les soldats français

Les connaissances acquises au sein de l'armée ajoutées à une expérience de l'Europe dont ne peuvent se prévaloir ceux qui sont restés en Afrique, font souvent du tirailleur sénégalais un personnage fier de son itinéraire: d'illettré il est parvenu à se bâtir une culture de semi-lettré. A ceux qui veulent bien l'écouter il ne cesse de ressasser son baptême du feu, ses exploits au sein de son bataillon ou encore l'estime particulière que lui a portée son chef français. Il se présente comme l'égal d'un Européen, traitant de responsable à responsable avec les autres membres de son régiment:

> C'est en 40 que je me suis engagé dans la marine... A la bataille de l'Atlantique Nord, nous étions présents (...) En ce temps, les peaux n'avaient pas cette différence qu'elles ont aujourd'hui (...) On s'appelait "frères", couchant ensemble, se prêtant la cuillère pour manger.[18]

Cette camaraderie avec des soldats français l'amène souvent à se considérer comme étant français lui même. Ce faisant, il ne tarde pas à franchir le pas consistant à croire à une communauté de destin avec les Français. Le mot le plus fréquent de son vocabulaire est celui de Patrie qu'il assimile à la terre française dont il est prêt à défendre les intérêts, le cas échéant au prix de sa vie. Par ailleurs, il ne répugne pas à se couvrir de médailles, récompenses symboliques d'exploits de bravoure ou d'abnégation. Ousmane Sembène, non sans dérision, évoque, par la mémoire de Diaw Falla, le protagoniste du *Docker noir*,[19] l'image que l'on se faisait dans les années 1930 du tirailleur sénégalais modèle. Les paroles du personnage sonnent comme celles d'un désabusé:

> Il me revient une récitation que j'ai apprise à l'école:
> Le dévouement des tirailleurs sénégalais
> Pour leurs chefs, est digne d'admiration.
> Ces braves gens se donnent tout entiers
> A celui qui les commande.
> L'officier ne peut pas oublier le regard
> Que jettent ces hommes une fois tombés
> Pour ne plus se relever.
> C'est une vraie troupe française que nous avons
> Il est impossible de l'employer autrement
> Qu'au service de la Patrie.[20]

La bravoure du tirailleur

Il convient de faire remarquer que, d'instinct, qu'il s'agisse de Bakary Diallo ou de quelque autre figure de tirailleur, le soldat sénégalais possède toutes les vertus du courage et du patriotisme. De longues traditions guerrières ont modelé cet esprit rétif à toute subordination abusive, rebelle à toute présence oppressante, et dont le mot *jom* résume l'ensemble des qualités. Le *jom* lie le soldat à son groupe social, fonctionnant ainsi qu'un contrat moral fondé essentiellement sur la notion d'honneur. L'idéal moral et spirituel du soldat wolof (*xarekat*) est d'être présent partout où il a été porté atteinte à l'honneur de sa communauté, que celle-ci soit villageoise, régionale ou nationale. Ces qualités, détournées par la propagande militaire française, ont fait du tirailleur le meilleur défenseur d'une patrie spécieuse, la France. Crédule dès lors parce qu'il prend très souvent pour argent comptant les promesses faites par ses supérieurs français, le tirailleur reste en dépit de tout un personnage courageux, voire intrépide. Dans le roman épique que Mamadou Seyni Mbengue consacre au Cayor, *Le royaume de sable*,[21] le protagoniste, du nom de Madior, est un *garmi* (noble) qui après avoir vainement combattu les Français, se met à leur service avec un égal zèle. Persuadé qu'il est indispensable à l'ordre du monde, le tirailleur n'a généralement que son courage pour désarmer ceux qu'on lui a désignés comme étant les ennemis de l'ordre et de la liberté. Madior s'exclame ainsi:

> Je mets maintenant mon épée au service de la France, comme hier je l'avais mise au service de mon pays, pour lui permettre d'arracher son droit à une vie libre et sans entraves.[22]

Quant à Ousmane Sembène, lui même ancien soldat (de 1942 à 1946) revenu de la guerre désabusé et plus déterminé que jamais à résister de toutes ses forces, l'univers de ses romans laisse souvent se profiler des visages de tirailleurs sur lesquels ne brille plus que le souvenir de leur bravoure d'antan. Il en est ainsi dans *O pays, mon beau peuple!* où, dans le village de Fayène, qui est celui où est né le protagoniste, en Casamance, les personnes âgées se réunissent régulièrement sous l'arbre à palabres après la prière du soir. Parmi ces vieillards, plusieurs sont d'anciens soldats. Le plus âgé d'entre eux, au nom de M'Boup, se souvient:

> J'ai fait la guerre de 1914-1918. Moussa, présent ici, était venu me rejoindre en 1915, je m'en souviens comme du couscous que j'ai mangé hier soir. Blaise Diagne est venu me serrer la main car j'étais caporal, puis il nous réunit en disant que le roi de Tougueul comptait sur nous pour chasser les Allemands. Je ne vous dirai rien de Verdun, ni des Dardanelles, ni de Salonique, c'est là que sont morts des milliers de tirailleurs. J'ai perdu un oncle et un frère. C'est là-bas aussi que j'ai pris le gaz qui me reste encore dans la poitrine. Je n'ai jamais vu autant de cadavres. Nous montions à l'attaque malgré le froid, avec nos coupe-coupe (...) Après, j'ai été décoré (...) Mes médailles, je les ai gagnées.[23]

Homme de mérite, le tirailleur n'est cependant pas toujours présenté dans le roman sous des traits rassurants.

4. LE REVERS DE LA MEDAILLE

La figure du tirailleur sénégalais reflète l'étendue et la variété des comportements inhérents au commerce militaire entre l'Europe et l'Afrique: l'enthousiasme, l'étonnement, la fascination, l'amour ou la haine, la force ou la folie. L'un des grands classiques de la littérature sénégalaise, *L'Aventure ambiguë*,[24] met en scène un personnage de tirailleur victime du choc des mondes européen et africain.

Le tirailleur devenu fou

L'Aventure ambiguë présente un petit garçon sénégalais appartenant à une famille traditionnelle hal-pulaar et musulmane qui, naturellement, l'a envoyé très jeune à l'école coranique. Un beau jour, sa tante, la Grande royale, dont l'autorité sur la famille et aussi sur l'ensemble du village de Saldé est sans conteste, décide de l'enlever de l'école traditionnelle pour l'inscrire à l'école française. Alors entraîné sur la pente d'un profond déchirement, Samba Diallo, le héros du livre, ira de conflit en conflit: après l'école primaire vient le lycée et, après le lycée, la Sorbonne où le personnage du roman va poursuivre des études de philosophie. Sans toutefois entretenir des rapports de type fétichiste avec l'Europe et ses cultures, et sachant faire le tri dans ce qu'on lui apprend, le héros de *l'Aventure ambiguë* n'en tarde pas moins à s'apercevoir que, plus il s'engage dans la culture étrangère, moins il sait qui il est devenu. N'étant plus tout à fait africain, ni entièrement occidentalisé, et ne désirant surtout pas le devenir, car beaucoup d'éléments le gênent dans cette culture, le personnage de Samba Diallo en arrive à se qualifier d'homme hybride. Incapable d'opérer une synthèse entre les deux cultures qui

48

se heurtent en lui, et divaguant de l'une à l'autre, il finit par trouver la mort sous les coups d'un ex-tirailleur qui pour tout nom dans le roman porte celui du fou.

Ce fou a été rendu déséquilibré par un séjour en Europe, une Europe que lui non plus n'a su ni comprendre ni assimiler à son monde. Il rapporte qu'il en a été bouleversé et que, n'y ayant retrouvé aucun de ses repères culturels, il y a perdu la raison:

> L'homme était sanglé dans une vieille redingote sous laquelle le moindre des gestes qu'il faisait révélait qu'il portait les habits amples des Diallobé. La vieillesse de cette redingote, sa propreté douteuse par dessus la netteté immaculée des boubous donnait au personnage un aspect insolite.
> Cet homme qui était un fils authentique du pays, en était parti jadis, sans même que sa famille sût où il allait. Il était resté absent de longues années durant, puis un matin, il était revenu, sanglé dans sa redingote (...) Il prétendait qu'il revenait du pays des Blancs et qu'il s'y était battu contre les Blancs.[25]

Ce tirailleur ayant basculé dans les excès se lie d'amitié avec Thierno, le maître spirituel du pays des Diallobé, vieil homme au corps décharné par les privations et dont le plus clair du temps se passe en prières et en méditations. Pour Thierno, l'Islam et ses préceptes offrent à l'homme non seulement toutes les clés de l'univers terrestre, mais ils lui assurent aussi un Au-delà paisible. Il trouve dans le personnage du fou son meilleur disciple dans l'intransigeance avec laquelle, lui le maître, traite des questions de la foi et de ses implications sociales. Samba Diallo revenu d'Europe n'accepte plus cette forme de la foi à laquelle il oppose son libre-arbitre. Cette croyance nouvelle lui sera fatale car, en le poignardant, c'est précisément ce que le fou a voulu éliminer de la pensée d'un authentique Diallobé.

A l'Europe rationnelle et fébrilement installée dans le monde technologique, le fou oppose l'essence de l'enseignement du Maître: le mépris des biens matériels, l'humilité devant la merveille de la Création, le refuge en Dieu. Le monde du Maître, qui est devenu celui du fou, n'est pas celui des choses vues ou vécues. Il est celui des sensations mystiques. Le mystère divin y fait irruption par la voix des meilleurs talibés, Samba Diallo ou Demba. Leur récitation des sourates du Coran plongent Thierno et le tirailleur au coeur du divin et du surnaturel. Le Maître est fou de la parole de Dieu, le fou irrémédiablement perturbé par une lointaine plongée dans un monde d'où Dieu était absent. Entre le tirailleur fou et le père spirituel du peuple des Diallobé s'est tissée une complicité fondée sur un même refus, celui d'un "monde de parfait ajustement mécanique". Leur univers est celui de la foi vécue jusqu'à l'inconscience. Par la foi le Maître détient le plus noble des pouvoirs: celui exercé sur la qualité des âmes. En elle le fou trouve l'oubli bienfaisant d'une Europe qu'il a assimilée à l'athéisme et à la mystique de l'apparence. L'un, le Maître, sait d'instinct que le Paradis n'est pas le pays des Diallobé. L'autre, le fou, sait d'expérience que l'Europe, à sa manière, s'est fermée les portes de ce même Paradis. Ensemble, par les voies de l'ascèse, ils cherchent ce qu'ils n'ont pas trouvé dans le monde des hommes: le règne du sacré. Le fou de *l'Aventure ambiguë* est un tirailleur reconverti en soldat de la foi islamique.

De manière symbolique, le Maître mourant n'a trouvé pour l'assister dans ses derniers moments que le personnage du tirailleur. C'est sur ses genoux qu'il rend l'âme. Avec lui disparaît le vieux pays des Diallobé, celui qui devait mourir pour que surgisse un ordre nouveau, fait de la sagesse du monde ancien et des connaissances germées du contact avec l'Europe. Aux yeux du tirailleur, Samba Diallo n'est ni plus ni moins que l'agent des Diallobé, mandaté pour, au sein même du peuple conquérant, "aller apprendre [...] l'art de vaincre sans avoir raison". Aussi, lorsque deux mois après la mort du Maître, le jeune philosophe rentre au pays, le tirailleur l'accueille-t-il comme le continuateur de l'enseignement spirituel de Thierno. Il attend de lui qu'il lui confirme la misère morale et religieuse de l'Europe, et célèbre la supériorité spirituelle du Diallobé. Il n'obtiendra ni l'une ni l'autre de ces assurances, car Samba Diallo s'est installé dans le doute, à égale distance de la raison discursive et de la fermeté de la foi islamique. C'est un être moralement chancelant que le tirailleur assassine, signant par cet acte son refus définitif de l'Europe et de ses valeurs.

Outre que lorsqu'il rentre au bercail il se sent étranger même à l'évolution de sa propre famille, le tirailleur est souvent, physiquement, gravement diminué. Adja Ndeye Boury Ndiaye a élu pour protagonistes de son unique roman, *Collier de cheville*,[26] deux camarades d'école devenus tirailleurs: Doudou et Alphonse. La guerre finie, ils rentrent au Sénégal, l'un, Doudou, handicapé physique, et l'autre, Alphonse, arriéré mental. Pour Alphonse l'inadaptation à ses nouvelles conditions de vie est si insurmontable qu'il évolue en marge de la société des adultes, ne trouvant d'écho à son drame intérieur que dans le monde des enfants:

> Alphonse était devenu bizarre. Au lieu de retourner en service à l'Hôtel de Ville, il amusait les enfants. Quand il passait devant eux: "Salut négraille! Ça piaille!", leur lançait-il.
> Négraille piaille! lui répondaient les gosses, sans trop comprendre, mais en riant comme s'ils l'avaient bien eu. Ou bien, il faisait un salut militaire puis courait en criant: "A la mitraille! à la mitraille!" Les bambins s'élançaient à ses trousses; mais il s'arrêtait pile, un peu plus loin. D'autres fois on pouvait le voir accroupi, entouré par un jeune auditoire, discutant gravement comme un homme au cours d'une réunion d'adultes.[27]

Le tirailleur inactif et modestement rémunéré

Soit parce qu'il est physiquement diminué, soit parce qu'il a perdu la raison, soit encore parce qu'il n'a été prévu pour lui aucune structure d'accueil et de réinsertion sociale satisfaisante, le tirailleur devient un personnage errant, nostalgique du temps où, dans les rangs de l'armée française, il semait la terreur parmi le camp ennemi.

Dans son deuxième roman, *Un chant écarlate*,[28] Mariama Bâ fait le portrait d'un de ces laissés pour compte de la guerre, qui pour toute explication à ses malheurs, évoque les Allemands:

Sans profession, il passait le plus clair de son temps à raconter "sa guerre", et à vitupérer les Allemands, ces Toubabs qui, par haine des Noirs, en voulaient aux Français.[29]

Le personnage ainsi décrit, Djibril Guèye, est le père du protagoniste du roman, un jeune Sénégalais marié à une Française qui, parce que trop étrangère aux us et coutumes d'une famille musulmane sénégalaise, en arrivera à mettre fin à ses jours. Handicapé physique, Djibril Guèye, qui a d'abord vu dans l'armée un moyen d'échapper à une éducation musulmane trop stricte, rentre de la guerre pour se replonger de plus belle dans l'application sans faille du dogme islamique. S'il tire de son titre d'ancien combattant le maigre avantage de posséder un modeste logis, il n'en demeure pas moins parfaitement inactif:

> La guerre, avec le recrutement massif de tirailleurs sénégalais, avait délivré Djibril Guèye du joug maraboutique (...) Djibril Guèye découvrait que d'autres voix emplissaient la terre (...) Il était revenu de la guerre avec une jambe plus courte que l'autre et de nombreuses décorations (...) Son titre d'ancien combattant le privilégiait dans ses rapports avec le Blanc: ainsi son invalidité et la reconnaissance d'une administration coloniale lui avaient permis d'occuper, dans le Grand-Dakar, une demi-parcelle.[30]

Dans ce cas précis, l'oisiveté n'a pas mené à la perte totale de tout sens de la responsabilité civile ou familiale, ainsi qu'on peut le constater dans d'autres portraits de tirailleurs.

Le tirailleur irresponsable

Le corpus romanesque présente l'ancien combattant, généralement, comme inapte à retrouver une activité sociale digne de son statut d'ancien militaire de l'armée coloniale. Insatisfait dans un contexte social dont au fond de lui-même il refuse les valeurs essentielles (famille, politique, conscience nationale), il n'a que mépris pour tout ce qui touche à l'éducation des enfants et l'entretien d'un ménage. L'alcool devient son refuge et les lieux publics les arènes où, impudique et provocateur, il pourfend avec rage un ordre social dans lequel il ne trouve plus sa place. Pour lui le véritable chef doit être un Français, sa véritable patrie étant la France et ses souvenirs les plus chers attachés à des faits survenus sur le sol français. Inconsolable, il est en fait un exilé dans son propre pays.

Un trou dans le miroir[31] trace le portrait d'un de ces désabusés: Demba Yoro Bâ, un Pulaar sachant lire et écrire. Deux épouses partagent sa vie, dont l'une très jeune et très belle. Demba a pour ami Matar, un boutiquier, lui aussi polygame, mais décrit par le romancier comme bien plus plus réfléchi, car davantage préoccupé du bien être matériel de l'ensemble de sa famille. Du reste, Matar est conscient de l'ascendant moral qu'il a sur son ami ancien militaire. Aussi, lorsque, en présence de clientes distinguées, Demba, pour se faire remarquer, lui rebat les oreilles de ses exploits militaires passés, le commerçant est-il exaspéré par l'absence totale, chez son camarade d'âge, du sens des réalités. Pour Matar, Demba si profondément ancré dans l'univers militaire, ne se rend pas compte qu'il est redevenu un civil parmi les autres. C'est alors qu'il le traite de "Peul ayant perdu son bâton", entendant par cette formule lapidaire que du fier Pulaar amoureux des grands espaces et foncièrement jaloux de sa liberté, l'armée coloniale a fait un quinquagénaire dandy, féru des places publiques et d'élégantes citadines pour lesquelles il est prêt à dilapider le maigre pécule que constitue sa pension.

On croise par ailleurs dans l'univers romanesque sénégalais des comportements bien plus irréfléchis que celui de Demba Yoro Bâ. Celui de Noumadian par exemple, l'un des personnages de *La Plaie*[32] de Malick Fall. C'est un sexagénaire vivant en marge de la société saint-louisienne, qui le considère en retour comme un dangereux déclassé dépourvu de la moindre parcelle de dignité car passant ses journées à séduire les petites filles assez délurées pour oser franchir le seuil de sa misérable bicoque. Colonisé et tirailleur, Noumadian se présente comme le prototype du floué, celui dont Albert Memmi a décrit l'insoutenable condition:

> La carence la plus grave subie par le colonisé est d'être placé hors de l'histoire et hors de la cité. La colonisation lui supprime toute part de liberté dans la guerre comme dans la paix, toute décision qui contribue au destin du monde et du sien, toute responsabilité historique et sociale.[33]

Hors de la cité et hors de l'histoire, Noumadian n'existe que par ses actes illicites ou immoraux.

5. L'HUMILIATION

Malick Dia compte au nombre des romanciers soucieux de rappeler que le tirailleur, quelle que puisse être l'absurdité de sa condition, demeure un personnage digne du plus profond respect, pour les raisons que nous avons évoquées plus haut: très souvent, il a été arraché à sa terre, jeté dans le moulin de l'armée française, puis abandonné à son sort de victime. Aussi l'auteur de *L'impossible compromis*, soucieux de réhabiliter cette figure bafouée, a-t-il choisi de mettre en scène un ancien *Calao* (chef traditionnel) confronté au choc des cultures européenne et africaine.

Recruté dans l'armée française, l'ancien *Calao* passera trois années en Europe. La guerre finie, il rentre au pays, blessé mais décoré d'une belle médaille et portant le grade de sergent. Il est nommé Chef de Canton et touche tous les trois mois une modeste pension. Toutefois, il est déchu de son titre de *Calao* auquel il tenait tant. Avec l'indépendance du pays, il est de nouveau déchu de son titre de Chef de Canton car une nouvelle administration s'est substituée à l'ancienne. Mais le personnage étant issu d'une famille noble, les nouveaux dirigeants du pays tiennent à lui témoigner quelques marques de respect. L'ancien *Calao* est un aristocrate jaloux de ses prérogatives. Son monde est celui du faste et des honneurs. Il doit être servi par le groupe des *baadolo*, classe non castée, mais de condition très modeste. Quant aux *neeno*, groupe des artisans, ils ont pour attribution sociale de chanter la généalogie prestigieuse du chef traditionnel. On comprend dès lors que le *Calao* vive sa nomination à la tête d'un secco (entrepôt où l'on garde la récolte) comme une humiliation:

> Il était donc là, souverain déchu par un progrès continuel, chef d'un enclos où les paysans, ses baadolo d'autrefois, libres et républicains, venaient vendre leurs arachides à la coopérative dont ils étaient les membres, par la volonté de la République.[34]

Ce que Malick Dia excelle à montrer dans le cas de ce tirailleur c'est la cruauté avec laquelle l'armée dépersonnalise les esprits les plus équilibrés. Le romancier nous la décrit comme l'antichambre du grégarisme et de la bêtise. Il n'est, jusqu'aux caractères les plus trempés comme ceux de l'ancien *Calao*, rien qui puisse résister à ses effets dévastateurs. *L'impossible compromis* ne laisse subsister aucune ambiguïté: l'armée, institution perverse, est la cause de l'absurdité de la condition du tirailleur. L'auteur constate avec amertume:

> Curieux état d'âme que celui de cet homme [il s'agit de l'ancien Calao] dont les ancêtres s'étaient tant battus contre le Général Faidherbe et ses troupes et qui, aujourd'hui, sursaute et se met au garde-à-vous, avec émotion, lorsqu'il entend par hasard chanter la Marseillaise.[35]

Aux yeux de Malick Dia, plutôt que de s'en prendre aux hommes, il convient de condamner la force et la violence érigées en système.

Conclusion

Il est une première remarque à faire au terme de ce survol de la littérature romanesque sénégalaise: le personnage du tirailleur intervient dans le roman souvent comme personnage secondaire. Exception faite de *Force-Bonté* de Bakary Diallo, de *O pays, mon beau peuple* d'Ousmane Sembène, du *Collier de cheville* d'Adja Ndeye Boury Ndiaye et du *Royaume de sable* de Mamadou Seyni Mbengue, romans dont la figure centrale est celle d'un tirailleur, le corpus romanesque sénégalais relègue le personnage de l'ancien combattant à l'arrière-scène de la narration, ne lui accordant que de très brèves apparitions, occasions pour cette figure meurtrie de réanimer un pan de l'histoire des alliances euro-africaines.

Une seconde remarque s'impose: ainsi qu'il est révélé par le roman, le monde des tirailleurs est celui des choses vues et vécues. La narration de leur aventure confère à la littérature romanesque le caractère du reportage, tandis que la nudité des portraits laisse penser que toutes les plaies ne se sont pas entièrement cicatrisées. Car si le ton général du roman sénégalais est sereinement didactique, il n'en demeure pas moins vrai que ce qui monte de ces écrits, se bousculant dans le regard du lecteur comme les divers épisodes d'un montage cinématographique, ce sont des images d'estropiés, d'hommes errants, d'adultes retombés en enfance, de fous et de déclassés sociaux, toutes images générées par les deux plus grandes secousses de notre siècle.

Des hommes colonisés ont répondu à leur condition par le dévouement et l'action. Nous savons néanmoins[36] que la condition première de toute action valorisante est la liberté.

Notes

1) Diagne, Ahmadou Mapaté: *Les trois volontés de Malic*. 1ère Edition Paris: Larousse 1920. 2e Edition Kraus Reprint 1973.

2) Diagne, Ahmadou Mapaté: *Les trois volontés de malic*. Op. cit. 10.

3) Sembène, Ousmane: *Le dernier de l'empire*. Paris: L'Harmattan 1981: 2 tomes.

4) Sembène, Ousmane: *Le dernier de l'empire*. Op. cit. T.1: 48

5) Senghor, Lamine: *La violation d'un pays*. Paris: Bureau d'Editions de Diffusion et de Publicité Faubourg Saint-Denis 1927.

6) Cf. entre autres documents: *Blaise Diagne*. Publication conjointe des Nouvelles Editions Africaines, de la SONAPRESS de Dakar et des Editions des Trois Fleuves 1974.
- *Notes Africaines*: No. 135, juillet 1972.
- Blaise Diagne est né à Gorée en 1872 et mort en 1934. Obtient son siège à la Chambre des Députés en France en 1914 comme premier représentant du Sénégal. Après la campagne de recrutement qu'il a menée en 1918, il s'est considéré comme le député de toute l'Afrique Occidentale Française. Cette campagne l'a brouillé avec le Gouverneur Général de l'Afrique Occidentale Française, Joost Van Vollenhoven, radicalement opposé au recrutement. Le gouverneur démissionnera à la suite de ces événements.

7) Senghor, Lamine: *La violation d'un pays*. Op. cit. 22.

8) Idem: 26.

9) Idem: 22.

10) Sembène, Ousmane: *Le dernier de l'empire*.

11) Dia, Malick: *L'impossible compromis*. Dakar: N.E.A. 1979: 21.

12) Diallo, Bakary: *Force-Bonté*. 1ère Edition Paris: Rieder et Cie 1926. 2e Edition Kraus Reprint 1973. 3eme Edition. Dakar: N.E.A. 1985: 51.

13) Diallo, Bakary: *Force-Bonté*. 3e Edition: 95.

14) Idem: 85. Cheikh Hamidou Kane fait tenir ce discours à Samba Diallo: "C'est peut-être avec leur alphabet. Avec lui, ils portèrent le premier coup rude au pays des Diallobé. Longtemps, je suis demeuré sous la fascination de ces signes et de ces sons qui constituent la structure et la musique de leur langue. Lorsque j'appris à agencer les mots pour donner naissance à la parole, mon bonheur ne connut plus de limites": *L'aventure ambiguë*. Paris: Julliard 10/18 1977: 172.

15) Sembène, Ousmane: *O pays, mon beau peuple!* 1ère Edition Paris: Amiot-Dumont 1957. 2e Edition Paris: Presses de la Cité 1975. 3e Edition Paris: Presses Pocket 1977.

16) Sembène, Ousmane: *O pays, mon beau peuple!* Op. cit. 3e Edition: 14-15.

17) Le *tagg* est un ensemble de paroles louangeuses adressées à une personne dont on veut, publiquement, faire connaître les mérites.

18) Sembène, Ousmane: *Le Docker noir*. 1ère Edition Paris: Nouvelles Editions Debresse 1956. 2e Edition Paris: Présence Africaine 1973: 105.

19) Sembène, Ousmane: Op. cit.

20) Idem: 214.

21) Mbengue, Mamadou Seyni: *Le royaume de sable*. Dakar: N.E.A. 1975.

22) Idem: 250.

23) Sembène, Ousmane: *O pays, mon beau peuple!* Op. cit. 27.

24) Kane, Cheikh Hamidou: *L'aventure ambiguë*. 1ère Edition Paris: Julliard 1961. 2e Edition Paris: Union Générale d'Editions-Collection 10/18, 1971.

25) Kane, Cheikh Hamidou: *L'aventure ambiguë*. Op. cit. 2e Edition: 97.

26) Ndiaye, Adja Ndeye Boury: *Collier de cheville*. Dakar: N.E.A. 1983.

27) Idem: 147.

28) Bâ, Mariama: *Un chant écarlate*. Dakar: N.E.A. 1982.

29) Idem: 12.

30) Idem: 12.

31) Sèye, Ibrahima: *Un trou dans le miroir*. Dakar: N.E.A. 1983.

32) Fall, Malick: *La plaie*. Paris: Albin Michel, 1967.

33) Memmi, Albert: *Portrait du colonisé*. Paris: Petite Bibliothèque Payot, 1973: 121.

34) Dia, Malick. *L'impossible compromis*. Dakar: N.E.A. 1979: 21.

35) Idem: 11.

36) Cf. Sartre, Jean-Paul: *L'Etre et le Néant. Essai d'ontologie phénoménologique.* 1ère Edition Paris: Gallimard 1943. 2e Edition Paris: Gallimard 1981: 537 "En outre, la liberté est la liberté de choisir, mais non la liberté de ne pas choisir."

Hans-Jürgen LÜSEBRINK

"TIRAILLEURS SENEGALAIS" UND "SCHWARZE SCHANDE"

Verlaufsformen und Konsequenzen einer deutsch-französischen Auseinandersetzung
(1910-1926)

I.

Jeder Diskurs über den Krieg, ob er von dem preußischen Strategen Clausewitz oder
dem französischen General Mangin, dem Schöpfer und Organisator der 1910 ins Leben
gerufenen Truppen afrikanischer Soldaten in französischen Diensten, herrührt, trifft
anthropologische Aussagen: er schätzt die zu rekrutierenden Männer hinsichtlich ihrer
Tauglichkeit ein, die Leiden des Kampfes zu ertragen und in blindem Gehorsam auch
den unmenschlichsten Befehlen Folge zu leisten; er versucht, ausgehend von
historischen Erfahrungen und rassisch-ethnischen Gesichtspunkten, ihre
Einsatzbereitschaft und ihre "militärischen Tugenden" zu beurteilen; und er trachtet
danach, in einem Gestus von technokratischer Kälte die Zahl der potentiell zu
rekrutierenden Bevölkerungsteile demographisch zu erfassen und hierbei vor allem ihre
Reproduktionsfähigkeit zu errechnen - Faktoren, die in den Vernichtungs- und
Materialschlachten des Ersten Weltkrieges eine entscheidende Bedeutung erlangten.

Die Rekrutierung von insgesamt etwa 189.000 schwarzafrikanischen Soldaten vor und
während des Ersten Weltkrieges, die in großem Maßstab 1910 einsetzte, erfolgte in
Frankreich aus militärisch-strategischen, vor allem jedoch aus demographischen
Überlegungen heraus.[1] Die zu rekrutierende "Armée noire" sollte nach den
Vorstellungen des französischen Kriegsministeriums jene Defizite ausgleichen, die in
der französischen Armee seit der Mitte des 19. Jahrhunderts durch den Rückgang der
Geburtenrate und eine stagnierende Bevölkerungsentwicklung entstanden waren, die
Frankreich im Vergleich zum wilhelminischen Deutschland in die Situation einer
entscheidenden militärischen Unterlegenheit zu bringen drohten.[2] Der Colonel Mangin,
einer der energischsten Befürworter einer afrikanischen Armee in französischen
Diensten, unterstrich in zahlreichen politischen Reden sowie in seinem 1910
publizierten Buch *La Force noire* vor diesem Hintergrund die herausragende
militärstrategische Bedeutung einer Armee afrikanischer Kolonialsoldaten im Falle
einer kriegerischen Auseinandersetzung auf europäischem Boden. Mangin betonte
beispielsweise in einem programmatischen Vortrag, den er im März 1911 an der Pariser
Ecole des Sciences Politiques hielt, die militärischen Qualitäten der "Tirailleurs
sénégalais", die aus seiner Sicht auf einer fest verwurzelten kriegerischen Tradition
beruhten: "Ces qualités guerrières", so Mangin,

vous les connaissez déjà, car le tirailleur sénégalais commence à devenir un des
types les plus populaires parmi les soldats de notre armée. Vous le savez, aucune

57

troupe n'a jamais eu à donner les mêmes preuves de résistance à la fatigue, aux privations de toute sorte.[3]

Die Unerfahrenheit afrikanischer Soldaten hinsichtlich moderner Kriegsführung werde, so Mangin, durch "rassische Eigenschaften" aufgewogen, die gerade in den Materialschlachten zeitgenössischer Kriege entscheidende Trümpfe darstellten: ihre "fatalistische Unbekümmertheit" ("insouciance fataliste") und ihr völliger Mangel an Nervosität:

> C'est surtout ce manque de nervosité qui les rendra précieux dans les longues luttes de la guerre moderne, dans ces grandes batailles de plusieurs jours où les deux adversaires fixés sur leurs positions attendront la manoeuvre qui devra décider de la victoire. Tandis que les troupes des armées civilisées perdront leur force par la tension de leurs nerfs et la privation de sommeil, ces primitifs qui dorment à commandement, presque sous le feu de l'ennemi, garderont les leurs intactes prêtes pour l'élan suprême, d'où dépendra le sort de la patrie commune.[4]

Aussagen wie die zitierten belegen deutlich die von französischen Militärstrategen wie Mangin, Marceau oder Obissier verfolgte Zielsetzung, die Regimenter afrikanischer "Tirailleurs" vor allem im Stellungskrieg in vorderster Linie, im Kampf Mann gegen Mann und als Sturmtruppen einzusetzen. "Leur système nerveux si réduit" würde sie, so der Offizier Marceau, der einen Teil seines Buches *Le Tirailleur sénégalais* anthropologischen Gesichtspunkten widmete, geradezu für diese Aufgaben prädestinieren. Die Tirailleurs seien "des Grands enfants" und "des Ames simples", deren körperliche Widerstandskraft ("Endurance"), Ausdauer ("Résistance"), Ergebenheit ("Dévouement"), Treue ("Fidélité") und Tapferkeit ("Bravoure") jedoch nur erhalten bleiben könnten, wenn sie von den "schädlichen und verweichlichenden Kontakten" ("contacts pernicieux et amollissants") mit der europäischen Gesellschaft ferngehalten werden könnten. "Ne le gâtons pas", schreibt Marceau hierzu,

> par surcroît, en l'engarnisonnant à côté de troupes blanches ou mi-blanches. Ne risquons pas ainsi d'éveiller sa curiosité et ses désirs à des besoins dont il ne ressent pas la nécessité et dont la satisfaction ne pourrait que diminuer ses saines et fortes qualités.[5]

Der Militärhauptmann Obissier, neben Mangin und Marceau der einflußreichste Befürworter einer zahlenmäßig starken "Armée noire", betrachtete diese als ein unvergleichliches Instrument französischer Machtexpansion auch in Europa, "un incomparable instrument de conquête et de domination".[6] Zugleich entwarf Obissier ein differenziertes Tableau der kriegerischen Fähigkeiten der verschiedenen Ethnien Westafrikas. Eine Spitzenposition nimmt in seiner Einschätzung hierbei das Volk der Bambara ein, "excellent tirailleur, robuste, dévoué et discipliné", gefolgt von der Ethnie der Toucouleur, "qui peut faire un bon gradé et un soldat remarquable au combat". Die senegalesischen Wolof hingegen würden, so Obissier, gute Soldaten abgeben, "docile, de bonne tenue, suffisamment débrouillard et discipliné", aber sich nur wenig für höhere Dienstgrade eignen ("un médiocre gradé").[7]

58

Das enthusiastische Eintreten zahlreicher französischer Militärs für eine massive Rekrutierung afrikanischer Soldaten traf in der französischen Öffentlichkeit der Jahre vor und während des Ersten Weltkrieges überwiegend auf Skepsis, zum Teil auch auf offene Ablehnung. Es war vor allem die von Mangin immer wieder unterstrichene und als Qualität hervorgehobene anthropologische **Andersartigkeit** der Tirailleurs" - ihre Unempfindsamkeit, ihr "éloignement de la civilisation" -, die aus der Sicht eines überwiegenden Teils der zeitgenössischen Presse ihren Einsatz auf europäischen Schlachtfeldern problematisch, für beide Seiten unmenschlich und völkerrechtswidrig erscheinen ließen. Eine führende Rolle spielten in dieser Pressekampagne die Überlegungen der französischen Völkerrechtler Despagnet und Mérignhac, die weit über einen engen Spezialistenkreis hinaus rezipiert und diskutiert wurden. Bereits in den Jahren 1901 und 1902 hatten Despagnet und Mérignhac in der *Revue générale de droit international public* völkerrechtliche Bedenken gegen die Verwendung afrikanischer Truppen auf europäischen Kriegsschauplätzen angemeldet. Soldaten "wilder Völkerstämme" ("tribus sauvages") "issus de races barbares", so die Argumentation der beiden Völkerrechtler, würden die Regeln des europäischen Krieges nicht kennen und seien unfähig, diese zu erlernen.[8]

Diese kontrovers geführten Debatten um die Rekrutierung afrikanischer Soldaten hatten in Frankreich während des Krieges eine weitgehende Verdrängung ihrer Rolle im Kampfgeschehen zur Folge. Das *Bulletin des Armées de la République* erwähnte beispielsweise mit keiner Zeile die herausragende Bedeutung der afrikanischen Regimenter während der Schlacht an der Somme im Juni und Juli 1915.[9] Saint-Germain, Mitglied des französischen Senats, unterstrich diese Tatsache in einem Artikel über die Aufmärsche anläßlich des 14. Juli 1919, des französischen Nationalfeiertages, der in der *Dépêche Coloniale et Maritime* erschien:

Les comptes-rendus quotidiens des événements militaires, d'aôut 1914 à novembre 1918, ne mentionnaient que rarement les corps qui soutenaient l'agression des barbares et assuraient la défense nationale. Il faudra un certain temps pour que l'histoire des hauts faits accomplis par les troupes africaines soit connue dans ses détails, avec une précision suffisante.[10]

Die Beteiligung von Kolonialtruppen - insgesamt etwa 300.000 Soldaten - und insbesondere der "Tirailleurs sénégalais" am großen "Quatorze Juillet de la Victoire", den Siegesfeiern am 14. Juli 1919 in Paris auf den Champs-Elysées, wurde in der französischen Öffentlichkeit als eine Art 'Wiedergutmachung', als die Kompensierung eines absichtlichen Vergessens, gesehen.[11] Diese 1919 einsetzende öffentliche Wiedergutmachung sollte sich als ebenso ephemer wie folgenreich erweisen. Sie war ephemer, weil die Teilnahme von über 189.000 "Tirailleurs sénégalais" am Ersten Weltkrieg nie Eingang in das langfristige historische Gedächtnis Frankreichs fand: jene "Mémoire collective", die in der Historiographie, in Schulgeschichtsbüchern, in Kriegsromanen sowie in Militärmuseen wie Verdun oder im Hôtel des Invalides in Paris verankert ist und aus denen die "Tirailleurs sénégalais" nahezu völlig verdrängt wurden. Im Gegensatz hierzu zeichnen sich die Jahre 1919 bis 1926 durch eine geradezu erstaunlich massive 'Wiederkehr des Verdrängten' aus. Die in diesen Jahren zu beobachtende öffentliche Thematisierung der Rolle der "Tirailleurs sénégalais" während des Ersten Weltkrieges entsprang jedoch keineswegs einem plötzlichen, tiefgreifenden Bewußtseinswandel der französischen Öffentlichkeit. Sie war vielmehr das Ergebnis einer ebenso kollektiv verankerten wie politisch bestimmten **Reaktion**: der Reaktion auf die deutsche Kampagne gegen die Beteiligung afrikanischer Soldaten an der Besetzung des Saarlands sowie des Rheinlands durch französische Truppen, die unter dem Schlagwort der "Schwarzen Schande" geführt wurde.

II.

Die Beteiligung von über 10.000 afrikanischen und madegassischen Soldaten an der Rheinlandbesetzung sowie an der Okkupation des Saarlandes stellte die erste Begegnung breiter deutscher Bevölkerungsschichten mit Afrikanern dar. Die zunächst von rechtsextremen, revanchistischen Kreisen geschürte Kampagne gegen die "Tirailleurs sénégalais" griff im Laufe der Jahre 1919 und 1920 auf einen großen Teil der deutschen Presse über. Die ablehnende Haltung gegenüber der französischen Militärbesatzung, die von einer breiten Bevölkerungsmehrheit geteilt wurde, fand in der rassistisch argumentierenden Kampagne gegen die afrikanischen Truppen eine besonders leicht auszubeutende Zielscheibe, da sie fest verwurzelte Vorurteile und kollektive Fantasmen mobilisierte. Rechtsextremistische Zeitungen wie die von Heinrich Distler herausgegebene Publikation *Die Nacht am Rhein*, aber auch auflagenstarke Tageszeitungen wie die *Berliner Zeitung* verbanden mit der Beteiligung schwarzafrikanischer Soldaten an der Rheinlandbesetzung die Vorstellung einer "Invasion von Barbaren", durch die Frankreich dem besiegten Deutschland eine zusätzliche Demütigung auferlegen wollte. Der Herausgeber der Zeitung *Die Nacht am Rhein*, der sich bereits 1922 der nationalsozialistischen Bewegung Adolf Hitlers anschloß, baute die Zwangsvorstellung einer drohenden "Mulattisierung des Rheinlands" auf. Ausgehend von den Thesen des Vererbungsforschers Gregor Mendel postulierte der Münchener Arzt F. Rosenberger in Distlers Zeitung, daß "die Mischlinge zwischen Weißen und Farbigen zunächst weniger wertvoll sind, als Weisse reinen Blutes" und zudem "nicht so sehr an die hohen Anforderungen des Kulturlebens angepaßt"[12] - eine Argumentation, die während des Dritten Reiches wieder aufgenommen wurde und mit der Zwangssterilisierung von über 800 während der Besatzungszeit geborenen Mischlingskindern furchtbare Konsequenzen nach sich zog. Die Metaphern der "Flut", der "Überschwemmung" ("immer stärkere Fluten farbiger Rassen warf der Feind an die Grenze"[13]) und des "Verschlingens" (vgl. Abb. 1) beherrschten diese vor allem von rechtsextremen Kreisen initiierte Diffamierungskampagne gegen die "Tirailleurs sénégalais" und legen eine deutliche Verbindung von sexuellen Zwangsvorstellungen und Rassentheorie offen. Der Marschall Hindenburg erklärte in seiner 1920 publizierten Autobiographie *Aus meinem Leben* die traumatische Niederlage Deutschlands im Jahre 1918 u.a. mit dem massiven Einsatz afrikanischer Soldaten auf den europäischen Kriegsschauplätzen ("der Gegner hatte uns schwarze Wellen entgegengetrieben"[14]). Fälle von Vergewaltigungen, die häufig rechtlich umstritten blieben, wurden in voyeuristisch zu nennender Weise von fast der gesamten deutschen Presse evoziert und häufig im redaktionellen Kommentar als Beweis für die "ungezügelte Sexualität primitiver Rassen" eingeordnet.

Die deutsche Kampagne gegen die "Tirailleurs sénégalais" verwendete paradoxerweise in vielen Bereichen den gleichen anthropologischen Diskurs, der 10 Jahre zuvor französischen Militärs wie Mangin, Marceau und Obissier entscheidende Argumente für die massive Rekrutierung afrikanischer Soldaten durch die französische Armee geliefert hatte. Im Kontext der deutschen Kampagne gegen die "Schwarze Schande" erhielten diese u.a. von Mangin verwendeten Beschreibungsmuster der "obéissance aveugle", der "agressivité innée", des "penchant matériel pour la guerre" sowie der "Unzivilisiertheit", die afrikanischen Soldaten zugeschrieben wurden, jedoch radikal entgegengesetzte Bedeutungsdimensionen: statt - wie in der kolonialen Anthropologie des Vorkriegsfrankreichs - als positiv gewendete Charaktermerkmale der Afrikaner zu gelten, die als zu erziehende "grands enfants" und "âmes simples" galten, wurden sie in der deutschen Öffentlichkeit der Zeit zu Zeichen barbarischer Wildheit umgewertet. "Diese angeborene Wildheit", schrieb Wilhelm von der Saar 1921 in seinem Pamphlet *Der blaue Schrecken und die schwarze Schmach* (Abb. 2), "ist im Kriege nicht gemildert worden. [...]. Ihre sittliche und religiöse Entwicklung ist derart minderwertig, daß sie durch den Krieg nur noch mehr verwildert sind."[15]

Die deutsche Kampagne gegen die "Schwarze Schande", die sich durch eine erschreckende Brutalität sowohl der Sprache wie der zum Vorschein kommenden Phantasmen auszeichnet, nahm zahlreiche Elemente des rassistischen Diskurses der nationalsozialistischen Zeit vorweg. Sie zeichnete nicht nur die Konturen einer streng hierarchisch geordneten Rassentheorie vor, sondern verband ähnlich wie Hitler 1928 in *Mein Kampf* rassistische Vorstellungen mit antisemitischem Gedankengut. "Ich behaupte", so Hitler in *Mein Kampf*, "daß es Juden waren, die den Neger an den Rhein bringen immer mit dem gleichen Hintergedanken und klaren Ziele, durch die dadurch zwangsläufig eintretende Bastardisierung die ihnen verhaßte weiße Rasse zu zerstören."[16] Zudem übernahm die deutsche Kampagne gegen die "Tirailleurs sénégalais" zu Beginn der Weimarer Republik eine ähnliche Alibifunktion wie die zur gleichen Zeit entstandene 'Dolchstoßlegende'. Beide dienten der kollektiven Verdrängung und Kompensierung der traumatischen Niederlage von 1918: der Gegner, vor allem Frankreich, habe - so die Argumentationslogik - die elementaren Regeln der Kriegsführung durch die "Kriegerische Verwendung unzivilisierter Volksstämme gegen zivilisierte Nationen"[17] verletzt und hierdurch auf illegitime Weise eine deutliche militärische Überlegenheit erlangt.

In der deutschen Presse und Öffentlichkeit der beginnenden zwanziger Jahre lassen sich jedoch auch zahlreiche Stimmen ausmachen, die sich von der umrissenen Diffamationskampagne gegen die "Tirailleurs sénégalais" distanzierten. Sie wandten sich nach den Erfahrungen des Ersten Weltkrieges, der über 8,5 Millionen Tote gekostet hatte, vor allem gegen die dünkelhafte Vorstellung, die Europäer seien 'zivilisierter' als die übrigen Nationen und gehörten einer "höherwertigen Rasse" an. Ein Artikel, der am 17. Juni 1921 in der *Karlsruher Zeitung* erschien, erregte Aufsehen und in der breiten Öffentlichkeit Entrüstung, weil der Autor die Behauptung aufzustellen wagte, "ein großer Teil der Münchener Bevölkerung sei von einer Roheit des Fühlens und des Denkens, daß man sich versucht fühle, den Aschantineger im Vergleich als den Träger der höhern Zivilisation anzusehen."[18] Die Tageszeitung *Freiheit. Berliner Organ der Unabhängigen Sozialdemokratie Deutschlands* bezeichnete die Veröffentlichungen des rechtsextremen Münchener Volksbundes über die "Schwarze Schmach" als "Kindermärchen": "Wir haben immer davor gewarnt", so die Zeitung in ihrer Ausgabe vom 5. Februar 1921, "aus vereinzelten Fällen allgemeine Folgerungen zu ziehen, und können nur hoffen, daß endlich einmal die Regierung unterlassen wird, die Beziehungen zwischen den Völkern durch die Aufhäufung immer neuen Hetzstoffes zu vergiften."[19] Die gleichen Einwände brachte die Journalistin Lilli Jennasch bereits im November 1920 in der Monatsschrift *Die Frau im Staat* vor und warnte davor, den "Klängen der alldeutschen Pfeifen nachzuströmen", die "unser Volk [...] ins neue Verderben des Rachekrieges hineinreißen, um an neuem Europabrand ihre reaktionäre Suppe zu kochen":

> Und die Schwarze Schande? Ich selbst habe ein Jahr im besetzten Gebiet verlebt in einem kleinen Taunusplatz, der von mehreren hundert schwarzen Soldaten monatelang belegt war. Der zuständige Landrat versicherte mir, daß in der ganzen Zeit keinerlei Überfall auf Frauen oder Kinder stattgefunden; die Schwarzen seien sogar recht populär gewesen. Aus der Bevölkerung hörte ich die gleichen Urteile. [...]. Daß es sich bei den Überfällen der Schwarzen nicht um **Massenerscheinungen**, sondern um **Einzelfälle** handelt, geht aus allen Mitteilungen hervor, die man von Leuten erhält, die nicht durch die alldeutsche Brille sehen.[20]

Der Artikel der engagierten Journalistin L. Jennasch, der den programmatisch-vielsagenden Titel "Schwarze Schmach - weiße Schmach?" trägt, sprach den Deutschen ebenso wie den übrigen, am Ersten Weltkrieg beteiligten Nationen angesichts der "maßlosen Kriegsverrohung" jegliches Recht ab, "über fremdes Unrecht empörte Proteste in die Welt hinauszusenden."[21]

III.

Die deutsche Kampagne gegen die "Tirailleurs sénégalais" erregte in Frankreich ungeheures öffentliches Aufsehen. Eine massive Antwort auf die deutschen Beschuldigungen, durch die die Legitimität des französischen Sieges im Ersten Weltkrieg radikal in Frage gestellt wurde, avancierte im Kontext der Siegesfeiern des Jahres 1919 zu einer Angelegenheit von nationaler Bedeutung. Diese im Frühjahr 1919 einsetzenden französischen Repliken auf die deutsche Diffamierungskampagne lassen in erster Linie drei Argumentationslinien erkennen.

Einerseits versuchte die französische Regierung, die von deutscher Seite vorgebrachten Anschuldigungen gegen die "Tirailleurs sénégalais" (Verübung von Gewaltverbrechen, Vergewaltigungen, homosexuelle Vergehen) durch die Einsetzung militärischer Untersuchungskommisssionen, deren Ergebnisse publizistisch verbreitet wurden, als Propaganda zu entlarven und zu widerlegen. So wurden in der zeitgenössischen französischen Presse Broschüren wie der offizielle Bericht des Offiziers Bouriand, der die Resultate einer umfangreichen Enquête im Rheinland wiedergab, verbreitet und ausführlich zitiert. Dem Mythos der "Schwarzen Schande" setzten zahlreiche französische Journalisten im Anschluß an diese Untersuchungsberichte das Argument der "Weißen Schande" entgegen. Hiermit war nicht - wie bei L. Jennasch - die Brutalität des Ersten Weltkrieges gemeint, sondern die zahlreichen Ehen und Liebesaffären zwischen deutschen Frauen und senegalesischen Soldaten, die u.a. durch Heiratsstatistiken, autobiographische Zeugnisse, den Abdruck von Liebesbriefen und durch Photos (vgl. Abb. 4, Art. von J. Schultz, S. 99) belegt wurden[22] - eine Strategie der Replik, auf deren grundlegende Ambivalenz u.a. Maurice Delafosse in der *Dépêche Coloniale et Maritime* hinwies.[23]

Zweitens rief die deutsche Diffamierungskampagne gegen die "Schwarze Schande" auf französischer Seite eine ostentative Aufwertung der Rolle der "Tirailleurs sénégalais" im Ersten Weltkrieg hervor. Hierauf weist beispielsweise die Beteiligung afrikanischer Regimenter an den Siegesfeierlichkeiten anläßlich des 14. Juli 1919 - oder auch die zahlreichen Denkmalsprojekte, die in den Jahren 1919-21 entstanden und verhältnismäßig schnell realisiert wurden. So wurden zwischen 1920 und 1924 zu Ehren der am ersten Weltkrieg beteiligten afrikanischen Soldaten Monumente in Bamako, Dakar, Saint-Raphaël und Reims errichtet.[24] Ein weiteres den Ruhmestaten der "Soldats de l'A.O.F." gewidmetes Denkmal wurde auf der großen Kolonialausstellung im Sommer 1921 in Marseille gezeigt und anschließend in der Hauptstadt Französisch-Westafrikas, Dakar, aufgestellt.[25] Ein ähnliches Denkmal wurde im Juli 1924 in der Nähe von Reims auf den Schlachtfeldern des Ersten Weltkrieges eingeweiht. Ebenso wie bei einem zur gleichen Zeit in Bamako errichteten "Monument commémoratif de l'armée noire" erfolgte die Finanzierung nicht aus öffentlichen Mitteln, sondern durch eine breit angelegte Subskriptionskampagne in allen Gemeinden Frankreichs. Der General Achinard, ein ehemaliger Kolonialoffizier, unterstrich als Präsident der "Comités des Amis des Troupes noires françaises", die die Subskriptionskampagne organisiert hatten, bei der Einweihung des Monumentes in Reims die herausragende Rolle der "Tirailleurs sénégalais" im Ersten Weltkrieg mit folgenden Worten:

> Nos tirailleurs noirs se sont conduits en bons Français; ils se sont montrés dignes de combattre sous nos trois couleurs. [...]. Ces troupes s'y sont montrées terribles pour les Allemands parce qu'elles les regardaient comme des sauvages combattant avec des armes déloyales, saccageant tout par amour du mal.[26]

Die Fahne der "Tirailleurs sénégalais", der bereits die "légion d'Honneur" zugesprochen worden war, erhielt im Mai 1919 die höchste Auszeichnung, die französischen Regimentern verliehen werden konnte: die "fourragère aux couleurs de la médaille militaire et la croix de guerre à quatre palmes" - ein Ereignis, dem *Le Petit Journal*, einer der auflagenstärksten Tageszeitungen der Zeit, am 1. Juni 1919 sogar ein bebildertes Extrablatt ("Supplément illustré") widmete.[27]

Die Zurückweisung der deutschen Diffamierungen gegen die "Tirailleurs sénégalais" führte in der gesamten französischen Presse der Jahre 1919-22 - von den

Kolonialzeitungen wie *Les Annales Coloniales* bis hin zu Tageszeitungen wie *Le Temps* und *Le Petit Journal* - zu einer ostentativen, zum Teil zur Übertreibung tendierenden Aufwertung der bis dahin weitgehend verdrängten und vergessenen Rolle der "Tirailleurs sénégalais" im Ersten Weltkrieg. So veröffentlichte Henri Vidal während der Jahre 1919 und 1920 in der *Dépêche Coloniale et Maritime* eine Serie von mehr als 50 Artikeln unter der Überschrift "Nos Coloniaux dans la Grande Guerre". Die gleiche Zeitung publizierte 1920 eine Erklärung des Generals Mangin aus Anlaß des französischen Nationalfeiertages am 14. Juli 1920, in dem der Schöpfer der "Force Noire" die herausragende Rolle der "Tirailleurs sénégalais" der breiten Öffentlichkeit gegenüber nachdrücklich hervorgehoben hatte:

> Il n'y eut guère de grande offensive où nos noirs n'aient joué un rôle important et souvent décisif. Il suffit de mentionner la repraise du fait de Donaumont, à l'assant duquel collaborèrent deux bataillons de Sénégalais, un bataillon de Somalis et un bataillon d'Indochinois.[28]

Auch Mangins *Hommage* an die afrikanischen Regimenter nahm explizit Bezug auf die deutsche Diffamierungskampagne gegen die "Tirailleurs sénégalais", auf die sich der gesamte Schlußteil seiner Rede bezog:

> Que les Allemands [...] invoquent le prétexte de la civilisation contre l'emploi des forces françaises d'Afrique et d'Asie, c'est là un subterfuge qui ne trompe personne. "- Boche y a sauvage!" disaient nos Sénégalais en leur pittoresque sabir. Et de fait, jamais les nègres conquis à la civilisation française ne commirent les atrocités relevées contre les Allemands en Belgique et dans nos départements reconquis. Il faut que l'Allemagne s'accoutume à cette idée que notre patrie ne se limite point à ses frontières européennes... Ce n'est pas seulement 40 millions, c'est 100 millions d'hommes que la France pacifique, guidée par le plus haut idéal de justice et d'humanité, peut mettre au service de la civilisation.[29]

Die Erklärung Mangins verweist auf eine dritte Form der Replik von französischer Seite auf die deutsche Kampagne gegen die "Tirailleurs sénégalais". Die französische Öffentlichkeit betonte nicht mehr die anthropologische **Andersartigkeit** der afrikanischen Rekruten - die Mangin und andere französische Militärs **vor** und **während** des Krieges als eine ihrer wesentlichen Qualitäten angesehen hatten -, sondern ganz im Gegenteil ihre intellektuelle *Entwicklungs-* sowie ihre kulturelle **Anpassungsfähigkeit**. Die Welt des Militärs, die der Colonel Obissier 1911 als eine "Dressurmaschinerie" ("système de dressage") bezeichnet hatte, in der die afrikanischen Soldaten sorgsam von allen gefährlichen Einflüssen ("influences pernicieuses") der weißen Gesellschaft ferngehalten werden sollten, erschien nunmehr als vorbildhaftes Modell einer paternalistischen Akkulturationspolitik. Der Militärdienst sollte dazu beitragen, die afrikanischen Rekruten in einer Beziehung wechselseitigen Respektes an die französische Sprache und Kultur heranzuführen. "L'attachement des Sénégalais à la France est absolu", war beispielsweise 1919 in der *Dépêche Coloniale Illustrée* in einer Sondernummer zu den "Tirailleurs sénégalais" zu lesen. "Les Sénégalais sont aussi fiers de leurs chefs que leurs chefs sont fiers d'eux."[30] Im Gegensatz zu seinen vor dem

Ersten Weltkrieg vertretenen Positionen unterstrich General Mangin im März 1922 in einem Artikel für die englische Zeitschrift *The Observer* ausdrücklich die grundsätzliche kulturelle Gleichwertigkeit der schwarzen Rasse - wofür ihm selbst die schwarzamerikanische Zeitschrift *The Crisis* Lob zollte.[31] Alain Locke, Philosophieprofessor an der Howard University in Washington D.C. und einer der intellektuellen Wortführer der Harlem Renaissance, verteidigte 1922 in mehreren, u.a. in der Zeitschrift *Opportunity* erschienenen Artikeln Frankreichs Afrikapolitik nachdrücklich gegenüber der deutschen Diffamierungskampagne - eine Parteinahme, die von der französischen Regierung und Öffentlichkeit mit Wohlgefallen aufgenommen wurde: "Aucun peuple", schrieb Locke in einem offenen Brief an den französischen Kolonialbeamten und -schriftsteller Maurice Delafosse, der in der französischen Presse der Zeit weite Verbreitung fand,

> au monde n'est capable de faire des Noirs ce que vous en faites, parce qu'aucun peuple ne sait les comprendre et les aimer comme vous: d'autres les traitent en esclaves et en enfants; vous, vous les traitez en frères [...]; vous avez regardé dans leur cerveau et dans leur âme.[32]

Die ostentative Aufwertung der "Tirailleurs sénégalais" in der französischen Öffentlichkeit der unmittelbaren Nachkriegszeit fand schließlich drittens ihren Niederschlag in neuen **Wahrnehmungsmustern**. Statt die "Tirailleurs" als eine homogene und anonyme Masse zu beschreiben - ein Wahrnehmungsmuster, das in der beängstigenden Metapher der "schwarzen Fluten, die Deutschland überschwemmen" eine extreme Zuspitzung erfahren hatte -, versuchten zahlreiche französische Berichte über die Rolle der afrikanischen Truppen im Ersten Weltkrieg im Gegensatz hierzu **individuelle Figuren** in den Blick zu rücken. Die Zeitschrift *Revue Indigène* beispielsweise hob in ihrer Berichterstattung über eine Anfang Januar 1919 in Paris am Trocadéro-Platz veranstaltete Kundgebung zu Ehren der afrikanischen Truppen die Persönlichkeit Baa Khane Diops hervor, "fils de l'un des plus fameux adversaires de notre pénétration au Soudan". Diop, der bei der Kundgebung am Trocadéro gemeinsam mit zwei weiteren "Tirailleurs" das Kreuz der französischen Ehrenlegion erhalten hatte, sei einer der ersten gewesen, die sich freiwillig zum Kriegsdienst gemeldet hätten:

> l'un des premiers et des plus ardents, il répondit à l'appel de la France envahie [...] Amère déception pour l'Allemagne qui, avant la guerre, avait envoyé son savant doktor Frobenius, sous couleur d'études scientifiques, semer des germes de révolte dans notre Afrique Noire![33]

Im Oktober 1922 erwähnte die gleiche *Revue Indigène*, in einem längeren Beitrag über die Bedeutung der "Troupes Noires", ausführlich die Leistungen Mamadou Diarras, eines Unteroffiziers, "d'une bravoure incomparable et d'une énergie farouche, dans la bataille de Verdun."[34] Alphonse Séché zeichnete in seinem 1920 erschienenen Buch *Les Noirs*, das er bereits 1915 in Auszügen in der Zeitschrift *L'Opinion* publiziert hatte, eine ganze Reihe von Porträtskizzen schwarzafrikanischer Soldaten. So beschrieb er etwa den Feldwebel Moro Diallo, der dem 6. gemischten Kolonialregiment angehört hatte, wie folgt:

il n'a cessé de se distinguer par son calme et son sang-froid exaltant le courage de ses tirailleurs par son magnifique exemple. [...]. C'est un grand diable, sec comme une trique, un peu à l'étroit dans sa vareuse bleue. Quarante ans environ. Sous son képi, il a une bonne face douce et humble. Entré au service de la France en 1896, il n'a pas cessé de faire compagne. Il se bat contre Samory, que son père Salla Diallo avait servi. [...]. En octobre 1914, il vient en France comme volontaire; se bat à Reims. [...]. Le 8 mai [...] il reçoit une balle en pleine poitrine. Cela fait six blessures à son actif. On lui donne la médaille militaire.[35]

Alphonse Séché ergänzte diese fragmentarischen Lebensläufe afrikanischer Soldaten häufig durch die auszugsweise Wiedergabe von Gesprächen, die er persönlich mit ihnen geführt hatte. So fragte er beispielsweise den erwähnten "Tirailleur" Moro Diallo nach seinen Ansichten über die Deutschen ("ce qu'il pense des Allemands et de la guerre"), worauf er folgende Antwort erhielt, deren fehlerhaftes Französisch er bewußt unverändert beließ:

Tirailleurs plus braves que les Allemands; Allemands deux fois partir devant charge. [...]. Si nous sommes gagner ça bon; si nous sommes pas gagner, c'est que Français tous morts, Sénégalais aussi tous morts, car tous mourir après Français.[36]

Die Aufmerksamkeit, die die französische Presse - und vor allem die Kolonialpresse - in der unmittelbaren Nachkriegszeit 'authentischen' Äußerungen und Lebenszeugnissen von "Tirailleurs" schenkte, führte im Laufe der französischen Reaktionen auf die deutsche Diffamierungskampagne schließlich zu einer gezielt geförderten 'Wortergreifung der Betroffenen'. Kolonialzeitungen wie die *Dépêche Coloniale et Maritime* und Kolonialschriftsteller wie René Trautmann (u.a. in seinem Werk *Au Pays de "Batouala"*, 1922) veröffentlichten zahlreiche Briefe afrikanischer Soldaten. Durch diese sollten ihr militärischer Mut, vor allem jedoch ihr Loyalismus und ihre patriotische Gesinnung unter Beweis gestellt werden.[37] Die gleiche Absicht, der französischen Öffentlichkeit eine 'Innensicht' des Denkens und Fühlens der "Tirailleurs sénégalais" zu vermitteln, liegt ebenso den beiden autobiographischen Werken von Lucie Cousturier, *Des Inconnus chez moi* (1920) und *Mes Inconnus chez eux* (1925), zugrunde. Lucie Cousturier, die während und nach dem Ersten Weltkrieg eine Reihe kriegsverletzter "Tirailleurs", die in einem Militärlazarett in der Nähe von Saint-Raphaël untergebracht waren, kennengelernt und betreut hatte, gab in ihren beiden Werken individuellen Porträts (u.a. des späteren Schriftstellers Bakary Diallo) und Gesprächsaufzeichnungen breiten Raum. Die Zeitung *Les Annales Coloniales* publizierte 1923 unter dem Titel "L'Armée noire vue par les noirs" eine ganze Serie autobiographischer Zeugnisse, vor allem Briefe, afrikanischer Soldaten.[38] Die bis dahin ausschließlich französischen Kolonialsoldaten vorbehaltene Zeitschrift *Revue des Troupes Coloniales* gab dem in Gabun geborenen N'Tchoréré - einer der wenigen Offiziere unter den "Tirailleurs" - 1925 die Gelegenheit, in zwei Beiträgen unter dem programmatischen Titel "Le Tirailleur sénégalais vu par un officier indigène" ein Porträt der afrikanischen Soldaten zu entwerfen, "qui fait ressortir", so der Einleitungstext, "par son exacte connaissance de la mentalité des tirailleurs [...] les qualités et les travers de nos soldats noirs."[39]

Der Aufforderung an die Betroffenen, selbst das Wort zur eigenen Verteidigung zu ergreifen, lag neben einem patriotisch-apologetischen ein anthropologisches Interesse zugrunde. Beides erklärt die Genese und breite öffentliche Wirkung auch der beiden ersten literarischen Werke schwarzafrikanischer Autoren, die im Frankreich der zwanziger Jahre erschienen. Der Roman *Batouala* des in Guyana geborenen schwarzamerikanischen Autors René Maran, der einen Großteil seines Lebens als Kolonialbeamter in Zentralafrika verbracht hatte, erhielt 1921 den renommierten französischen Literaturpreis Prix Goncourt - eine Auszeichnung, die viele Zeitgenossen **auch** als eine Form der Replik auf die rassistische Diffamierungskampagne der deutschen Presse gegen die "Tirailleurs" betrachteten. Mit *Force-Bonté*, einem Werk des Senegalschützen Bakary Diallo, wurde 1926 die erste Autobiographie eines schwarzafrikanischen Autors publiziert - eine folgerichtige Weiterentwicklung jener Formen autobiographischer Wortergreifung, die vor allem in der Kolonialpresse seit 1919 zu beobachten ist. Sowohl *Batouala* als auch *Force-Bonté* traten mit dem Anspruch auf, eine 'authentische Innensicht' afrikanischer Wirklichkeit zu präsentieren. Als schriftliterarische Werke legten sie zudem - in den Augen der zeitgenössischen französischen Öffentlichkeit - Zeugnis ab von der intellektuellen Entwicklungsfähigkeit der schwarzen Rasse sowie dem Erfolg der kolonialen Akkulturationspolitik Frankreichs in Afrika. Beide Werke lieferten, so das Urteil vieler Zeitgenossen, somit einen zweifachen Gegenbeweis zur deutschen Kampagne gegen die "Schwarze Schande", deren anthropologische Grundannahmen sie als rassistische Vorurteile entlarvt sahen. "Les races", so der Publizist René Gillouin 1929 in einem Essay über die epochale Bedeutung *Batoualas*, in dem er das Werk René Marans in die historische Dynamik eines Akkulturationsprozesses einordnete, dessen eigentlichen Beginn er in der Teilnahme der "Tirailleurs sénégalais" am Ersten Weltkrieg sah,

> ne se différencient pas tout par leurs masses que par leurs élites. C'est une élite qui avait jusqu'ici manqué à la race noire, mais voici que la grande guerre lui a donné l'occasion de manifester son héroïsme et son esprit de sacrifice; voici qu'elle délègue au Parlement français pour la représenter plusieurs hommes d'une véritable valeur; voici qu'elle nous donne un bon écrivain.[40]

Die massive, aber kurze und ephemere Aufmerksamkeit, die die französische Öffentlichkeit zu Beginn der zwanziger Jahre als **Reaktion** auf die deutsche Diffamierungskampagne gegen die "Schwarze Schande" den "Tirailleurs sénégalais" schenkte, war von keiner tiefgreifenden **sozialen** Wirkung. Die Zeitung *Outre-Mer* stellte 1935 in einem Artikel mit Bedauern fest, daß die meisten Besucher der Pariser Kolonialausstellung den "Tirailleur sénégalais" lediglich mit jenem stereotypen Bild eines zugleich einfältig und vertrauenserweckend grinsenden Afrikaners zu identifizieren vermochten, das den Franzosen der zwanziger und dreißiger Jahre durch ein Werbeplakat für Kakaogetränke vertraut war: "cette large face couleur de cirage, au visage naïf et confiant qui leur souriait des affiches 'Y a bon ... Banania!'"[41] Die Erinnerung an die Rolle der "Tirailleurs" im Ersten Weltkrieg und an Einzelpersönlichkeiten wie N'Tchoréré, Mamadou Diarra und Moro Diallo, die die afrikanische Literatur seit der frühen Autobiographie Bakary Diallos wie ein Alptraum verfolgt, wurde in Frankreich erneut aus der kollektiven Erinnerung an den Ersten und

Zweiten Weltkrieg, ihren Gedenkstätten und ihrer historisch-literarischen Verankerung, verdrängt. Aber die deutsch-französische Auseinandersetzung um die "Tirailleurs", die 1919 mit ihrer Stationierung im Rheinland ihren Anfang nahm, setzte unerwartete indirekte, untergründige Prozesse in Gang, die von einschneidender **kultureller** und **epistemologischer** Bedeutung sein sollten: die literarische Wortergreifung der Betroffenen und der Versuch eines neuen anthropologischen Diskurses.

Anmerkungen

1) Marc Michel: L'appel à l'Afrique. Contributions et réactions à l'effort de guerre en A.O.F., 1914-1919. Paris, Publications de la Sorbonne, 1982; Marc Michel: Les troupes coloniales arrivent. Dans: L'Histoire, No 69 (1984), S. 116-121.

2) Fernand Braudel: L'identité de la France, t.I: Les hommes et les choses. Paris, Arthaud-Flammarion, 1986, chap. II.

3) Conférence faite par le colonel Mangin à l'Ecole des Sciences Politiques de Paris, le 31 mars 1911, sous la présidence de M. Roume, ancien gouverneur général de l'Afrique Occidentale. In: Les Troupes Noires. Le Parlement. Rapports - Commissions - Séances. Paris, Edition du Journal "L'Armée Coloniale", mai 1911, S. 35-41, hier S. 37-38.

4) Ibid., S. 29.

5) Capitaine Marceau: Le Tirailleur Soudanais. Paris/Nancy Berger-Levrault, 1911, S. 29, 31, 76-77.

6) Capitaine Obissier: Notice sur les tirailleurs sénégalais (Extrait de la Revue des Troupes Coloniales). Paris, Charles-Lavauzelle, 1909, S. 7.

7) Ibid., S. 10-11, 13, 17.

8) Vgl. die Artikel von Mérignhac und Despagnet in der Revue générale de droit international public, Bd. VIII (1901) und Bd. IX (1902).

9) Vgl. hierzu die Aussagen von Léon Bocquet/Ernest Hosten: Un fragment de l'Épopée Sénégalaise. Les Tirailleurs sur l'Yser. Douze croquis inédits de Lucien Jonas. Bruxelles/Paris, G. van Oest, 1918, S. 11: "Mais sur l'héroïsme sublime des troupes noires qui furent les mâles et précieux auxiliaires des Français et des Belges en ces circonstances uniques où se jouait le sort de deux patries, rien. En vain feuillette-t-on le *Bulletin des Armées de la République*." Sowie ibid., S. 11, Fußnote 2: "Quelques faits d'armes seulement ont été signalés dans *L'Illustration* (9 septembre 1916) sous ce titre: "La prise de la Maisonnette", épisodes de la bataille de la Somme, et dans un article des *Lectures pour tous* (1er septembre 1915): "Les tirailleurs sénégalais au feu".

10) Saint-Germain, Sénateur: Les ouvriers de la victoire. Nos colonies à la gloire. In: La Dépêche Coloniale et Maritime, No 6484 (18 juillet 1919), S. 1.

11) Auch hier wurde jedoch verschiedentlich in der Presse die Unterrepräsentierung der afrikanischen Truppen bemängelt. Vgl. z.B. den Artikel "Les Sénégalais à l'honneur. Deux sections pour représenter au défilé de la Victoire 180.000 combattants, vraiment c'est insuffisant!" In: La Dépêche Coloniale et Maritime, No 6481 (13/14 juillet 1919), S. 1: "Nos tirailleurs sénégalais qui ont fait preuve de tant d'heroïsme pendant la guerre, méritaient d'être associés à cette magnifique fête qui se prépare et de prendre place dans le glorieux cortège. Mais l'hommage qu'on leur rend semble quelque peu incomplet."

12) Die Nacht am Rhein, Aug.-Sep. 1923, S. 2.

13) Ibid., 1923, Bismarck-Sondernummer, S. 4. Vgl. auch Ed.D. Morel: Die schwarze Pest in Europa. Berlin, 1920, S. 5 ("überschwemmen Europa").

14) Paul von Hindenburg: Aus meinem Leben. Berlin, 1920, S. 10.

15) Wilhelm F. von der Saar: Der blaue Schrecken (la terreur bleue) und die Schwarze Schmach. Zweite, vermehrte und verbesserte Auflage. Stuttgart, Verlag von Curt Winkler, 1921, S. 47, S. 35.

16) Adolf Hitler: Mein Kampf (1928). Zit. nach Katharina Oguntoye/May Opitz/Dagmar Schultz (Hg.): Farbe bekennen. Afro-deutsche Frauen auf den Spuren ihrer Geschichte. Berlin, Orlanda Fauenverlag, 1986, S. 53.

17) Hans Vorst: Die farbigen Hilfsvölker der Engländer und Franzosen. 2. Aufl. Berlin, Verlag von Georg Stilke, 1915, S. 9.

18) Zit. nach einem Artikel in der Neuen Schweizer Zeitung, 14.7.1921.

19) No 60, 5. Februar 1921, S. 1.

20) Die Frau im Staat. Eine Monatsschrift, Nov. 1920, S. 1-3. Eine entsprechende Argumentation findet sich in: Freiheit. Berliner Organ der unabhängigen Sozialdemokratie Deutschlands, 5.2.1921, S. 2.

21) Ibid., S. 1.

22) Vgl. u.a. entsprechende Dokumente bei: Capitaine Bouriand: La campagne allemande contre les troupes noires. Rapport du Capitaine Bouriand sur ses missions dans les pays rhénans. Paris, Gauthier-Villars, 1922; Camille Fidel: Die Widerlegung des Beschuldigungsfeldzuges gegen die farbigen französischen Truppen im besetzten rheinischen Gebiet. O.O.o.J. (1921/22) (frz. Ausgabe unter dem Titel: La réfutation de la campagne d'accusations contre les troupes françaises de couleur en territoires rhénans occupés. Paris, Assistance aux Troupes Noires, 1922); Michel Larchain: La Honte "Blanche". La blonde Gretchen et le

noir Sénégalais échangent le myotis symbolique. In: La Dépêche Coloniale et Maritime, No 7075 (20 juillet 1921), S. 1-2; Colonel Godchot: "Die Schwarze Schmach" (La Honte Noire) en Rhénanie. In: La Revue de l'Afrique du Nord, Bd. 1 (nov.-déc. 1921), S. 213-230, Bd.II (1er déc. 1921), S. 110-125; Gabriel Combrouze: Pour les troupes noires. In: Les Annales Coloniales No 54 (10 avril 1922), S. 1.

23) Maurice Delafosse: Pour les troupes noires. Une réponse officielle à la campagne allemande. On s'étonne d'y voir figurer des attestations d'une nature un peu trop spéciale. In: La Dépêche Coloniale et Maritime, No 7286 (29 mars 1922), S. 1, vgl. u.a. folgende Passagen, die sich auf die beiden, von der zeitgenössischen französischen Presse häufig zitierten offiziellen Berichte von Fidel und Bouriand beziehen: "L'on se demande s'il était bien nécessaire d'encombrer ce rapport officiel et documentaire de tout un recueil de lettres d'amour adressées à des tirailleurs malgaches par des femmes ou des jeunes filles rhénanes. [...]. Etait-il bien utile aussi d'insérer, dans une publication revêtue de l'estampille officielle, une photographie qui, d'après la mention portée au dos, représente un sousofficier de tirailleurs photographié à Mayence avec deux jeunes filles appartenant aux meilleures familles de la ville?"

24) Michel Larchais: Statuomanie africaine. In: La Dépêche Coloniale et Maritime, No 6930 (26 janvier 1921), S. 1; "Pour les héros de l'armée noire". In: Les Annales Coloniales, No 100 (15 juillet 1924), S. 1.

25) Les Annales Coloniales, No 100 (15 juillet 1924), S. 1; L. Antonin: Le monument aux créateurs disparus et à l'armée de l'A.O.F. à l'Exposition Coloniale de Marseille. In: La Dépêche Coloniale Illustrée, décembre 1921, S. 18-20.

26) Annales Coloniales, nNo 100 (15 juillet 1924), S. 1.

27) Le Petit Journal, Supplément Illustré, Dimanche 1er juin 1919.

28) "Hommage du général Mangin à notre armée d'Afrique. Les drapeaux remis aux soldats noirs". In: La Dépêche Coloniale et Maritime, No 6769 (16 juillet 1920), S. 1.

29) Ibid.

30) La Dépêche Coloniale Illustrée, 1919, S. 7.

31) "The Reverse of the Medal". In: The Crisis: a record of the dark races (New York), march 1922, S. 227-230.

32) Cité d'après l'article d'Eugène Devaux: Hommage d'un Américain aux troupes noires. In: Annales Coloniales, No 76 (30 mai 1924), S. 1. Vgl. auch den engagierten Artikel von Alain Locke: The Black Watch on the Rhine. In: Opportunity (New York), January, 1924, S. 6-9.

33) "Les troupes coloniales à l'honneur". In: La Revue Indigène, janvier-mars 1919, S. 35-40, hier S. 36.

34) "Un monument aux troupes noires. Discours de M. Maginot". In: La Revue Indigène, septembre-octobre 1922, S. 247-254, hier S. 251.

35) Alphonse Séché: Les Noirs. - Le loyalisme des Sénégalais. In: L'Opinion, 2 octobre 1915, S. 263-265, hier S. 264. Wieder aufgenommen in: Alphonse Séché: Les Noirs (d'après des documents officiels). Préface du général Mangin. Paris, Payot, 1919.

36) Séché, Les Noirs, S. 264-265.

37) Vgl. u.a. Michel Larchain: Les troupes noires. In: La Dépêche Coloniale et Maritime Illustrée, janvier 1919, S. 5-8.

38) L'Angély: L'armée noire vue par les noirs. In: Les Annales Coloniales, No 38, (8 mars 1923), S. 1.

39) N'Tchoréré: Le tirailleur sénégalais vu par un officier indigène. In: Revue des Troupes Coloniales, 1925, S. 113-129, hier, S. 113.

40) René Gillouin: Le problème de la colonisation. In: R.G., Le Destin de l'Occident, suivi de divers essais critiques. Paris, Editions Prométhée, 1929, S. 69-84, hier S. 73.

41) Edouard de Martonne: La vérité sur les tirailleurs sénégalais. In: Outre-Mer, 1935, S.1.

Résumé

La campagne contre les "Tirailleurs sénégalais" stationnés en Allemagne entre 1919 et 1921, se trouve ici analysée dans l'optique d'une querelle franco-allemande, et ceci dans une triple perspective: en amont sont interrogés les soubassements anthropologiques du recrutement de "l'armée noire" (Mangin) en France, considérée comme plus adaptée à la brutalité des guerres modernes parce que plus éloignée de la civilisation occidentale; au centre est analysée la campagne allemande elle-même, à travers ses formes d'énonciation et ses structures argumentatives, qui eurent recours fondamentalement à la même anthropologie que celle des généraux comme Mangin *avant* la guerre, mais en la radicalisant dans un racisme exacerbé; et en aval, les réactions françaises à cette campagne: une revalorisation décidée des "Tirailleurs" qui entraîne dans son sillage e.a. l'attribution du Prix Goncourt à l'auteur négro-africain René Maran et l'émergence, avec Bakary Diallo, N'Tchoréré et d'autres, d'une filière essentielle parmi les premiers écrivains africains.

Abb. 1:

Titelbild von *Der blaue Schrecken (la terreur bleue) und die schwarze Schmach* von Wilh. F. von der Saar.

Abb. 2:

Plakat des "Deutschen Notbundes gegen die schwarze Schmach", aus: *Anschläge. Politische Plakate in Deutschland 1900-1970*, hg. und komm. v. Friedrich Arnold, Ebenhausen b. München. 1972, S. 29 (Plakat v. 1919)

Joachim SCHULTZ

DIE "UTSCHEBEBBES" AM RHEIN

Zur Darstellung schwarzer Soldaten während der französischen Rheinlandbesetzung
(1918-1930)

1. Exotische Soldaten in Deutschland

Am 7. Dezember 1918 rückten die ersten französischen Soldaten in Mainz ein, die
Rheinlandbesetzung, wie im Versailler Vertrag festgelegt, durch die alliierten Truppen
begann. Bei den französischen Einheiten waren einige tausend schwarze Soldaten, die
auf vielfache Weise Reaktionen in Deutschland und im Ausland hervorriefen. Der
politisch-literarische Diskurs, der zwischen 1918 und 1930 (und danach) über diese
schwarzen Soldaten entstand und der im folgenden anhand von einigen Beispielen
analysiert werden soll, hatte allerdings Vorläufer, denn schon lange vorher hatte es
fremde Soldaten in Deutschland und als Gegner der Deutschen gegeben. Die
Darstellung sarazenischer Kämpfer im Mittelalter, kroatischer Landsknechte im
Dreißigjährigen Krieg, der Kosaken in den Napoleonischen Kriegen - hatten
Beschreibungsmuster entstehen lassen, die bei der Darstellung der schwarzen Soldaten
im Rheinland wieder verwendet wurden. Zwei Beispiele aus dem deutsch-französischen
Krieg von 1870/71 mögen zeigen, daß die Wurzeln der danach analysierten Texte zur
Rheinlandbesetzung weit zurückreichen.

Schon in diesem Krieg wurden von Frankreich Kolonialtruppen mit zahlreichen
schwarzen Soldaten, hauptsächlich aus Nordafrika, eingesetzt, was zu mehr oder
weniger heftigen Reaktionen von deutscher Seite führte. So klagte die *Berliner Post*:
"Unser Schmerz ist, daß wir die Blüte unserer jugendlichen Volkskraft gegen die
verlorenen Kinder der Vorstädte von Paris, Proletarier der Provinzen und Gesindel aus
fremden Weltteilen setzen müssen".[1] Diese Zusammenstellung ist bemerkenswert:
Kinder der Vorstädte, Proletarier (mit ihrem barbarischen Kollektivismus, könnte man
ergänzen) und Gesindel aus fremden Erdteilen; Fremde also, die in Europa, besonders
gegenüber den hehren deutschen Kämpfern nichts zu suchen hatten. Das sind Topoi, die
bei der Diskussion um die *Schwarze Schmach* wieder verwendet wurden. Bemerkenswert
ist auch der Bericht des Pfarrers Karl Klein über die Besetzung des elsässischen Dorfes
Fröschwiller durch französische Turkos:

> Besonders aufgemuntert wurden unsere Leute gegen Abend, als es hieß: "die
> Turkos kommen!" - Sonderbar mit diesen Turkos, ist's weil sie Araber sind, aus
> Afrika kommen, braune und schwarze Gesichter und ein wildes, kriegerisches
> Aussehen haben? Was es nun sei - in der Phantasie unseres Volkes, und wohl auch
> ein bißchen in der unserer Nachbarn überm Rhein, waren die Turkos von jeher eine
> Art sagenhafter Ungeheuer, die alles vor sich niederwerfen und sengen und
> brennen und morden und schänden ohne Pardon, ohne Erbarmen. Und so strömte

denn die ganze Bevölkerung hinauf ins Oberdorf, um diese Heldenscharen zu bewundern. Natürlich war auch diesmal wieder das leidige Weibervolk vorne dran mit der Nase und gaffte und schnatterte: "Sieh, Bärbel, das sind jetzt Turkos, das sind Wilde! Große Zeit!... sind aber doch schöne Leute,... es schaudert einen wahrhaftig, wenn man sie anlugt. - Schau, Gretel, dort ist ein kohlschwarzer... ha! ha! ha! dort ist noch einer... Meinst, Heinerle, wollen wir so einen mit heim nehmen?" - Man möchte mit Fäusten dreinschlagen. Später soll in Deutschland eine ähnliche Turko-Affenliebe ausgebrochen sein. Das läßt sich eben bei diesem Geschlechte nicht ändern.[2]

Die Kombination 'sengen, brennen, morden, schänden' wurde schon immer zur Beschreibung fremder Soldateska verwendet, teils auf realen Vorfällen beruhend, teils als Propaganda, um den Haß der eigenen Landsleute zu schüren. In unserem Zusammenhang sind die Begriffe 'sagenhafte Ungeheuer' und 'Wilde' hervorzuheben. Bemerkenswert ist weiter der wütende Ausbruch des Verfassers gegen die Haltung der Frauen, die diesen *exotischen* Gestalten eine "Affenliebe" entgegenbringen. Auch das findet sich wieder in den 20er und 30er Jahren in Deutschland, als man den Frauen vorwarf, sie hätten sich leichtfertig mit den Schwarzen eingelassen. "Männerphantasien"[3] spielten hier eine nicht unwichtige Rolle.

2. Einziehende Soldaten

Ein anderer Topos ist in diesem Beispiel zur Sprache gekommen: die einziehenden oder vorbeimarschierenden Soldaten, die immer wieder in Liedern und anderen Texten und in Bildern (Zeichnungen und Fotos) festgehalten worden sind. Militärische Stärke wird durch den Einmarsch demonstriert, der dann Gegenstand von begeisterten oder haßerfüllten Darstellungen wird. Die Exotik fremder Truppen hat zusätzlich gewirkt und ist von den jeweiligen Befehlshabern wohl auch bewußt eingesetzt worden.

Auch in der französischen Literatur sind die Aufmärsche der schwarzen Soldaten beschrieben worden. In Jean Cocteaus Kriegsroman *Thomas l'imposteur* (1923) werden biblische Bilder bemüht, um den Aufmarsch eines senegalesischen Musikkorps mit der für sie typischen Musik, der *Nouba*, zu beschreiben:

> Tout à coup, éclata dans l'ombre une musique extraordinaire. C'était la Nouba des tirailleurs nègres. Ils traversaient Coxyde-ville.

> La nouba se compose d'un galoubet indigène que les soldats imitent en se bouchant le nez, en prenant une voix de tête, et frappant leur pomme d'Adam. Ce galoubet nasillard joue seul une mélodie haute et funèbre. On dirait la voix de Jézabel. Les tambours et les clairons lui répondent.

> La troupe s'approchait comme le cortège de l'Arche d'Alliance sur la route de Jérusalem. Roy et Guillaume se rangèrent et la virent passer.

Les nègres venaient de Dunkerque, stupéfaits de froid et de fatigue. Ils étaient couverts de châles, de mantilles, de mitaines, de sacs, de gamelles, de cartouches, d'armes, de dépouilles opimes, d'amulettes, de colliers de verroterie et de bracelets de dents.

Le bas de leur corps marchait; le haut dansait sur la musique. Elle les soutenait, les soulevait. Leurs têtes, leurs bras, leurs épaules, leurs ventres remuaient, doucement bercés par cet opium sauvage. Leurs pieds ne marchant plus d'accord traînaient dans la boue. On entendait ces pieds mâcher cette boue et le choc des crosses contre la boîte à masque, pendant les silences; puis le solo sortait du fond du désert, du fond des âges, salué par les cuivres et les tambours.[4]

Wie ein 'wildes Opium' wirkten diese Soldaten schon auf die Franzosen selbst, bei ihrem Einmarsch im Rheinland waren sie für viele eine große Demütigung: "Schweigend oder hinter geschlossenen Fensterläden sahen die Mainzer dem Einzug des General Mangin, des Kommandeurs der 10. Armee, zu."[5] Ähnlich dürfte es bei weiteren Aufmärschen und Paraden, die die Franzosen immer wieder zur Einschüchterung der Bevölkerung durchführten, gewesen sein. Die Beschreibungen verraten den starken Eindruck wie z.B. bei Carl Zuckmayer:

Inzwischen gellten bei Paraden die Clairons, blutrünstig stimulierend, rollten die dumpfen Todestrommeln der Kolonialmusik, ritten die Chasseurs d'Afrique mit langem, weißem Burnus und wildem Turban ihre kleinen tänzelnden Araberpferde bei den nächtlich atemlos rennenden Fackelzügen.[6]

Aus Minni Groschs Erzählung *Grenzlandjugend*, die deutlich pronazistische Züge trägt ("Hitler ist ein Genie"), spricht unverhohlen Rassismus:

Im Laufe des Juni [1920] führten die Franzosen neue Truppenmassen an den Rhein. Besonders die unglückliche Stadt Mainz lief beinahe über, und immer noch schoben sich andere dazu herein, gewöhnliche weiße, pechschwarze, die im Gehen Hände und Finger baumeln ließen wie die Affen, Spahis mit wehenden Mänteln auf edlen Schimmeln, gelbe Anamiten mit schiefgeschlitzten Augen und krummen Beinen. / "Die reine Menagerie!" sagten die Mainzer und rückten notgedrungen immer noch ein bißchen dichter zusammen, um den fremden Völkerschaften Platz zu machen.[7]

Es finden sich hier dieselben Tiervergleiche wie in der oben zitierten Beschreibung der Turkos; das häufig verwendete Adjektiv "pechschwarz" erinnert an Märchentexte (*Pechmarie*), wo *Pech* immer negativ konnotiert ist.

Die französische Propaganda versuchte dagegen, die Aufmärsche der Kolonialtruppen glorios und heiter darzustellen. In der von Franzosen herausgegebenen zweisprachigen Zeitschrift *Le Rhin illustré - Der Rhein im Bild* (April 1919 - September 1920)[8] erschien am 16.8.1918 ein Artikel über ein Fest der *Tirailleurs sénégalais* zur Erinnerung an ihren siegreichen Kampf bei Santerre im Jahr zuvor. Hier heißt es zu Beginn:

Ein Bild aus dem afrikanischen Leben

Eine plötzlich grell erschallende Kriegsmusik, von kräftigem Trompetengeschmetter hervorgerufen, eine Weise, die bald sanft, bald melancholisch erklingt und von einer Art Hobog mit den schrillen Tönen entsteht; ein furchtbar rollender Trommelwirbel, all dies ganz von dumpfen Paukenschlägen gedämpft, aber mit einem regelmäßigen Rhythmus durch arabische Trommeln verursacht - so erklingt die Nuba der afrikanischen Schützen.

Formeln wie "plötzlich *grell*", "mit den *schrillen* Tönen", "ein *furchtbar* rollender Trommelwirbel", *"dumpfe* Paukenschläge" wirken im Vergleich zum französischen Text stärker negativ konnotiert:[9]

Une vision d'Afrique dans le Taunus

Une attaque éclatante de refrains guerriers par d'intrépides clairons, une alternance de mélopées aux motifs bizarres, doux ou aigus, sur des manières de hautbois aux sons grêles, un galop de baguettes endiablées sur des tambours rebondissants, tout cet ensemble adouci par des martèlements assoupis mais d'un rythme régulièrement heurté dans la cadence sur les «teibels», tambours arabes. C'est la nouba des tirailleurs.

Der namentlich nicht genannte Verfasser des Artikels versucht insgesamt, die Aufmärsche, die Musik und die Exerzierübungen der Kolonialtruppen als ein prächtiges Bild darzustellen ("mit großem Beifall", "groß waren die Eindrücke des Tages") - ein Foto von den aufmarschierten Truppen unterstreicht diese Tendenz -, doch wird an keiner Stelle erwähnt, ob deutsche Zuschauer überhaupt zugelassen waren. Der rheinischen Bevölkerung, die Umzüge jeder Art so sehr liebt, dürften diese Paraden nicht nur mißfallen haben. Noch nach der Besatzungszeit findet man die französischen Musikparaden auf Postkarten aus der Serie "Mainz a. Rhein die letztbefreite Stadt". (Abb. 1) Mit dem Text:

Die Utsche-Wach'

An alles konnt' man sich gewöhne'
nur nicht an die "Utschetöne"
drum danket Gott und seid zufrieden,
dass sie nunmehr von uns geschieden!

Der Text nimmt zwar eindeutig gegen die Besatzungstruppen Stellung, doch die Zeichnung kann als eine eher freundliche Karikatur bezeichnet werden. Auch die Karte aus derselben Serie zum Abzug der schwarzen Truppen zeigt die freundlichen Schwarzen und das zurückbleibende deutsche "Gretchen" mit ihren beiden Mischlingskindern in "humorvoller" Distanz, wie in der Bildunterschrift angesprochen: (Abb. 2)

Auf dass wir scheiden müssen
Wenn auch die Jahre enteilen,
bleibt die Erinnerung doch.

Noch bei der Fastnacht 1933 (also nach Hitlers Machtergreifung!) zogen im Rosenmontagszug einige als schwarze französische Soldaten verkleidete Mainzer unter der Zugnummer 36 ("Die Neun habe' se vergesse'") durch die Stadt. (Abb. 3)

Nach dem Abmarsch der schwarzen Soldaten blieben wohl nicht nur negative Erinnerungen an ihren Aufenthalt in Mainz.

3. Die schwarze Schmach

Die Rolle der schwarzen Soldaten während der Rheinlandbesatzung ist von der Geschichtswissenschaft nur am Rande behandelt worden.[10] Ich entnehme die folgenden Fakten aus dem Buch *Die Besetzung des Rheinlandes* von Henry T. Allen, der als Oberbefehlshaber der amerikanischen Besatzungstruppen von 1919 bis 1923 im Rheinland war.[11] Im Anhang dieses Buches geht er in einem Abschnitt unter dem Titel "Die schwarzen Truppen" auf die Propaganda-Kampagne ein, die unter dem Schlagwort *Die schwarze Schmach* so viel Wirbel machte. Zunächst nennt er einige Zahlen:

Während der Zeit vom Januar 1919 bis zum 1. Juni 1920 betrug

a) die Durchschnittszahl von Negertruppen in der französischen Rheinarmee 5.200 Mann;

b) die Durchschnittszahl der französischen Kolonialtruppen bestehend aus afrikanischen Eingeborenen nicht reinen Negerblutes, einschließlich bestimmter Völker wie Araber, Bewohner Algiers, Marokkaner usw. und Negroiden 20.000 Mann.[12]

Alle anderen Zahlen aus der deutschen und ausländischen Presse hält Allen für übertrieben, so wie er die Berichte über Vergewaltigungen, die er zum Teil den deutschen Frauen anlastet, für übertrieben hält:

Das Benehmen der deutschen Frauen war in gewissen Schichten den farbigen Truppen gegenüber ein derartiges, daß es Belästigungen herausforderte. Infolge der ungünstigen wirtschaftlichen Verhältnisse und aus anderen, durch den Weltkrieg veranlaßten Umständen hat sich die Prostitution unverhältnismäßig vermehrt, und viele deutsche Frauen von leichten Sitten haben den farbigen Soldaten unverblümte Anträge gemacht, wie zahlreiche Liebesbriefe und Photographien in den Akten der amtlichen Berichte beweisen. Sogar Heiraten zwischen deutschen Frauen und französischen Negersoldaten haben stattgefunden.[13]

Liebesbriefe habe ich im Mainzer Stadtarchiv nicht gefunden, immerhin fand ich ein Foto, das irgendwie den Weg in die französische Zeitung *Les Annales Coloniales*[14] gefunden hat. (Abb. 4)

Der Artikel zu diesem Foto ist eine Verteidigung der schwarzen Truppen. Sein Verfasser, Gabriel Combrouze, versucht zu beweisen, wie herzlich das Verhältnis zwischen den Senegalschützen und der deutschen Bevölkerung gewesen sei: "On vit même des Sénégalais secourir de grands mutilés allemands. Ce qui est bien dans l'âme chevaleresque du soldat sénégalais qui honore tout guerrier."

Offensichtlich war es für die schwarzen Soldaten eine Auszeichnung, im Rheinland zu dienen. Viele von ihnen ließen sich voller Stolz fotografieren, zum Teil mit ihren eigenen Frauen. (Abb. 5)

Allen, der beauftragt war, die tatsächlichen oder vermeintlichen Übergriffe der schwarzen Soldaten zu untersuchen, kam zu diesen "Folgerungen":

1. Die Masse der über die Scheußlichkeiten französischer Negerkolonialtruppen veröffentlichten deutschen Pressemeldungen, wie vollendete Entführung mit nachfolgender Beraubung, Mord und Beseitigung der Leichen der Opfer sind falsch und aus politischen Propagandazwecken verbreitet worden.

2. Eine Anzahl von Fällen des Raubes, des Raubversuches, der widernatürlichen Unzucht, des Versuches zu solcher, der Vergewaltigung von Frauen und Mädchen sind bei den französischen Negerkolonialtruppen im Rheinland vorgekommen. Sie waren aber nur gelegentlich und vereinzelt, nicht etwa allgemein oder überall. Die französischen Militärbehörden haben sie in den meisten Fällen streng geahndet und sehr ernstliche Anstalten getroffen, um das Übel auszurotten.

3. In der Regel zeugt die Anzahl der Überführungen und die Gründlichkeit der Berichte über Untersuchungen und Gerichtsverhandlungen von dem eifrigen Streben der französischen Justizbehörden nach Gerechtigkeit und nach Ausrottung der Übelstände durch strenge Gegenmaßregeln. Daß ihre Strafen oft milder sind, als unsere es wären, rührt hauptsächlich von den nach ihrer Beweisführung zulässigen mildernden Umständen her, die von der unseren abweichen, auch von der Tatsache, daß im allgemeinen die französischen Gerichte diese Verbrechen nicht so streng bestrafen, wie amerikanische und englische Gerichte.

4. Die Manneszucht bei den senegalesischen Tiralleuren war nicht immer gut, wie durch Insubordinationsfälle bei der Einschiffung von Marseille nach Syrien erwiesen ist.[15]

Wegen dieser Zeilen wurde Allen der Frankophilie bezichtigt, so wie jeder, der versuchte, ein wenig Klarheit zu gewinnen, sofort von einer bestimmten deutschen Presse angegriffen wurde.

Allen war zu seiner Untersuchung beauftragt worden, nachdem von internationaler Seite gegen den Einsatz schwarzer Truppen protestiert worden war. Einer der Wortführer dieses Protests war der 1873 in Paris geborene Engländer Edmund Dene Morel, der schon einige Jahre zuvor durch seine Aktionen gegen die belgische Kolonialpolitik im Kongo von sich reden gemacht hatte.[16] Schon dieser Protest geschah nicht aus reiner Menschenliebe, vielmehr befürchtete Morel, daß die Greuel in Belgisch-Kongo dem Kolonialismus insgesamt schaden könnten. Auch den Einsatz der schwarzen Soldaten im Krieg kritisierte er aus diesen Gründen aufs schärfste:

> Angehörige wilder Stämme werden im Gebrauch der Waffen geübt und gleichzeitig zur Verachtung der europäischen Völker erzogen. Ihre schlechtesten Eigenschaften werden aufgestachelt und sie werden als aufrührerische Gesellen in ihre Heimat zurückkehren, zu jedem Unheil bereit und willige Werkzeuge jener, die Streit und Empörung anstiften wollen. Frankreich ist in der Tat dabei, Westafrika zu militarisieren. Die Folgen werden unberechenbar und unabwendbar sein; sie werden sich zuerst in den afrikanischen Kolonien Frankreichs bemerkbar machen, sich dann ausdehnen und den ganzen afrikanischen Kontinent überwuchern.[17]

Morel befürchtete also, daß sich die schwarzen Soldaten gegen ihre Herren erheben würden und daß diese Revolte auch auf die englischen Kolonien in Afrika übergreifen könnte. Auch in der Frage der Rheinlandbesetzung richtete sich sein Protest nicht gegen die schwarzen Soldaten selbst, sondern gegen den französischen Militarismus und gegen die möglichen Folgen für die europäische Kolonialpolitik:

> Die Anklage richtet sich gegen den französischen Militarismus, weil er die Völker Afrikas zwangsweise zum Heeresdienst ausgehoben und Zehntausende von afrikanischen Soldaten in das Herz Europas geworfen hat.
> Die Anklage richtet sich gegen den französischen Militarismus, weil er in Friedenszeiten Zehntausende von afrikanischen Truppen in europäischen Gemeinden einquartiert hat.
> Die Anklage richtet sich gegen den französischen Militarismus, weil er eine Politik eingeleitet hat, die demoralisierende Wirkungen in Europa erzeugen muss.
> Die Anklage richtet sich gegen den französischen Militarismus, weil er eine Politik eingeleitet hat, die unberechenbar böse Folgen in Afrika und für Afrika zeitigen muss.[18]

Gleichwohl berichtete Morel über vier (von insgesamt 23) Seiten in derselben Flugschrift fast genüßlich von "Gewalttaten an Frauen" und lieferte so Zündstoff, den die deutschen Nationalisten nur zu gerne einsetzten. Überhaupt lautet die Frage hier nicht, was Morel eigentlich mit seinem Protest beabsichtigte, sondern vielmehr wie sein Protest in Deutschland verwendet wurde. Seine Originalschriften waren mir nicht zugänglich, sie verdienten eine eigene Untersuchung, doch der Übersetzer seiner Schriften, Hermann Lutz, darf wohl als Urheber von Begriffen wie *Der Schrecken am Rhein, Die schwarze Pest in Europa* und auch *Die schwarze Schmach* gelten. Er verwendet jedenfalls (vielleicht zum ersten Mal) den Begriff *Schwarze Schmach* im Vorwort zu dem von ihm übersetzten und herausgegebenen "zweiten Flugblatt" von Morel.[19]

Die Schriften Morels wurden auch deshalb als Flugschriften gedruckt, um sie ins besetzte Rheinland einschleusen zu können. Dort herrschte die französische Zensur, die schon am 16.1.1920 die Zeitschriften *Simplicissimus, Kladderadatsch* und *Gartenlaube* auf Dauer verboten hatte.[20] Die französischen Besatzungsbehörden - bis zum 12.10.1919 unter der Führung von General Mangin, der als der Vater der "Forces noires" gilt[21] - waren eifrig bemüht, den internationalen Protest herunterzuspielen und vom Rheinland fernzuhalten, was ihnen jedoch nicht, u. a. wegen der weit verbreiteten Flugschriften, gelingen konnte. Sie mußten nachgeben, und zwischen dem 1. und 6. Juni 1920 verließ, laut Allen, die Senegalesenbrigade offiziell das Rheinland. Es ist aber durchaus möglich, daß schwarze Soldaten in andere Regimenter eingegliedert wurden, die nordafrikanischen Soldaten blieben jedenfalls, ebenso die Madagaskarschützen. Ab Juni 1921 befanden sich laut Allen weiterhin "12-15 % reinblütige oder nahezu reinblütige Neger unter den Kolonialtruppen der französischen Rheinarmee".[22] Allens Zahlen dürften realistisch sein, Morels Zahlen eher übertrieben.

4. Die Schwarzen und die Mainzer Fastnacht

Die Mainzer Fastnacht ist seit ihren Anfängen im 19. Jahrhundert nicht nur ein Fest mit Kostümbällen und Straßenumzügen, sondern hat auch eine politische Seite, die in den sogenannten Sitzungen eine Rolle spielt. In meist gereimten Reden werden politische Zustände und Personen des öffentlichen Lebens kritisch und humorvoll ins Visier genommen. So war z. B. Afrika schon vor dem Ersten Weltkrieg ein Thema der Mainzer Fastnacht, denn die Kolonialpolitik des Kaiserreiches wurde nicht immer ernst genommen, gelegentlich sogar kritisiert. Da hieß es beispielsweise 1903:

> Der Bülow rief, alldeutsch gesinnt:
> Ganz Afrika ist unser!
> Als Echo tönt's zurück geschwind:
> Seid still, ihr deutsche Strunzer![23]

Und 1907 verkündete der Büttenredner Martin Mundo:

> O Afrika, dir sprech ich Hohn,
> Dein Nutzen ist ein schmaler.
> Aus deinem Reich jed' Kaffeebohn'
> kost't uns beinah en Dahler.[24]

Afrika und die Schwarzen waren in diesem Zusammenhang den Mainzer Karnevalisten nicht unbekannt, zumal die Möglichkeit, sich an Fastnacht als Neger zu verkleiden, älteren Ursprungs sein dürfte. Nach dem Ersten Weltkrieg hatte man die Neger vor der eigenen Haustüre und konnte sich, nicht ohne herablassendes Wohlwollen, über sie lustig machen. Offensichtlich wendeten sich der Spott und Protest weniger gegen die schwarzen Soldaten als gegen die französische Rheinlandbesetzung im allgemeinen. Der *Kampf um den Rhein* erhitzte die Gemüter, die schwarzen Soldaten waren für viele nur eine Begleiterscheinung. Bis 1925 wurde von den Franzosen jede offizielle Fastnachtveranstaltung verboten.[25]

Ein Fastnachtvortrag von Richard Forner aus dem Jahr 1927 trägt den Titel *Freiheit am Rhein!* die vierte Strophe lautet:

> Es kommt die Zeit, wir rechnen drauf,
> Da Alles anders wird -
> Wo nach des Rheines Silberlauf
> Kein Fremdling sich verirrt.
> Stell'n wir auch nicht die Wacht am Rhein
> Das eine ist bestimmt -
> Daß keine Macht, ob groß, ob klein,
> Den Rhein uns jemals nimmt.[26]

Doch schon mit solchen Versen mußte man sich in acht nehmen, denn die französische *Sûreté* war auch bei den Karnevalsveranstaltungen zugegen, und es kam nicht selten zu Anklagen wegen Beleidigung der französischen Nation. So bediente man sich des Dialekts, mit dem die Franzosen ihre Schwierigkeiten hatten:

> Der Rhein erweckte stets die Gier,
> Römer, Schweden un noch mehr, -
> Die wollte ihn hawwe - awwer mir
> Mir gewe den Rhein nit her!
>
> Un jetzt ist holländig sein Kopf,
> Un preußisch - Brust un Bauch.
> Die Bää sin süddeutsch - un am Fuß
> Hott er ein Schweizer Hühneraug!
>
> Mit seine Bää - do klappt's nit mehr,
> (Deß is e' kohlig Dings.)
> Den Rheinländer, den danzt er rechts
> Un Française - danzt er links.[27]

Hier ist von den Kolonialtruppen nicht die Rede. Wenn man sie verspottete, dann geschah es auf listige Art und Weise. So erzählt Jean Barth in seinen *Närrischen Betrachtungen* aus der Fastnacht von 1930 (also einige Monate vor dem Ende der Besatzung) von der farbigen Völkerschau, die es am Rhein gebe:

> In alle Farwe wie'n Kakadu -
> So war'n se am Rhein beisamme,
> Doher tut auch bei uns im Nu
> Die exotisch Babegeiekrankheit stamme![28]

Die mysteriöse Papageienkrankheit, von der auch heute noch in Mainz gelegentlich die Rede ist, schob man den Kolonialtruppen zu, in Wirklichkeit wird sie von unsauberen

Tauben übertragen. Man beachte die Zeit in diesem Vers: 'Sie waren beisammen' - die meisten der Kolonialtruppen waren vielleicht schon abgezogen, zumindest sieht sie der Verfasser schon in der Vergangenheit. In einem anderen Vortrag werden die schwarzen Soldaten spöttisch mit den 'schwarzen Katholiken' gleichgesetzt:

> Ein Fremder, damals hier am Platz,
> Der hat gerufen Dunnerschlag,
> Da wimmelts ja vor lauter Schwarze,
> Habt ihr denn - Katholikentag?[29]

Die Anwesenheit der Kolonialtruppen erregte den Spott der Straße, doch offiziell wagte man kaum, gegen sie zu protestieren. Man versteckte sich hinter dem Dialekt und erfand den Begriff des *Utschebebbes,* dessen Etymologie nicht geklärt ist. In dem populärwissenschaftlichen *Mainzer Wörterbuch* von Karl Schramm findet man die folgenden Angaben:

> *Utschebebbes*, der, die U. [...] Soldaten marokkanischer Herkunft während der Zeit der französischen Besatzung nach dem Ersten Weltkrieg. Carl Zuckmayer, Der fröhliche Weinberg, 2. Akt: Hutschebebbes. Hoffmann, Rheinische Volkskunde, S. 155: "Hutschebebbes' für schwarze Bastardkinder ist durch Zuckmayer in die Literatur eingeführt." Damit wäre eine weitere Bedeutung ergeben. Zu ihr ein fragwürdiges Spottlied: "Ich bin der Utschebubi, der Utschebubi vom Rhein. Mein Vater ist in Marokko, er frißt den Schoko nun ganz allein." Und wieder von vorn. Ein anderes, das weniger nach Hetze und Rassendünkel schmeckt: "Utschebele, Atschebele, weik, weik, weik. Ählä li lä lä, ählä li lä lä, Utschebele..." Zur Bedeutung des Wortes ein Zeugnis: "In meiner Jugend wurde ich mehrfach belehrt, das Wort heiße 'Bettpisser'." Zur Erklärung wird behauptet, es handele sich um eine lautmalende Bildung, die die Gesänge und Sprache charakterisieren wollte. Nach der Vermutung von Stadtamtmann Diel könnten die Garnisonen Oudjidda und Sidi Bel Abbes über mißverstandenes Hören und Entstellung in der Wiedergabe "Utschebebbes" gebildet haben.[30]

Der Begriff meinte also mehr die nordafrikanischen Soldaten, er wurde aber schnell auch für die Schwarzen, dann für die Franzosen und später für alle Fremden als nicht sehr bösartiges Schimpfwort verwendet.

Erst nachdem am 30. Juni 1930, dank der Verhandlungen von Gustav Stresemann und Aristide Briand, das Rheinland vorzeitig geräumt worden war, tauchten aus der noch frischen Erinnerung die schwarzen Soldaten auch in den offiziellen Fastnachtsvorträgen auf. Zwei Beispiele:

> Jetzt kann man uns wieder besuchen
> Und braucht keine Ausweise mehr,
> Und nicht mehr fremde Gesichter
> Von brauner und schwarzer Couleur.
> ...

Jetzt sind wir wieder Herr im Haus,
Die Sieger, die sin glücklich draus,
Die Neger, Kulis, Menschefresser,
Un uns gehts jeden Tag jetzt besser.[31]

Danach verwendete man mehr Aufmerksamkeit auf die deutschen Separatisten: die Franzosenfreunde hatten nun einiges zu leiden.[32] Die *Utschebebbes* lebten weiter im Volksmund und in denen von ihnen zurückgelassenen Kindern. Am 5.6.1930 stellte eine Abgeordnete im Hessischen Landtag fest, "daß die Zahl der fremdländischen Kinder im besetzten Hessen 439 beträgt".[33] Insgesamt waren es weitaus mehr, die meisten von ihnen sind den Rassegesetzen der Nationalsozialisten zum Opfer gefallen.

5. Die Schwarzen am Rhein in der deutschen Literatur

Sehr viele Dokumente über die schwarzen Soldaten lassen sich in der Mainzer Fastnachtsliteratur nicht finden, es sei denn, man würde die Archive kleinerer Karnevalsvereine und die Unterlagen von nicht-offiziellen Veranstaltungen durchforsten, soweit diese den Zweiten Weltkrieg, in dem Mainz erheblich zerstört wurde, überstanden haben. Auch sonst tauchen diese Zeit und die Kolonialtruppen nur am Rande in der deutschen Literatur auf. Die Literatur der 20er Jahre, mit den Schwerpunkten Dadaismus und Neue Sachlichkeit, entwickelte sich hauptsächlich in der Metropole Berlin, und da waren andere Themen interessanter. Manchmal waren in Mainz die Neger anderswo wichtiger als die vor der eigenen Haustür: Josephine Baker, die mit ihrer Negerrevue im Bananenröckchen ab 1925 Furore machte, hinterließ auch ihre Spuren in der Mainzer Fastnacht. 1926 dichtete der Mainzer Wilhelm Emmert:

Großer Wagner komponiere deinen Lohengrin um,
Und auch den Ring der Nibelungen,
Du bist übertrumpft, seitdem der göttliche Sang,
Das Bananenlied erklungen.[34]

Positiv wurde die Anwesenheit der Kolonialtruppen nur einmal gesehen: der in Wiesbaden 1881 geborene rheinische Schriftsteller Alfons Paquet veröffentlichte 1922 als bibliophilen Druck in Hamburg die Ballade *Die Botschaft des Rheins* (Auflage 250). Paquet nennt hier den Rhein einen kleinen Bruder des Nils, des Mississippi, des Amazonas und preist ihn als Schicksals- und Lebensstrom der Deutschen. Bei aller Begeisterung für das Regionale war Paquet jedoch kein Nationalist, man wird in seiner Ballade vergebens die *Wacht am Rhein* suchen. Im Gegenteil: neben dem Preis der Heimat entdeckt man das Rheinland als einen Landstrich, wo sich seit Jahrtausenden die Völker begegnet sind; der Rhein wird als völkerverbindend gesehen. In Paquets Ballade heißt es:

Auch die zierlichen Fremden loben wir ja, die olivgrün
    gekleideten Männer
Aus Algier, aus Neuseeland, aus dem schwarzen Sudan,

Mit dem Fes so rot wie die Ziegelbrenner,
Mit der Narbe an der Lippe, mit dem Feuerblut, mit der
Glut des Koran.
Sie bringen die Weisheit heran [...].[35]

Es ist nicht hundertprozentig sicher, ob Paquet hier die Kolonialtruppen gemeint hat, aber 'Algier, der schwarze Sudan, der Fes, der Koran' weisen doch ziemlich eindeutig auf sie hin. Und so gesehen ist diese Stelle für die damalige Zeit einigermaßen revolutionär, besagt sie doch, daß der Rheinländer über diese Fremden froh sein müsse, da sie mit ihrer exotischen Kultur Neues und Interessantes brächten. Aber mit dieser Ansicht dürfte Paquet ziemlich allein gestanden haben. Andere, selbst progressive Autoren fanden bestenfalls Mitleid für die 'Schwarzen und Braunen' fern ihrer Heimat. So auch Carl Zuckmayer in seinem schon erwähnten Rückblick auf die *Franzosenzeit (1918-1930)*:

> Es kam die "schwarze Schmach", hauptsächlich eine Schmach *gegen die Schwarzen*, denn es liegt kein vernünftiger Grund vor, ihre militärische Verwendung mit einem anderen Wort als *Sklaverei* zu bezeichnen. Die armen Kerle husteten sich in unserem neblig-feuchten, naßkalten Winterklima massenweise zu Tode, die Friedhöfe in Mainz und Koblenz legen ein furchtbares Zeugnis dafür ab, was diese Afrikaner der Kultur verdanken.[36]

Für Zuckmayer, der diese Jahre hauptsächlich in Berlin verbracht hatte, war die *schwarze Schmach* ein Begriff, den er nicht zu erläutern brauchte. Auch der Begriff *Utschebebbes* war ihm, wie wir im *Mainzer Wörterbuch* gelesen haben, geläufig. Er verwendet ihn in seinem 1926 uraufgeführten Erfolgsstück *Der fröhliche Weinberg*, doch hier wird der Begriff als Schimpfwort gegenüber einem Berliner verwendet, der als Fremder, eben als *Utschebebbes* im rheinhessischen Nackenheim bei Mainz, dem Schauplatz des Stückes und Heimatdorf des Autors, schief angesehen wurde: "Hab ich dich endlich! Du Spatzekopp! Du Hoseschisser! Du Hutschebebbes!"[37]

Dies zeigt, daß schon 1926, womöglich noch früher, der Begriff keineswegs mehr allein auf die Angehörigen der Kolonialtruppen angewendet wurde, ja nicht einmal mehr nur auf die Franzosen. Schon damals ist er zu einem allgemeinen Schimpfwort geworden, das auch heute noch gelegentlich in Mainz verwendet wird (meist in Unkenntnis seiner Herkunft). Zuckmayers Stück zeigt außerdem, daß er nicht allzuviel über das Los der schwarzen Soldaten nachgedacht hat: das Stück spielt zur Zeit der französischen Besetzung, was an einigen Stellen zur Sprache kommt (die Nackenheimer Winzer verkaufen gern mit hohem Gewinn ihren Wein an die französischen Offiziere in Mainz), aber von der Anwesenheit schwarzer Soldaten ist an keiner Stelle die Rede. Vielleicht war dahinter Absicht: Zuckmayer wollte nicht von den Verkündern der *schwarzen Schmach* mißbraucht werden.

Für die Nationalsozialisten war dies jedoch bald ein Thema, und nach der Machtergreifung entstanden einige mehr oder weniger chauvinistische Heimatromane und -Erzählungen, die sich zwar allgemein gegen die Franzosen und ihre

Rheinlandpolitik richteten, in denen aber die Kolonialtruppen als Höhepunkt der Demütigung durch die Franzosen mit den üblichen rassistischen Beschreibungsmustern in Erscheinung treten. Ein typisches Beispiel ist die Erzählung *Heimat in Not. Eine Geschichte aus Deutschlands dunkelsten Tagen* von Hans Ludwig Linkenbach, die in sieben Folgen (vom 23. bis 29. Mai 1934) in der *Mainzer Tageszeitung* in Fortsetzungen erschienen ist.

Erzählt wird die Geschichte des Mainzers Fritz Haßenflug. Zu Beginn der Besatzungszeit wird er zu sechs Monaten Gefängnis verurteilt, da er gegen die Willkür des französischen Unterleutnants Clairon (sic) protestiert hat. Nach Verbüßung der Strafe wandert er nach Amerika aus, kommt aber nach der Hinrichtung Schlageters (1923) zurück, um der 'Heimat in Not' beizustehen. Er wird SA-Mitglied und kämpft mit gewissem Erfolg gegen die Franzosen und die deutschen Separatisten. Am Schluß wird er jedoch von einem kommunistischen Separatisten, der totalen Personifizierung des Bösen, erstochen. Linkenbach wollte wohl einen rheinischen Märtyrer, ähnlich dem berüchtigten Horst Wessel, schaffen, und sein Machwerk ist voll von Haß gegen die Franzosen und ihre Kolonialtruppen. Gleich zu Beginn heißt es:

Es war nicht mehr auszuhalten mit dieser mißtrauischen, heimtückischen Bande, die sich im Rheinland eingenistet hatte und mit der deutschen Bevölkerung Schindluder trieb. Der sogenannte 'Frieden' war schlimmer als der Krieg, besonders aber in den Teilen des besetzten Gebietes, die der französischen Militärgewalt unterstanden. Hier spielten sich Mongolen und Senegalneger als Herren auf, rüpelten friedliche Bürger auf der Straße an, mißhandelten sie auf bestialische Weise und vergewaltigten deutsche Frauen und Mädchen. Die Besatzungsbehörde aber ließ es ruhig geschehen und betrachtete jede vorgebrachte Beschwerde als eine feindliche Handlung gegenüber der 'grande nation'.
[...]
Schlimmer aber noch als die Untaten der weißen und farbigen Truppen und die Niederträchtigkeiten der Militärbehörde waren die kleinen Gehässigkeiten und Schikanen, mit denen einzelne Besatzungangehörige ihre Mitbewohner und Quartiergeber peinigten.[38]

Im letzten Absatz zeigt sich, daß sich die Erzählungen und Romane dieser Art in erster Linie gegen die Franzosen, gegen das *Versailler Diktat* im allgemeinen, richteten. Die schwarzen Truppen wurden nur als besondere Einzelheit in Szene gesetzt. So auch in Minni Groschs Buch *Grenzlandjugend. Erzählung aus deutscher Notzeit*. Hier geht es um eine Gruppe von Mainzer Jugendlichen, die während der Rheinlandbesetzung verschiedene Aktionen gegen die Franzosen und die deutschen Separatisten unternehmen. Die schwarzen Soldaten tauchen auch hier nur am Rande auf, meist mit den damals üblichen rassistischen Klischees:

Zwar hätte man denken sollen, man hätte die freie Natur, den Wald benutzen können [um über Aktionen gegen die Franzosen zu beraten], aber der Wald hatte in dieser Zeit tausend Ohren; auf Schritt und Tritt stieß man auf Trupps von Franzosen, weißen, gelben, braunen oder schwarzen, die sich meist allerdings nur harmlos damit beschäftigten, das Wild wegzuknallen, worunter sie so ziemlich alles rechneten, was lief, flog, kroch und krabbelte. Das handlange Häschen war so wenig sicher wie der Specht, der Pirol und die Nachtigall. Alles war für die Pfanne gut. Nur die Schwarzen brauchten keine Pfanne. Die fraßen die Maikäfer roh von den Bäumen. Flügel weg, Beine weg, der Rest kam in den Mund. Vom bloßen Zusehen konnte einem übel werden.[39]

Nach Minni Grosch wurden die farbigen Truppen immer dann eingesetzt, wenn man besonders brutal vorgehen wollte: "Der Oberstkommandierende ließ seine farbigen Truppen los, die die Straßen rücksichtslos leerfegten".[40] Bemerkenswert das Verb: sie werden wie Tiere losgelassen. Auch an anderer Stelle, wie bereits zitiert, die bekannten Tiervergleiche ("wie die Affen", "die reinste Menagerie") oder die Gleichsetzung mit 'großen Kindern',[41] und 'natürlich' die Schwarzen als Frauenschänder:

> "Es sind Schwarze!" flüstert Kurt erregt und treibt zu noch größerer Eile. Können er und Karola die Landstraße gewinnen, treffen sie vielleicht auf Menschen, dann ist alles halb so schlimm.
> Schwarze! Eine kalte Hand greift Karola ans Herz. Vor Schwarzen hat sie Angst, verzehrende Angst. Sie weiß, die Schwarzen werden bei ihr nicht Schmuggelgut suchen, sondern - die Frau. Wie viele sind so schon verschwunden![42]

Die hier geschilderte Angst des jungen Mädchens ließ sich zum Teil sicherlich auf tatsächliche Fälle von Vergewaltigung zurückführen, aber hauptsächlich war es die Propaganda von der *schwarzen Schmach*, die diese Fälle für ihre Zwecke verwendet hat. Doch auch in Minni Groschs Erzählung stehen nationalistische Parolen im Mittelpunkt, und die Erzählung schließt mit der Aufforderung, immer bereit zu sein, um Deutschland zu verteidigen. Die dem Buch beigegebenen Fotos mit ihren Unterschriften unterstreichen diese Tendenz. Das einzige Foto mit Senegalesen könnte eher Mitleid erregen, denn die Gesichter der Soldaten zeigen nicht gerade Begeisterung oder große Virilität.[43]

Insgesamt fanden die schwarzen Soldaten in der deutschen Literatur kaum eine positive Rolle (wenn überhaupt), abgesehen von den genannten Ausnahmen. Erwähnt werden soll jedoch noch ein Roman, zu dem sein Autor - der Mainzer Theaterregisseur und Schriftsteller Rudolf Frank - vielleicht durch die Anwesenheit der schwarzen Soldaten in seiner Heimatstadt angeregt wurde, der Roman *Der Schädel des Negerhäuptlings Makaua*, der 1931 erschienen ist. Lion Feuchtwanger schrieb über Frank: "Seine Bücher, vor allem das Buch 'Makauas Schädel' scheinen mir, auch vom politischen Standpunkt aus, höchst wertvoll".[44]

Eine Anregung für diesen Roman dürfte der § 246 des Versailler Friedensvertrags gewesen sein. Dort heißt es:

> Der Schädel des Sultans Makaua, der aus Deutsch-Ostafrika weggenommen und nach Deutschland gebracht worden ist, wird innerhalb des gleichen Zeitraums [sechs Monate] von Deutschland der britischen Regierung übergeben.[45]

88

Die verwickelte Geschichte (oder Legende) dieser Reliquie kann hier nicht dargestellt werden,[46] sie spielt für Franks Roman, ein "Roman gegen den Krieg" - so der Untertitel - für jugendliche Leser, nur eine untergeordnete Rolle. Der Schädel wird hier zu einem Symbol für die Sinnlosigkeit des Krieges.

Rudolf Frank erzählt eigentlich die Geschichte des polnischen Jungen Jan, der im September 1914 zu einer deutschen Einheit gerät und mit ihr, als eine Art Maskottchen, den ganzen Weltkrieg, an der Ost- und Westfront, erlebt. Wie ein Leitmotiv taucht immer wieder der *Schädel des Negerhäuptlings Makaua* auf. Schon im zweiten Kapitel verkündet Cordes, ein Soldat der Einheit, als andere behaupten, sie kämpften für die deutsche Kultur: "Ihr kämpft alle miteinander nur für den *Schädel des Negerhäuptlings Makaua*".[47] Eine Erklärung bleibt Cordes (bzw. der Autor) zunächst schuldig, sie folgt erst einige Kapitel später. Cordes, der vor dem Krieg in Deutsch-Ostafrika war, erzählt die Geschichte des Schädels und seine Erlebnisse. Demzufolge handelt es sich um den Schädel eines schwarzen Königs, der einmal über ein großes Reich der ostafrikanischen Völker geherrscht haben soll. Angeblich erwarten die Afrikaner seine Wiederkehr, damit er sie gemeinsam gegen die weißen Kolonisatoren führe. Aufstände, so erzählt Cordes, seien in seinem Namen geschehen.[48]

Noch einmal taucht der Häuptling Makaua in Franks Roman auf. Wieder einige Kapitel weiter findet der Leser die Hauptpersonen in einem Lazarett an der Westfront. Dort liegen sie im gleichen Raum mit schwarzen Soldaten der französischen Armee, die folgendermaßen beschrieben werden:

> In den fünf Betten, die an der Wand gegenüber standen, lagen fünf schwarze Soldaten. Ihr Gesang, den sie manchmal des Abends anstimmten, klang seltsam erregend: bald feierlich klagend, bald heftig zuckend, als wollten sie unsichtbare Fesseln zerreißen. Einer hatte aus dem Holzvorrat, der neben dem Ofen lag, den Sitz einer zerhackten Schulbank hervorgeholt. Daraus schnitzte er Figuren, die wie Kobolde aussahen, mit großen Köpfen, turmartigen Hüten und Glotzaugen. Jan bekam so ein Ding geschenkt. Die andern wollte der Schwarze verkaufen. Bei diesem Handel half ihm sein Nachbar, der auf den Namen Ma-Ka hörte. Ma-Ka sprach Französisch. Er hatte einige Jahre in Paris bei einer Kapelle die Geige gespielt. Schade, daß sie keine hier hatten.[49]

Die Holzfiguren des einen Negers erinnern an die Fetische, Masken und Skulpturen, die in den 20er und 30er Jahren große Mode in Europa waren. Es gibt kaum einen Roman aus diesen Jahren, in dem das mondäne und alltägliche Leben geschildert wird, wo sie nicht auftauchen; ihr Einfluß auf die moderne Kunst begann sich herumzusprechen. Ähnliches gilt für die Musik der Schwarzen, auf die hier mit dem Geige spielenden Neger hingewiesen wird. Die Geige ist allerdings ungewöhnlich, normalerweise waren es Banjo, Saxophon, Trompete oder Schlagzeug spielende Schwarze, die 'besungen' wurden.

Im Lazarett sind aber außer den deutschen und schwarzen noch österreichische, französische und englische Soldaten. Es entwickelt sich eine erhitzte Debatte über die verschiedenen Ideale, für die ein jeder in den Krieg gezogen ist. Cordes hat für diese, für ihn nichtigen Ideale nur ein Symbol: den Schädel des Negerhäuptlings Makaua. Als er ihn erwähnt, werden die schwarzen Soldaten munter und fordern:

> Weißer Mann [...], gib uns den heiligen Schädel unseres großen Königs wieder! Jetzt haben die weißen Männer unseren Häuptlingen versprochen, daß wir ihn wiedererlangen im Kampf mit den Deutschen.[50]

Es wäre nachzuprüfen, ob solche (bzw. welche) Versprechungen tatsächlich gemacht worden sind. Für Cordes ist das gleichgültig, er hält eine große Rede, in der er den schwarzen Soldaten klarzumachen versucht, daß man auch sie für falsche Ideale in den Krieg geschickt hat.

Franks Roman ist der einzige der bekannten deutschen Kriegsromane, in dem die schwarzen Soldaten mehr als nur eine Nebenrolle haben. Er hat aber wie die Romane von Remarque (*Im Westen nichts Neues*), Arnold Zweig (*Erziehung vor Verdun*) und Ernst Glaeser (*Jahrgang 1902*) hauptsächlich einen pazifistischen Tenor, und der kritische Leser mag bedauern, daß Frank nicht noch mehr die Bedeutung der kolonialen Expansion im Zusammenhang mit dem Ersten Weltkrieg hervorgehoben hat.

Anmerkungen

1) Zit. nach Franz Herre: Anno 70/71. Ein Krieg, ein Reich, ein Kaiser. Ffm. o. J. (Büchergilde Gutenberg), S. 119.

2) Karl Klein: Fröschweiler Chronik. Kriegs- und Friedensbilder aus dem Jahr 1870. München (C. H. Beck) 1914 (34. Auflage) S. 70 f.

3) In Klaus Theweleits Buch *Männerphantasien* (Ffm. 1977), wo hauptsächlich Freicorps-Romane der 20er und 30er Jahre behandelt werden, tauchen die Rheinlandbesetzung und die schwarzen Soldaten nur am Rande auf. Als Abbildung findet man dort das Plakat *Jumbo* aus dieser Zeit. Es zeigt einen nackten, lachenden schwarzen Soldaten, der wie ein Riese einige zwergenhafte weiße Frauen an seinen Unterleib drückt. (Theweleit: Männerphantasien. Bd. 1: Frauen, Fluten, Körper, Geschichte. Reinbek 1980. rororo 7299. S. 101). Ein ähnliches Plakat aus dem Jahr 1920 (gedruckt in Berlin) findet man in: Hans Bohrmann (Hrsg.): Politische Plakate. Mit Beiträgen von Ruth Malhotra und Manfred Hagen. Dortmund 1984 (Die bibliophilen Taschenbücher 435) S. 228. Vor einer Rheinlandschaft sieht man hier einen finster dreinschauenden schwarzen Soldaten in Uniform mit Fes und Gewehr. Auch er ein Riese, der fast die ganze Plakatfläche einnimmt: er hat sich im ganzen Land breitgemacht . Dazu die Unterschrift in Frakturschrift: "Protest der deutschen Frauen gegen die farbige Besatzung am Rhein".

4) J. Cocteau: Thomas l'imposteur. Paris 197 (Coll. Folio no 480)S. 137 f. Cocteau hat eine der eindrucksvollsten und detailliertesten Beschreibungen der *Tirailleurs*

sénégalais geliefert. Wir finden sie auch in seinem Gedicht *La douche*. (in: J. Cocteau: Poésies. 1916-1923. Paris, Galliard, 1925.) Auf die französische Literatur kann hier nicht weiter eingegangen werden. Man findet die *Tirailleurs sénégalais* auch in G. Apollinaires Gedicht *Les soupirs du servant de Dakar* (1915, in: Apollinaire: Oeuvres poétiques. Paris, Gallimard, 1965, S. 235 f.); in Paul Morands Erzählung *Les plaisirs rhénans* (in *L'Europe Galante*, 1925), wo sie am Rande während der Ruhrbesetzung auftauchen; in Pierre Mac Orlans Erzählung *Malice* (1923), wo ein schwarzer *Tirailleur marocain* im besetzten Mainz eine nicht unbedeutende Nebenrolle spielt; in Blaise Cendrars' autobiographischer Kriegserzählung *J'ai saigné* (1927), wo es in einem Lazarettwagen zu einer Begegnung zwischen dem Ich-Erzähler, einem französischen, einem deutschen und einem schwarzen Soldaten kommt.

5) Werner Hanfgarn, Bernd Mühl, Friedrich Schütz: Fünfundachtzig Mainzer Jahre. Die Stadt. Die Fastnacht. Jakob Wucher in Geschichte und Geschichten. Mainz (Verlag Dr. Hanns Krach) 1983. S. 37 f.

6) C. Zuckmayer: Die Franzosenzeit (1918-1930). Abgedruckt in: *Blätter der Zuckmayer-Gesellschaft* 4. Jg., Heft 1 (1.2.1978) S. 21 - 25. Hier S. 24.

7) M. Grosch: Grenzlandjugend. Erzählung aus deutscher Notzeit. Mit 26 Abbildungen nach photographischen Aufnahmen. Stgt. Berlin, Leipzig (Union Deutsche Verlagsgesellschaft) o. J., S. 116. Das Buch dürfte kurz nach 1933 erschienen sein; mir hat die zweite Auflage vorgelegen.

8) Die Zeitschrift wurde offenbar eingestellt, weil es nicht gelungen war, eine rheinische Republik der Separatisten einzurichten.

9) Die Zeitschrift verdient eine eigene Untersuchung, insbesondere im Hinblick auf die sprachlichen Interferenzen zwischen dem französischen und dem deutschen Text. Die *Tirailleurs sénégalais* tauchen hier noch an einigen Stellen auf: No 3 (24.5.1919, S. 19): Foto "Les sénégalais à Weisenau près de Mayence / Die Senegalneger in Weisenau bei Mainz". Man sieht einige exerzierende schwarze Soldaten mit geschultertem Gewehr und aufgepflanztem Bajonett. - No 6 (14.6.1919, S. 44): Foto "Des Sénégalais s'amusent - Danses sénégalaises. / Belustigungen und Tänze der Senegalneger". Schwarze Soldaten um ein Feuer versammelt, einige machen Musik, andere tanzen. Danach tauchen die *Tirailleurs sénégalais* nicht mehr auf, wohl wegen der internationalen Proteste. In der No 55 (22.5.1920, S. 483f.) findet man noch einen Artikel (mit zwei Fotos) über madegassische Soldaten. Bemerkenswert ist in unserem Zusammenhang noch der Artikel "Mainz und der Handel mit den französischen Kolonien" (No 13, 2.8.1919, S. 101), in dem Mainz als Handelsknotenpunkt zwischen Europa und den französischen Kolonien propagiert wird.

10) Im 2. Band von *Rheinische Geschichte* hrsg. von Franz Petri und Georg Droege (Düsseldorf, Schwann, 1976) werden von Karl Georg Faber im Kapitel "Rheinhessen und die Pfalz unter französischer Besatzung (1918-1930)" (S. 427-

443) ausführlich der Separatistenputsch und die Ruhrbesatzung behandelt, die schwarzen Soldaten werden nicht erwähnt.

11) Der genaue Titel lautet: Die Besatzung des Rheinlandes von General H. T. Allen. Oberbefehlshaber der amerikanischen Besatzungsarmee im Rheinland. 1919/1923. Autorisierte deutsche Ausgabe. Mit einem Bildnis und einer Übersichtskarte. Berlin (R. Hobbing) o. J. (1925). Es handelt sich um eine kommentierte Übersetzung, und bei einigen Kommentaren sind vielleicht Zweifel berechtigt. Die Dokumente zur Schwarzen Schmach sind mit viel Polemik überfrachtet, und es wären noch sehr viele, intensive Recherchen notwendig, um zu den objektiven Fakten zu gelangen.

12) Ebd. S. 248.

13) Ebd. S. 250.

14) 23e année, No 54.

15) Allen, a. a. O., S. 250 f.

16) Vgl. Rolf Italiaander (Hrsg.): König Leopolds Kongo. Dokumente und Pamphlete von Mark Twain, Edmund D. Morel, Roger Casement. München (Rütten+Loening) 1964.

17) Zit. nach E. D. Morel: Ein Mann und sein Werk. Hrsg. von Hermann Lutz. Berlin 1925. S. 63.

18) E. D. Morel: Der Schrecken am Rhein. Mit einem Vorwort von Arthur Ponsonby. Autorisierte Übersetzung auf Veranlassung der 'Arbeitsgemeinschaft für Politik des Rechts' (Heidelberger Vereinigung) besorgt von Hermann Lutz. Berlin (Verlag von Hans Robert Engelmann) o. J. (1920), S. 7. Dieser Absatz ist in der deutschen Fassung (angeblich auch im Original) durch Fettdruck hervorgehoben.

19) Die schwarze Pest in Europa. Von E. D. Morel. Herausgeber der "Foreign Affairs". ZWEITES FLUGBLATT. Autorisierte Übersetzung eines am 27. April 1920 in Central Hall in London gehaltenen Vortrages Morels besorgt von Hermann Lutz. Berlin (Verlag Hans Robert Engelmann) 1920.

20) Vgl. Mainzer Journal, Jg. 1930, Sondernummer vom 1. Juli: "Besatzungschronik der Stadt Mainz von 1918-1930". Nach dieser Chronik wurde am 1.7.1921 der Film Die schwarze Schmach im besetzten Rheinland verboten. Leider ist es mir bis jetzt nicht gelungen, eine Kopie dieses Films ausfindig zu machen.

21) Mangin wurde offensichtlich abgelöst, da es ihm nicht gelungen war, eine unabhängige rheinische Republik zu errichten. Zu Mangin vgl: Mainz. Persönlichkeiten der Stadtgeschichte. Bd. 1: Mainzer Ehrenbürger, Mainzer Kirchenfürsten, Militärische Persönlichkeiten, Mainzer Bürgermeister. Mainz 1985. Hier heißt es: "Nach dem 'mißglückten Putsch' von 1919 und dem Untergang

der 'Rheinischen Republik' wurde Mangin am 12. Oktober 1919 abberufen und durch General Degoutte ersetzt, der kein politischer General war."

22) Allen, a. a. O., S. 253. Wie erwähnt, spricht Allen von insgesamt 20.000 Kolonialsoldaten, darunter 5.200 Neger, bei Morel (vgl. *Der Schrecken am Rhein* [Anm. 18], S. 4) sind es insgesamt zwischen 30.000 und 40.000 darunter 8.000 "west- und zentralafrikanische Neger (sogenannte 'Senegalesen')". Es dürfte heute sehr schwierig sein, die wirkliche Zahl in Erfahrung zu bringen. Die in Anm. 4 genannte Erzählung von Paul Morand *Les plaisirs rhénans* könnte bezeugen, daß *Tirailleurs sénégalais* während der Ruhrbesetzung (1923) eingesetzt worden sind.

23) Zit. nach W. Hanfgarn u. a., a. a. O. (Anm. 5), S. 161 f. Strunzer = Angeber.

24) Zit. nach Anton M. Keim: 11mal politischer Karneval. Weltgeschichte aus der Bütt. Geschichte der demokratischen Narrentradition am Rhein. Mainz (v. Hase & Koehler Verlag) 1966. S. 115. Hier findet man weitere Texte gegen die deutsche Kolonialpolitik: S. 112 - 117.

25) Siehe W. Hanfgarn u. a., a. a. O. (Anm. 5), S. 169.

26) In: Mainzer Carneval Zeitung "Narhalla". XV. Jg., Heft 1 (1.1.1927) S. 3.

27) Aug. Fürst: Geschichtliches vom Rheinland. In: Mainzer Carnevals Zeitung "Narhalla". XV. Jg. Heft 1 (1.1.1927) S. 23. un = und / hawwe = haben / awwer = aber / mir = wir/ gewe = geben / Bää = Beine / hott = hat / kohlig = lustig / danzt = tanzt.

28) Ebd. 28. Jg., Heft 3 (16.2.1930) S. 20. Farwe = Farben / beisamme = beisammen / doher = daher / stamme = stammen.

29) Zit. nach Keim, a. a. O. (Anm. 24), S. 164.

30) Karl Schramm: Mainzer Wörterbuch. Mainz (Verlag Hanns Krach) 1966 (3. Aufl.).

31) Zit. nach Keim, a. a. O. (Anm. 24), S. 170.

32) Vgl. Keim, a. a. O., S. 170 f.

33) Vgl. Mainzer Journal, Sondernummer vom 1. Juli 1930 (vgl. Anm. 20).

34) Wilhelm Emmert: Die Welt - ein Narrenhaus. In: Mainzer Carneval Zeitung "Narhalla". 14. Jg., Heft 1, S. 15. Möglicherweise handelt es sich hier auch um eine Anspielung auf den *Banana-Song* aus der Karibik, falls der damals schon in Europa bekannt gewesen sein sollte.

35) A. Paquet: Die Botschaft des Rheins. Zit. nach: Ders., Gesammelte Werke in 3 Bänden. Erster Band: Gedichte. Stgt. (Deutsche Verlagsanstalt) 1970. S. 75 - 78. Hier S. 77.

36) C. Zuckmayer, a. a. O. (Anm. 6) S. 23 f.

37) Carl Zuckmayer: Der fröhliche Weinberg. In: Ders., Komödie und Volksstück. Der fröhliche Weinberg. Katharina Knie. Der Schelm von Bergen. Ffm. (Fischer) 1950. S. 44. Im übrigen spielt auch in diesem Stück die deutsche Kolonialgeschichte eine Rolle. Im selben Akt brüstet sich der Kriegsveteran Stopski: "Mich hawwe die Hottentotten mit Giftpfeil beschosse! Die Kaffern hawwe mich mit Gnus und Känguruhs gehetzt!!" Und kurz drauf singt er: "Ihr wolln wir treu ergeben sein in Südwestafrika, / Ihr wolln wir unser Leben weihn in Südwestafrika, / Hurra!!" (S. 43 f.). Es entsteht eine Schlägerei, und als der preußische Corpsstudent Knuzius eingreifen will, wird er, wie im Text zitiert, mit dem Schimpfwort "Hutschebebbes" bedacht.

38) In: Mainzer Tageszeitung. Jg. 1934. Nr. 139 (23. Mai 1934).

39) Minni Grosch, a. a. O. (Anm 7) S. 66.

40) Ebd., S. 98.

41) Ebd., S. 128.

42) Ebd., S. 187 f.

43) Ebd., S. 97. Unterschrift des Fotos: "Die Neger in Mainz. Senegalesische Infanterie exerziert auf der Maarau in Mainz-Kastel".

44) In einem Schreiben vom 3.6.1938. Zit. nach: Arnold Busch, Rudolf Frank in den Jahren 1933 bis 1945. In: Anton M. Keim (Hrsg.), Exil und Rückkehr. Emigration und Heimkehr. Ludwig Berger, Rudolf Frank, Anna Seghers und Carl Zuckmayer. Mainz (Verlag H. Schmidt) 1986. S. 55 - 69. Hier S. 61.

45) Zit nach: Der Vertrag von Versailles. Mit Beiträgen von Sebastian Haffner u. a. München (Matthes und Seitz) 1978. S. 263.

46) Vgl. "Die Wahehe und Mkwawa oder Die Einführung des Guerillakrieges in Ostafrika". In: Detlef Bald u.a.: Deutschlands dunkle Vergangenheit in Afrika. Die Liebe zum Imperium. Ein Lesebuch zum Film. Übersee-Museum Bremen 1978, S. 142-144.

47) Zit. nach der heute erhältlichen Taschenbuchausgabe des Romans, die allerdings einen anderen Titel (den des ersten Kapitels) trägt: Der Junge, der seinen Geburtstag vergaß. Ein Roman gegen den Krieg. Ravensburg 1985 (Ravensburger Tb. 1505), S. 26. Zu diesem Satz haben die Herausgeber in einer Fußnote den Grund für den Titelwechsel angegeben: "Heute ist die Bezeichnung «Neger» für Schwarze diskriminierend. Da «Der Schädel des Negerhäuptlings Makaua» jedoch der ursprüngliche Titel dieses Buches war, ist dieser Ausdruck unverändert übernommen worden." Meines Erachtens hätte man auch den Titel nicht ändern müssen.

48) Vgl. ebd., S. 70-73.

49) Ebd., S. 168.

50) Ebd., S. 178.

Résumé

Des soldats africains ont fait partie des troupes françaises d'occupation en Rhénanie entre 1918 et 1930. Dans mon article, je parle de la polémique internationale, connue sous le slogan péjoratif de "Die schwarze Schmach (Schande)" (la honte noire), que la présence des soldats noirs d'Afrique, malgaches et nord-africains a provoquée. Mais les soldats noirs apparaissent aussi dans la littérature allemande entre les deux guerres: dans les poèmes populaires du carnaval de Mayence (où on les a appelés les "Utschebebbes"). On les trouve aussi dans une ballade d'Alfons Paquet, une pièce de théâtre de Carl Zuckmayer, un roman de guerre de Rudolf Frank et dans quelques romans et nouvelles pro-nazis qui sont parus à partir de 1933, où l'on se souvient de 'la défense héroïque' du Rhin allemand. J'essaie de décrire l'image que les tirailleurs sénégalais ont laissée en Rhénanie, une image souvent chargée de préjugés et contre laquelle seulement peu d'auteurs allemands ont protesté.

Auf dass wir scheiden müssen

Wenn auch die Jahre enteilen,
bleibt die Erinnerung doch

Abb. 1:   Die Utsche-Wach'. Postkarte. Mainz, Ende 1930

Abb. 2: Auf dass wir scheiden müssen. Postkarte. Mainz, Ende 1930

Abb. 3: Foto vom Rosenmontagszug 1933 in Mainz

Abb. 4:

Foto (H. Ranzenberger). Mainz, ca. 1920. Dieses Foto wurde in der französischen Zeitschrift "Les Annales Coloniales" am 10.4.1922 auf der Titelseite abgedruckt (mit der Bildlegende "Un sous-officier de l'infanterie coloniale entre deux Gretchen")

Abb. 5:

Foto (H. Ranzenberger). Mainz, ca. 1920 (afrikanischer Offizier mit seiner Frau)

Alle Abbildungen wurden dankenswerterweise vom Stadtarchiv Mainz zur Verfügung gestellt.
Für Hinweise danke ich außerdem Herrn Richard Häuser (Mainz-Gonsenheim).

Cornelia PANZACCHI

DIE KINDER DER TIRAILLEURS SENEGALAIS

Während heute in der Bundesrepublik der Trend zum "farbigen Zweitkind"[1] aus der sogenannten "Dritten Welt" nicht mehr zu übersehen ist, waren vor gut fünfzig Jahren farbige Kinder deutscher Mütter Anlaß zur Sorge um deutsche Ehre und deutsches Erbgut. Gemeint sind die 'Besatzungskinder' aus dem Ersten Weltkrieg und der Rheinlandbesetzung, für die der Zeitgeist der Epoche die Bezeichnung "Rheinlandbastarde" prägte.[2] Diese bezog sich in erster Linie auf die Kinder farbiger Soldaten der französischen Besatzungstruppen und deutscher Frauen.[3] Der Anteil der Tirailleurs Sénégalais an der Besatzungstruppe ist ungewiß, ebenso wie der Anteil der Kinder von Tirailleurs an den "Rheinlandbastarden", doch wurde der Umstand, daß Soldaten aus dem tropischen Afrika in die Besatzungstruppen integriert waren, zum wichtigsten Element der anti-französischen und rassistischen Propaganda aufgebaut. In Schlagzeilen und polemischen Politikerreden war der "Senegal-Neger"[4] zum Symbol deutscher Schmach geworden. Für die Kinder deutsch-afrikanischer Beziehungen, die in diese Zeit hineingeboren wurden, waren die Folgen dieser Kampagne verheerend.

Fast jeder Volksgenosse hat Merkmale mehrerer dieser (deutschen) Rassen. Außerdem sind an dem Rassengemisch des deutschen Volkes *in neuerer Zeit leider auch jüdische und negerische Elemente beteiligt.* Diese Einschläge sind für unser Volk eine große Gefahr. Würden sie immer weiter eindringen, dann müßte das deutsche Volk seine Eigenart völlig verändern und es würde dann schließlich verständnislos vor den Werken unserer Väter stehen. Denn wie könnte ein Mensch, der ein halber Neger oder Jude ist, einen Goethe, einen Friedrich den Großen, einen Beethoven völlig verstehen? Es ist deine *heilige Pflicht,* daß dieser Einfluß fremdrassigen Erbguts nicht mehr stattfindet. Du dienst dadurch der Volkserhaltung und Volksaufartung. Du mußt jeden Volksgenossen, der sich mit Fremdrassigen über die Pflichten hinaus, die wir ihnen gegenüber als ihre Gastgeber haben, einläßt, als einen *Volksverächter* ansehen. Du mußt schon in deinem kindlichen Tun den Grund legen für deinen Stolz auf deine rassische Zugehörigkeit zum deutschen Volke. *Du sollst nicht mehr mit Negerpuppen spielen, deutsches Mädchen!*

Dieses Zitat stammt aus einem Kinderbuch, das 1934 bereits in der vierten Auflage erschienen war, und das in Form einer Anthologie verschiedene Lesestücke für "Mädels" anbot,[5] die nicht durchwegs als nationalsozialistisch orientiert bezeichnet werden können - ein durchschnittliches Produkt der damaligen Kinderbuchindustrie, das daher umso besser einen Eindruck von der Atmosphäre der Epoche geben kann, in der die Kinder, die Tirailleurs Sénégalais und andere Kontingente der französischen Kolonialarmee in Deutschland hinterlassen hatten, aufwuchsen.

Die Zwangssterilisierung, die die nationalsozialistischen Gesundheitsämter 1937 für die erfaßten 385 Kinder veranlaßten (Pommerin 1979: 76-84), stellte kein plötzliches, unerwartetes Ereignis dar, sondern ist vielmehr zwangsläufiges Ergebnis einer Entwicklung, die lange vorher ihren Anfang nahm.

Das geflügelte Wort von der "Schändung der deutschen Jugend", insbesondere der weiblichen, war schon 1920 in aller Munde. Die Kinder der "Schwarzen Schmach" wurden bereits lange vor ihrer Geburt von all jenen erwartet, die vorhatten, sie als 'Heizmittel' für die Propagandamaschinerie der "Rassenhygiene" zu verwenden. Ebenso wie die Kampagne gegen den Einsatz der farbigen Truppen stützte sich die Kampagne gegen die farbigen Kinder in erster Linie auf Unwahrheiten und Übertreibungen:[6] Hochrechnungen wurden angestellt, nach denen ein bedeutender Teil des deutschen Staatsvolks in Zukunft farbig sein würde[7] (26 ff.), die "Mischlingskinder" wurden als groteske Monstren beschrieben,[8] und als "Beweise" für die rassische Minderwertigkeit der Kinder wurden unter anderem Reihenuntersuchungsbefunde wie "Nägelkauen" und "Knickfuß" aufgeführt. (47) In Wirklichkeit waren Kinder farbiger Väter "in den seltensten Fällen", wie der Oberlandesgerichtspräsident in Köln 1923 zugeben mußte, als solche erkennbar. (26)

Falsch war auch, daß die Mehrzahl der Frauen, die farbige Kinder zur Welt brachten, vergewaltigt worden seien - nach Pommerin traf diese Behauptung für 1920 nur in einem Fall zu. (23)

Ab 1927 erhoben sich Stimmen, die forderten, man solle die "Mischlinge" daran hindern, sich in Deutschland fortzupflanzen. Pläne für eine Versendung der Kinder ins Ausland wurden gemacht und wieder verworfen. (52) Von verschiedenen Seiten wurde an die zuständigen Stellen die Forderung herangetragen, die "Mischlinge" zu sterilisieren. Die Vorstellung von der "rassischen Reinheit" des einen und dem "minderwertigen Erbgut" des anderen Volkes entstammen der Eugenik und der Rassenbiologie, Wissenschaften, die, aufbauend auf Darwin,[9] im 19. Jahrhundert entstanden waren und Anfang des 20. Jahrhunderts bereits große Verbreitung erfahren hatten. Das Schicksal der "Rheinlandbastarde" muß in Zusammenhang mit der zeitgenössischen Verbreitung und Popularisierung rassenbiologischer und eugenischer Theorien gesehen werden, die mittels Euthanasie, Sterilisierung und Abtreibung das Ideal eines leistungsstarken, weil 'rassenreinen' deutschen Volkes verwirklichen wollten. Eugenische Eingriffe an Geisteskranken wurden bereits in der Weimarer Zeit vorgenommen, und es wurden Vorschläge für Gesetzesentwürfe vorgelegt, die den Kreis der zu Behandelnden erweitern sollten. (38) Rechtliche Grundlage dieser Eingriffe war die Freiwilligkeit. Erst Hitler ermöglichte es den Rassentheoretikern, ihre Wahnidee von der "Veredlung" der "germanischen Rasse" rücksichtslos in die Tat umzusetzen, zunächst, indem das Gesetz umgangen wurde, und später durch Schaffung einer "legalen" Grundlage.

Die Bedeutung der Rassenhygiene ist in Deutschland erst durch das politische Werk Adolf Hitlers allen aufgeweckten Deutschen offenbar geworden, und erst durch ihn wurde endlich unser mehr als dreißigjähriger Traum zur Wirklichkeit, Rassenhygiene in die Tat umsetzen zu können.[10]

Nach Ansicht Pommerins hätte eine Sterilisierung der "farbigen Besatzungskinder" theoretisch bereits in der Weimarer Zeit stattfinden können:

... eine Sterilisierung der farbigen Mischlingskinder in der Weimarer Republik (ist) nicht in erster Linie von der fehlenden gesetzlichen Regelung verhindert worden ... Vielmehr zeigt die Tatsache, daß schon seit 1919 Sterilisationen aus eugenischer Indikation vorgenommen worden sind und von den Staatsanwaltschaften nicht verfolgt wurden, daß dieser Grund bei dem Beschluß, die farbigen Besatzungskinder vorerst zu schonen, sekundär gewesen sein muß. Schwerwiegender ist für die Weimarer Republik sicherlich die Frage gewesen, wie die Mütter der Mischlingskinder zu der freiwilligen Einverständniserklärung zu einer Sterilisierung ihrer Kinder zu bewegen gewesen wären. (...) Die farbigen Kinder verdanken ihre Schonung innerhalb der Weimarer Republik offensichtlich in erster Linie nur außenpolitischen Rücksichtnahmen.[11]

Auch im Dritten Reich wurde bei der Sterilisierung von "Fremdrassigen"[12] und "Minderwertigen" (Trinkern, Drogensüchtigen, "Arbeitsscheuen") noch insofern Vorsicht geübt, als man in den Gutachten, die den Eingriff begründeten, nicht rassische, sondern medizinische Gründe angab.[13]

Bei der "Sterilisierung der Rheinlandbastarde" wurde zudem noch der Anschein der Freiwilligkeit aufrechterhalten; die Operationen wurden von den Müttern oder gesetzlichen Vormunden der Kinder 'erlaubt'. Pommerin fand leider kein Material, das es ihm erlaubt hätte, zu rekonstruieren, wie diese Einwilligungen zustande kamen (vgl. das obige Zitat). Gisela Bock konnte diesen Punkt bezüglich der "Erbkranken" erhellen. Wer sich, so Bock, als "Erbkranker" nicht sterilisieren ließ, mußte damit rechnen, in eine Anstalt zu kommen; wenn der oder die Betreffende bereits interniert war, setzte die Kranken- oder Staatskasse mit den Zahlungen aus, so daß die Familie für alle Kosten selbst aufkommen mußte; die Betroffenen mußten auch damit rechnen, in Anstalten verlegt zu werden, in denen Patienten systematisch getötet wurden. (Bock 1986: 263 f. und 289)
Möglicherweise wurde der Anschein der Freiwilligkeit später ganz vernachlässigt, wie aus der Schilderung zweier farbiger deutscher Frauen aus Danzig hervorgeht:

(*Frieda:*) Damals sollte ich auch sterilisiert werden. Dazu fuhren sie mich in die Frauenklinik, ich habe unterwegs fürchterlich geweint. Einer der Männer wollte mich trösten und redete auf mich ein. Warum, weiß ich nicht. Er brachte mich in die Klinik rauf und ließ mich dann laufen. Gerade weil ich sterilisiert werden sollte, war ich später so dankbar für meine beiden Kinder. (...)
Anna: Viele Farbige wurden sterilisiert, Gerda, Hanna... Christel war von ihrer Mutter in einem Kloster bei Köln versteckt worden. Dort haben sie sie rausgeholt und auch sterilisiert. Unseren Neffen auch. Nach dem Sterilisieren wurde er sofort nach Hause geschickt, er durfte sich noch nicht mal ausruhen.[14]

Die Sterilisierung war nicht die einzige Zwangsmaßnahme, die den farbigen Kindern im Dritten Reich drohte. Sie waren von behördlicher und privater Seite zahllosen

Diskriminierungen ausgesetzt: sie mußten nach 1933 Schulen, Ausbildungsstellen und Arbeitsplätze verlassen, erhielten minderwertige Lebensmittelkarten, durften nicht heiraten,[15] und viele von ihnen wurden bei Ausbruch des Zweiten Weltkrieges in Konzentrationslagern interniert.[16]

In der Propaganda war grundsätzlich jeder Farbige ein "Neger", sogar die Kinder von deutschen Frauen und Nord-Afrikanern oder Asiaten.[17] Die demagogische Stilisierung des Feindbildes "Neger" stand in krassem Gegensatz zur geradezu 'liebevollen' Erfassung und Benennung kleinster anthropologischer Kriterien in der zeitgenössischen Rassenforschung und erschwert heute die Nachforschungen über das Schicksal der einzelnen Abstammungsgruppen unter den Kindern. Was mit den Kindern, deren Väter Tirailleurs Sénégalais waren, wirklich geschah, ist bis jetzt noch nicht erfaßt worden. Es ist anzunehmen, daß es die Kinder umso schwerer hatten, je deutlicher ihre außereuropäische Abstammung in Erscheinung trat.

Der französische Historiker Joseph Rovan schildert in einer Kurzgeschichte[18] seine Begegnung mit einem "Rheinlandbastard" im Konzentrationslager Dachau und erzählt dessen Lebensgeschichte.
Karl Bethmann ist der Sohn einer Arbeitertochter aus Bacharach, sein Vater, den Karl nie gesehen hat, war ein französischer Soldat. Karl Bethmanns Haut ist so schwarz, daß man ihm die deutsche Mutter nicht ansieht. (160) Er trägt seine dunkle Hautfarbe und die Diskriminierungen, die er wegen ihr erfährt, wie einen persönlichen Fluch. Erst kurz vor seinem Tod lernt er, "wir" zu sagen: "Wir sind also so zahlreich". (162)
Die Geschichte ist in zwei Teile gegliedert. Im ersten Teil wird Karl Bethmanns Leben erzählt. Der zweite Teil ist die Erinnerung des Ich-Erzählers an seine Begegnung mit Karl Bethmann im Konzentrationslager Dachau.

"Karl Bethmann hatte sehr früh begonnen zu begreifen, daß er nicht so war wie die anderen". (156) Schon als kleines Kind merkt er, daß die Leute auf der Straße auf ihn seltsam reagieren. In der Schule hat er wenig Freunde, wird verspottet, angegriffen und muß lernen, sich in Prügeleien zu behaupten. Später lachen die Mädchen über ihn, "oder drehen den Kopf weg" (158), außer einer, die mit ihm ein "Abenteuer" wagt, ihn aber später verlassen wird. Aufgrund seiner Hautfarbe wird er nicht zur Wehrmacht eingezogen, ein Umstand, der ihm den Neid seiner Arbeitskollegen einträgt. Er wird denunziert und in der Folge sterilisiert, ohne daß ihm mitgeteilt wird, was mit ihm geschieht.

Ein Mann von der Partei, der gekommen war, um den Obulus einzusammeln, den der Onkel Peter an das Winterhilfswerk entrichten sollte, machte die Bemerkung, daß es eines guten Nazis unwürdig sei, ein Familienmitglied zu beherbergen, das ihn in den Verdacht bringen konnte, ein Volksverräter zu sein. Einige Tage später erhielt Karl die Mitteilung, daß er sich zu einer Untersuchung ins Krankenhaus zum Heiligen Geist begeben solle. Er wartete mit vier oder fünf anderen, die ihm ähnelten und die er hier zum ersten Mal sah. Die Angst ließ sie schweigen, sie grüßten sich kaum. Karl wurde als zweiter hereingerufen. Ein Arzt mit abwesendem Blick hieß ihn, sich auszuziehen. Ein Pfleger nahm alle möglichen Messungen an ihm vor, nahm ihm einen Tropfen Blut ab, schrieb viele Wörter auf große rechteckige Karteikarten. Dann führte man ihn nackt in einen anliegenden Raum, wo man ihn ein mit Schreibmaschine beschriebenes Blatt unterschreiben ließ, das zu lesen er nicht die Zeit hatte. Ein anderer Raum, ein mit weißen Laken bedeckter Tisch, auf den er klettern mußte. Man schläferte ihn ein, er wachte in einem Schlafsaal wieder auf, mit einem Verband um die Lenden. In den anderen Betten wachten die Jungen auf, die mit ihm zusammen gewartet hatten. Sich mit Erna zu lieben war jetzt weniger gefährlich geworden. (159)

Als Karl Bethmann einundzwanzig ist, bricht der Krieg aus, er wird interniert und von Lager zu Lager transportiert. Zuletzt landet er im Konzentrationslager Dachau. Hier findet er ironischerweise zum ersten Mal in seinem Leben Ruhe vor Verachtung und Verfolgung. In Dachau sind alle gleich, egal, ob die Wärter sie "dreckiger Polacke" oder "dreckiger Neger" nennen. (161) Da er trotz allem Deutscher ist und dazu noch gelernter Maurer, genießt er hier sogar eine Reihe von Privilegien. Er lernt den französischen Historiker kennen, erfährt, daß es Afrika gibt, daß überall auf der Welt Menschen leben, die das, was er als seinen persönlichen Fluch ansah, mit ihm teilen: seine schwarze Haut.

Die Geschichte endet mit dem Tode Karl Bethmanns, der mit einundzwanzig Leuten seines Einsatzkommandos in München bei einem Luftangriff ums Leben kommt.

Bibliographie

Rolf P. Bach, "Zuckergußsklaverei. Der Handel mit Adoptivkindern aus der Dritten Welt", S. 15-19 in *Blätter des IZ 3.W (Informationszentrum Dritte Welt*, Freiburg), Nr. 148, April 1988, Themenblock Menschenhandel, S. 11-28.

Yvonne Bangert, "Besatzungskinder im Rheinland - eine farbige Minderheit im Dritten Reich", in *Pogrom* Nr. 109, September 1984: 15-17.

Gisela Bock, *Zwangssterilisation im Nationalsozialismus - Studien zur Rassenpolitik und Frauenpolitik*, Opladen: Westdeutscher Verlag 1986.

Georg Lilienthal, "«Rheinlandbastarde» - Rassenhygiene und das Problem der rassenideologischen Kontinuität", in: *Medizinhistorisches Journal* (Hildesheim), Nr. 15, 1980: 426-436.

N.N., "Gänzlich schmerzlos" (zu R. Pommerin 1979), in: *Der Spiegel*, Nr. 40, 1979: 77-79

Katharina Oguntoye, May Opitz, Dagmar Schultz (Hg.), *Farbe bekennen - Afro-deutsche Frauen auf den Spuren ihrer Geschichte*, Berlin: Orlanda Frauenbuchverlag 1986.

Reiner Pommerin, *"Sterilisierung der Rheinlandbastarde". Das Schicksal einer farbigen deutschen Minderheit 1918 - 1937*, Düsseldorf: Droste-Verlag 1979.

ders., "Rassenpolitische Differenzen im Verhältnis der Achse Berlin - Rom 1938-1943", in *Vierteljahresschrift für Zeitgeschichte*, Nr. 27, 1979: 646-660.

Joseph Rovan, *Contes de Dachau*, Paris: Juillard 1987.

Norbert Schmacke und Hans-Georg Güse, *Zwangssterilisiert - verleugnet - vergessen. Zur Geschichte der nationalsozialistischen Rassenhygiene am Beispiel Bremen*, Bremen: Brockkamp Verlag 1984.

Inge Wessel, Hrsg., *Das neue Buch für Mädels*, Stuttgart: Loewes Verlag Ferdinand Carl, ^{4}1934.

Anmerkungen

1) Rolf P. Bach, "Zuckergußsklaverei. Der Handel mit Adoptivkindern aus der Dritten Welt", S. 15-19 in *Blätter des IZ 3.W* (*Informationszentrum Dritte Welt*, Freiburg), Nr. 148, April 1988, Themenblock Menschenhandel, S. 11-28.

2) Reiner Pommerin, *"Sterilisierung der Rheinlandbastarde". Das Schicksal einer farbigen deutschen Minderheit 1918 - 1937*, Düsseldorf: Droste-Verlag 1979.

3) Gemäß einer Bestimmung des Versailler Vertrages besetzten die Truppen der "alliierten und assoziierten Mächte" im Januar 1920 die linksrheinischen Gebiete mit den Brückenköpfen Kehl, Mainz, Koblenz und Köln für eine vorgesehene Dauer von 15 Jahren. Die Stärke der französischen Truppen betrug anfangs 200.000 Mann, lag jedoch die meiste Zeit darunter. Die Anzahl der farbigen Soldaten schätzt Pommerin auf 30-40.000 (Sommer 1920). Diese Soldaten stammten größtenteils aus Algerien, Marokko und Madagaskar (Pommerin 1979: 7-12).

4) Reichskanzler Müller, Reichstagsrede am 12. April 1920: "Senegal-Neger liegen in der Frankfurter Universität und bewachen das Goethe-Haus", zit. nach Pommerin 1979: 12.

5) Inge Wessel, Hrsg., *Das neue Buch für Mädels*, Stuttgart: Loewes Verlag Ferdinand Carl, ^{4}1934, S. 106-108, Zitat von S. 108; Umarbeitung des Artikels "Von den Rassen" aus der *Rassenhygienischen Fibel* (ohne weitere Angaben; Hervorhebungen von J. Wessel).

6) Der Gerechtigkeit halber muß gesagt werden, daß beide Kampagnen nicht allein eine Leistung reichsdeutscher Militanter waren. Die Bewegung erhielt immer wieder Anregungen und Unterstützung aus dem Ausland. Die wichtigsten unter den Nicht-Deutschen, die ihrer Besorgnis um die Reinheit der "germanischen Rasse" Ausdruck verliehen, waren der englische Journalist Edward Dene Morel, Verfasser der Schrift *The Horror on the Rhine*, London 1920, die amerikanische Journalistin Ray Beveridge (*Die Schwarze Schmach, die weiße Schande*, Hamburg

1922) und der schwedische Pfarrer M. Liljeblad (*The World's End at the Rhine*, Helsingborg 1924).

Die wichtigsten deutschen Organisationen waren die Rheinische Frauenliga, der Bremer Volksbund "Rettet die Ehre" und der um 1920 von Ingenieur Distler in München gegründete "Deutsche Notbund gegen die Schwarze Schmach". Diese Vereine organisierten Vorträge zum Thema, gaben Schriften heraus und sammelten Gelder, die auf irgendeine Weise den Abbau farbiger Besatzungstruppen forcieren bzw. der Gefährdung der deutschen Rasse entgegenwirken sollten. Das Auswärtige Amt (der Weimarer Republik; die Organisationen konnten sich nicht lange halten) verhielt sich gegenüber Vereinigungen dieser Art eher ablehnend, da es befürchtete, die rassistischen und anti-französischen Aktivitäten würden dem deutschen Ansehen im Ausland schaden (alle Daten in dieser Anmerkung nach Pommerin 1979: 12-19).

7) Im folgenden beruht mein Text im wesentlichen auf R. Pommerin 1979. Die in Klammern befindlichen Seitenzahlen beziehen sich, sofern nicht anders angegeben, auf dieses Buch.

8) "In Mainz ... sah ich ... ein solches Kind mit schwarzen und weißen Streifen auf dem Rücken", (M. Liljeblad, zit. nach Pommerin 1979: 27).

9) An dieser Entwicklung war Charles Darwin unschuldig. Er hatte ausdrücklich betont, daß seine Theorien vom Kampf der Arten und dem "Survival of the Fittest" auf den Menschen nicht anwendbar seien.

10) Ernst Rüdin, "Aufgaben und Ziele der Deutschen Gesellschaft für Rassenhygiene", in *Archiv für Rassen- und Gesellschaftsbiologie*, 1934, zit. nach Gisela Bock 1986: 27.

11) Pommerin 1979: 40. Demgegenüber trennt der Medizinhistoriker Georg Lilienthal zwischen "wertneutraler Rassenhygiene" und "wertendem Rassengedanken". Er zitiert Wilhelm Schallmayer, "einen der Begründer der Rassenhygiene", der den "nordischen Rassenkult" als "unwissenschaftlich" verurteilte. Lilienthal versteht die Eugenik der Weimarer Zeit als Bemühung, die menschliche Rasse als ganzes von bestimmten Erbkrankheiten zu befreien; die "Sterilisierung der Rheinlandbastarde" wäre für ihn in der Weimarer Republik undenkbar gewesen (G. Lilienthal 1980: 430-435).

12) Außer den farbigen Besatzungskindern wurden auch andere Afrika- und Asienstämmige, etwa Einwanderer aus den deutschen Kolonien und deren Kinder sowie Juden, Sinti und Roma ("Zigeuner") und deportierte Zwangsarbeiter Opfer der Gesetze zu "Erbschutz" (1933) und "Blutschutz" (1934) (siehe Gisela Bock 101 ff. und 238).

13) "Manche Betroffenen und manche Rassenhygieniker hatten erwartet, unter den Sterilisationsdiagnosen auch Hautfarben oder andere Indikatoren ethnischer Zugehörigkeit zu finden. Die hierin von den Gesetzesautoren geübte «weise Beschränkung» scheint nicht zuletzt der Furcht vor ausländischen Protesten gegen

«Mißbrauch» der Sterilisationspolitik und vor der Möglichkeit, daß andere Länder mit Sterilisation ihrer «Volksdeutschen» reagieren könnten, zuzuschreiben sein. 1933 und 1934 gingen in Berlin Proteste aus asiatischen, afrikanischen, südamerikanischen Ländern gegen eine bevorstehende Sterilisation ihrer Volks- und Staatsangehörigen ein; man verwies sie auf den «nicht»-rassischen Charakter des Sterilisationsgesetzes" (G. Bock 1986: 353).

14) Die beiden Frauen, die Schwestern Frieda P. und Anna G., wurden als Töchter eines eingebürgerten Kameruner Kaufmanns und einer Ostpreußin in Danzig geboren. Ihr Bericht macht deutlich, daß die Stellung der "Mischlinge" in Deutschland kurz vor und im Dritten Reich noch schlechter war als die der "reinblütigen" Afrikaner (nach der zeitgenössischen Rassentheorie erben Mischlinge von beiden Elternteilen die schlechten Eigenschaften): "Vor Vaters Tod wurden wir noch ziemlich in Ruhe gelassen. Ab Herbst '43 begannen die Schikanen..." (74, s.a. 70; Zitat im Text S. 75, in Oguntoye et al. 1986).

15) Nach dem "Gesetz zum Schutz des deutschen Blutes und der deutschen Ehre", das ab 1935 die Heirat von "Mischlingen" mit "Ariern" verbot.

16) Vergleiche den Bericht von Frieda P. und Anna G. in Oguntoye et al.: 65-84, sowie die Berichte von Betroffenen in der Produktion des Saarländischen Rundfunks *Deutsche sind weiß, Neger können keine Deutschen sein* - eine Dokumentation von Christel Priemer, Redaktion: Conrad Dawo (Sendung in der ARD am 29. Mai 1986, 20^{15}-21^{00}).

17) Vergleiche das Titelbild der Zeitschrift *Neues Volk*, "Negerkinder deutscher Mütter", abgebildet in Oguntoye et al., S. 54.

18) Joseph Rovan, *Contes de Dachau*, Paris: Juillard 1987, S. 156-163.

Résumé

Les enfants des soldats français de couleur et de femmes allemandes ont connu un triste destin sous le régime nazi, bien que R. Pommerin suppose que déjà au temps de la République de Weimar on cherchait un moyen de les stériliser légalement. Cette théorie rencontrerait sa confirmation dans le fait que la propagande raciste contre ces enfants a eu une première apogée vers 1920, anné où la majorité de ces enfants était encore à naître. Mieux encore que dans le soldat colonial de couleur, on pouvait voir dans l'enfant métis le symbole de la défaite allemande, et avec cela de l'imperfection de la "race germanique". Doublement, ils ont été les "enfants de la honte".
Il s'avère difficile aujourd'hui de préciser combien de ces "bâtards de la Rhénanie" ont eu pour père un Tirailleur Sénégalais. Toutefois, on peut présumer que les enfants des soldats de l'Afrique tropicale figuraient parmi ceux dont l'apparence trahissait le plus l'origine. L'historien Joseph Rovan a tenté de reconstruire la vie de l'un d'eux dans un émouvant récit, dont le héros, Karl Bethmann, se croit victime d'une malédiction, ignorant tout de l'Afrique, jusqu'à son existence même et celle de ses habitants.

Umschlag von *Farbige Franzosen am Rhein - Ein Notschrei deutscher Frauen*, Berlin 1920

Laurent GERVEREAU

DE BIEN TROP NOIRS DESSEINS

Le tirailleur sénégalais occupe une place singulière dans l'iconographie de la première guerre mondiale en France - et en Allemagne. Intrusion d'un fait colonial que l'on avait jusqu'alors cantonné dans ses territoires, sa présence exotique ne peut passer inaperçue. Davantage que les populations asiatiques, hindoues, ou d'Afrique du nord, il incarne l'"autre". Une altérité procurée par sa "couleur" - qui reste d'ailleurs, comme le blanc, une non-couleur - et des traits négroïdes assimilés à de dangereux résidus d'une animalité dont les contemporains se demandaient si elle l'avait vraiment tout à fait abandonné.

Le Noir comme sauvage

La confusion, fréquente dans la caricature, entre "Turcos" (surnom donné aux soldats d'Afrique du nord) et tirailleurs sénégalais atteste du fait que le brunissement de la peau semble l'emporter sur toute autre considération d'uniforme ou de corps d'appartenance. Et cela ne peut manquer de prendre un sens, lorsque l'on sait avec quelle méticulosité les imageries détaillaient la vêture des diverses troupes (fig. 1, 2).

Sur ce terrain, il convient de noter les différences de traitement fréquentes entre le Noir et les autres corps coloniaux. Chez Raoul Dufy, par exemple,[1] alors que sont représentés *un* zouave, *un* spahi, *un* tirailleur annamite, les tirailleurs sénégalais sont dessinés en groupe (fig. 3), comme s'ils ne pouvaient se concevoir qu'en tribu. Corroborant la chose, lorsque le même auteur illustre les différents Alliés (chacun sur une page d'un dépliant),[2] tous figurent avec au loin une vague indication d'origine par l'habitat. Mais le tirailleur, lui, bénéficie, en plus de cases à l'arrière-plan, d'une femme en boubou avec un bébé dans le dos, comme s'il restait, malgré son uniforme, encore proche de la brousse. De même, quand Fillol[3] illustre les différentes catégories de troupes coloniales, il place *un* Annamite, *un* Marocain, *un* goumier algérien, *un* spahi, mais *des* Sénégalais et *des* mitrailleurs congolais.

La notion de tribu prévaut ainsi à leur égard. Lorsqu'ils débarquent, Jean Lefort[4] les esquisse amassés avec leurs femmes sur le pont ou descendant, paquets sur la tête, dans une cohue colorée. La photographie, elle-même, choisit les plans "typiques". Ces indigènes, curiosité pour exposition universelle, ne pouvaient vraiment venir faire la guerre: "Ti viens voir sauvages?" s'écrie l'un d'eux parqué avec les siens à un couple de blancs en promenade (composition de Lucien Jonas pour *L'Illustration*).[5]

Dès le début des combats, il importe donc de souligner leur nature inchangée. Vrais sauvages, ils luttent en sauvages. Ils chargent avec "furie"[6] et achèvent les troupes allemandes à la baïonnette. La baïonnette, arme blanche qui correspond davantage à ce qu'on imagine de leurs pratiques ancestrales, leur sert, dans la symbolique caricaturale, d'éperon pour percer ventre et fesses des Allemands - puissance primaire du Noir ainsi mise en exergue.

Sa brutalité primitive devient référence. Attaquée par les dessinateurs allemands (dans *Lustige Blätter*, ils "bouffent" les prisonniers teutons), ils arrachent, dans la carte postale française, les oreilles germaniques pour en faire des colliers pour leur femmes. Conservant les casques ennemis en souvenir, ou comme fétiche, ils y laissent à l'intérieur les têtes tranchées encore sanguinolentes. Couteau entre les dents, ils "terrorisent" la sentinelle à casque à pointe.

Ces manifestations conservent une fonction ambivalente. Notons tout d'abord que l'image du couteau entre les dents servira à une violente campagne anti-bolchévique en 1919 en France. D'autre part, les Allemands sont accusés dès le début de la guerre de couper les oreilles des enfants (sur la foi du rapport Bryce sur "les atrocités allemandes en Belgique", mai 1915), de piller les villages envahis, d'emporter des souvenirs pour leur femme (dont des doigts coupés avec leur bague), et de pratiquer leurs attaques avec la plus grande barbarie. La barbarie lutte contre la barbarie: il importe donc de mettre en évidence, face à la barbarie négative du "boche", la barbarie positive du tirailleur.

En effet, le Noir, seul vrai sauvage (par référence aux Algériens, Marocains Annamites), terrorise la terreur. Repoussant l'Antéchrist, il apparaît comme "bravissime" ("Moi... pas peur! balles pas trouer peau noire"). Sa sauvagerie appartient au "bon droit". Par un retournement sémantique, sa férocité, attaquée chez ses ennemis désignés du moment (et honnie par eux), se mue en qualité pour enfoncer les défauts des autres. L'Allemand devient le sauvage au second degré (mesuré à l'aune de la sauvagerie positive): plus sauvage que le sauvage, il n'a pas l'excuse de la négritude, dont les emportements gardent la fraîche saveur de l'innocence primitive. Ainsi Sidi, tirailleur sénégalais, s'écrie-t-il dans une carte postale: "Moa nègre moa civilisé toi boche ti barbar ti chocola". L'expression naturelle de la férocité montre du doigt celle, honteuse, de ceux qui défendent leur Kultur (grand thème de saillies anti-allemandes mettant en avant les pratiques des "Huns"). Un enfant noir en uniforme s'exclame dans une carte postale bilingue français-anglais face à un lion: "Li pas peur, les Boches pires que lui". La barbarie des ennemis, prétendument civilisés, sans commune mesure avec celle de peuplades dont elle constitue dans l'esprit commun de l'époque le support social, les rejette au rang d'animaux dangereux. Cependant, chez Régamey,[7] l'infirmière secoure le Noir avant l'Allemand ("nos blessés d'abord"): le fait de devoir ainsi souligner la priorité indique l'étroitesse de la marge qui sépare les deux espèces.

Dans ces équations périlleuses (" - M'Capitaine vous donner à moi prisonnier - Pour quoi faire Ali? - pour montrer véritable sauvage dans gourbi") les tirailleurs lancent des regards hallucinés en chargeant - ce qui demeure curieusement dans deux affiches de 1917 pour la *Journée de l'Armée d'Afrique et des troupes coloniales*. Un autre pendant de férocité, plus rare celui-là, férocité également positive puisqu'alliée, présente ("1914! Turcos à l'Ouest, Russes à l'est")[8] les troupes germaniques prises entre deux fléaux, comme si, face aux exactions du "boche", seuls des éléments de même nature, mais pas de même culture, pouvaient le châtier.

La fonction "sauvage" du tirailleur sénégalais dans la propagande de la première guerre mondiale semble issue d'une forme de "gêne". Utilisant des peuplades jugées comme primitives, décalées dans une guerre qui apparaît avec difficulté comme la leur, il fallait les signifier dans leur primitivité. Enthousiasme des sauvages que les Allemands critiquent tout au long de la guerre, alors que les Français ne le soulignent qu'au tout début des combats, parce qu'ensuite ces troupes connaissent des moments difficiles et sûrement également parce que cela obligeait à une délicate dialectique.

En définitive, Français et Allemands portent un regard proche sur les troupes coloniales. Les mêmes faits sont reprochés d'un côté ou loués de l'autre, mais cela reste au nom d'un identique rejet d'une sauvagerie qui ne peut faire des Noirs des individus, davantage qu'égaux, même à part entière. Sympathie amusée ou caractère "brave" leur sont tout au plus reconnus.

Le Noir domestiqué

Les combats se prolongeant, le Noir doit être affublé d'un rôle dans le panorama des permissionnaires de la vie civile. Il garde néanmoins sa singularité. Nombre de jeux de mots ou d'images ("passer une nuit blanche", "se laver au savon noir") rappellent son "inversion", sa qualité d'anti-matière, de négatif. Il est fréquemment représenté dans ses territoires avec une joyeuse approximation (déserts, vagues cases, un rien suggère le lieu de celui qui n'a pour le public de l'époque ni histoire, ni civilisation). Les enfants noirs - alors que la propagande a copieusement utilisé les enfants de toutes nationalités pour mimer la guerre des parents - n'apparaissent pas, ou seulement, en uniforme, dans leur "pays".

L'uniforme reste en effet l'instrument de la "domestication" du Noir dans l'imagerie. C'est par l'uniforme que le Noir atteint à la respectabilité. L'uniforme le civilise. Implanté en France par la guerre et pour la guerre, en statut transitoire, il vénère: "la plus grande France" (fig. 4), "la Mère d'adoption", "la France bon Maman".

Parlant "petit nègre", présenté comme simplet, materné, il demeure un grand enfant. Le paternalisme joue ici à plein. Naïf, pas méchant, rempli de bonne volonté, il suscite l'indulgence. Il sourit souvent, de son grand sourire lippu qui fait ressortir ses dents blanches (Steinlein).[9] Il porte son barda sur la tête, comme un personnage maladroit qui "ne sait pas" (Falke).[10] Un poste de police devient animé à l'instar d'un bazar par sa présence remuante (Synave).[11] Avec la joie naturelle des hommes simples, il découvre la première neige (Jonas),[12] telle une révélation chrétienne: la guerre, apparition de la foi. Blessé, il conserve néanmoins sa bonne humeur et mâchouille une fleur (Falke).[13] Les combats, les luttes, le froid n'ont apparemment aucune prise sur lui. La propagande ne les mets évidemment pas en valeur ou s'en moque (cafard, poux, boue). D'une manière générale ces aléas climatiques sont présentés comme des curiosités exotiques. Les troupes noires, non seulement s'en moquent, mais paraissent même régénérées par les difficultés. A cause en partie de leur sauvagerie, également aussi parce que la guerre doit constituer pour eux (dans la propagande) une formation. Ils sont heureux de combattre car les assauts les rapprochent un peu des Blancs. Un Noir et un Blanc se promènent au bras de leur marraine (Névil):[14] poilu-grognard transbahutant le chien de la femme et tirailleur tenant le parapluie comme un chasse-mouches.

"Ya bon" s'écrie d'ailleurs souvent le tirailleur, avec ce langage maladroit qui lui sert d'image de marque. Dans une carte postale, tenant un casque rempli de bonbons, il lance ce cri, souriant en un gentil infantilisme. Il joue effectivement également avec les enfants, comme un grand frère (Bénito, fig. 5),[15] qu'une petite fille veut poudrer (en blanc bien-sûr) pour mieux l'acclimater. En 1917, la marque de chocolat Banania se sert du "ya bon" pour la première affiche publicitaire d'une longue série (fig. 6). Comme le souligne Marc Michel,[16] "la littérature de guerre tendit à substituer, dans le grand public, à l'image du Nègre "sauvage", celle du Nègre "grand enfant" obéissant mais fier, candide, brave et insoucieux tout à la fois". Ainsi, dans *Bécassine pendant la Grande Guerre*,[17] la peur de l'anthropophage fait place à des manières simples et pacifiées qui rejoignent la geste immature de l'héroïne.

Parfois cependant il fait encore peur ("Maman voilà le loup qui a mangé le petit Chaperon rouge"), mais chacun est vite rassuré ("Non ma chérie, celui-là est un bon loup").[18] Sa figure archétypique, rangée par l'uniforme peut hanter les petits déjeuners français. Et son cousin américain, lié aux tressautants accents de sa musique - le jazz - renforce la sympathie pour ces sauvages canalisés et présentables. Comme à la Libération en 1944, la curiosité surtout domine face à ces cousins d'outre-atlantique qui amusent.

La "domestication" du Noir répond clairement aux attaques allemandes tout en calmant les hantises françaises. En effet, la propagande outre-Rhin stigmatise l'utilisation des troupes coloniales avec virulence. Les armées alliées, présentées comme un "melting pot" de races différentes, scellent leur déchéance. Dégénérescence du mercantilisme anglais (dont l'entrée en guerre a été vécue comme une trahison), déliquescence française (souvent représentée sous les traits d'une Marianne facile), face à la Nation allemande (menant avec les symboles des chevaliers du Moyen Age un combat contre l'encerclement). Le 8 mai 1917, relatant la visite de Joffre aux Etats-Unis, le caricaturiste du *Simplicissimus* dessine deux Noirs portant les drapeaux américains - allusion suffisante pour indiquer par qui les Alliés doivent être aidés.

Adoucissant l'image du Noir, la propagande en France peut enfin le lâcher dans les villes - et également répondre aux attaques de la propagande allemande. Civilisé par l'uniforme, mais toujours infantile, il trouve une place amusante dans les foyers.

Le Noir comme animal

Domestiqué, il reste néanmoins au Noir ce fond étrange qui fascine: l'animalité. Ses prouesses sexuelles et son franc-parler sont censés attirer la gent féminine française, qui se surpasse ("une blanche vaut deux noires!...", fig. 7, 8).[19] Dans une carte postale photographique, une vendangeuse offre avec gourmandise du raisin à un blessé sénégalais. D'ailleurs, souvent blessés, les tirailleurs deviennent ainsi plus touchants, vulnérables, et justifient leur absence du front.

Les rapports qu'ils entretiennent avec les infirmières ou les marraines - n'oublions pas le rôle de ces dernières dans la propagande, toujours prêtes à s'abandonner aux poilus - sont faits en apparence de réelle attirance. Dans la gravure *Nos blessés d'abord*,[20] la secouriste la plus jeune s'occupe du Noir, le couvrant d'un regard intense, tandis qu'il lui a passé son bras par dessus l'épaule (son camarade est juste tenu par le coude, discrètement, par une secouriste plus âgée). Sa couleur elle-même aimante, comme une attirance pour la nuit. Ou elle est oubliée (un petit lapin noir, dans une carte postale, dit à la lapine blanche: "la nuit, ti verras pas si je sis noir!...", fig. 9). Dans le journal *La Vie parisienne*, en couverture en juillet 1918, l'"enfant du dessert" que semble souhaiter la marraine qui se lève de table pour caresser le menton de son tirailleur protégé, consiste-t-il dans le tirailleur lui-même ou dans le futur produit de leurs amours? Toujours est-il que cette caricature provoque des pressions ségrégationnistes americaines par peur de "désordres" inter-raciaux susceptibles de se transmettre aux Etats-Unis. Les Français n'y donneront pas suite, après des hésitations. Les réactions nationales divergent donc tout de même face à des situations qui restent différentes.

En France, souvent représenté très noir, parfois grimaçant, le Nègre prend fréquemment allure simiesque. Et il plane sur ces accouplements longuement dessinés le parfum affriolant du scandale autorisé. Chez Calvo,[21] le rapport entre l'infirmière, fluette, longiligne, souriante et tendrement émue, et le tirailleur, grand, remuant, expressif, marque bien cette "réunion des contraires" qui séduit tant les dessinateurs. Plus le Noir est noir, plus la femme est claire.

"Le galant tirailleur" (Arnoux),[22] qui court après une infirmière, est parfois brutal dans ses méthodes, impulsif, instinctif - reste de ses moeurs -, mais cela ajoute à ses charmes. Sa brutalité même le sert - virilité primitive. Lorsqu'il tend un bouquet de fleurs ou imite la galanterie occidentale, rien ne parvient à occulter les désirs qu'on lui place.

La propagande allemande conspue bien évidemment les prouesses sexuelles attribuées au Noir. *Lustige Blätter, Simplicissimus, Kladderadatsch* montrent sans relâche des Françaises trompant leur mari au profit d'un Sénégalais ("drame en couleur"). Ou également des Anglaises s'entichant d'un Hindou ou d'un Africain, laids, grimaçants. Après la guerre, l'occupation de la Ruhr (et la présence des troupes coloniales) déchaîne les passions, jusque dans l'art de la médaille (créations très violentes de Karl Goetz, dont une composition représente une femme enchaînée au phallus géant d'un Noir, 1920). A cette crispation allemande après le conflit répond en France la défense obligée du tirailleur qui alterne avec la banalisation d'une attitude paternaliste (le "brave" Noir) et surtout la disparition pure et simple du thème.

L'attitude allemande peut se comprendre: les attaques racistes cherchent à déconsidérer l'ennemi - d'ailleurs souvent durant la guerre l'Angleterre qui est sévèrement visée à cause de son expansionnisme jugé dangereux. En revanche, l'insistance avec laquelle sont montrées les performances sexuelles des Noirs en France peut surprendre, même si les nécessités de détente des permissionnaires occupent une large part de l'imagerie. Il faut y voir, nous semble-t-il, la marque de ce qu'il lui reste d'animalité dans l'esprit des dessinateurs: c'est parce qu'il demeure encore animal (ce que lui reprochent les Allemands) que ses relations ne portent pas à conséquence. Surhomme, et pas vraiment homme, les Françaises peuvent se donner à lui sans arrière-pensée. D'ailleurs jamais il ne se marie avec une blanche et les femmes qu'il cotoie demeurent ces marraines-infirmières-fiancées dont la nature n'est pas très fixée.

Sa bestialité, reconnue des deux côtés du Rhin, le met donc à l'écart. Horrifiant d'un côté, fascinant de l'autre.

Le Noir comme émotion

Les images de la guerre laissent néanmoins passer parfois des regards plus sensibles. Lorsque Picart-le-Doux,[23] dessinateur de tendance pacifiste, esquisse dans ses carnets des Noirs dormant ou fumant, ils restent emprunts d'une forme de monumentalité touchante (fig. 10). Perdus, leurs gestes sentent la fatigue, la lassitude, le rêve lent. Leurs marches harassées les ballotent sur des routes boueuses. Souvent ils sont représentés assis, au repos (croquis d'un camarade pendant une halte). Ils transportent les morts (Lefort),[24] derniers assistants incongrus. Des portraits portent témoignage (Bing),[25] Cannicioni (fig. 11).[26] Il ne s'agit plus de détailler le grotesque de leurs traits, mais de peindre la lassitude. Quand Hervé-Mathé[27] (fig. 12) plante un Sénégalais dans une tranchée, il est seul, abattu, regardant ses mains, tandis que la terre alentour est labourée. Le temps maussade couvre leurs longues enjambées, barda sur le dos.

Même s'il entre une part de compassion, dont tout paternalisme n'est pas exclu, ce regard porté sur le tirailleur sénégalais (avec un souci de réalisme) indique néanmoins une authentique solidarité entre camarades d'infortune. Il faut noter d'ailleurs qu'il apparaît surtout à partir du milieu de 1916 et en 1917, c'est-à-dire à une période difficile. Ainsi associé aux visions tristes de la guerre, le Noir n'y souffre pas physiquement, n'y meurt pas - mais n'oublions pas non plus que d'une manière générale les aspects durs des combats sont occultés des représentations en France. Autour de 1917, la caricature ou le dessin régressent dans les journaux illustrés pour se faire supplanter par la photographie (dans *La France illustrée* ou *Le Monde illustré*, par exemple).[28] Même si cette dernière subit la censure, l'âpreté des affrontements ne peut s'en effacer.

Alors le Noir est associé aux terrains labourés, à la nature décharnée qui souffre. Le cafard, la fatigue, restent, en France, le degré ultime du refus. Le Nègre devient ainsi le symbole de l'absurde. De façon informulée, il exprime le décalage suprême qui exprime tous les autres décalages, ceux des poilus arrachés à leurs foyers pour une guerre qui dure. Le Noir, reflet pitoyable, épigone malheureux.

Quels desseins?

Après cette sommaire présentation de l'image du tirailleur sénégalais en France - effectuée au vu d'une grande partie des 500 000 documents conservés au Musée d'histoire contemporaine sur la première guerre mondiale - il nous semble qu'il y a surtout évolution dans le rôle qui lui est dévolu. D'épouvantail sauvage au début, il se fait domestiquer tout en gardant une part d'animalité sexuelle. Seuls les moments durs du conflit incitent à transposer sur lui la lente montée d'un cafard et d'un dégoût passifs.

Le rejet raciste en Allemagne qui occupe la propagande ne diffère pas, sur le fond, des analyses françaises, mais en France, à la vision du primitif bizarre qui prévalait au début (curiosité d'exposition universelle), se substitue pendant la guerre une perception paternaliste, dont l'expression la plus parfaite demeure certainement l'image inventée en 1917 pour la marque de chocolat Banania où un tirailleur s'écrie: "ya bon". La présence des tirailleurs sénégalais sur le sol français inaugure ce que l'on pourrait appeler les "années Banania". L'après-guerre crispe ensuite la position allemande, tandis qu'elle banalise la "domestication" française. Mais cela constitue-t-il une quelconque divergence d'intention? L'intérêt de certains artistes pour l'Art Nègre, antérieur à la guerre et à relativiser pour la part d'exotisme qui pouvait y entrer, dessine, seul, les prémices d'une attitude différente.

La propagande en France à cette période occupe en effet tout l'espace, non seulement des activistes patriotiques, mais même du champ culturel.[29] Chaque personnage ou situation de la guerre se voient conférer un rôle dans une lecture qui réinterprète le réel avec l'ambition de le transformer. Le Noir, le Nègre, devient un fantasme cotoyé dont l'image lui servira encore longtemps d'identité aux yeux des Français.

Notes

Les cotes indiquées correspondent à celles du Musée d'Histoire Contemporaine-BDIC à Paris qui possède un fonds de 500 000 documents iconographiques sur la première guerre mondiale.
Les dimensions sont en millimètres.

1) Raoul Dufy. [*Tirailleur sénégalais*]. Métallographie. (500x600). Est 869 (9).

2) Raoul Dufy. [*Armée française*]. Métallographie. (122x84). Im F2 9.

3) L. Fillol. *Images enfantines. Guerre 1914*. Métallographie. (300x400). Est 2065.

4) Jean Lefort. *Débarquement de Sénégalais. La Pallice, 6 novembre 1914*. Crayon et fusain. (250x160). Or 772.

5) Cette héliogravure a également été publiée sous forme de carte postale par l'Atelier d'Art photographique, comme nombre d'images de Lucien Jonas pour *L'Illustration*.

6) R. Bataille. *Souvenir de la revanche. Sénégalais contre garde impériale. Charleroi. 1914*. Métallographie. (198x338). Est 807.

7) Frédéric Régamey. *1914! Nos blessés d'abord*. Héliogravure. (280x180). Est FL 4501.

8) Frédéric Régamey. *1914! Nous autres Allemands, nous ne craignons* ... Héliogravure. (180x285). Est FL 1588.

9) Théophile-Alexandre Steinlen. *Des Sénégalais passent.* Eau-forte. (190x495). Est FL 3996.

10) Pierre Falke. *Le Barda.* 1917. Plume et encre de Chine, aquarellé. (380x280). Or 1031.

11) Tancrède Synave. *Le Poste de Sénégalais.* 1917. Huile sur carton. (500x600). Or F1 56.

12) Lucien Jonas. *Une révélation: le réveil dans la neige.* Héliogravure. (250x205). Est 1403.

13) Pierre Falke. *[Deux Sénégalais blessés, Carency, 1915].* Plume et encre de Chine, aquarellé. (250x210). Or 1045.

14) André Névil. *Les Deux filleuls.* Lithographie. (210x270). Est FL 3406.

15) Eduardo-Garcia Benito. *Un brin de poudre de riz.* Lithographie. (495x330). Est FL 1905.

16) Marc Michel, *L'Appel à l'Afrique,* Publications de la Sorbonne, Paris, 1982.

17) Publié en 1915 chez Henri Gautier.

18) Georges Redon. *Maman voilà le loup...* 1918. Lithographie. (330x298). Est F2 139.

19) Ch. Roussel. *Le Retour d'un vainqueur.* Plume et encre de Chine, aquarellé. (375x310). Or 2031.

20) Voir note (7).

21) Edouard Calvo. *L'Infirmière et le zouave.* Aquarelle. (430x290). 1915. Or FL 554.

22) Guy Arnoux. *Carnet d'un permissionnaire. Le galant tirailleur.* Bois gravé. (200x300). Est 728 (10).

23) Charles Picart-le-Doux. [Soldat noir]. Aquarelle. (398x280). Or F2 29.

24) Jean Lefort. *Enlèvement de cadavres. 14 août 1918.* Crayon aquarellé. (260x345). Or F3 870.

25) Henry Bing. *Tirailleur. 1916.* Lithographie. (509x410). Est F2 513.

26) Léon-Charles Cannicioni. *Tirailleur. Noto. 17 février 1917.* Crayon et gouache (370x285). Or PE 203.

27) Alfred-Jules Hervé-Mathé. *Mont Haut, boyau Sinibaldi, 17 septembre 1917.* Aquarelle. (470x320). Or 822.

28) Cf. Philippe Vatin, *Fonction des arts graphiques pendant la grande guerre*, thèse de 3ème cycle, Paris I, 1984.

29) Cf. Laurent Gervereau, *La Propagande par l'image en France, 1914-1918*, in *Images de 1917*, Musée d'histoire contemporaine, Paris, 1987.

Figure 1:   Carte postale

Figure 2:   Carte postale

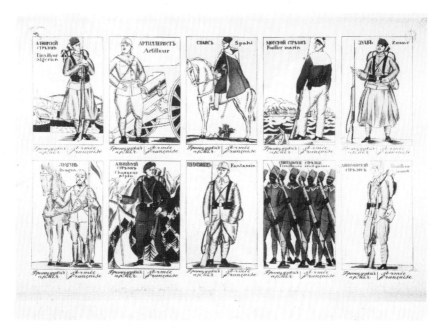

Figure 3:

Raoul Dufy: Gravure colorée au pochoir représentant un ensemble de cartes postales bilingues français-russe

Figure 4: Carte postale

Figure 5:   Eduardo-Garcia Benito: Un brin de poudre de riz. Lithographie

Figure 6:

Première affiche représentant un tirailleur sénégalais pour la marque Banania. 1917

Figure 7: Lucien Laforge: L'Assaut. Gravure sur bois coloré au pochoir

Figure 8: Le retour d'un vainqueur. Plume et encre chine, aquarellé. 1915

Figure 9: GRIFF: Carte postale

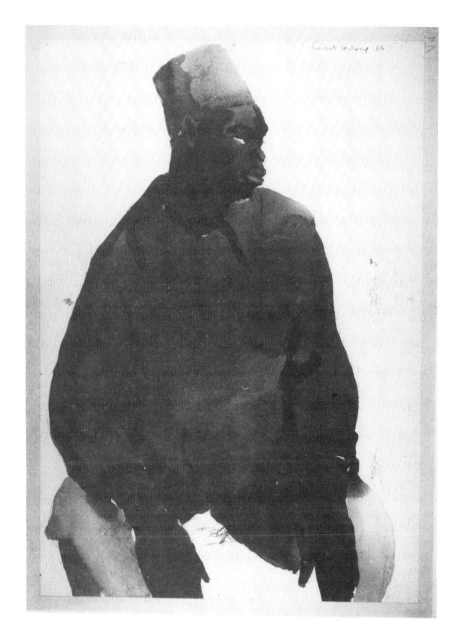

Figure 10:   Charles Picart-le-Doux: Soldat noir. Aquarelle. 1916

Figure 11:

Léon-Charles Cannicioni: Tirailleur. Nomény. 17 février 1917. Crayon et gouache

130

Figure 12:

Alfred-Jules Hervé-Mathé: Mont-Haut, boyau Sinibaldi. 17 septembre 1917. Aquarelle

Pour les indications précises, voir les notes de l'article

Guy Ossito MIDIOHOUAN

LE TIRAILLEUR SENEGALAIS DU FUSIL A LA PLUME
LA FORTUNE DE FORCE-BONTE DE BAKARY DIALLO

La plus grande habileté de l'Occident dans ses rapports avec l'Afrique consiste, chaque fois que ses intérêts l'exigent, à détourner les Africains d'eux-mêmes, de leurs responsabilités historiques, pour les amener à se battre, de gré ou de force, pour sa cause et souvent contre eux-mêmes. Ce fut le cas pour le commerce triangulaire dont la prospérité devait beaucoup à la cupidité et à l'inconscience de nos rois ignorants et veules qui lançaient leurs armées dans les razzias esclavagistes pour approvisionner les négriers. Ce fut le cas au XIXe siècle, lors de la conquête coloniale, quand les soldats "indigènes" étaient utilisés par l'envahisseur pour briser la résistance des autochtones, d'abord en Algérie, puis en Afrique Noire et, plus tard, au Maroc. Le général Faidherbe joua un rôle de pionnier dans l'organisation des troupes de miliciens noirs, pour la plupart des esclaves libérés. Le premier bataillon fut crée en 1857 par un décret de Napoléon III et la raison principale avancée à l'époque pour justifier cette création était le taux élevé de décès des soldats européens qui résistaient mal aux rigueurs du climat.[1] Selon le général A. Duboc:

> Avant la guerre 1914-18, il n'y avait pas une voix en France pour protester quand on disait que le tirailleur sénégalais était le premier soldat du monde et on comprend qu'il ne pouvait en être autrement quand on songe qu'en moins de soixante ans, sous les ordres de chefs dont les noms passeront à la postérité, ils avaient conquis à la France un vaste Empire Colonial...[2]

Oui, l'Afrique n'aurait pas été conquise, en tout cas pas de la manière dont elle l'a été, sans la collaboration active des Africains eux-mêmes. Ce fut le cas entre 1914 et 1918, quand plus de 200.000 Africains partirent très loin, au-delà des mers, combattre aux côtés de ceux qui occupaient leurs pays par la force, dans une guerre où ils n'avaient rien à voir et dont ils ignoraient les tenants et les aboutissants, alors même que certaines régions de notre continent fumaient encore du sang des populations dévastées et que d'autres pansaient les plaies d'une "pacification" brutale. Ce fut le cas entre 1939 et 1945, quand, malgré les promesses non tenues de La Grande Guerre et la dure expérience de la colonisation triomphante, les Africains partirent encore par centaines de milliers, offrir leurs vies - "comme le pauvre son dernier vêtement", écrira-t-on plus tard en guise d'éloge - pour sauver "La Patrie" menacée. Ce fut le cas... On pourrait multiplier les exemples jusqu'aux plus récents.

C'était donc pratiquement déjà une tradition de voir les Africains porter le fusil pour défendre les intérêts de l'Occident au mépris des leurs propres, lorsque l'école coloniale était devenue la forme nouvelle de la guerre que nous faisaient les étrangers, pour reprendre les termes de Cheikh Hamidou Kane. La nécessité d'une protection permanente de son système encore fragile par une propagande idéologique soutenue et massive amena le colonisateur, parallèlement à l'installation et au développement de l'école, à envisager, en dehors du maniement des armes et du déploiement de la force physique, à tirer le maximum de profit possible du loyalisme aveugle et inconditionnel des tirailleurs. D'où une incitation à l'écriture, à passer du fusil à la plume, dont on pourrait voir l'une des preuves dans la publication en 1915 par *La dépêche coloniale illustrée* d'un certain nombre de lettres de tirailleurs adressées à des parents en Afrique,[3] incitation dont *Force-Bonté* semble être le premier résultat digne d'intérêt, son auteur, Bakary Diallo, inaugurant ainsi l'ère des tirailleurs-écrivains. Dans quel contexte l'oeuvre a-t-elle vu le jour et quel accueil a-t-elle rencontré auprès de la critique entre 1926, date de sa publication et aujourd'hui? Telles sont les deux questions auxquelles tentera de répondre notre propos.

I. LA GENESE DE FORCE-BONTE

1) Du fusil à la plume

Malgré l'existence de fait d'un Empire Colonial Français depuis la Conférence de Berlin (1885) lors de laquelle les puissances européennes rivales se partagèrent le "gâteau africain", il a fallu attendre la Première Guerre Mondiale et la participation à cette guerre de milliers de soldats noirs pour que le peuple français se rendît compte, en métropole, de l'importance des colonies et de l'utilité des "possessions françaises". Cette guerre a été l'occasion pour bien des Français de découvrir le nègre en chair et en os, et pour les combattants africains, appelés "tirailleurs" et dits "sénégalais",[4] de prendre contact avec le "Pays des Blancs" que les rapports dans les colonies avaient paré de tous les attributs de la grandeur, de la beauté, de la force. Ainsi, la guerre avait amené le nègre à voyager, à vivre en Europe, à partager avec le Blanc les mêmes horreurs, les mêmes peurs, les mêmes joies, toutes choses qui jusque-là étaient pour lui du domaine de l'onirisme. La réalisation inespérée de ce rêve secret avait transformé les tranchées en une sorte de purgatoire et la guerre elle-même n'était alors qu'un sacrifice propitiatoire pour l'accession au "monde supérieur", au paradis des Blancs. Mais, à la fin des hostilités, ces tirailleurs furent renvoyés dans leurs pays, les colonies, où les rapports entre Blancs et Noirs n'avaient subi aucune modification.

D'avoir encouru les pires dangers, de s'être sentis liés au destin de la métropole et de se voir enfin remerciés sans égards, contribuèrent à faire naître chez ces combattants quelques velléités de révolte, un début de prise de conscience politique qui risquait dangereusement de faire tache d'huile. C'est à ce moment que parut *Force-bonté*, autobiographie d'un tirailleur réellement sénégalais, resté en France après la guerre grâce à la citoyenneté française qui lui fut accordée en 1920. Dans ce livre Bakary Diallo retrace l'itinéraire qui l'a conduit de son village sénégalais jusqu'en France, dans l'optique d'une célébration évidente des bienfaits de la colonisation. Acte d'allégeance et de reconnaissance, *Force-bonté* l'est, sans conteste. Le séjour de son auteur dans l'armée avait sans aucun doute contribué à affirmer ses présomptions quant au parti que les Africains dévoués à la cause du Blanc pouvaient tirer de la situation coloniale.

Bakary Diallo était, comme la grande majorité de ses confrères tirailleurs, un "engagé volontaire". On ne se fait plus aujourd'hui aucune illusion sur ce qu'il en était réellement de ce volontariat.[5] Nous ne nous attarderons donc point sur la liberté de choix dont ils disposaient, si l'on sait, par ailleurs, que ceux de leur âge restés en Afrique étaient versés au compte du "travail public obligatoire".

Ce qu'il est, par contre, nécessaire de souligner ici, c'est que, pour les tirailleurs, le service militaire était pour ainsi dire une promotion sociale. Le sens de la hiérarchie qu'ils contractaient à l'armée en rajoutait à leurs ambitions de se distinguer de la masse des "indigènes". Il était entendu que de telles ambitions, suscitées par la politique coloniale, ne pouvaient trouver leur assouvissement que grâce à celle-ci. Pour un grand nombre d'entre eux, consciemment ou inconsciemment, il fallait donc lutter pour maintenir ce cadre, malgré le désenchantement de l'après-guerre. Comment expliquer autrement les prestations de serment de Bakary Diallo dans *Force-bonté*, le fait que le romancier jure fidélité aux grands idéaux de la Civilisation et de la "Mère-Patrie", si ce n'est par son désir d'être distingué et d'améliorer ses conditions de vie? Nous assistons là à l'émergence d'un discours de classe, de même nature que celui des premiers évolués (Léopold Panet, David Boilat, Paul Holle, Bou el Mogdad, Amadou Ndiaye Dugay Clédor, Amadou Mapaté Diagne), discours destiné, en l'occurrence, à fournir à l'occupant un argument de poids pour la poursuite de son entreprise de domination, à couper l'herbe sous le pied des mécontents et à décourager les contestataires aussi vulgaires qu'inconnus.

A l'armée, les tirailleurs furent nourris de l'idéologie colonialiste du meilleur cru, soumis à un intense conditionnement psychologique axé sur la grandeur et la générosité de la France et dont la source théorique remontait à l'Exposition Coloniale de Marseille (1906). Dans la "vue d'ensemble" qu'il présentait de l'Afrique Occidentale lors de cette Exposition, Jacques Léotard écrivait:

> L'homme noir, a dit Faidherbe, est naturellement bon, d'une intelligence comparable à celle de bien des races blanches. Les noirs sont, en somme de grands enfants, évidemment perfectibles, mais qui, en raison de leur mentalité spéciale, de leur insouciance et de leur indolence, *ont toujours besoin d'être aidés et dirigés, et cela avec une bonté ferme et patiente.*[6]

Ce paternalisme bienveillant que l'Exposition de Marseille contribua à introduire dans les moeurs coloniales comme réponse à ceux qui considéraient la colonisation comme une entreprise inhumaine prévaudra jusqu'au lendemain de la Première Guerre Mondiale. Il ne devait pas tarder à perdre de son efficacité et de sa crédibilité au profit du discours culturaliste mais avait suffi pour gagner la confiance de nombreux tirailleurs. Les désillusions d'après-guerre avaient ouvert les yeux à plus d'un. Mais beaucoup furent incapables de remettre en cause les idées reçues, comme ce fut le cas pour Bakary Diallo. Le ton que ce dernier adopte dans son roman tout comme le titre, "Force-bonté", sont bien la marque du conditionnement qu'il a subi. Il n'a fait que restituer l'image du nègre telle que le voulait le colonisateur, une image que, paradoxalement, n'approuvait pas celui à qui il devait la publication de son livre, Jean-Richard Bloch.

2) Du manuscrit au livre

Pour comprendre les raisons qui avaient amené Jean-Richard Bloch à se décider à publier *Force-bonté* et à le coiffer d'un "avertissement" oscillant entre l'éloge par trop bienveillant et la mise en garde qu'on a qualifiée de "protestations empreintes de coquetteries",[7] il importe de s'arrêter un instant sur quelques aspects de sa vie.

Dans sa jeunesse, Bloch fut mêlé en tant que lycéen aux bagarres de l'Affaire Dreyfus. En 1901, il fait une année de rhétorique supérieure mais échoue au concours de l'E.N.S. Après son service militaire, il passe, en 1905, une licence d'histoire, et c'est en tant qu'historien et aussi géographe qu'il sera amené à s'intéresser aux problèmes de la "France d'Outre-Mer". Agrégé d'histoire et de géographie en 1907, il enseignera d'abord en France, puis, de 1913 à 1914, à l'Institut Français de Florence. En juillet 1914, il revient en France par bateau via Tunis, Alger, Oran. Ce premier contact avec l'Afrique du Nord était aussi son premier contact avec l' "Outre-Mer". De 1914 à 1918, Bloch fait la guerre et est blessé à trois reprises. Cette aventure qui lui permet de côtoyer les tirailleurs noirs avec qui il vit la même tragédie le marquera toute sa vie.

D'avril à juin 1921, il fait un voyage qui le mène d'Angleterre au Sénégal; le Sénégal qui était alors la colonie française d'Afrique Occidentale la plus connue en France, le "pays noir" par excellence. Ce voyage aura une grande importance dans ses activités ultérieures; il en tirera une grande partie de sa production littéraire: *Sur un cargo* (1924), *Premières journées à Rufisque* (1926), *Cacahouètes et bananes* (1929).

On a dit de *Premières journées à Rufisque*, paru la même année que *Force-bonté*, qu'il est "une remarquable description de la mentalité coloniale et sur (sic) l'esprit des Africains".[8] En effet, dans ce livre Jean-Richard Bloch se montre sensible aux problèmes soulevés par le retour des tirailleurs démobilisés dans les colonies. Tout en soulignant, avec une ironie à la Montesquieu, la panique des autorités coloniales face aux mutations psychologiques liées au séjour des tirailleurs en France et à leurs retombées politiques imprévues, c'est à une analyse pénétrante des fondements de la colonisation que Bloch se livre dans cet ouvrage. Il révèle l'inconsistance des manoeuvres idéologiques du colonisateur, leur effritement en face de la prise de conscience des tirailleurs au lendemain de la guerre, pour enfin ne retenir que le caractère économique et mercantiliste de l'entreprise coloniale et la nécessité inavouée, parce que inavouable, de maintenir "l'indigène" dans des conditions de vie matérielle précaires pour assurer sa résignation et la survie de l'expansionnisme impérialiste.[9] Le livre peut donc être considéré comme un désaveu de la colonisation par un intellectuel français qui, comme beaucoup d'autres, suivait avec ferveur le déroulement du processus révolutionnaire en U.R.S.S. Au reste, Bloch, qui deviendra membre du PCF en 1938 au Congrès d'Arles, était déjà considéré comme un "homme de gauche" voire "d'extrême gauche" (Cornevin). Il dirigera, plus tard, avec Aragon, le quotidien *Ce soir*.[10] C'était donc en intellectuel fort averti des grands problèmes politiques du moment et avec une vue éminemment progressiste[11] que Bloch abordera *Force-bonté*.

Si par son voyage Bloch avait pu se rendre compte de la vie dans les colonies et de la situation du Noir, il est un événement extrêmement important, survenu en France entre son retour d'Afrique (juin 1921) et la parution de *Force-bonté* (1926), qui aura une profonde influence sur son attitude vis-à-vis de ce dernier roman. C'est tout le tapage des média autour de *Batouala*. Bloch venait alors à peine de rentrer en France et on peut affirmer aujourd'hui qu'il fut l'un des rares écrivains français à prendre la défense de René Maran. C'était qu'en fait les positions de Maran rejoignaient les siennes, tant et si bien qu'il s'était créé entre les deux hommes, au-delà des tourments et des polémiques journalistiques, une sympathie qui frôla la profonde amitié, comme l'atteste la lettre suivante:

Poitiers (Vienne), ce 4 septembre 1929

Monsieur et cher confrère,

Votre lettre m'a profondément ému. Elle me donne l'occasion de vous exprimer toute mon admiration d'artiste, toute mon estime d'homme, toute mon affection pour le courageux et si digne représentant d'une race méconnue. Vous serez regardé un jour comme un précurseur. D'ici là vous aurez ajouté une note à la symphonie de la littérature française. Là aussi votre place est marquée.

J'admire *Batouala*, et non moins le caractère dont vous avez su faire preuve en restant digne de cette belle oeuvre et des injures qu'elle vous a values. Les bassesses vous ont sacré, c'est vous dire le prix que j'attache à votre approbation. Merci. Et, de coeur, mon cher confrère, mes deux mains.

J.R. Bloch

En consultant les restes de la bibliothèque personnelle de René Maran, grâce à l'amabilité du Professeur Michel Fabre de l'Université de Paris III qui a acquis ce trésor de la veuve de l'écrivain, nous avons, par ailleurs, pu constater que Bloch envoyait toutes ses publications à Maran, en prenant toujours soin de les accompagner de dédicaces souvent fort longues et toujours révélatrices, dans lesquelles il ne manquait jamais de lui exprimer son admiration pour son courage et son talent.

Il est même permis de croire qu'à la suite de la publication de *Batouala*, les milieux intellectuels "de gauche" - dont faisait partie Bloch - trouvaient en l'auteur (désormais célèbre), un esprit contestataire, politiquement mobilisable sur des bases partisanes. Dans ce sens, les attentions de Bloch pourraient être prises pour autant de sollicitations et de clins d'oeil. Certains éléments nous permettent aussi de croire que Maran s'étant refusé à "encadrer" sa lutte et ayant démontré qu'il voulait garder sa liberté d'action et de pensée, et sauvegarder sa foi dans le libéralisme humanitariste, un léger froid s'était instauré dans ses rapports avec Bloch. La correspondance qu'entretenaient les deux hommes révèle qu'à partir du moment où Bloch avait senti que Maran n'était pas mobilisable, il était moins prompt à le soutenir. Notamment, suite à une lettre de Maran lui demandant de l'aider à publier un ouvrage, Bloch, en des termes courtois, regrettait de ne pouvoir rien faire (cf. lettre ci-après):

La Mérigote, POITIERS (Vienne)
le 1er novembre 1929

à M.R. MARAN
47 Rue Brancion
PARIS 15e

Cher Monsieur,

J'ai désiré tout l'été vous écrire pour vous proposer de vous arrêter à Poitiers à votre retour de vacances. Je n'ai jamais eu le loisir de le faire et je le regrette. Je ferai tout de qu'il est en mon pouvoir de faire pour vous aider à sortir de la situation où vous a mis le boycott inique de la maison Hachette (Nous n'en avons pas fini avec Hachette. Il est certain qu'un jour ou l'autre, la corde trop tendue, cassera). Je ne suis plus Directeur de collection littéraire chez RIEDER. J'ai dû résigner cet honneur qui était devenu une charge trop lourde. Mon ami Marcel MARTINET a bien voulu me remplacer. C'est lui qui devra donc lire votre manuscrit. Je le mets au courant et lui communique la substance de votre lettre. Vous connaissez sans doute MARTINET, au moins de nom. C'est un esprit d'élite et courageux. Je vous donne ce conseil de vous mettre en rapport direct avec lui (43 Avenue Gambetta, 20e). J'espère fermement que vous serez contents l'un de l'autre.

Croyez à ma grande sympathie.

J.R. Bloch

A part ces rapports de Bloch et de Maran, qu'il faut avoir présents à l'esprit, nous devons ajouter que c'est son voyage en Afrique, la part qu'il faisait aux problèmes coloniaux dans les romans, qui l'amèneront à connaître Lucie Cousturier, la "protectrice" de Bakary Diallo. Comme Bloch, cette dame a été mise en rapport avec les nègres lors de la Première Guerre Mondiale. Selon les informations données par R. Cornevin[12] et aussi sur le témoignage de B. Diallo dans son livre, elle soigna les blessés africains. C'est cette activité qui l'avait amenée sans doute à connaître l'auteur de *Force-Bonté*, "blessé grièvement le 3 novembre 1914 à Sillery (Marne)",[13] pendant les longs mois de séjour qu'il passa à l'hôpital avant de devenir l'interprète des troupes sénégalaises en France.

On pourrait se poser un certain nombre de questions en apprenant que Lucie Cousturier "s'en alla leur (les tirailleurs) faire visite dans leur pays d'Afrique ensuite".[14] Lucie Cousturier avait donc eu, après la guerre, l'occasion de constater les velléités de prise de conscience des tirailleurs rentrés de France, et les difficultés qu'ils occasionnaient pour le maintien de l'ordre public et de l'équilibre dans les colonies. Il ne faut pas non plus perdre de vue que les troubles ayant suivi le retour des tirailleurs, faisaient l'inquiétude du Ministère des Colonies. "Il y eut même des révoltes ouvertes, durement réprimées, comme celle du Bélédougou sous Diocé Traoré, ou en pays somba".[15] Cela risquait d'entraîner (cela entraîna) un durcissement de l'autorité, avec comme conséquence et en même temps comme excuse à la répression, un redéploiement du discours raciste préjudiciable à l'image du nègre en Occident. Et précisément, le but que poursuivait L. Cousturier dans les romans qu'elle publia au lendemain de la guerre (*Des Inconnus chez moi* (1918) - *La Fôret du Haut-Niger* (1923) - *Mon ami Soumaré Laptot et mon amie Fatou Citadine* (1925), et dont l'originalité, par rapport au courant de l'exotisme, résidait non dans les thèmes, mais dans sa façon de les aborder, était de créer en France un courant en faveur de l'homme noir qu'elle jugeait capable - comme l'Abbé Grégoire - de s'élever à une haute culture, à la culture telle que la concevait le colonisateur, par le biais de l'éducation ou de l'école.

C'est donc cette dame qui devait encourager Bakary Diallo à écrire *Force-Bonté*; c'est elle qui se chargera "de corriger le manuscrit pour les difficultés de langue".[16] C'est elle qui enverra le manuscrit à l'éditeur et c'est manifestement à cause de sa générosité que Bloch accepta de préfacer un ouvrage dans lequel rien apparemment n'excitait son enthousiasme. Car par rapport à ce que Bloch connaissait de la situation en Afrique, le roman pouvait passer pour un démenti à une situation pourtant réelle et - à la limite - comme une manoeuvre idéologique attestant la docilité du nègre, sa soif insatiable de Civilisation, son amour pour le Blanc, manoeuvre dangereuse dont le pouvoir colonial pouvait tirer parti et que - on le verra - la critique coloniale n'hésitera pas à utiliser à des fins politiques.

Il reste que Bakary Diallo a démenti que Mme Lucie Cousturier fût allée en Afrique, dans une lettre datée du 19 février 1969 adressée à Mbelolo ya Mpiku,[17] entrant ainsi en contradiction avec les informations fournies par R. Cornevin. Mais dans la même lettre, il affirme aussi que la collaboration de Mme Cousturier avait consisté "seulement" à lui trouver un éditeur... Au-delà de toutes ces controverses, nous devons retenir que *Force-Bonté* avait fait suite à une situation politique concrète, qu'avant sa publication *Batouala* avait déjà, en littérature, défendu des thèses opposées sur un ton tout à fait contraire, et que même si L. Cousturier et son protégé poursuivaient un tout autre but, leur roman ne pouvait être lu qu'en référence à cette convergence d'événements de tous ordres et aux courants idéologiques des années 20.

Reste un autre point à souligner. Nous ne savons pas la date exacte à laquelle le manuscrit fut envoyé à Bloch. Mais Mme Cousturier mourut en 1925, c'est-à-dire l'année précédant celle de la parution du roman. L'on peut supposer que c'est la mort de Cousturier qui créa les conditions ayant permis l'édition du roman. Car, le publier, quelle que fût sa valeur, avait pu apparaître aux yeux de Bloch, comme l'exécution d'un acte testamentaire en hommage à celle qui fut pour lui une grande amie. Il ne s'agit pas là de suppositions gratuites, car ce roman aurait peut-être connu d'autres destinées s'il ne contenait pas aussi ce témoignage de gratitude du tirailleur noir envers feu Mme Cousturier, célèbre "négrologue parisienne":

> Et, en pensant à vous tous, Français de France, en pensant à tous les bienfaits dont vous nous avez comblés pendant et après la guerre, je me sens vraiment heureux d'avoir remplacé ma canne de berger, le *saourou*, par la plume, et mon troupeau de jadis par vos nobles sentiments de justice. (...) Vous l'aurez voulu ainsi, Vénérable Dame Lucie Cousturier, vous dont je me rappelle l'humaine disposition qui poussait votre âme libre, à l'extrême développement du bon sens, vers le bien, vers l'humanité; le bien, l'humanité, vous en connaissiez si largement, vous teniez tant à en résoudre les problèmes, que les partis pris ont compliqués dans les coeurs humains qui ne demandent qu'à être bons,[18]

écrivait Bakary Diallo. Sauf le style, pouvait-on s'attendre à plus émouvante oraison funèbre?
R. Cornevin a fait état de la correspondance de Bakary Diallo à Jean-Richard Bloch au sujet de *Force-bonté*.[19] Il faut ajouter que dans l'éloge des "Français de France" auquel il se livre dans son roman, le tirailleur-écrivain n'oublie pas Jean-Richard Bloch lui-même:

Ah! M. Jean-Richard Bloch, comme les doux et subtils sentiments d'humanité que vous savez si bien distribuer au monde, témoignent que la naissance d'une fraternité véritable entre les hommes ne peut être qu'inévitable![20]

Tout cela avait dû peser d'un grand poids dans la décision d'éditer le livre en signe de sensibilité à une amitié ingénue.

Le livre aidera beaucoup Bakary Diallo dans sa promotion future, les coloniaux l'ayant accueilli très faborablement. Diallo qui était resté en France après guerre, rentrera en Afrique le 6 février 1928, pour être nommé chef de canton à Mbala, dans le centre Podor. Le roman passait pour une attestation d'aptitude à rendre de précieux services à l'administration coloniale... Son auteur recevra la Légion d'Honneur "vers 1960".[21]

II. FORCE-BONTE FACE A LA CRITIQUE

1) L' "avertissement" de Jean-Richard Bloch

Le moins que l'on puisse dire, c'est que l'ancien berger analphabète devenu écrivain pour avoir été tirailleur avait besoin d'être introduit auprès des lecteurs français. Jean-Richard Bloch, outre la publication du livre, accepta aussi, en même temps, de prendre ce risque. Une décision qui, au demeurant, ne se comprend pas en dehors de sa volonté de s'expliquer en tant que directeur de collection littéraire chez Rieder, l'éditeur du roman. La pensée de Bloch dans son "avertissement" se développe suivant trois axes principaux. C'est d'abord l'hommage à Mme Cousturier, morte l'année précédente, ensuite la présentation du romancier et de son oeuvre et, enfin, les appréhensions de Bloch lui-même et les dangers qu'il entrevoit quant à la réception du roman. Nous ne nous étendrons pas sur le premier point. Le texte est assez explicite et le mouvement de la pensée de son auteur exprime de manière discrète ses réserves sur l'oeuvre. Mais, en présentant le tirailleur et son roman, Bloch nous livre, en même temps, tout un cortège de sentiments et de pensées assez caractéristiques de l'époque.

C'est d'abord l'idée, fort répandue depuis *Batouala* et aussi grâce à la fortune de l'art nègre à Paris et à l'influence des ethnologues, de la "simplicité", du "naturel" de la "bonté", de la "franchise", de la "candeur", caractérisant "l'âme noire".[22] Mais dépassant ce thème, Bloch ajoute - précise - que cela n'est vrai que si "l'âme noire" "n'est déformée par aucune oppression", ce qui est un coup de pied à la politique coloniale que Diallo ne critique nullement dans son roman. Au contraire. Tout au plus parle-t-il de quelques brimades subies par lui et ses confrères tirailleurs lors de la guerre; de sa déception lorsque, s'étant naturalisé français (1920), il constate avec amertume qu'il demeure toujours "le nègre"; mais jamais il ne s'élève jusqu'à la critique d'un système qu'il n'appréhende guère dans sa globalité et sa cohérence, et dont les représentants (les Blancs d'Afrique) sont jugés par lui "incapables d'apprécier l'attachement et la gratitude des Noirs" parce que "trop distants". La critique sur ce plan va donc bien plus loin que le texte.

Il est vrai que Bloch compare la première partie du roman, celle dans laquelle Diallo raconte sa vie de berger, aux "plus belles églogues grecques" et la seconde, son contact avec le monde étranger, aux "cosaques et aux contes populaires de Tolstoï". Mais il sent bien que ce sont là des assimilations sinon téméraires, du moins fort osées, et ne manquera pas plus loin de faire appel à l'indulgence du lecteur: "Abordons ce récit, écrit-il, avec le respect qu'il mérite, mais lisons-le avec plaisir et douceur. Il nous le demande".

La seconde remarque importante, c'est qu'en évoquant la participation de l'auteur à la Première Guerre Mondiale et en lui rendant hommage d'avoir néanmoins su garder "intactes" les "vertus naturelles" de "l'âme noire", Bloch exprime lui-même son dégoût pour la civilisation occidentale, civilisation de la guerre, pour son côté "grotesque et hideux". On voit percer, sourdre[23] cet accent rousseauiste caractéristique du mouvement fonctionnaliste qui, tout en fustigeant les préjugés raciaux, condamne "la vieille Europe" engoncée dans ses contradictions sordides, pour se tourner vers la "spontanéité" et le "naturel" des sociétés dites "primitives".

Bon nombre de ces idées seront reprises plus tard par les écrivains dits de la négritude, de façon plus systématique. Mais il nous semble extrêmement important de faire remarquer que le courant existait déjà et surtout que ces idées avaient germé sous l'humus de la frustration intellectuelle et apparaissaient comme une réponse au sentiment de claustration de l'intelligentsia occidentale.

Notre dernière remarque concerne les appréhensions exprimées par Bloch dans la dernière partie de son "avertissement". Sans le dire explicitement, il craignait que le roman pût être opposé à *Batouala* - qui eut l'impact que l'on sait - et avouait sa gêne devant la bonté aveugle et inconditionnelle de Diallo. Tout en se désolidarisant de façon très habile de celui-ci, Bloch mettait ses compatriotes en garde contre toute utilisation frauduleuse de *Force-Bonté*. "Nous savons que nous ne méritons pas tous ces éloges qu'il nous décerne", dit-il. La seule utilisation responsable que l'on pût en faire, selon lui, était de s'en inspirer pour s'améliorer, de se laisser émouvoir[24] "devant cette aveugle confiance" et d'oeuvrer pour mériter "cet amour et cette admiration" dont Bloch trouvait ses compatriotes "si peu dignes", et lui avec eux.

Cet "avertissement" montre donc l'adresse et la subtilité, la prudence avec lesquelles le préfacier aborde le roman mais aussi révèle l'esprit dans lequel baigneront les publications ultérieures d'auteurs négro-africains jusqu'en 1945. Cet esprit est notamment caractérisé par la croyance selon laquelle le monde occidental ne trouverait son salut qu'en prenant exemple sur le naturel de "l'âme noire" et aussi par la tendance à considérer le problème colonial comme un problème purement humain que seul un "humanisme franco-africain" viendrait à résoudre.

Bloch, en adoptant cette dernière position dans son "avertissement", semble avoir sacrifié ses propres positions sur la question de la colonisation aux idées communément reçues qui informaient le goût des lecteurs potentiels du roman.

2) La critique entre 1926 et 1945

Le roman ne fit pas grand bruit à sa parution. Naturellement, l'image conformiste qu'il donnait du Noir avait plu dans les milieux coloniaux et, dans cette optique, il sera utilisé, comme le craignait Bloch, par la critique coloniale qui tentera de l'opposer implicitement ou explicitement à *Batouala*. Publié en 1927 - donc peu de temps après *Force-bonté* paru en avril-mai 1926 -, *Le livre du pays noir*[25] de Roland Lebel fournit l'un des tout premiers et le meilleur exemple de la lecture par la critique coloniale. Cet ouvrage est, à notre connaissance, la première anthologie donnant des extraits d'oeuvres d'écrivains noirs francophones, à savoir René Maran et Bakary Diallo. Dans un précédent ouvrage, *L'Afrique Occidentale dans la littérature française,*[26] paru en 1925, Lebel mentionnait déjà *Batouala* et, à sa suite, tous les ouvrages qui avaient été publiés en France pour réfuter les thèses tenues pour "anticolonialistes" de René Maran, le fonctionnaire contestataire. L'apparition d'un nouvel écrivain noir et l'importance que le critique donne à l'un et à l'autre dans son anthologie nous permettent de mieux cerner sa façon de situer ces écrivains dans l'environnement général des oeuvres coloniales.

Le livre du pays noir comporte un extrait de *Batouala* intitulé "l'ouragan" et décrivant le déroulement d'un orage en Afrique. Cet extrait est intégré à la première partie de l'anthologie qui s'attache à la présentation du "pays des noirs" dans ses caractéristiques physiques. A la fin du texte retenu, Lebel donne la note suivante:

> René Maran obtient en 1921 le Prix Goncourt pour son roman nègre *Batouala* dont l'action se passe dans l'Oubangui. L'auteur est fonctionnaire des services civils de l'A.E.F.[27]

Une note un peu rapide quand on sait l'événement que constitua *Batouala* et dont, par ailleurs, le laconisme sec et dur tranche avec le lyrisme patriotique avec lequel le critique nous présente des auteurs tels que Paul Adam ou Ernest Psichari. Au reste, le parti pris idéologique de Lebel apparaît plus clairement encore lorsque, plus loin dans son ouvrage, il est amené à juger *Batouala* qu'il présente comme une "peinture sans doute excessive des nègres de l'Oubangui avec des considérations personnelles sur l'influence de la civilisation européenne".[28] La position de Maran est donc tenue pour "personnelle", alors que celle d'un Paul Adam ou d'un Ernest Psichari, implicitement officielles, sont commentées par le critique à la mesure de l'ambition de la France en Afrique. On comprend pourquoi Lebel ne trouva dans *Batouala* ni opinion politique digne d'attention, ni étude des cultures et moeurs africaines susceptible de mériter un quelconque intérêt. Il ne retient du roman que "quelques évocations en relief"[29] dont l'extrait choisi qui lui permet d'arranger comme le fond d'un panneau de publicité incitant les Français à aller visiter l'Afrique écologique et vierge.

C'est dans la troisième et dernière partie de son ouvrage, celle destinée à donner "le sens de l'Afrique"[30] aux Français, qu'après de larges extraits d'auteurs coloniaux "responsables", Lebel place, en conclusion, le texte tiré de *Force-bonté* dont il dit qu'il est le "témoignage d'un noir sur la guerre, le premier roman écrit par un indigène d'A.O.F."[31] Contrairement à sa position sur *Batouala*, Lebel trouve dans *Force-bonté* "de la sensibilité et des sentiments élevés".[32] Voici la présentation qu'il fait de l'auteur:

> Bakary Diallo est un berger peul qui a fait la guerre chez nous et qui a voulu, la paix venue, dire ce qu'il pensait de la France et des Français. Son livre *Force-bonté* (1926) est d'une lecture instructive et réconfortante. Nous ne saurions mieux faire que de placer à la fin de nos citations africaines cette page écrite spontanément par un noir d'Afrique et qui a toute la valeur d'un témoignage.[33]

A travers "Le témoignage d'un noir" - c'est le titre que Lebel donne à l'extrait - Bakary Diallo se voit donc conférer le privilège de parler au nom de sa race et le critique lui fait l'insigne honneur de conclure son anthologie en un point d'orgue époustouflant où les Africains sont présentés comme des oiseaux d'un parc parisien généreusement nourris par une dame "jeune, blonde, jolie", la France; des oiseaux qui font tantôt "tui... tui...", tantôt "cui... cui..." pour dire, comme les Noirs, "merci, merci, merci"![34] Diallo était décidément bien sage. Comme les petits oiseaux. Et comme tous ses semblables, il méritait, même en matière de critique littéraire, l'admiration et le respect de la France. Il avait accepté de se tenir sans rechigner à la place définie au Noir par le Blanc. Il respectait la force du Blanc et se fiait par conséquent à sa bonté, la force n'étant d'ailleurs qu'un aspect de la bonté quand elle n'en souligne pas simplement l'immensité! René Maran, pour la critique coloniale, était un "récalcitrant", un Noir "pas comme les autres", donc non représentatif de sa race.

Cette tendance à privilégier *Force-bonté* par rapport à *Batouala*, nous la retrouverons, en 1931, dans un autre ouvrage de Lebel, *Histoire de la littérature coloniale en France*.[35] Cette fois, Lebel s'emploie à saper la réputation de "véritable roman nègre" de *Batouala* dont il dénonce le "trop de parti-pris" et auquel il reproche de donner une fausse image de l'"indigène". André Demaison connaît mieux ce dernier, selon Lebel, comme aussi J. Francis-Boeuf, C. Breton, Julie Maigret et François Valdi, tous "écrivains consciencieux" grâce auxquels "les ténèbres de l'Afrique peu à peu s'éclaircissent". Maran se trouve ainsi écarté au profit des écrivains blancs qui semblent plus aptes à pénétrer l'"âme indigène". Les seuls Noirs qui pourraient prétendre aider les Blancs dans cette lourde tâche, ce sont "les indigènes (qui) eux-mêmes commencent à écrire et fournissent leur témoignage direct". *Batouala* apparaît donc comme un faux témoignage, venant d'un faux Noir car, selon Lebel, "avec *Force-bonté* de Bakary Diallo (1926) apparaît le premier roman produit par un vrai Noir d'A.O.F.". "C'est, ajoute-t-il, une date dans notre littérature africaine",[36] la "littérature africaine" étant entendue ici comme la littérature des Français sur l'Afrique.

A côté de cet accueil favorable et sans nuance de la critique coloniale dont Lebel était le théoricien le plus autorisé et le plus prolifique, il en est un autre, consistant en une franche hostilité ou en un silence gêné, qui est le fait de certains nègres métropolitains. Sans qu'il soit un texte de critique littéraire à proprement parler, *La violation d'un pays*[37] de Lamine Senghor n'est de toute évidence pas sans rapport avec *Force-bonté* et devrait, par conséquent, être considéré sinon comme un exemple de lecture de l'autobiographie de Bakary Diallo, du moins comme une indication de l'accueil hostile rencontré par ce dernier auprès de certains Africains. Il n'y a pas de doute que Lamine Senghor avait lu *Force-bonté* à sa parution: c'était l'oeuvre d'un frère de race, d'un compatriote et d'un compagnon d'armes qui réalisait ainsi un prodige. L'événement, par son caractère exceptionnel, pouvait difficilement passer inaperçu dans le monde africain de Paris.

Il convient de rappeler que Lamine Senghor a eu le même itinéraire que Bakary Diallo: Sénégalais, fils de paysans, "indigène" analphabète devenu tirailleur, blessé de guerre ayant appris à lire et à écrire le français à l'armée et acquis la citoyenneté française après sa démobilisation, il résidait aussi en France. Il s'estimait donc sans doute bien placé pour montrer que tous les Africains n'étaient pas des Bakary Diallo, en publiant un récit qui donnait une tout autre vision des relations entre l'Afrique et l'Occident; car, contrairement à l'auteur de *Force-bonté*, Lamine Senghor était devenu après sa démobilisation un anticolonialiste virulent, un militant politique actif qui consacra tout le reste de sa vie à la lutte pour l'émancipation des Noirs et l'indépendance (déjà!) de l'Afrique. Au reste, "l'affaire *Batouala*" avait mis à la mode à cette époque ce que nous pouvons appeler la critique par la création que Lamine Senghor semble ainsi pratiquer. Publié environ un an après la parution de *Force-bonté, La violation d'un pays* qui retrace, à la manière d'une légende et dans une optique à la fois révolutionnaire et internationaliste, l'histoire des contacts entre l'Afrique et l'Occident en prophétisant la débâcle inéluctable du système colonial, semble être écrit pour réfuter les thèses pro-colonialistes de Bakary Diallo et sans doute aussi de l'instituteur sénégalais Ahmadou Mapaté Diagne, auteur des *Trois volontés de Malic*[38] paru en 1920.

Naturellement, dans le contexte de l'époque, le récit de Lamine Senghor, édité dans un cadre purement militant avec les moyens du bord, ne connut qu'une diffusion marginale et tomba presque aussitôt dans l'oubli. Il ne sera redécouvert que récemment[39] et vient heureusement apporter un éclairage nouveau à la connaissance des mouvements d'idées dans le monde africain de Paris entre les deux guerres et un sérieux démenti au mythe tenace de l'unanimisme nègre qui a marqué pendant très longtemps les études consacrées à cette période de l'histoire africaine.

L'autre aspect de l'accueil rencontré par *Force-bonté* auprès des nègres de Paris, particulièrement des intellectuels, c'était le silence gêné, le roman étant considéré comme une honte pour la race. Nous savons par exemple que René Maran l'avait lu assez tôt, Bloch n'ayant certainement pas manqué de lui envoyer un exemplaire. Mais il n'en parlera que de façon indirecte, dix ans après, dans une de ses recensions consacrée à un autre romancier sénégalais: Ousmane Socé. Celui-ci, écrit Maran, est

> un de mes congénères et pourtant je n'ai pris connaissance de son roman qu'après de longues semaines d'hésitation. *Force-bonté* de Bakary Diallo avait produit sur moi il y a sept ou huit ans, la plus fâcheuse impression. Le Sénégalais Ousmane Socé n'allait-il pas prodiguer dans *Karim* la même servilité, le même conformisme bêlant et béat que Bakary Diallo, son devancier, avait cru de bonne politique d'afficher dans *Force-bonté*?[40]

De sa parution jusqu'à la Deuxième Guerre Mondiale, *Force-bonté* n'a guère suscité d'intérêt que dans les milieux coloniaux où il confirmait les idées reçues sur les Noirs et constituait la meilleure preuve des bienfaits de la colonisation. Nous ne partageons toutefois pas l'opinion de Mbelolo ya Mpiku qui affirme que "Roland Lebel est, avec Bloch, le seul qui ait jugé favorablement *Force-bonté*".[41] Car l'approche de Bloch, bien que pleine de bienveillance, témoigne aussi, pour le moins, d'un discernement et d'une honnêteté intellectuelle qui ne furent point des soucis de Roland Lebel.

3) La critique entre 1945 et 1960

Le contexte général pendant la période qui nous intéresse ici est sensiblement différent de celui de la précédente. Le roman de Bakary Diallo date déjà de 20 ans. La situation politique en Afrique évoluera assez rapidement vers "les indépendances". Le nombre des écrivains africains s'accroît. Le courant culturaliste des années 30, illustré par des auteurs comme Ousmane Socé et Paul Hazoumé et encouragé par le pouvoir colonial se maintient, après 1945, avec des oeuvres comme celles de Léopold Sédar Senghor, de

Camara Laye ou de David Ananou. Quant au courant nationaliste et anticolonialiste inauguré par Lamine Senghor, il s'affirme dans cette période mouvementée à travers les oeuvres de Mongo Béti, de Ferdinand Oyono, de Sembène Ousmane... Parallèlement à l'évolution de la situation politique, une nouvelle configuration de la littérature africaine se dessine peu à peu, caractérisé par un désir manifeste d'autonomie vis-à-vis du cadre institutionnel, idéologique et esthétique de la littérature coloniale. Même les critiques coloniaux ne parlent plus des "écrivains indigènes de langue française" mais de "la littérature franco-africaine". Rien n'est plus comme avant.

Ce qui n'a pas changé, c'est que *Batouala* demeure comme la référence obligée de toute approche d'écrivains négro-africains et c'est donc encore par rapport à cette oeuvre que nous apprécierons la fortune de *Force-bonté* entre 1945 et 1960. L'interdiction de *Batouala* dans les colonies n'a pas empêché le roman de circuler sous les boubous et les chemises et son auteur d'avoir un grand prestige auprès des intellectuels noirs de toutes tendances. Par contre, malgré toute la sollicitude de la critique coloniale, Bakary Diallo est un nom qui n'apparaît presque jamais nulle part dans le monde littéraire africain et *Force-bonté* semble tombé dans un oubli total.

Cette situation amena la critique coloniale à tenter de ressusciter le tirailleur-écrivain. C'est Robert Delavignette qui se chargera de cette tâche, d'abord dans un article paru en 1945 sous le titre "L'accent africain dans les lettres françaises de Bakary Diallo à Léopold Sédar Senghor",[42] article qui sera repris, en 1946, dans son ouvrage *Service africain*[43] qui, lui-même, est la réédition sous un autre titre de *Les vrais chefs de l'Empire* paru en 1939, avec un chapitre supplémentaire consacré aux rapports culturels entre la France et l'Afrique dans lequel il analyse les oeuvres de quelques écrivains sénégalais; puis, en 1948, dans sa préface à la 3e édition de *Karim* d'Ousmane Socé.

Dans ces deux textes, Robert Delavignette n'oublie naturellement pas l'essentiel qui est de recommander la (re) lecture de *Force-bonté* qui, selon lui, "n'eut pas à l'époque où il parut l'audience qu'il méritait."[44] *Batouala*, bien que souvent cité, ne fait l'objet d'aucune recommandation particulière: il fallait suivre scrupuleusement les consignes administratives.

Par ailleurs, on note, par rapport à la période précédente, une évolution dans la critique. D'abord la référence à *Batouala* consiste, non plus comme chez Lebel à opposer Diallo à Maran, mais à souligner simplement la différence d'accent et de statut tout en montrant l'aplanissement des heurts révélés par Maran et la parfaite adhésion des écrivains africains à l'idéal de la "Grande France". Ensuite, *Force-bonté* n'est plus lu par rapport à l'idéologie du colonialisme triomphant mais plutôt par rapport à l'humanisme culturaliste devenu le nouveau cheval de bataille du pouvoir colonial face à l'éveil du nationalisme. Aussi Delavignette reproche-t-il à Bakary Diallo, en 1946, de n'avoir pas été assez "ethnologue" dans son roman:

> Au temps qu'il écrit son livre, il y a quelques vingt ans de cela, les études d'ethnologie africaine ne sont pas encore très poussées; Paul Rivet n'a pas encore fondé le Musée de l'Homme et Bakary Diallo ne se doute pas de l'intérêt qu'il provoquerait un jour s'il était moins avare de détails sur son existence quotidienne de pâtre, sur la structure de sa famille, sur la manière peulh de conduire le troupeau, et même sur son 'saourou', ce long bâton, insigne du berger que son père lui remit en lui confiant le troupeau.[45]

Mais tout cela ne changea pas grand'chose au sort de *Force-bonté* dont l'éclipse persistera jusqu'au-delà de 1960.

4) La critique depuis 1960

Au cours de cette période, trois facteurs vont influencer la fortune jusque-là pas très brillante de *Force-bonté* qui résiste de plus en plus mal à l'épreuve du temps.

C'est, d'abord, l'accession des pays africains à l'indépendance qui ne fait que souligner davantage l'image peu glorieuse de collaborateur de Bakary Diallo et le caractère servile d'un roman désormais plus que dépassé, dont les thèses ont suscité de tout temps l'hostilité ou le mépris des intellectuels noirs.

C'est, ensuite, l'institutionnalisation de la littérature africaine, perçue désormais par les critiques africains et européens, comme une littérature autonome, distincte de la littérature (coloniale) française, ce qui n'est pas non plus de nature à avantager Bakary Diallo qui contribua peu à cette évolution.

C'est, enfin, l'entrée de la littérature africaine d'abord à l'université (en Europe et en Afrique) puis dans l'enseignement secondaire (en Afrique), ce qui amène la critique à un discours plus exigeant et à une démarche plus scientifique.

Ces trois facteurs interviennent différemment au fur et à mesure que l'on s'éloigne de 1960, ce qui nous amène à distinguer deux sous-périodes, la première allant de 1960 à 1968, la seconde de 1968 aux années 80.

a) *De 1960 à 1968: le temps du mépris*

Pendant cette sous-période on note deux attitudes face au roman de Bakary Diallo.
La première consiste à refuser au tirailleur la paternité de *Force-bonté*, en insinuant que ce livre n'a pu être écrit que par Lucie Cousturier ou, en tout cas, qu'il a été inspiré par elle, comme le fait Robert Pageard dans son ouvrage *Littérature négro-africaine* (1966):

> Il est difficile de faire un roman par personne interposée. C'est pourquoi nous sommes d'accord avec nos prédécesseurs pour considérer que *Force-bonté* (1926) de Bakary Diallo ne peut être compté qu'avec réserve parmi les oeuvres de la littérature négro-africaine. Son accent trop constamment flatteur ne convainc plus. Il s'agit d'une autobiographie recueillie (sic) avec une parfaite correction et dans une optique paternaliste sincère. Le manuscrit fut envoyé à Jean-Richard Bloch par Lucie Cousturier, et c'est ici le lieu de rappeler que, malgré un sentimentalisme discuté, cette femme fit beaucoup pour appuyer le préjugé favorable dont jouit l'homme noir parmi les Français.[46]

Mais l'analyse stylistique effectuée par Mbelolo ya Mpiku[47] et la durée du bain linguistique du tirailleur en France (plus de dix ans) ne permettent ni d'affirmer que le roman est d'une "parfaite correction" ni de dénier la possibilité du prodige de Bakary Diallo, comme le fait Pageard.

La deuxième attitude consiste:

- soit à ignorer l'existence de ce roman. Edouard Eliet, dans son *Panorama de la littérature négro-africaine (1921-1962)*,[48] ne s'arrête pas à 1926. Lilyan Kesteloot, dans son *Anthologie négro-africaine*[49] qui se veut un "panorama critique", ne mentionne pas le roman. Il en est de même pour Léonard Sainville dans son *Anthologie: romanciers et conteurs négro-africains,*[50] mais celui-ci a le mérite de s'expliquer:

> Que d'autres écrivains vivant dans les pays qui sont pris ici en considération, ne s'étonnent pas de ne pas se retrouver dans ce recueil. Leur oeuvre n'a rien à voir avec la littérature négro-africaine.[51]

Cette position rejoint, en définitive, celle de Robert Pageard.

- soit à l'aborder de manière expéditive, juste pour dire, comme Lilyan Kesteloot dans *Les écrivains noirs de langue francaise: naissance d'une littérature,*[52] que ce "n'était qu'un naïf panégyrique de la France"[53] ou, comme Claude Wauthier dans *L'Afrique des Africains. Inventaire de la négritude,*[54] que son auteur était "l'un des romanciers qui ont vanté les bienfaits de la colonisation"; démarche qui, en fait, s'apparente elle aussi à une exclusion pure et simple de *Force-bonté* de la littérature africaine.

Certains critiques ne se donnent même pas la peine de lire le roman avant d'en parler en des termes très sévères. C'est le cas, par exemple, de Thomas Melone qui, dans son ouvrage *De la négritude dans la littérature négro-africaine* (1962), écrit:

> Le premier roman négro-africain: *Force-bonté* par Ousmane Socé (sic), date d'avant-guerre; mais il fut inspiré, plutôt moraliste (comme son titre l'indique), il n'est donc d'aucun intérêt pour nous.[55]

Doit-on prendre l'attribution de *Force-bonté* à Ousmane Socé pour une coquille? Le titre d'un ouvrage suffit-il pour en juger le contenu?

Ces diverses attitudes découlent des présupposés d'une critique qui, pendant cette sous-période, s'articule autour de trois mots-clefs, l'engagement, la négritude et la poésie, qui, au demeurant, - on s'en apercevra plus tard, grâce à l'évolution de la recherche - n'ont été que sources de confusions, d'erreurs et de contre-vérités, les préoccupations idéologiques et les généralisations hâtives ayant pris le pas sur le souci d'une objectivité scientifique.

On peut considérer que c'est la thèse du Zaïrois Mbelolo ya Mpiku, *Le roman sénégalais de langue française: la période de formation (1920-1952)*, soutenue en 1968 à l'Université de Liège, qui marque la fin de cette sous période. En donnant la priorité à l'étude effective du texte, Mbelolo opte pour une démarche plus scientifique, plus sereine, qui se généralisera plus tard. En matière de critique littéraire, cette thèse est le premier travail qui se penche sur *Force-bonté* de manière vraiment sérieuse. Il a fallu attendre 42 ans!

b) *De 1968 aux années 80: la fin de l'éclipse*

Les travaux des critiques anglo-saxons, notamment ceux de Frédéric Michelman,[56] de Dorothy Blair[57] et de O.R. Dathorne,[58] ne sont venus qu'après, contrairement à ce qu'affirme Mohamadou Kane.[59] Ce qu'il importe de souligner ici, c'est que la critique de *Force-bonté* est devenue l'affaire d'universitaires et de spécialistes qui jettent un regard plus appuyé sur le roman et cherchent à le situer à sa juste place dans l'histoire littéraire négro-africaine. Si Janheinz Jahn, dans son *Manuel de littérature néo-africaine*,[60] "parvient à tenir la gageure de parler de *Force-bonté* sans toutefois... en parler",[61] si Robert Cornevin, dans *Littératures d'Afrique Noire de langue française*, prend la précaution, en raison de ses accointances coloniales notoires, de se réfugier derrière Mbelolo ya Mpiku pour en parler, il faut pourtant dire que d'une façon générale la critique évite désormais l'anathème autant que la complaisance. Certes, l'anthologie critique de Pius Ngandu Nkashama *Littératures africaines*[62] commet encore l'erreur de ne considérer que les oeuvres "de 1930 à nos jours" et ne comporte pas, par conséquent, d'extrait de *Force-bonté*. Nkashama n'ignore toutefois pas Bakary Diallo dans son introduction au roman pendant la période coloniale.[63] On convient largement aujourd'hui que *Force-bonté* marque une étape du roman africain. "Oeuvre d'apprentissage",[64] il témoigne aussi d'un certain niveau de conscience des Africains à un moment donné de leur histoire. C'est donc un document digne d'intérêt. Ce sont ces considérations et sans doute aussi le faible que certains Français bien placés ont encore pour ce livre qui ont milité en faveur de sa réédition en 1985 par les Nouvelles Editions Africaines, avec une subvention de l'Agence de Coopération Culturelle et Technique, organe de la Francophonie.

Bakary Diallo, mort dans l'indifférence générale en 1979, n'entrera sans doute jamais au panthéon africain. Mais sa chance par rapport aux tirailleurs de sa génération et de son acabit aujourd'hui disparus, c'est d'avoir écrit un livre qui lui a survécu et dont on n'a certainement pas encore tout dit.

Notes

1) Cf. J. de Champorel, "Tirailleurs indigènes du Sénégal", in *Revue coloniale*, No 19, avril 1958, pp. 275-286.

2) Général A. Duboc, *Les Sénégalais au service de la France*, Paris, Malfère, 1939, p. 17.

3) Cf. "Lettres de tirailleurs sénégalais", *La Dépêche coloniale illustrée*, 1915, p. 21.

4) Les Sénégalais étaient les premiers à arriver en France; c'est sans doute ceci qui explique cela.

5) Voir, entre autres, Lamine Diakhaté, *Prisonnier du regard*, Dakar, N.E.A., 1975; Doumbi-Fakoly, *Morts pour la France*, Paris, Karthala, 1983; Abdoulaye Ly, *Mercenaires noirs: Notes sur une forme de l'exploitation des Africains*, Paris, Présence

Africaine, 1957; Lamine Senghor, *La violation d'un pays*, Paris, Bureau d'Editions, de Diffusion et de Publicité, 1927.

6)   *Les colonies françaises au début du XXe siècle*, (Exposition Coloniale de Marseille, 1906), Marseille, Barlatier, 1906, tome 2, p. 247. C'est nous qui soulignons.

7)   Mohamadou Kane, "Préface à *Force-bonté*", in *Force-bonté*, 2e édition, Dakar, N.E.A., 1985, p. XVI.

8)   Cf. J. Albertini et R. Cornevin, in *Hommes et Destins*, Paris, Académie des Sciences d'Outre-Mer, volume 1, p. 81-85.

9)   Cf. *Premières journées à Rufisque*, Paris, Sagittaire, 1926, pp. 173-177.

10) Il dirigea ce journal de 1937 à 1938. Pendant la Deuxième Guerre Mondiale, il s'exilera à Moscou. A la fin de la guerre, il reviendra en France pour reprendre la direction de *Ce soir*.

11) Vue qui n'allait pourtant pas jusqu'à l'exigence d'une autodétermination pour les Noirs.

12) Cf. *Littératures d'Afrique Noire de langue Française*, Paris, P.U.F., 1976, p. 136.

13) Ibidem.

14) Ibidem.

15) Joseph Ki-Zerbo, *Histoire de l'Afrique Noire*, Paris, Hatier, 1972, p. 438.

16) Mbelolo ya Mpiku, *Le roman sénégalais de langue française*, Thèse, Université de Liège, 1968, p. 86.

17) Ibidem, p. 85.

18) Cf. *Force-bonté*, Paris, Rieder, 1926, pp. 203-204.

19) R. Cornevin, *op. cit.*, pp. 136-137.

20) Cf. *Force-bonté*, p. 203.

21) Bakary Diallo qui relate avec précision, dans sa lettre à Mbelolo, les événements remontant à 1925-26, n'a pu fournir que la date approximative de sa Légion d'Honneur, qu'il situe autour des années d'indépendance. C'est, sans doute, pour insinuer, comme c'est souvent le cas pour les collaborateurs les plus notoires du système colonial, qu'il a été l'un des artisans actifs de l'indépendance!

22) L'ouvrage de Maurice Delafosse, *L'âme nègre*, est de 1922, donc antérieur à *Force-bonté*. Parlant des textes de la tradition orale recueillis dans ce livre, Robert Pageard dit qu'ils "sont souvent d'une *simplicité émouvante*". On trouve la même idée chez Bloch.

23) Rappelons pour mémoire que Bloch a été blessé trois fois au cours de la guerre.

24) Comme le tirailleur-romancier semblait le désirer lui-même... Ceci est à rapprocher du slogan de Senghor: "l'émotion est nègre, la raison est hellène" et donc de notre précédente remarque.

25) Roland Lebel, *Le livre du pays noir: anthologie de littérature africaine*, Paris, Edition du Monde Moderne, 1927, 251 p.

26) Roland Lebel, *L'Afrique Occidentale dans la littérature française depuis 1870*, Paris, Larose, 1925, 277 p.

27) Cf. *Le livre du pays noir*, op. cit., p. 22.

28) Ibidem, p. 245.

29) Ibidem.

30) C'est le titre de la dernière partie de l'anthologie. La seconde partie s'intitule "La vie au pays des noirs".

31) Ibidem, p. 224.

32) Ibidem.

33) Ibidem, p. 192.

34) En fait Lebel reproduit les dernières pages du roman.

35) Roland Lebel, *Histoire de la littérature Coloniale en France*, Paris, Larose, 1931, 236 p.

36) Ibidem, pp. 142-143.

37) Op. cit.

38) Ahmadou Mapaté Diagne, *Les trois volontés de Malic*, Paris, Larose, 1920, 28 p.

39) Cf. Papa Samba Diop, "Un texte sénégalais inconnu: *La violation d'un pays* (1927) de Lamine Senghor", in *Komparatistische Hefte*, 9-10, 1984, pp. 123-128.

40) Cf. René Maran, "Petites scènes de la vie sénégalaise: l'écrivain nègre Ousmane Socé", in *La dépêche de Toulouse*, coupure sans références. Ce texte date vraisemblablement de 1935.

41) Mbelolo ya Mpiku, op. cit., p. 85.

42) Cf. *La nef*, 2e année, novembre 1945.

43) Paris, Gallimard, 1946, 281 p.

44) Cf. *Karim*, "Préface", Paris, Nouvelles Editions Latines, 1948.

45) Cf. *Service africain*, op. cit., pp. 243 et suivantes.

46) Robert Pageard, *Littérature négro-africaine*, Paris, Le Livre Africain, 1966, 138 p., 2e édition revue et augmentée, 1969, 162 p. La citation est tirée de cette 2e édition, p. 16.

47) Mbelolo, op. cit., pp. 82 et suivantes.

48) Paris, Présence Africaine, 1965, 263 p.

49) Verviers Gérard, collection "Marabout Université", 1967, 430 p.

50) Paris, Présence Africaine, 1968, tome 1 de 445 p., tome 2 de 643 p.

51) Ibidem, tome 1, p. 24.

52) Bruxelles, Institut Solvay, 1963, 343 p.

53) Ibidem, p. 21.

54) Paris, Le Seuil, 1964, 318 p.; 2e édition, 1973, 287 p.

55) Thomas Melone, *De la négritude dans la littérature négro-africaine*, Paris, Présence Africaine, 1962, 140 p. Voir notamment les pages 88 et suivantes.

56) Frédéric Michelman, "The beginnings of french-african fiction", in *Research in african literature*, vol. II, number I, 1971, pp. 5-17.

57) Dorothy S. Blair, *African literature in french*, Cambridge University Press, 1976.

58) O.R. Dathorne, *African literature in the twentieth century*, London, Heinemann, 1976.

59) Cf. "Préface à *Force-bonté*", op. cit.

60) Paris, Resma, 1969.

61) Mohamadou Kane, op. cit.

62) Paris, Silex, 1984.

63) Ibidem, p. 60.

64) L'expression est empruntée à Mohamadou Kane.

Adjaï Paulin OLOUKPONA-YINNON

DER AUFSTAND DER "TIRAILLEURS DAHOMEENS" IN DER BERICHTERSTATTUNG DER DEUTSCHEN PRESSE (1893-1895)[1]

Wer die im vergangenen Jahrhundert sehr populäre literarische Humorzeitschrift *Fliegende Blätter* heute liest, wird sicher feststellen, daß im Jahrgang 1894 dieses Witzblattes eine beträchtliche Anzahl von humoristischen Zeichnungen über Schwarzafrika - bzw. über Schwarzafrikaner - veröffentlicht worden ist. Allein in diesem Jahr brachten die *Fliegenden Blätter* 25 satirische Bilder in unmittelbarem Zusammenhang mit Afrika, darunter mehr als die Hälfte ausdrücklich oder andeutungsweise über die deutsche Kolonie von Kamerun.

Der Grund dieser plötzlich auftretenden Vorliebe für das Thema Kamerun wird dem unbefangenen heutigen Leser nicht mehr erkennbar sein, zumal die meisten jener Zeichnungen nur mit Tierfiguren allegorisch zu verstehen geben, was hier kritisiert wird. Wirft man jedoch einen Blick in die Tageszeitungen gleichen Jahrganges, so erhellt sich der Hintergrund, auf dem diese Bilder entstanden sind: Die Meuterei der schwarzen im Dienst der deutschen Kolonialverwaltung stehenden Söldner im Dezember 1893 in Kamerun, d.h. der Aufstand der sog. Dahome-Leute. Wie vielseitig und kontrastreich die deutsche Presse diesen Vorfall damals behandelt hat, soll in dem vorliegenden Beitrag dargestellt werden. Dafür eignen sich die Pressestimmen aus den Jahren 1893-1895 besonders gut, weil darin eine breite Palette von Ansichten über den Vorfall angeboten wird. "Die Presse - so heißt es - ist das Fenster, durch das wir in das Leben der Nationen hineinblicken können".[2] Dementsprechend dürfte sich wohl hier aufzeigen lassen, wie die deutsche Öffentlichkeit im allgemeinen auf dieses Kolonialereignis reagierte.

1. Von Sklaven zu Söldnern

Der im Titel dieses Beitrages gebrauchte Ausdruck "Tirailleurs Dahoméens" wurde in Anlehnung an die Bezeichnung "Tirailleurs Sénégalais" gebraucht. Bekanntlich bestand die Truppe der französischen "Tirailleurs Sénégalais" nicht nur aus Senegalesen, sondern auch aus Afrikanern verschiedenster Länder des französischen Kolonialreiches in Afrika. Dagegen waren die afrikanischen Kolonialsoldaten in deutschen Diensten, von denen nachfolgend die Rede ist, ausschließlich Kriegsgefangene des Dahome-Königs, d.h. keine Angehörigen des Dahome-Reiches. Die kriegslustigen Herrscher des Königreiches Dahome an der westafrikanischen Küste pflegten ihre Kriegsgefangenen zu versklaven und zu verkaufen. Dieses berüchtigte Geschäft, das mit den Europäern abgewickelt wurde, prägte für die Westküste Afrikas die Bezeichnung Sklavenküste. Seit der Aufhebung des Sklavenhandels in Europa und Amerika konnten jedoch die Kriegsgefangenen des Königs von Dahome nicht mehr offiziell als Sklaven verkauft werden. Das Geschäft bestand zwar weiter, jedoch unter der Bezeichnung "Freikauf" bzw. "Anwerbung von freien Arbeitern" (travailleurs libres). Viele Europäer - insbesondere Portugiesen, Belgier und Franzosen - beteiligten sich an dieser neuen Form des Menschenhandels. Der deutsche Offizier Carl von Gravenreuth, Hauptmann der Kaiserlichen Infanterie, kaufte im August und September 1891 in Ouidah etwa 400 solcher freien Arbeiter und verschiffte sie nach Kamerun, wo sie an seiner Kamerun-Expedition teilnehmen sollten. Die offizielle Erklärung dieses Sklavenkaufes wurde damals deutscherseits folgenderweise abgegeben:

> Als Hauptmann v. Gravenreuth seine Expedition ins südliche Gebiet von Kamerun organisierte, vermochte er in Kamerun, wo Träger sehr selten sind, keine zu finden und ließ nun durch Vermittler in dem Königreich Dahomey 250 Mann anwerben. Diese Anwerbung trug allerdings den Charakter eines Sklavenkaufes deshalb, weil in Dahomey der König Herr über Leib, Leben und Freiheit seiner Untertanen ist. Diese Sklaven wurden dort allerdings gekauft, aber als sie nach Kamerun kamen, wurden sie sofort feierlich freigegeben und auf Kosten der Kolonie verpflegt, und als sie zum Trägerdienst nicht verwendet wurden, wurde ihnen freigestellt, nach ihrem Lande zurückzukehren. Sie waren aber unter keinen Umständen dazu zu bewegen, aus dem natürlichen Grunde, weil sie mit tödlicher Sicherheit voraussahen, daß sie beim nächsten Opferfest abgeschlachtet werden würden.[3]

Gleich nach ihrer Ankunft in Duala Ende September 1891 wurden einige von diesen freigekauften Sklaven zur Gründung der ersten Polizeitruppe der deutschen Kolonialverwaltung in Kamerun verwendet. Ohne jegliche militärische Ausbildung wurden sie schon im Oktober 1891 für die Unterdrückung der einheimischen "Stämme" in Kamerun eingesetzt. Ihnen verdankt die deutsche Kolonialverwaltung die Niederwerfung der aufständischen Abo-Leute und dann die siegreiche Belagerung von Buea im November 1891, wo Hauptmann von Gravenreuth ums Leben kam. Bis zur Meuterei im Dezember 1893 nahmen sie an allen Kampagnen der deutschen Truppen in Kamerun teil; nach der Unterwerfung der Bakoko 1891 fand sogar die Kolonialregierung Lobesworte für diese Sklavensoldaten, die zur Herstellung von Ruhe und Ordnung in der deutschen Kolonie von Kamerun beitrugen. Der Regierungsbeamte Assessor Wehlan schrieb in einem Bericht:

> Lob verdienen die Ausdauer, die Widerstandsfähigkeit, der Mut und die Gewandtheit der Soldaten. Furcht ist ihnen völlig fremd. Oft sprangen sie, um nur schnell an Land zu kommen und auf den Gegner zu stoßen, bis über den Kopf ins Wasser, nachdem sie Gewehr und Patronen einem schon an Land befindlichen Kameraden zugeworfen hatten. Bei den Überfällen zeigten sie sich zuverlässig. Auch bei den größten Strapazen verloren sie die Lust und Liebe zum Waffenhandwerk nicht.
> Die mit verhältnismäßig so geringen Verlusten in kurzer Zeit durchgeführte Niederwerfung der Bakokos vermag einen Anhalt für den Wert der Polizeitruppe zu bieten. Der hier geschaffene Grundstein ist ein guter.[4]

Diese anerkennungsvollen Worte ließen den Schluß zu, daß die deutsche Kolonialverwaltung in den freigekauften Sklavensoldaten eine zuverlässige Söldnertruppe gefunden hatte, mit der die Eroberung des Kamerun-Hinterlandes unternommen werden konnte; obwohl in der Behandlung dieser Söldner vieles zu wünschen übrigließ, war man auf eine Meuterei derselben nicht vorbereitet. Es war also eine große, panikerregende Überraschung, als am Abend des 15. Dezember 1893 Schüsse fielen und das Regierungsgebäude auf der Joßplatte in Duala belagert wurde.

2. Der Aufstand der Söldner[5]

Als der Aufstand am Abend des 15. Dezember 1893 ausbrach, konnte aus verbindungstechnischen Gründen keine Nachricht nach Deutschland übermittelt werden; erst in den frühen Morgenstunden des 23. Dezember - nachdem die Aufständischen teils in den Busch vertrieben, teils gefangengenommen worden waren - konnte der Stellvertreter des Gouverneurs die Nachricht nach Berlin telegraphieren. Im Telegramm wurde der Vorfall folgendermaßen zusammengefaßt:

Am 15. haben 60 Dahome-Soldaten der Polizeitruppe nebst 40 bewaffneten Weibern revoltiert, nachdem sie heimlich Munitionsschuppen erbrochen und die Geschütze, meistens Gewehre und viele Munition okkupiert hatten. 40 Soldaten blieben treu. Nach fünfzehnstündiger Gegenwehr mußten wir Gouvernementsbeamte und das zur Hilfe geeilte Vermessungskommando uns wegen Munitionsmangel zurückziehen.[6]

Am Abend des 23. Dezember trafen die ersten vertraulichen Nachrichten in Berlin ein. Aber schon am 28. Dezember brachte die *Kölnische Zeitung*[7] eine Meldung:

Das Regierungsgebäude in Kamerun ist durch meuterische Polizeisoldaten ausgeplündert worden. Die Besatzung des deutschen Kriegsschiffes "Hyäne" hat die erbeuteten Sachen zurückerobert. Man zählt mehrere Tote.

Am nächsten Tag übernahmen die meisten Zeitungen diese Meldung der *Kölnischen Zeitung*, jedoch mit eigenem Kommentar. Die national-liberale Tageszeitung, der Berliner *Lokal-Anzeiger*, schreibt mit streng urteilender Skepsis:

Wenn die Verwaltung der Schutzgebiete nicht einmal ihrer eigenen Leute, die sie zur Aufrechthaltung der Ordnung angeworben hat, sicher ist und selbst das Gouvernementsgebäude nur durch das Eingreifen der deutschen Marine behaupten kann, welchen Respekt sollen dann die umwohnenden Stämme noch vor dem deutschen Namen haben?

Die *Vossische Zeitung* kommentiert:

Daß am Regierungssitz selbst ein Aufstand ausbrechen, daß das Gouvernementsgebäude von den eigenen Polizeitruppen erstürmt und geplündert werden konnte, davon ließ man sich allerdings nicht träumen. Es ist dies in allen europäischen Kolonien in Afrika der erste Fall, und es müssen geradezu haarsträubende Vorkommnisse sein, die eine solche Meuterei zuwege bringen konnten.

Dagegen schreibt das *Berliner Tageblatt* beschwichtigend:

> Im übrigen ist dem Vorfalle eine größere Bedeutung nicht beizumessen, da die meuternden Polizeisoldaten Schwarze sind, welche namentlich bei Trunkenheit natürlich nicht eine derartige Disziplin besitzen, wie sie von europäischen Truppen verlangt wird. Solche kleinen Kolonialputsche sind daher Faktoren, mit denen jeder Staat, der Kolonialpolitik betreibt, von vornherein rechnen muß. Die Geschichte der englischen Kolonialpolitik weist zahlreiche Beispiele solcher Kolonialzwischenfälle auf.

Das Zentralorgan der Sozialdemokratischen Partei Deutschlands, *Vorwärts*, brachte die Meldung der *Kölnischen Zeitung* unter dem Titel: "Deutscher Kolonialkrieg in Sicht?" Am 31. Dezember veröffentlichte das SPD-Blatt das Telegramm aus Kamerun und kommentierte:

> Der beständige Wachdienst und vor allem die Sendung eines weiteren Kriegsschiffes nach Kamerun berechtigen leider zur Annahme, daß es sich um mehr als eine Revolte von 100 Leuten handelte.

Die *Nationalzeitung* schreibt:

> Zu einer Meuterei von schwarzen Polizeisoldaten und Weibern gegen die deutsche Autorität könnte es schwerlich gekommen sein, wenn nicht vorher einige Fehler begangen worden wären.

Die wohl ausführlichste, wenn auch nicht sachliche Berichterstattung über dieses Ereignis brachte die *Kölnische Zeitung* in ihrer Ausgabe vom 4. Januar 1894 unter dem Titel: "Die Meuterei in Kamerun". Der Artikel des Kölner Blattes zeichnet die Entstehung der Polizeitruppe in Kamerun auf und vermerkt, daß die Dahome-Leute "befreite Sklaven" sind, die durch die Firma Wölber und Brohm in Dahome angeworben wurden, und den Grundstamm der Schutztruppe bildeten. Die Zeitung schreibt:

> In der Schutztruppe haben sich die besseren unter diesen Leuten, obwohl auch sie als Arbeiter und Lastträger zu schwächlich gewesen sein würden, nach und nach recht gut bewährt. Unter der schneidigen Führung des jetzt in Berlin weilenden Assessors Wehlan gelang es ihnen, in vierwöchentlichem, überaus strapaziösem Feldzug die Bakoko und später die Mabea niederzuwerfen, wodurch ihr Selbstgefühl gewaltig erhöht wurde.

Das Kölner Blatt berichtet weiter über die Lebensbedingungen der Dahome-Leute in Duala, und erklärt auch, daß sie keinen Lohn bekamen. "Dabei", so die *Kölnische Zeitung*, "machten die Dahome-Soldaten, deren körperliches Befinden sich an den Fleischtöpfen Kameruns wunderbar verbesserte, einen derartigen Eindruck von vollkommenster Zufriedenheit und Verläßlichkeit, daß auch nicht das leiseste Mißtrauen gegen sie vorhanden gewesen zu sein scheint".

Die *Kölnische Zeitung* bereitete somit den Boden für die These, daß es sich um einen Verrat handle, eine These, die von den Kolonialkreisen verbreitet und von vielen

Zeitungen übernommen wurde. Über Kanzler Leist, dessen Beseitigung das Hauptziel der Aufständischen war, schreibt das Kölner Blatt nur einen Satz: "Kanzler Leist soll durch den langen Tropenaufenthalt etwas nervös geworden sein."

Das Kölner Blatt spiegelte wohl die Ansichten und die Sorgen der Kolonialkreise wider, denn es schreibt: "Die schwierigste Frage ist nun die, wie fernerhin für den militärischen Schutz der Kolonie gesorgt werden soll."

Zu dieser Frage gibt dann das Blatt eine ausführliche Darstellung der verschiedenen Möglichkeiten, wobei von vornherein ausgeschlossen wird, daß wieder Dahome-Leute für die Schutztruppe in den Kolonien verwendet werden.

Diese Meinung bekräftigte das Kölner Blatt in einem weiteren Artikel in seiner Ausgabe vom 7. Januar 1894. Der Artikel, betitelt "Die Kaiserliche Truppe in Kamerun", beginnt mit dem Satz:

Das Urteil über den militärischen Wert einer aus Dahomensern bestehenden Truppe steht nach den Erfahrungen bei Buea, Balinga und neuerdings durch den Angriff auf das Gouvernement von Kamerun auch für jeden fest. Die Dahomenser sind ganz ungeeignet zu Soldaten. Fast möchte man König Behanzin beglückwünschen dazu, daß er sich der Tapferkeit seiner Weiber anvertraute.

Und die Zeitung setzt fort:

Die Meuterei der Polizeitruppe von Kamerun nötigt gebieterisch, das Leben und Eigentum Deutscher in Kamerun dem Schutze besserer und zuverlässigerer Elemente anzuvertrauen, um so mehr als die Aufgaben, die jene Truppe in der Folge noch zu lösen berufen sein wird, recht schwierig sind.[8]

Die *Kölnische Zeitung* vertrat dann die in den Kolonialkreisen allgemein verbreitete Ansicht, in Westafrika genüge es nicht, den dort angeworbenen Söldnern gute Gewehre in die Hand zu geben, um Erfolge zu erringen; es sei notwendig, die Träger dieser europäischen Waffen auf ihren inneren Wert und ihre Brauchbarkeit als Söldner zu prüfen, da nicht jeder Flintenträger ein Soldat sei. Vor allem solle man vermeiden, die Negersoldaten mit demselben Maßstab zu messen wie die Kinder der allgemeinen Wehrpflicht, und man vergesse nie, daß man Söldner vor sich habe, die weder des Ruhmes wegen noch aus Vaterlandsliebe dienen, sondern um sich ihren Lebensunterhalt zu verdienen.

Durch diesen Artikel versucht die *Kölnische Zeitung*, die deutsche Regierung und die deutsche Öffentlichkeit von der Notwendigkeit einer richtigen Kolonialarmee in Kamerun zu überzeugen. Die *Kölnische Zeitung* vermeidet nämlich ausdrücklich einzugestehen, daß die Kolonialverwaltung in Kamerun an den Ursachen des Aufstandes der Dahome-Soldaten eine große Mitschuld trägt. Sie will jedoch andeuten, daß Personalfehler möglich gewesen sind. Die Zeitung schreibt:

Unsere Beamten und Offiziere in Afrika müssen verlangen, daß man ihnen sowohl an Personal wie an Material erste Qualität zur Verfügung stellt, während anderseits die deutsche Nation die berechtigte Erwartung hegen darf, daß die Kaiserliche Regierung nicht in Europa gescheiterten Persönlichkeiten das endliche Geschick unserer Kolonie anvertraut oder bureaukratischer Neigung zuliebe Personen in der Anstellung bevorzugt, die für ihre Tüchtigkeit in Europa noch keine Beweise geliefert haben.

Die *Kölnische Zeitung* ist somit die Zeitung, die über die Ereignisse in Kamerun die meisten Meldungen und die meisten Kommentare gebracht hat. Aufgrund ihrer engen Beziehungen zu den Kolonial- und Regierungskreisen konnte sie am 12. Januar erneut über die von dem Dahome-Aufstand ausgelösten Krisengerüchte berichten, bezüglich einer grundsätzlichen Meinungsverschiedenheit zwischen Kaiser und Kanzler über die Ernennung und Entsendung eines neuen Gouverneurs nach Kamerun. Der Bericht, der ausschließlich diesem Thema gewidmet ist, kritisiert die Zeitungen und die Politiker, die solche Gerüchte verbreiten.

Inwiefern die Meinung des Kölner Blattes derjenigen der deutschen Öffentlichkeit entspricht, läßt sich zwar nicht mit Gewißheit feststellen, kann jedoch daran gemessen werden, daß ein bürgerliches Familien-Wochenblatt wie *Die Gartenlaube* den gleichen Standpunkt zu vertreten scheint. In ihrer ersten Meldung über den Aufstand in Kamerun bezeichnete *Die Gartenlaube* die Dahome-Leute als "die Bande der Aufrührer". *Die Gartenlaube* zeigt auf ihrem Titelblatt ein prächtiges Bild des Schauplatzes der Meuterei, nämlich ein Bild des Regierungsgebäudes in Duala, mit dem Grab von Gustav Nachtigal, dem Eroberer von Kamerun, im Vordergrund. Erst auf der letzten Seite der Zeitschrift kommt als Kommentar dazu ein kleiner Bericht unter dem Titel "Wirren in Kamerun".[9] In einer späteren Ausgabe der *Gartenlaube* wird dieselbe Haltung noch deutlicher; das populäre illustrierte Familienblatt berichtet mit Bild und Text von der Entsendung der Marinetruppe nach Kamerun und rechtfertigt die Maßnahme wie folgt:

> Da nämlich die aufständischen Schwarzen zwar geschlagen, aber nur zum kleineren Teil gefangen eingebracht waren, so galt es, sie aus dem Buschwald, in den sie sich zurückgeschlagen hatten, zu vertreiben, und diese Aufgabe konnte nur mit einem größeren Aufgebot tüchtiger Truppen gelöst werden. So erging denn der Befehl, aus den beiden Bataillonen, welche unsere Marine-Infanterie besitzt, Freiwillige aufzurufen und aus diesen eine Kompanie zusammenzustellen, die durch einen gemieteten Dampfer nach Kamerun gebracht werden sollte.[10]

Hier sei vermerkt, daß die deutsche Kolonialzeitung - das Presseorgan der Deutschen Kolonialgesellschaft, Dachorganisation aller Kolonialinteressenten in Deutschland - die Meldung über die Meuterei in Kamerun erst in ihrer Ausgabe vom 6. Januar 1894 brachte, indem sie einfach die inzwischen von der Regierung getroffenen Maßnahmen aufführt, u.a:

-    die Entsendung von 120 Marineinfanteriesoldaten nach Kamerun,

-    die Entsendung eines Kaiserlichen Kommissars nach Kamerun zur Prüfung der Ursachen des Aufstandes,

- die sofortige Rückkehr des Gouverneurs Zimmerer auf seinen Posten nach Kamerun,

- die Abberufung des stellvertretenden Gouverneurs Leist von seinem Posten und seine Rückkehr nach Deutschland,

- die Anwerbung von neuen Soldaten für die deutsche Schutztruppe in Kamerun.[11]

In dieser ersten Phase der Berichterstattung über den Vorfall tritt eines deutlich hervor: Der Aufstand der Dahome-Leute, die bisher eine feste Stütze der Kolonialverwaltung in Kamerun bildeten, wurde als verräterischer Dolchstoß in den Rücken des eigenen Herrn angesehen; obwohl kritische Stimmen sich gegen die Regierung erhoben haben, läßt sich das Gefühl, daß es sich um einen Verrat handelt, nicht übersehen; am deutlichsten wurde es von der *Deutschen Kolonialzeitung* ausgedrückt. In ihrer Ausgabe vom 3. Februar banalisiert sie den Aufstand selbst, zieht jedoch daraus eine wichtige Schlußfolgerung, indem sie schreibt:

... Ob in der Behandlung der Dahome-Leute Fehler vorgekommen sind... oder ob es sich nur um einen *Ausbruch afrikanischer Wildheit* handelt, ist noch ungewiß, jedenfalls sollte das Vorkommnis eine ernste Lehre sein, *den Eingeborenen nicht zu sehr zu trauen.* Die Vorgänge in Kamerun geben hoffentlich Veranlassung, die Frage einmal genauer zu prüfen, in welchem Verhältnis zu den Weißen Eingeborene im Militärdienst zu verwenden sind [eigene Hervorhebung A.P. O.-Y.].

Dies bedeutet, daß man die Treue der Dahome-Leute in Frage stellte, bevor überhaupt die nötigen Informationen zur Beurteilung des Aufstandes in Deutschland eintrafen.

Im Gegensatz zu den Informationsblättern wählten die *Fliegenden Blätter* eine satirische Darstellung des Aufstandes unter dem Motto: "Wilde Zustände in Kamerun". Die ersten Zeichnungen über den Vorfall illustrieren den Alltag der Deutschen in Kamerun in verschiedenen Situationen. Eine Zeichnung mit der schlichten Überschrift "Aus Kamerun" zeigt z.B. wie neugierige Elefanten, Löwen, Affen und sonstige Tiere in eine Zeitschrift (ein Lehrbuch?) reinschauen und nur Tiere entdecken, die ihnen absolut ähnlich sehen, abgesehen von der Hautfarbe. Das Bild ist ohne Kommentar, aber eines wird klar: Tiere entdecken Tiere, oder Tiere unterrichten Tiere. Offensichtlich soll die Zeichnung die Frage anregen: Wer ist wilder als wer? Der Zeichner läßt übrigens keinen Zweifel daran, daß es sich um eine deutsche Zeitschrift handelt, nämlich um die *Fliegenden Blätter* selbst. Damit wird die satirische Zeichnung zu einem Selbstportrait, das als Selbstkritik verstanden werden soll.

Ein anderes Bild zeigt, wie zahlreiche halbnackte Schwarze auf einem Turnplatz gedrillt werden; die Turngeräte sind wiederum wilde Tiere: eine Schlange als Sprunglatte, eine Giraffe als Kletterbaum, ein Elefant als Turnstange, ein Kamel als Sprungkasten usw... Die Zeichnung trägt die Überschrift "Auf dem Kameruner Turnplatz" und spielt eindeutig darauf an, wie die Soldaten der Kolonialtruppe in Kamerun auf dem Exerzierplatz "preußisch" gedrillt werden; im unteren Teil des Bildes sieht man deutlich den Offizier, der die ganzen Manöver leitet. Das Witzblatt *Fliegende Blätter* scheint also eine klare Bilanz der deutschen Arbeit in Kamerun zu ziehen: Es herrschen dort wilde Zustände. Die Zeichnungen stellen somit in der satirischen Sprache des Karikaturisten die Fehlleistungen der deutschen Kolonialpolitik heraus.

3. Die Polemik um den Aufstand

Am 3. Februar 1894 traf in Berlin Post aus Kamerun ein; das war die erste Post seit der Niederwerfung des Aufstandes. Darunter waren der amtliche Bericht des Kanzlers Leist über den Aufstand und private Briefe, u.a. ein Tagebuch, das ein Deutscher in Kamerun an einen Freund in Berlin geschickt hatte. Dieser Freund - der Journalist Franz Giesebrecht - veröffentlichte Auszüge aus diesem Tagebuch in dem *Berliner Tageblatt* vom 5. Februar 1894. Die Aufzeichnungen der anonym veröffentlichten Tagebuchblätter zeigten deutlich, daß der Aufstand in Kamerun viel bedeutender war als man geglaubt hatte. Dabei hatte aber die *Deutsche Kolonialzeitung* am 3. Februar Beruhigendes berichtet; sie schrieb aufgrund neuer Informationen:

... In den Zeitungen ist darüber manches Haltlose geschrieben und die Sache schlimmer dargestellt worden, als sie eigentlich war.

Was die *Deutsche Kolonialzeitung* damit anzudeuten versuchte, wurde schon kurz danach widerlegt. Das *Berliner Tageblatt* veröffentlichte nämlich am 5. Februar, die "Tagebuchblätter eines in Kamerun lebenden Deutschen", die eine ausführliche Schilderung des Aufstandes geben.

Das Parteiorgan der SPD - *Vorwärts* - brachte sogleich einen Auszug aus diesem Augenzeugenbericht mit dem folgenden Kommentar:

Das *Berliner Tageblatt* veröffentlicht heute in einem ausführlichen Artikel seine Schilderung eines deutschen Kolonisten über die Unruhen in unserer Kolonie, die vollkommen bestätigen, was wir schon früher aufgrund englischer Berichte veröffentlichten.[12]

Am 6. Februar erschien im Regierungsblatt, dem *Deutschen Kolonialblatt*, der offizielle Bericht des stellvertretenden Gouverneurs Leist über die Ursachen, den Verlauf und die Unterdrückung des Aufstandes. Durch diesen Bericht erfuhr die deutsche Öffentlichkeit zum ersten Mal Einzelheiten über den Aufstand, über dessen Hintergrund, über die Herkunft der Aufständischen, die Stimmung in der Kolonie bzw. in der Schutztruppe vor der Meuterei.

Obwohl der Bericht der Zensur der Regierung unterzogen worden war, trat daraus deutlich hervor, daß die Kolonialbeamten in Kamerun Fehler begangen haben. Die wichtigsten Erkenntnisse aus diesem Bericht sind folgende:

- weil die Dahome-Leute Sklaven waren, wurden sie für ihre Arbeit nicht bezahlt, sondern erhielten nur freie Unterkunft und Verpflegung. Es heißt wörtlich in dem Bericht: "Die Löhnung der sonstigen Soldaten konnte den Dahome-Leuten zur

Zeit noch nicht zu Teil werden, da sie um einen teuren Preis aus der Sklaverei losgekauft waren".

- Der Grund der Revolte der Dahome-Leute lag offensichtlich nicht nur in der Unzufriedenheit bezüglich der Bezahlung, sondern in der Tatsache, daß ihre Frauen am Abend des 15. Dezember 1893 auf Befehl des stellvertretenden Gouverneurs Leist öffentlich entblößt und ausgepeitscht wurden, wobei die Soldaten in Reih und Glied stehen und zusehen mußten.

Der Bericht zeigt auch, daß die Niederwerfung des Aufstandes mit blutiger Rache endete. Leist schreibt in dem Bericht: "Während alle gefangenen Männer gehängt wurden, wurden die Frauen zu Deportation und lebenslänglicher Zwangsarbeit begnadigt".

Aus der Berichterstattung geht hervor, daß Leist die Hintergründe des Aufstandes nicht vollständig dargestellt hat. Ihm ging es nur darum, die Kaiserliche Regierung und die deutsche Öffentlichkeit davon zu überzeugen, daß der Aufstand von einer undankbaren Bande von ehemaligen Sklaven organisiert worden war und daß die Bevölkerung von Duala der deutschen Kolonialregierung absolut treu geblieben war. Er betonte, der Aufstand sei zwar niedergeworfen, die Regierung müßte jedoch Maßnahmen ergreifen, um Wiederholungen ähnlicher Taten vorzubeugen. Leist schrieb:

Da die Meuterei der Dahome-Leute sich wie ein Lauffeuer in die Flußgebiete und das Kamerungebirge verbreiten wird, so dient die Entfaltung größerer Streitkräfte der Klärung des deutschen Ansehens und Verhinderung von Aufständen der Eingeborenen.

Die *Kölnische Zeitung* war wiederum die erste Zeitung, die den offiziellen Bericht meldete und kommentierte, ohne jedoch den Inhalt zu veröffentlichen. In der Morgenausgabe vom 6. Februar 1894 (gedruckt am 5. Februar) schreibt der Berichterstatter:

Der Bericht des Kanzlers Leist über die Empörung in Kamerun ist nunmehr eingegangen und soll sobald als möglich in seinem vollen Inhalt veröffentlicht werden. Es ist ein sehr langes Schriftstück von 23 Folioseiten, dem noch einige umfangreiche Anlagen beigefügt sind. Daß die Veröffentlichung nicht gleich erfolgt, erklärt sich dadurch, daß das Schriftstück zuerst verschiedenen Stellen vorgelegt werden soll. Aus dem Inhalt des Berichtes hebe ich Folgendes hervor: Leist gibt zu, daß unter den Dahome-Leuten schon seit einiger Zeit Unzufriedenheit herrschte, weil sie keine Löhnung bekamen, wie die anderen angeworbenen Soldtruppen... Auch die Tatsache, daß er die Weiber der Dahome-Leute hat mit Prügeln bestrafen lassen, weil sie ihnen aufgetragene Arbeit nachlässig und faul ausgeführt hätten, gibt Leist zu... Obgleich der Bericht dies nicht besonders hervorhebt, so unterliegt es doch auch nach ihm keinem Zweifel, daß diese Prügelung der Weiber den Anlaß zur Empörung gegeben hat... Sowohl nach dem amtlichen Bericht des Kanzlers Leist als auch nach kaufmännischen Briefen ist die Ruhe vollständig hergestellt und der Handel in den Factoreien nimmt seinen Fortgang, als ob die Empörung nicht stattgehabt hätte. Die Factoreien sind nicht geplündert worden und der angerichtete Schaden erstreckt sich nur auf die Regierungsgebäude...

Am 7. Februar schon brachte die *Kölnische Zeitung* kommentarlos den zusammengefaßten Inhalt des offiziellen Berichtes, ohne die von dem *Berliner Tageblatt* veröffentlichten "Tagebuchblätter" zu erwähnen. Am 9. Februar kommentierte das Kölner Blatt wiederum die "Kamerun-Affäre" aus den Berichten über die Sitzung der Budgets-Kommission des Reichstages. Hier fand der Augenzeugenbericht ebenfalls keine Erwähnung.

Die Veröffentlichung des Augenzeugen- und des offiziellen Berichtes löste in der deutschen Presse eine Welle von kritischen Artikeln aus, die nicht nur Leist, sondern die gesamte Verwaltung der Schutzgebiete kritisieren; das Verhalten Leists während des Aufstandes blieb jedoch im Mittelpunkt aller Angriffe. Das *Berliner Tageblatt* vom 6. Februar, die *Vossische Zeitung* und die *Nationalzeitung* vom 8. Februar verlangten von der Regierung die sofortige Entlassung Leists.

Die heftigste Kritik kam jedoch aus dem Lager der sozialdemokratischen Blätter. Das SPD-Wochenblatt *Die Neue Zeit* schrieb unter dem ironisch-polemischen Titel "Des Neuen Kurses Freud' und Leid" mit Anspielung auf den Kanzlerwechsel:

> Die gepeitschten Weiber von Kamerun sind ein häßlicher Posten in dem Konto des neuen Kurses. Wie auf anderen Gebieten, so hat Graf Caprivi auch in der Kolonialpolitik das Erbe seines Vorgängers nicht ohne Vorbehalte angetreten; aber obgleich er den kolonialen Humbug nicht als Vorspann für persönliche und politische Reklame benutzt hat, so hat er mit dem Trödel doch nicht so rücksichtslos aufgeräumt, wie es den Interessen der Nation mit Ausnahme einer kleinen Handvoll Großkapitalisten entsprochen hätte. Die Handelsprofite einiger deutscher Kaufleute sind wirklich sehr teuer bezahlt mit der Last der Lächerlichkeit und Verachtung, welche die über hilflosen Weibern geschwungene Peitsche des Kanzlers von Kamerun vor der ganzen Welt auf den deutschen Namen gewälzt hat.[13]

Die SPD, die in dem Bericht Leists indirekt angegriffen wurde, nutzte nun die Situation aus, nicht nur um sich zu verteidigen, sondern auch um sich als antikolonialistische Partei zu profilieren. Das SPD-Wochenblatt schreibt nämlich weiter:

> Wäre die Sache nicht gar so schimpflich, man könnte den nunmehr veröffentlichten Bericht des Kanzlers Leist über die Meuterei in Kamerun nicht ohne Heiterkeit lesen. Der preußische Bürokrat ist doch immer derselbe, mag er den kleinen Belagerungszustand über die Stadt Spremberg in der Neumark verhängen oder farbige Weiber auf der Joßplatte auspeitschen lassen... Der Regierung muß es schwere Selbstüberwindung gekostet haben, den Bericht des Kanzlers Leist zu veröffentlichen. Bis dahin konnte man den Frauenpeitscher von Kamerun für eines jener besonders bösartigen und gewalttätigen Individuen halten, die schließlich überall vorkommen und deshalb keiner besonderen Klasse zur Last fallen. Aber der Bericht des Kanzlers Leist zeigt ihn als einen vollkommen korrekten Bürokraten.[14]

Das SPD-Wochenblatt wundert sich über die Tatsache, "daß manche bürgerlichen Blätter mit ungewohnter Energie die Bestrafung oder mindestens die Kassierung des Kanzlers Leist verlangen. Das hätte einen Sinn, wenn dieser Beamte aus persönlicher Heimtücke gehandelt hätte oder auch, wenn in den deutschen Kolonien sonst nie gepeitscht worden wäre. Aber in der deutschen Kolonie ist die eingeborene Bevölkerung vom ersten Tag an mit Christentum, Schnaps und Peitschenhieben gesegnet gewesen", meint das Parteiblatt und zieht den Schluß:

> Die deutschen Kolonialfexe sollten doch nachgerade lernen, logisch zu denken. Entweder will man ernsthafte Kolonialpolitik, und dann muß man auch Greuel, wie die Frauenpeitscherei von Kamerun, als selbstverständlich hinnehmen. Oder man entrüstet sich über solche Greuel, und dann fege man den kolonialen Krempel zum Tore hinaus, wie die sozialdemokratische Partei von jeher verlangt hat.[15]

Aber die Offensive der SPD zeigte sich noch schärfer in ihrem Zentralorgan *Vorwärts*. In dieser Tageszeitung erschien am 9. Februar ein Leitartikel auf der Titelseite mit der Schlagzeile "Die Kamerunschande". Nach einer ausführlichen Untersuchung des Berichts heißt es zum Schluß wörtlich:

> Wer sind die Wilden, die Barbaren? Die Dahomeher oder die Leist und Konsorten?
> Und was tut die Regierung, um diesen Schandfleck vom deutschen Namen abzuwaschen und der Wiederkehr ähnlicher Greuel vorzubeugen?...
> Es gilt den Nährboden dieser kolonialen Bestialitäten zu beseitigen. Freilich - dann bleibt von unseren Kolonien nichts übrig.

Am 25. Februar wiederholte das Parteiblatt seine Kritik an der Kolonialpolitik in einem Artikel - ebenfalls auf der Titelseite - mit der Überschrift "Lieutenant und Assessor in Afrika".

Nach der Veröffentlichung des Augenzeugenberichtes in dem *Berliner Tageblatt* nahm also die "Kamerun-Affäre" eine polemische Wende. Während das Parteiblatt *Vorwärts* versuchte, sich als antikolonial und negrophil zu profilieren, unternahm es die kolonialfreundliche *Kölnische Zeitung*, gegnerische Kritiken zu entschärfen. So berichtete sie in ihrer Ausgabe vom 9. Februar lediglich von den Beratungen der Budget-Kommission des Reichstages über die "Kamerun-Affäre". Das Kölner Blatt räumte implizit ein, daß Sklavenkauf und Waffenlieferung von Deutschen in Dahome stattgefunden haben, erklärte aber, daß "nicht allein ein deutsches Haus solche Geschäfte gemacht hat, sondern daß auch andere, und zwar Marseiller Häuser in ganz ähnlicher Weise gehandelt haben".

Auch aus diesem Bericht des Kölner Blattes erfährt man, daß die Regierung eine Kommission eingesetzt hat, um Folgendes aufklären zu lassen:

1.   ob die Dahome-Leute durch schlechte Behandlung (Benachteiligung in der Soldfrage) zu der Empörung gereizt worden seien,

2. wie es habe zugehen können, daß die dortigen Regierungsvertreter von der Gärung unter ihnen nichts gewußt und keine Vorkehrungen dagegen getroffen hätten,

3. wie sich die Durchpeitschung der Frauen abgespielt hat.

Zu den einfallsreichsten Zeichnungen, die das Witzblatt *Fliegende Blätter* nach diesen Informationen veröffentlichte, gehört die Karikatur in der Ausgabe von 18. Februar 1894 mit der Überschrift "Neue Patentschnellprügelmaschine". Die Kleinformatzeichnung zeigt einen Schullehrer, der seine Bengel im maschinellen Verfahren prügelt; der Kommentar zum Bild lautet:

> Der Schulmeister Staberl hat in seiner Klasse mit so ausgelassenen Rangen zu tun, daß er vor lauter Prügel nicht zum Unterricht kommen kann! Durch die neue Patentschnellprügelmaschine ist dem gänzlich abgeholfen, da er mittels derselben binnen fünf Minuten zwanzig Jungen ganz bequem durchprügeln kann.

Obwohl diese Zeichnung weder in den Personen noch in dem Text einen unmittelbaren Bezug zu dem Kamerun-Vorfall herstellt, ist der Zusammenhang unverkennbar: die Auspeitschung der Dahome-Weiber in Kamerun gab den Anlaß zu dieser Karikatur, die offenbar suggerieren sollte, die Patentschnellprügelmaschine könne den Kolonialbeamten in Kamerun nützlich sein.

Gegen Mitte März kam aus Kamerun die Nachricht, daß der nun nach Duala zurückgekehrte Gouverneur Zimmerer Gericht abgehalten und die gefangenen Dahome-Frauen zu lebenslänglicher Zwangsarbeit verurteilt habe. Das SPD-Blatt *Vorwärts* griff die Nachricht auf und schrieb am 15. März unter dem Titel "Deutsche Kultur in Afrika":

> Die ausgepeitschten Dahome-Weiber, deren Männer wegen der Auspeitschung meuterten und dann zur "Strafe" gehängt wurden, sind von der Kolonialregierung zur lebenslänglichen Zwangsarbeit "begnadigt" worden: - also zu schlimmerer Sklaverei als der, aus welcher sie "befreit" wurden. Schon manchmal glauben wir, der Abgrund der Schande sei in Afrika erreicht, und immer geht's noch tiefer.

Die *Deutsche Kolonialzeitung* brachte ihrerseits dieselbe Meldung, aber in einem ganz anderen Kontext und mit einer ganz anderen Akzentuierung. Sie schrieb am 31. März:

> Die gefangenen Weiber, 34 an Zahl, sind als Strafgefangene der Tabakpflanzung Bibundi überwiesen worden, welche, wie schon gemeldet, ein recht gutes Produkt geliefert hat, wovon man sich auf dem Begrüßungsabend der Abteilung Berlin (der DKG) überzeugen konnte.

Es verdient vermerkt zu werden, daß die *Deutsche Kolonialzeitung* nichts über die ganze Polemik berichtete. Erst am 3. März 1894 veröffentlichte sie eine Zusammenfassung des offiziellen Berichts der Regierung und versuchte dabei, sich aus der Affäre zu ziehen, indem sie teilweise Verständnis für die aufständischen Dahome-Leute zeigte. Es hieß in dieser Ausgabe vom 3. März 1894:

Bei aller sonstigen Mangelhaftigkeit dieses Soldatenmaterials gab es doch darunter ungefähr ein Dutzend tüchtige Soldaten, die sich bei verschiedenen Buschgefechten und im Friedensdienste durchaus bewährt hatten, ohne daß diese Dienste durch gute Löhnung anerkannt wurden.

Jedoch wollte die *Deutsche Kolonialzeitung* immer noch nicht glauben, daß die Kolonialverwaltung in Kamerun die Verantwortung für die Empörung der Dahome-Leute trug. In ihrer Ausgabe vom 31. März hieß es immer noch:

Die neuesten Mitteilungen, welche uns brieflich zugehen, bestätigen die telegraphische Meldung, daß dort alles ruhig sei...
Von einer unparteiischen Seite wird uns ferner bemerkt, daß dem Anschein nach die gegenwärtige Verwaltung durchaus keine Schuld an den Vorkommnissen treffe, sondern daß die Schuld auf die seiner Zeit schlecht getroffene Wahl für das Material der Schutztruppe, d.h. der freigekauften Dahomehs zurückzuführen sein dürfte, und allerdings auch auf die Nichtbezahlung derselben. Die Leute konnten eben nicht begreifen, weshalb man ihnen nicht ebenso wie den anderen Soldaten Sold bezahlte. Dazu mag noch *eine bis zur Verrücktheit gesteigerte Sehnsucht nach Freiheit* hinzugekommen sein, um *diesen Ausbruch großer Wildheit* herbeizuführen. Ob das Prügeln der Dahomehweiber damit im Zusammenhang steht, ist immer noch nicht erwiesen; jedenfalls erwähnt der Briefschreiber dieses Vorkommnisses überhaupt nicht [eigene Hervorhebung A.P. O-Y].

Das Lobbyblatt der Kolonialkreise versuchte somit die Kolonialpolitik zu rechtfertigen, indem es die Kolonialbeamten in Schutz nahm.

4. Der "Fall Leist"

In dem Aprilheft der Zeitschrift *Neue Deutsche Rundschau* veröffentlichte Franz Giesebrecht den vollständigen Text des anonymen Tagebuches, dessen Auszüge im Februar in dem *Berliner Tageblatt* erschienen waren. Die Veröffentlichung dieses Tagebuches schürte von neuem die "Kamerun-Affäre". Der Zeugenbericht des anonymen Tagebuches warf ein neues Licht auf die Ereignisse in Duala seit Anfang Februar bis zum Ausbruch des Aufstandes. Als Gegenstück zu dem tendenziell harmlosen Bericht des Kanzlers Leist zeigt das Tagebuch die nackte Gewalt der deutschen Beamten in Kamerun; vor allem Leist und der Assessor Wehlan treten hier deutlicher ins Rampenlicht: ihre willkürlichen, ungerechten, ja empörenden Verwaltungsmethoden zeigen sich alltäglich in den schrecklichsten Formen: Gefangene werden grausam gefoltert und erschlagen; Frauen werden vergewaltigt, ganze Dörfer werden niedergebrannt. Und der Autor des Tagebuches kommentiert, das seien "Schreckensszenen, die man aus Schamgefühl lieber verschweigt..."

Nicht nur die Dahome-Leute werden hier als Opfer dargestellt, sondern auch die Kameruner Bevölkerung. Dies veranlaßte den Autor des Tagebuches zu der Bemerkung: "Mich wundert es überhaupt, daß die Dualas, die unter Wehlan und Leist bereits so viel erduldet, diesen günstigen Augenblick (des Aufstandes) ungenutzt haben vorübergehen lassen."

Die Veröffentlichung des anonymen Tagebuches hat in der Tat die dunkelsten Seiten deutscher Gewaltherrschaft in Kamerun aufgedeckt und löste deshalb "einen Sturm der Entrüstung" in der Öffentlichkeit aus. Nachdem die Regierung festgestellt hatte, daß die Aussagen des Autors des anonymen Tagebuches durch den Bericht des nach Kamerun geschickten Kommissars bestätigt wurden, wurde ein Disziplinarverfahren nicht nur gegen Leist, sondern auch gegen Wehlan eingeleitet. Außerdem wurde der Gouverneur von Kamerun - Eugen Zimmerer - abberufen.

Unter den zahlreichen Karikaturen, die in den *Fliegenden Blätter* über Afrika in dem Zeitraum von April bis Juli 1894 zu finden waren, fallen vier Zeichnungen auf: Ein "Anschauungsunterricht in Afrika" - so der Titel eines der Bilder - zeigt eine Schulklasse mit schwarzen Schülern, vor denen ein weißer Lehrer steht und mit seinem Stock auf eine Reihe wilder Tiere zeigt, die durch zwei weitgeöffnete Fenster ins Klassenzimmer hereinschauen. Folgender Dialog kommentiert das Bild:

... Und wie wurde in dieser Kameruner Volksschule Naturgeschichte gelehrt? Hatten Sie da auch die nötigen Wandtafeln?
- Ach was, Wandtafeln? Nicht nötig! Da schaut sowieso die ganze Naturgeschichte zum Fenster 'rein!

Eine andere Zeichnung mit der Überschrift "Reklame in Kamerun" zeigt einen Riesenelefanten in feiner europäischer Kleidung, umgeben von schaulustigen Schwarzen, die seine Ausstattung bewundern; auf seinem Werbeschild ist zu lesen: "Einen großen Posten Sommerhosen haben wir noch auf Lager. Isidor Elefantenstein, Hoflieferant". Das Bild des Ausverkaufs spielt hier wohl darauf an, daß Kanzler Leist in Kamerun ausgedient hat. Eine dritte Zeichnung veranschaulicht die Abreise Leists: er und seine schwarzen Frauen und Diener müssen in einem riesigen Käfig reisen, um sich vor der Wut böser Löwen zu schützen. Eine weitere Zeichnung erinnert wieder an Leists Beziehungen zu afrikanischen Frauen: ein weißer Elefant flirtet mit einer schwarzen Frau vor einer Hütte. Das Bild mit der Überschrift "Idylle in Kamerun" ist wohl eine der schönsten Karikaturen über dieses Thema.

In dem Prozeß gegen Leist gab es auch genug Überraschung. Leist wurde beschuldigt:

- am 15. Dez. 1893 die Weiber der Dahomey-Soldaten in grausamer Weise bestraft und dadurch den Aufstand der Dahomey-Leute veranlaßt zu haben,

- in der zweiten Hälfte des Jahres 1893 mit mehreren im Kameruner Gefängnis untergebrachten Weibern unzüchtige Handlungen, zum Teil unter Anwendung von Gewalt, vorgenommen zu haben.

Aufgrund dieser Anschuldigungen wurde Leist am 16. Oktober 1894 vor den Kaiserlichen Disziplinarhof in Potsdam geschickt. Der Staatsanwalt - der vom Auswärtige Amt ernannte Legationsrat Rose - stellte den Antrag auf Dienstentlassung.

Der Gerichtshof gelangte jedoch zu anderen Erkenntnissen. Er sprach Leist von dem ersten Anklagepunkt frei. Was den zweiten Anklagepunkt betrifft, wurde der Angeklagte auf Versetzung in ein anderes Amt gleichen Ranges verurteilt.

Die empörten Reaktionen auf den Urteilsspruch der Potsdamer Disziplinarkammer zeigten deutlich, wie tief die Öffentlichkeit von der Schuld Leists überzeugt war. Aus vielen Kreisen erhoben sich Stimmen gegen dieses Urteil, das als zu mild betrachtet wurde. Sogar aus den konfessionellen Kreisen, die bisher geschwiegen hatten, kam Kritik in ungewöhnlicher Form. Konfessionelle Blätter wie die katholische *Allgemeine Missionszeitschrift* oder das evangelische Blatt *Afrika* veröffentlichten heftige Kritiken gegen das Urteil des Potsdamer Gerichtshofes.

Sogar die *Deutsche Kolonialzeitung* erhob Protest. Das Sprachrohr der Deutschen Kolonialgesellschaft stellte nämlich fest:

> Wohl selten hat die gesamte deutsche Presse ohne Unterschied der Parteistellung in gleicher Einmütigkeit ihre Stimme erhoben, wie dies bei der Verurteilung der dem Kanzler Leist zur Last gelegten Vergehungen der Fall gewesen ist, nachdem sich einwandfrei herausgestellt hatte, daß alles, was darüber in die Öffentlichkeit gedrungen war, leider nur zu sehr den wirklichen Tatsachen enstprochen hatte. Wenn aber diese einhellige Entrüstung der öffentlichen Meinung noch einer Steigerung fähig gewesen wäre, so hätte sie eintreten müssen gegenüber dem unbegreiflichen Spruch der Kaiserlichen Disziplinarkammer in Potsdam. Die Vorgänge sind bereits zu bekannt, als daß wir sie hier nochmals zu wiederholen brauchen. Für jedermann steht es fest, daß die Regierung, wenn sie sich nicht in den schärfsten Gegensatz zu den sittlichen Anschauungen unseres Volkes setzen will, Berufung gegen das Urteil einlegen muß.

Endlich schwenkte also die *Deutsche Kolonialzeitung* um und nahm öffentlich und deutlich von den Ausschreitungen der Kolonialverwaltung in Kamerun Abstand. Damit wurde auch implizit die These, daß es sich um Verrat, Untreue und Undankbarkeit seitens der Dahome-Leute handelte, ausgeräumt. Jedoch wurde von der Deutschen Kolonialzeitung nie ausdrücklich betont, daß - im Grunde genommen - die Grausamkeit der Kolonialbeamten die Sklavenketten der Dahome-Leute in Kamerun gesprengt hatte.

Was die *Deutsche Kolonialzeitung* im Namen der Deutschen Kolonialgesellschaft verlangte, wurde tatsächlich erreicht: die Regierung legte Berufung ein. Der "Fall Leist" kam schließlich vor das Kaiserliche Gericht in Leipzig. Dort wurde am 6. April 1895 das erste Urteil revidiert und ein neues gefällt: Leist wurde aus dem öffentlichen Dienst entlassen, bzw. frühzeitig in den Ruhestand versetzt. Er mußte auch die Kosten des Prozesses übernehmen.

5. Bewußtseinswandel durch die "Kamerun-Affäre"

Nur wenige Zeitungen haben über diese spätere Entwicklung der "Kamerun-Affäre" berichtet. Aber mit Sicherheit läßt sich behaupten, daß der Aufstand der Dahome-Leute in Kamerun großes Echo in Deutschland gefunden hat. Die Entwicklung der Berichterstattung über diesen Vorfall und die damit verbundene Auseinandersetzung in der deutschen Öffentlichkeit zeigen einen positiven Wandel in der Beurteilung von Kolonialereignissen. Dies läßt sich am deutlichsten in dem selbstkritischen Artikel der *Deutschen Kolonialzeitung* vom 30. März 1895 feststellen; da heißt es nämlich:

Daß draußen in den Kolonien manche Fehler gemacht werden und für die Kritik genügend Gelegenheit vorhanden ist, haben wir nie bestritten, im Gegenteil sogar eine recht lebhafte Kritik gewünscht und geübt, weil dadurch sicherlich eine Besserung erzielt werden wird, aber wir wissen auch, daß bei der Kolonialverwaltung eine jede begründete Anklage gegen irgend einen Beamten untersucht wird und daß die Remedur auf dem Fuße folgte. Aber den Kolonialgegnern ist es natürlich nur um das Sensationsbedürfnis zu tun. Immerhin sind diese Vorkommnisse wieder eine Warnung für die Herren Offiziere und Beamten draußen, sich stets als deutsche Kulturpioniere zu fühlen und sich vor allen Ausschreitungen strengstens in acht zu nehmen...

Zu der weiteren Entwicklung der "Kamerun-Affäre" findet sich noch ein einschlägiges Echo in den *Fliegenden Blättern*; am 7. Oktober 1894 - also gerade zu Beginn des Verfahrens gegen Leist - veröffentlichte das Witzblatt auf seiner Titelseite eine Karikatur mit der Überschrift "Das Elefanten-Gretchen oder Liebesorakel in Kamerun". Das mehrfach gebrauchte Symbol des Elefanten wird hier wieder aufgegriffen. Eine Elefantendame sitzt unter Palmen, zupft aus einem Palmwedel die Blätter und läßt das Orakel für sich sprechen ("Er liebt mich, er liebt mich nicht, er liebt mich...") Im Hintergrund nähert sich ein Elefantenherr, dessen Haltung lüsterne Vorfreude auszudrücken scheint. Daß es sich hier um Leist und eine seiner kamerunischen Geliebten handelt, ist unverkennbar. Das ironisch sentimentale Moment erzeugt eine unwiderstehliche Komik und macht dadurch dieses Bild zum Höhepunkt in der Reihe der Kamerun-Karikaturen der *Fliegenden Blätter*.[16]

Anmerkungen

1) Dem Text dieses Beitrags liegt das Manuskript eines öffentlichen Vortrags zugrunde, den ich im Rahmen des Literaturwissenschaftlichen Kolloquiums der Universität Bayreuth am 24. November 1987 im Iwalewa-Haus (Afrika-Zentrum der Universität Bayreuth) gehalten habe.

2) Zitiert nach Hanns Dangl, *Die Fliegenden Blätter als Spiegel ihrer Zeit*. Würzburg: Konrad Triltsch Verlag, 1938, S. 61.

3) *Koloniales Jahrbuch* 1892, S. 129.

4) *Deutsches Kolonialblatt* vom 1.1.1893, S. 15.

5) Vgl. Adolf Rüger, "Der Aufstand der Polizeisoldaten". In: Helmut Stoecker, *Kamerun unter deutscher Kolonialherrschaft*. Berlin: Rütten und Loehnig, 1966, S. 102-147 und Adjaï-Paulin Oloukpona-Yinnon, *La révolte des esclaves-mercenaires*. *Douala 1893* (Bayreuth African Studies Series 10). Universität Bayreuth, 1988.

6) Zitiert in: *Vorwärts* vom 31. Dezember 1893.

7) Die *Kölnische Zeitung* zählt zu den deutschen Blättern, die von Anfang an die Kolonialpolitik unterstützt haben. Die Redaktion des Kölner Blattes schickte den Journalisten Hugo Zöller schon 1884 nach Westafrika; dieser brachte die ersten Augenzeugenberichte über die deutschen Kolonien an die deutsche Öffentlichkeit.

8) Zu den erwähnten Aufgaben zählte die gewaltsame Aufhebung des Monopols des Zwischenhandels, der bislang in den Händen der einheimischen Küstenbevölkerung von Kamerun lag.

9) *Die Gartenlaube*, Nr. 4/1894.   10) *Ibidem*, Nr. 9/1894.

11) Die Durchführung dieser verschiedenen Maßnahmen fand sofort statt: schon am 8. Januar wurde die 120 Mann starke Kompanie in Wilhelmshaven verschifft; auf demselben Schiff - dem Dampfer "Admiral" - reiste auch der Gouverneur von Kamerun, Eugen Zimmerer, sowie Hauptmann Morgen, der für die neue Schutztruppe Sudan-Neger anwerben sollte. Zusätzlich wurde beschlossen, das deutsche Kriegsschiff "Sperber", das in Kapstadt stationiert war, nach Kamerun zu beordern.

12) Zitiert in: *Vorwärts* vom 6. Februar 1894.

13) *Die Neue Zeit* 1893-1894, Nr. 20, 1. Band, S. 611.

14) *Ibidem*, S. 612.   15) *Ibidem* S. 613.

16. Adolf Oberländer, der Zeichner dieses Bildes, gilt als "der beste Humorist im wahrsten Sinne der ästhetischen Bedeutung Humor". Vgl. Hanns Dangl, *op. cit.*, S. 17.

Résumé

Le 15 décembre 1893 éclate à Douala une révolte des auxiliaires noirs de la "Polizeitruppe" (armée coloniale allemande), pour la plupart esclaves de guerre rachetés au Roi du Dahomey. Cette mutinerie surprend les autorités coloniales allemandes qui n'avaient jusqu'alors qu'éloges pour les mercenaires employés dans la répression coloniale au Cameroun. L'article retrace et analyse l'écho qu'a trouvé cette rébellion dans la presse allemande entre 1893 et 1895, les débats idéologiques et politiques qu'elle a déclenché et conclut avec la prise de conscience positive de l'opinion publique qu'elle a entraîné.

Eva MARTONYI

L'IMAGE DU TIRAILLEUR SENEGALAIS DANS LA LITTERATURE HONGROISE

La ville de Szeged, située dans la Partie Sud-Est de la Hongrie actuelle, au confluent de la Tisza et du Maros, connaît une période turbulente à l'issue de la première guerre mondiale. Dans l'histoire moderne de la ville, il n'y a presque rien de remarquable, sauf la grande inondation, provoquée par le fleuve Tisza, qui détruisit une grande partie des maisons d'habitation, mais qui permit une reconstruction rapide et spectaculaire de la ville, grâce à l'aide financière fournie par plusieurs villes d'Europe. Szeged est devenu une ville ayant une partie centrale urbanisée, mais gardant sa physionomie d'agglomération de caractère agricole, où les habitants restent en contact étroit avec la terre et où seuls quelques métiers industriels ou semi-industriels sont pratiqués, tels la fabrication de la poudre de paprika et quelques activités artisanales pour la production des outils de travail. Mais peu à peu, l'industrie et le commerce se développent, la ville est devenue le centre culturel de la partie Sud de la Hongrie historique.

La première guerre mondiale ne touche pas directement la ville, sinon par le départ des soldats vers les grands champs de bataille. L'armistice, signé le 3 novembre 1918 à Padoue, a enfin arrêté les hostilités en permettant le rétablissement du statu quo. Malgré ce fait, les armées roumaines, serbes et tchèques ont commencé l'occupation du territoire de la Hongrie historique.[1] Auparavant et par des aide-mémoires secrets, l'Entente a formulé quelques promesses en faveur de la Serbie et de la Roumanie. Pour la première, le 18 août 1915, en lui accordant la Bosnie, l'Herzégovine, la Dalmatie, la Slavonie, la Croatie et Fiume. Le 17 août 1916, à Bucarest, la Roumanie reçoit la promesse d'obtenir la Transylvanie, la Boukovine, le Banat et des territoires hongrois allant jusqu'à Debrecen et Szeged. La Tchécoslovaquie revendique, de sa part, les parties limitrophes à l'Autriche et à la Pologne.[2]

Une délégation du gouvernement de Mihály Károlyi prend contact avec le maréchal Franchet d'Esperay, commandant en chef de l'Armée d'Orient et qui se trouve à Belgrade (le 8 novembre 1918). Ils établissent une ligne de démarcation allant de la vallée du fleuve Szamos vers Beszterce, Marosvásárhely, Baja, Pécs et le fleuve Dráva. Au-delà de cette ligne, les troupes hongroises devaient quitter le territoire, mais l'administration civile pouvait, en principe, rester en place. D'après cette convention, l'armée de l'Entente obtenait le droit d'occuper les villes et les villages, disposait des moyens du transport, c.-à-d. qu'elle surveillait les ponts, les gares et le trafic ferroviaire. Les conditions étaient donc encore moins favorables pour la Hongrie que celles de l'armistice signé à Padoue, mais elles étaient nécessaires pour arrêter la progression de l'Entente.[3]

Szeged se situe en dessous de la ligne de démarcation, fixée par la convention de Belgrade, elle se trouve donc dans les territoires occupés. Le 10 décembre 1918, les premiers militaires français arrivent dans la ville, pour préparer l'installation des troupes à venir. Il s'agit d'une unité de 20 à 25 militaires, sous la direction d'un lieutenant. Le 30 décembre de la même année, 50 officiers arrivent, accompagnés de 600 militaires, appartenant au 157ème régiment d'infanterie. Le 31 janvier 1919, deux bataillons du 210ème régiment d'infanterie sont déjà sur place et leur nombre va encore augmenter: en fin mars il y a déjà à peu près 28.000 soldats en ville et dans la région.[4] D'après les souvenirs d'un témoin de l'époque: "A partir de ce temps-là, les diverses formations militaires arrivent sans cesse dans la ville, parmi eux des noirs malgaches (sic), des spahis arabes, des zouaves, des annamites... Les simples soldats ont été logés d'abord dans des écoles, puis dans les casernes, mais les officiers habitaient en ville." Puis il y ajoute que les militaires français ont été plutôt bien accueillis dans la ville, car les maisons, où ils habitaient, ont été exemptes de tout réquisitionnement.[5]

La République des Conseils n'était qu'un intervalle plutôt éphémère dans la ville: le 22 mars 1919 quelques chefs des partis social-démocrate et communiste ont réussi à prendre le pouvoir et à s'installer à la mairie. Quatre jours plus tard, le 26 mars, sous la pression des Français, ils ont quitté la ville et se sont installés dans les fermes isolées de la région de Szeged, à quelques kilomètres de distance de la ville où ils ont maintenu, pendant un certain temps, une activité militante et même militaire, sous la forme de quelques échanges de coups de feu. Lors de la proclamation de la République des Conseils, le colonel Betrix a pris en main l'administration civile de la ville, ce qui était contraire aux conditions fixées par la convention de Belgrade.

Un peu plus tard, "L'Union Sacrée" s'est constituée, à Arad, dont le but était de rassembler toutes les forces ennemies au communisme et aux socialistes se ralliant à la République des Conseils. Les Français soutiennent cette Union, qui permettra, le 5 mai 1919, la formation d'un gouvernement contre-révolutionnaire, sous la direction du comte Gyula Károlyi. Comme à Arad l'influence des Roumains devient de plus en plus forte, ce gouvernement préfère s'installer à Szeged. En même temps, il se constitue dans la ville un Comité Anti-Bolchévique (ABC) qui est une branche de la même formation siégeant à Vienne et qui refuse de reconnaître le gouvernement contre-révolutionnaire. La situation est donc relativement instable jusqu'à l'arrivée du contre-amiral Horthy (le 6 juin) qui unit les forces de la contre-révolution. C'est à la suite de ces événements que Szeged devient la base de la contre-révolution et l'État-major de l'armée nationale. A partir de ce moment, la direction des événements politiques incombe au nouveau gouvernement qui s'installe dans la capitale. Les Français restent quand même dans la ville jusqu'à la signature du traité de Versailles, le 1er mars 1919 et même plus longtemps, jusqu'au 1 mars 1929.

Szeged a donc joué un rôle très important à ce moment décisif de l'histoire de la Hongrie. Au niveau idéologique, "la pensée de Szeged" deviendra, par la suite, un slogan de l'époque d'entre deux guerres, en désignant l'ensemble de l'idéologie du régime qui exige l'installation d'une dictature militaire et la mise en place d'un système de pensée digne d'un "pays chrétien, juste et national". C'est en même temps une rupture définitive avec la Monarchie des Habsbourg et la construction d'un régime politique qui réussira à se maintenir au pouvoir jusqu'à l'installation d'un gouvernement pro-allemand, pendant la deuxième guerre mondiale.[6]

L'évocation de ces faits historiques a été nécessaire pour comprendre l'importance de la présence des militaires français dans la ville de Szeged. Il est évident qu'un très grand nombre d'ouvrages historiques traitent de cette époque. Or, ils portent chacun la marque d'une idéologie différente et ils interprètent les faits de points de vue parfois très divergents voire contradictoires. Il n'est pas dans notre intention de trancher parmi ces opinions. Nous avons seulement essayé de brosser un tableau des faits historiques des plus importants, d'une façon succincte, pour pouvoir élaborer notre sujet en optant, par la suite, pour une approche plutôt littéraire qu'historique.

Avant d'aborder quelques oeuvres littéraires de la littérature hongroise, où le tirailleur sénégalais fait son apparition sous une forme plus ou moins prononcée, nous évoquons quelques épisodes racontés dans les mémoires d'une femme, nommée Juliska Széll, militante communiste à l'époque de la République des Conseils. Ses mémoires ont été publiés au cours des années 1960.[7] La vieille femme raconte les souvenirs de sa jeunesse, entre autres ses rencontres avec les militaires français en général et avec des militaires sénégalais en particulier. Avec quelques-unes de ses camarades, elle a pris part aux mouvements organisés contre l'occupation de la ville. Elle a été arrêtée par des militaires français et gardée dans une prison provisoire par un soldat sénégalais. Or, celui-ci a fait quelques gestes que la jeune femme a peut-être mal interprétés, si bien qu'elle l'a bel et bien giflé. Le comportement du Sénégalais a provoqué une réaction de la part des Français également - et d'après ce qu'elle raconte - "le Sénégalais fut puni". Bientôt libérée, Juliska ne cesse pas pour autant de poursuivre son activité militante et elle se retrouve de nouveau en prison. Cette fois-ci c'est dans la grande prison de la ville nommé "Csillag" (Etoile) qu'elle est gardée. Il lui arrive ici un épisode curieux: en entandant la musique d'un accordéon, elle se met à danser, à la plus grande surprise de ses gardiens. A sa sortie de la prison, c'est un Sénégalais qui lui fait un geste de politesse, en lui offrant un oeillet rouge. Puis, elle donne cet oeillet rouge à un officier français, qui lui donne à la place un oeillet blanc. Est-ce que la couleur des fleurs a une valeur symbolique? Il est difficile de le dire. En tout cas, le geste du Sénégalais était peut-être plus qu'une manifestation de simple bienveillance ou de politesse. On sait qu'ils se révoltaient parfois contre les Français et la fleur rouge pouvait bien être l'expression d'une sympathie politique, plus que celle d'une galanterie. En fin de compte, la vieille femme ne paraît avoir gardé aucune rancune contre les militaires, français ou sénégalais, et à quarante ans de distance tout semble être noyé dans l'évocation d'un passé peut-être turbulent, mais tout de même plein de nostalgie.

Il faut noter qu'il existe peut-être d'autres documents de telle sorte, d'autres évocations personnelles des rencontres entre la population locale et l'armée d'occupation. Une chose est sûre: quelques habitants de la ville gardent toujours des souvenirs de cette époque et l'imagination collective - si difficile à saisir - en garde aussi le souvenir.

Cette image, parfois non sans ambiguïtés, apparaît à travers quelques textes, dont nous n'évoquons qu'un seul exemple, un article paru dans un quotidien, au cours de l'année 1958, sous le titre "Des Sénégalais au bord de la Tisza"[8] et dont l'auteur mentionne, sans raison et sans fondement particulier, le fait que "les militaires ont souvent harcelé les femmes qui se promenaient au bord du fleuve".

Parmi les textes littéraires qui traitent de l'époque de l'occupation française à Szeged, il faut mentionner en premier lieu le roman de István Tamás, intitulé "A szegedi pedellus" (L'Appariteur de Szeged), paru en 1934.[9] L'auteur, né en 1904, était surtout connu en Voïvodine, sa patrie d'adoption à partir des années 1920. Le roman en question s'adresse à la jeunesse, et l'auteur y raconte, avec beaucoup d'humour, une série d'aventures d'un groupe de lycéens pendant l'époque de l'occupation de Szeged par les forces militaires étrangères. Un état idyllique - les vendanges dans les vignes du protagoniste qui protège quatre lycéens comme s'ils étaient ses propres fils - est perturbé par les événements historiques et la comédie manque de tourner en tragédie. Le protagoniste, un homme naïf et de bonne volonté est accusé de trahison, d'avoir maintenu des contacts secrets avec "les ennemis" (il porte effectivement une lettre dont il ignore le contenu et le destinataire). Il sera arrêté, inculpé et devra faire face à la punition la plus grave, la peine capitale. Cet épisode n'est d'ailleurs pas sans fondements, car de nombreux articles de la presse de l'époque témoignent des procédures juridiques extrêmement sévères employées contre les collaborateurs avec les forces de la République des Conseils. A la fin, tout deviendra clair, avec l'aide des jeunes, parmi eux un Français qui est le fils du procureur général, l'innocence de l'appariteur est prouvée. Après sa libération tout rentre dans l'ordre et les jeunes peuvent reprendre leurs études, comme la vie reprendra aussi son cours normal après les événements inattendus.

L'action du roman se déroule donc à un moment exceptionnel de l'histoire, ce qui permet à l'auteur de nous donner quelques descriptions de ce qui pouvait être l'effet produit par l'entrée de l'armée française sur la population locale. En voici quelques exemples: "A la tête, on voit les spahis, à cheval, avec leurs fez rouges sur la tête, leur visage noir luisant comme les boutons de cuivre de leurs uniformes. Tout d'un coup, ils s'arrêtent en obéissant aux mots d'ordre des officiers blancs [...]. Derrière les spahis, arrive l'infanterie des zoulous, avec des sourires d'amitié sur les lèvres, en regardant la foule qui ne peut pas s'empêcher de faire des remarques à propos de ces "soldats en chocolat", de ces "nègres". Ils n'ont jamais vu de noirs, sauf au cirque où il faut payer pour les regarder [...]. Eh voilà, maintenant tout est bouleversé, ils arrivent aujourd'hui en masse, et en plus, ils portent des armes [...]. En voici des sauvages - dit quelqu'un dans la foule, tout en pensant à ces racontars sur les nègres cannibales, mangeurs de missionnaires [...]. Et en rentrant dans leurs villages de palmiers, ne raconteront-ils pas, à leur tour, des histoires terribles à notre propos? - dit encore la même personne". (pp. 101-103)

Voici donc une première réaction, celle surtout de la surprise, provoquée par un spectacle étrange. En même temps, leur présence est acceptée, car ces armées empêchent que les Roumains et les Serbes, se trouvant d'ailleurs déjà très proche de la ville, y entrent. Apparemment, l'étranger, celui qui vient de très loin, est mieux acceuilli que le voisin que l'on connaît déjà beaucoup trop!

Le résultat de cette première confrontation des habitants de la ville, de "braves citoyens", et des habitants d'un continent lointain et mal connu, du monde des "sauvages", n'est donc pas totalement négatif. Il faut tout de même remarquer, dès maintenant, qu'il y a une certaine confusion au niveau de la dénomination des peuples

174

d'Afrique, ce qui ne nous facilite pas toujours la tâche lorsqu'on veut savoir de quelle race on veut parler dans les textes. Faute de distinctions nettes, des anciennes dénominations en hongrois sont souvent utilisées pêle-mêle, p. ex. le mot "szerecsen" (Sarrasin ou Maure) en même temps que les mots plus récents "néger", "fekete", désignant un "nègre" ou un "noir". Une étude plus approfondie du vocabulaire pourrait compléter cette première approche proposée ici et qui ne prétend, pour le moment, que de brosser un tableau général de la réception des militaires africains dans la ville de Szeged.

L'allusion au cirque, toujours dans le même roman, n'est pas due au hasard. C'est un motif récurrent du récit, notamment la dégradation du cirque, car, vue la pénurie qui règne en ville, il est de plus en plus difficile de maintenir cette entreprise. De plus, dans un des numéros favoris du public, le cannibale dévorant de gros morceaux de viande crue n'est pas un véritable noir, mais un membre du cirque, déguisé en homme "sauvage".

En ville, les Français maintiennent l'ordre et ils font également respecter une discipline sévère parmi les noirs. Toute sorte d'organisation est interdite, le couvre-feu et déclaré, tout le monde est censé porter ses papiers sur lui. "Les noirs tirent sans sommation!" (p. 142). La population est de plus en plus inquiète, surtout à cause du fait que la nourriture devient plutôt rare. "Pourquoi les étrangers restent-ils chez nous? Qu'est-ce qu'ils veulent de nous? Personne, même pas les Français ne pouvaient répondre à ces questions. Des femmes, avec leurs enfants sur le bras, vont à la caserne "pour voir les noirs". Or ceux-ci, ne sont pas méchants, ils distribuent du riz et du chocolat. "Ils étaient aussi des pères, des frères et des maris, dont la famille les attendaient, très loin, en dessous de l'Équateur, à la lisière des grandes forêts vierges, au bord de la mer, en dessous des volcans, ou à proximité des déserts." (pp. 119-120)

Au printemps, les rumeurs se répandent: les rouges vont attaquer la ville, ils viendront pour reprendre le pouvoir. Tout le monde est énervé, angoissé, même les Français. "Les zouaves souffrent à cause du climat dur, ils sont malades, on entend partout leur toux [...]. Les noirs marchent sur les routes en chantant. Leur chant ressemble à une marche funèbre, chantant la nostalgie de leur pays." (pp. 154-155) Il y a dans le texte la traduction d'un poème africain, dont l'origine est inconnue et c'est la traduction en hongrois, faite par une femme-poète bien connue, Zsófia Dénes, qu'on peut y lire.[10]

En même temps, la population veut être enfin libre, à n'importe quel prix, et c'est le moment de la révolte. Les armes cachées sont sorties, et la lutte commence. L'armée française attaque les manifestants et bientôt le soulèvement sera noyé dans le sang, l'état d'urgence proclamé, les premiers procès commencent. C'est aussi le moment où le protagoniste du roman se pose la question: "Le cyclone de la guerre mondiale a saisi les blancs et les noirs, de l'Afrique et de Paris, pour les emporter à travers les frontières, pour les laisser atterrir ici, au bord de la Tisza. Pourquoi sont-ils venus jusqu'ici? Pourquoi se mêlent-ils de nos affaires?" (p. 196)

Au cours d'autres épisodes du récit, c'est de nouveau l'humour qui apparaît, à travers des allusions ironiques à la prétendue anthropophagie des Africains (p. 211), ou bien au moment où un personnage secondaire, une sorte de clochard, offre un morceau de lard à un militaire noir, que celui-ci refuse avec dégoût. (p. 246)

Les problèmes de la communication sont également évoqués. La plupart des Hongrois ne comprennent pas le français, il n'y a que quelques exceptions: une jeune fille et un avocat qui arrivent à se faire comprendre. Les Français, blancs ou noirs, restent des étrangers. Au-delà des images-reçues, des lieux-communs, surtout à propos des Africains, une vraie connaissance des problèmes qui se posent aux deux parties est impossible. Le narrateur prend en charge quelques passages où il exprime sa manière de comprendre la situation, mais les personnages fictifs eux-mêmes restent isolés dans leur monde respectif.

C'est l'évocation du même milieu sombre et presque tragique qui apparaît dans le roman de István Sotér, intitulé "A templomrabló" (Le voleur d'église), paru en 1943.[11] L'écrivain, né en 1913, est surtout connu en tant que savant ayant des connaissances très vastes des littératures européennes et comme auteur d'un grand nombre d'essais et de critiques littéraires. Il a également publié quelques romans dont le "Voleur d'église" est l'un des premiers. Ici aussi, l'occupation de Szeged par l'armée française sert surtout d'arrière-fond à un récit personnel qui évoque la jeunesse du narrateur. Pourtant, il était trop jeune, pour en garder des souvenirs précis. Or, le fait d'avoir transposé son récit à l'époque de l'occupation de Szeged peut être considéré comme un procédé narratif bien significatif. La description de la ville, du point de vue topographique, est très exacte et les événements évoqués correspondent à la réalité que nous connaissons à travers des ouvrages historiques. Les personnages romanesques sont plutôt des figures emblématiques, nous y rencontrons un artiste (compositeur et joueur d'orgue), sa fille qui est une étudiante à la recherche de la connaissance du monde. Elle est devenue adepte d'une sorte de secte, dirigée par un prédicateur louche, le Sacristain qui promet à la population la délivrance, en voulant les mener à la "Jérusalem céleste". Le Sacristain est une figure symbolisant la face "adamique" de l'homme, son adversaire est une figure de "Caïn", un ancien militaire vagabond qui incite la jeunesse à la débauche. Un prêtre, dont la foi s'est ébranlée, figure également parmi les personnages. Deux jeunes gens, l'un guetté par la sainteté, l'autre par la méchanceté sont les véritables protagonistes du récit, les deux étant, chacun à sa manière, la personnification du moi possible du narrateur. Tous ces personnages évoluent dans un milieu sombre, marqué par des événements funestes. La ville est occupée par les "Etrangers", tout le monde souffre, un malaise règne partout... Pendant la nuit, seuls les patrouilleurs noirs, les vagabonds, les prostituées et quelques étudiants attirés par les plaisirs sordides rôdent dans les rues et fréquentent les bars. La population a peur des militaires noirs. Au début, tout le monde pense que l'occupation ne durera pas longtemps et que tous ces militaires ne seront installés que provisoirement. Mais le temps passe et ils y restent toujours. Leur arrivée en ville était comme un spectacle: "... des troupes africaines marchaient sur les avenues de la ville, leurs chevaux arabes se cabraient dans leurs rangs, au son aigu et triste des trompettes [...]. Les noirs souffraient du froid qui règne en hiver sur la grande plaine hongroise, ils avaient du mal à supporter les tempêtes de neige, ils en avaient jusqu'aux genoux quand ils étaient de garde [...]. Ils ont laissé derrière eux des enfants créoles - qui ne se distinguaient guère d'une certaine partie de la population locale, car on pouvait les prendre pour des tziganes - mais aussi quelques tombes au coin du cimetière..." (p. 10)

176

Peu à peu, ils s'installent et, dès le début, quelques contacts s'établissent entre eux et la population de la ville: "...il y avait des arabes, surtout dans la cavalerie, mais les officiers étaient des blancs, maquillés et portant des gaines [...] quelques dames ont même appris leur langue et les recevaient dans leurs salons". (p. 10)

Après quelques incidents - un jeune avocat fut fusillé, accusé d'avoir maintenu des contacts secrets avec "les ennemis" - ces contacts commencent à se dégrader. On ne pouvait plus circuler librement dans la ville et les officiers menaçaient la population de "laisser circuler librement les militaires noirs sans prendre aucune responsabilité quant à leur comportement". (p. 10) Ce sont surtout les femmes qui ont peur des militaires noirs: la jeune fille, rentrant seule un soir se dit: "Et si les patrouilleurs me prennent? Qui sait ce qui peut m'arriver?" (p. 88) Son père a également peur, car "on raconte des choses terribles à leurs propos". (p. 99) Les rumeurs circulent en ville: un crucifix a été détruit et on accuse les noirs de l'avoir utilisé pour faire du feu. (p. 27) Un jour, un groupe de jeunes, en état d'ivresse et sous la direction du vagabond-séducteur se met à détruire les statues de la ville. Ils connaissent d'ailleurs bien l'itinéraire des patrouilleurs noirs et arrivent à les déjouer pendant leurs excursions nocturnes. Le lendemain, tout le monde accuse les militaires noirs, sans fondement, car - la narration est très claire sur ce point - ils n'ont vraiment rien à faire dans cette histoire.

Il y a tout de même quelques réactions de défense de la part des troupes des "Étrangers". Un jour, une formation de militaires noirs commencent à faire des exercices devant leur caserne, et tout d'un coup, ils dirigent leurs mitrailleuses vers les maisons d'habitation. On sent quelque chose dans l'air, peut-être une révolte se prépare. Les Français offrent leur aide aux dirigeants de la ville et ils sont prêts à mettre des formations de cavalerie spahie devant les églises, les cimetières et d'autres établissements ecclésiastiques. L'évêque, un personnage qui comprend d'ailleurs parfaitement le français, refuse cette sorte de garde. Mais les Français insistent pour surveiller les ponts et les gares. (pp. 134-135)

Pendant ce temps, un crime est commis: quelques objets d'art d'une église disparaissent et on trouve le Sacristain assassiné. De nouveau, la population réagit en accusant les noirs: "Ce n'est qu'un début! Avant de partir, les noirs vont piller la ville et une véritable Saint-Barthélémy s'en suivra!" (p. 280) Cette fois-ci, les autorités militaires arrêtent quelques noirs, accusés du vol et du meurtre, mais ils seront bientôt relâchés, car "il est impossible qu'ils aient commis quoi que ce soit." (p. 281) Finalement, le vrai criminel est arrêté, mais les raisons qui l'ont poussé à commettre ce crime ne seront jamais clarifiées, et il finira par être pendu. A la fin du récit, un des jeunes quitte la ville pour devenir prêtre, la jeune fille retrouve son père devenu fou et d'après le dernier chapitre du roman, tout rentre dans l'ordre. Une dizaine d'années plus tard, ceux qui sont restés dans la ville deviennent de braves bourgeois et même la ville semble avoir oublié les événements qui l'avaient secouée.

Il est un peu arbitraire de prendre les passages cités qui présentent les militaires étrangers et parmi eux les noirs, sans avoir analysé d'une façon plus approfondie l'ensemble de la narration. Les éléments ici évoqués ne sont que secondaires dans l'économie générale du récit. Ils sont utilisés pour brosser un tableau général et pour mieux caractériser une période reléguée dans un passé pas trop lointain. Peut-être, l'actualité du message général du roman réside-t-elle dans une atmosphère qui caractérise la période de l'écriture elle-même: d'où la mention fréquente des "occupants", des "étrangers" et des "patrouilleurs noirs". Ces éléments sont peut-être à comprendre à un deuxième niveau, comme les expressions d'une réalité historique, celle du moment de la rédaction du roman, le début des années 1940. Ainsi, à mon avis, il s'agit ici d'une transposition plutôt que d'une évocation d'une réalité, dont la portée symbolique me semble être plus forte que l'on ne pense lors d'une première lecture.

Pour terminer cette série de romans ayant des rapports avec les tirailleurs sénégalais, il faut mentionner le roman de Ferenc Temesi (né en 1952) intitulé "Por" (Poussière), paru en deux volumes en 1986 et 1987.[12] La traduction du mot est "poussière", mais il s'agit d'un jeu de mots, le nom de la ville de Szeged est transformé en Porlód, ce qui évoque l'atmosphère de cette ville moyenne de la grande plaine hongroise, située dans un territoire plutôt sablonneux, mais au-delà de la réalité géographique, la poussière devient également la métaphore d'un état d'abandon et d'une certain mentalité qui n'est pas favorable aux changements, aux nouveautés et qui préfère la tranquillité immobile et où - à quelques exceptions près - même les gens doués sont réduits à un état d'inactivité. Le jeune auteur, ici aussi, crée avant tout un roman de formation (Bildungsroman), en évoquant ses années de jeunesse qui se déroulent pendant une période sans intérêt particulier. Mais chaque génération a le droit de penser que la sienne était exceptionnelle d'un point de vue ou d'un autre et faute d'être le témoin de grands événements historiques, elle peut vivre sa propre vie en tant que "héros de son temps". L'écrivain rédige, parallèlement, un roman familial, en retraçant l'histoire de ses parents, grands-parents et arrière-grands-parents. La période retracée va de 1833 jusqu'en 1973. Ces gens-là vivaient à l'époque de grands événements, ils en étaient les témoins ou parfois même les acteurs. Ainsi, l'histoire de la ville est également donnée à lire, depuis plus d'un siècle. L'astuce de l'auteur est de rédiger son roman sous la forme d'un dictionnaire ou d'une encyclopédie, où les mots-titres se suivent par ordre alphabétique et les trois histoires - personnelle, familiale et celle de la ville - s'enchevêtrent, ne suivant qu'un ordre chronologique approximatif.

Ainsi, dans le premier volume, on peut lire sous le titre "français" la rencontre du père du narrateur avec les occupants. Il va de soi que le personnage rencontré est un noir qui se promène dans les rues. "Quand mon père a rencontré le premier Français, il était tout ébahi. Ce n'est pas étonnant, car il n'avait pas plus de six ans, tandis que le Français mesurait à peu près deux mètres et il était si noir que le fameux chef d'orchestre tzigane, Pista Dankó, que tout le monde vénérait en ville, semblait être une comtesse blanche, protégée par son ombrelle, si on voulait les comparer, l'un à l'autre". (pp. 229-230) (Ici aussi, on voit le rapprochement entre les noirs et les tziganes, ayant tous les deux un teint bazané; il semble donc qu'un des termes de la comparaison doit être quelque chose de connu!) Puis le texte continue: "Il portait un fez sur la tête [...]. Mon père avait déjà vaguement entendu parler de telles figures de Sarrazins et des "Mille et une nuits". (La même référence aux "Mille et une nuits" figure d'ailleurs textuellement dans le premier roman analysé!) "Pourtant, ce Sarrazin était bien réel et il appartenait à la division coloniale de l'armée d'occupation. Il était originaire de Madagascar, il n'était pas français, mais mon père ignorait ce fait, comme les autres...". (Ibid.) Voici donc la confusion presque totale qui règne en cette ville concernant l'appartenance exacte des militaires de couleur à des races différentes - arabes, malgaches, etc., sont tous des "noirs". Or, cette histoire n'est pas directement prise en charge par le narrateur. Son but est de rendre le plus fidèlement possible le parler de Szeged, une sorte de dialecte qui se distingue de la langue littéraire par certaines déviances phonétiques, mais aussi par l'utilisation d'un grand nombre de tournures populaires qui ne sont pas utilisées et pas toujours comprises dans les autres régions du pays. Il se peut donc qu'il raconte une histoire (ou plutôt il la reconstruit) telle qu'il l'a entendue dans son enfance. Il est tout de même significatif que le mot "sénégalais" ne figure jamais dans le texte. C'est peut-être le signe que l'auteur n'a pas trop insisté sur l'identification des types anthropologiques qui séjournaient en ville pendant la période de l'occupation. On peut se poser la question si cette omission est consciente ou non, en tout cas, elle semble refléter une image-reçue, présente dans la conscience collective. Tous les militaires qui ne sont pas des blancs (et des officiers) sont par définition des "noirs". Or, l'image générale de ceux-ci n'est pas forcément l'expression d'une xénophobie, au contraire, le bizarre (l'autre) est souvent présenté sous le signe de l'humour. Dans la scène évoquée, les gamins de la ville lancent quelques boules de neige à la tête du militaire noir, mais celui-ci les regarde avec un sourire, leur offre de bonnes cigarettes et leur demande le chemin pour aller à la maison close. Il leur donne même quelques sous, après avoir obtenu les indications précises.

En d'autres endroits du récit, les occupants sont évoqués d'une façon plus générale. Un petit épisode raconte qu'un membre de la famille du narrateur a embauché un "noir" pour travailler dans ses champs, mais "...il n'a pas travaillé comme nous... au lieu de s'y mettre sérieusement, il se contentait de nous regarder... Pourtant, il a eu du bon vin en récompense de son travail". (II. p. 171) Dans ce passage, il est adressé en tant que "szerecsen", mot qui se traduit par "Sarrazin", mais qui peut signifier, globalement, tous les Africains.

L'auteur insiste plus longuement sur le rôle des occupants au cours de l'éclatement d'une grève et de l'organisation de la République des Conseils. Des tracts ont été adressés aux militaires étrangers, pour soutenir ces mouvements. Or, "...les militaires de couleur de l'armée d'occupation ne pouvaient pas lire les textes écrits en français, car ils n'avaient appris que l'arabe ou le malgache". (II. p. 214) Quelques incidents mineurs entre les occupants et la population locale sont également évoqués, notamment une bagarre dans un bar, entre un groupe d'habitants et des officiers français. (II. p. 219) Puis, l'auteur évoque la prise de pouvoir par Horthy qui "obtient la sympathie des officiers français, car il est bien fait et il connaît aussi leur langue..." (Ibid.)

L'évocation des moments importants est basée sur les documents, mais l'auteur les utilise plutôt librement. Les épisodes ici évoquées sont là pour ajouter quelques couleurs supplémentaires à ce roman, dont l'intérêt principal réside dans le fait d'avoir évoqué une histoire personnelle en même temps que l'histoire générale de la population d'une ville.

Les ouvrages traîtés ici nous permettent déjà de tirer quelques conclusions à propos de l'image du "tirailleur sénégalais" dans la littérature hongroise: ils sont plutôt des figurants sur la scène de quelques récits, ils y sont présents en tant qu'éléments exotiques, mais en même temps en tant qu'éléments nécessaires à l'évocation d'une période de notre histoire.

Notes

1) Nous avons l'habitude de distinguer la Hongrie historique avant 1920 de la Hongrie actuelle, dont le territoire et le nombre des habitants ne font qu'un tiers de la première. Dans la partie historique de ce texte, j'utilise les dénominations géographiques hongroises valables jusqu'à cette date.

2) L. NAGY, Zsuzsa: A párizsi békekonferencia és Magyarország. 1918-1919 (La conférence de paix de Paris et la Hongrie), Budapest, 1965, Kossuth Kiadó, 309 p.

3) ORMOS, Mária: Padovától Trianonig. 1918-1920 (De Padoue à Trianon), Budapest, 1983, Kossuth Kiadó, 451 p.

4) TONELLI, Sándor: A franciák Szegeden. 1918 december - 1920 március (Les Français à Szeged), Szeged, 1939, Acta Universitatis Szegediensis, Sectio Geographico-historica, 62. p.

5) A forradalmak szegedi szemtanúi. Visszaemlékezések 1918-1919-re (Les témoins szegediens des révolutions. Souvenirs des années 1918-1919), Réd. par CSONGOR, Győző, Szeged, 1959, Hazafias Népfront Szeged Városi Bizottsága, 63 p.

6) Cf. entre autres BOKOR, Pál: Szegedországtól Magyarországig. Visszaemlékezés a szegedi ellenforradalmi napokra (Du pays "Szeged" jusqu'au pays "Hongrie" - Mémoires: les journées de la contre-révolution à Szeged, Budapest, 1939, Stádium, 141 p. et
HOLLÒS, Ervin - LAJTAI, Vera: Horthy Miklós, a fehérek vezére (Miklós Horthy, le chef des blancs), Budapest, 1985, Kossuth Kiadó, 296 p.

7) SZÉLL, Juliska: Beszélgetés 1919-rfol (Conversations sur l'année 1919), enregistrement dactylographié, Szeged, 1969, 60 p.

8) Szenegálok a Tisza-Parton (Sénégalais au bord de la Tisza), article paru dans le quotidien Népszabadság, No 72, 1959.

9) TAMAS, István: A szegedi pedellus (L'Appariteur de Szeged), Budapest, s.d., Könyvbarátok Kiskönyve, 302 p.

10) Voici le texte en adaptation française: "La mort a tué / Et le fossoyeur a creusé / Ha, Ha, / Le vautour a emporté mon copain / Il m'a laissé seul / Ha, Ha, / Je n'ai plus rien / Mon ami est parti / Et il ne reviendra jamais". (p. 155) Tous les passages cités entre guillemets sont mes adaptations.

11) SÖTÉR, István: A templomrabló (Le voleur d'église), Budapest, s.d., Franklin Társulat Kiadása, 302 p.

12) TEMESI, Ference: Por (Poussière), Elsö Kötet, A-K, (Vol. I.), Budapest, 1986, Magveto Kiadó, 471 p., Második Kötet, L-Zs, (Vol. II), Budapest, 1987, Magvetö Kiadó, 639 p.

Cornelia PANZACCHI

ASPEKTE DER DARSTELLUNG DER TIRAILLEURS SENEGALAIS IN DER
AFRIKANISCHEN LITERATUR AUßERHALB SENEGALS

> On dit que lorsque *Dé Gôli* vit son pays
> envahi par les Allemands, il vint voir Allah
> pour l'aider à chasser les envahisseurs;
> Allah lui envoya les tirailleurs du Vieux
> Pays qui, comme chacun sait, étaient des
> bons guerriers. *Dé Gôli* gagna la guerre.

Dieses Zitat stellt den ersten Teil eines politischen Witzes dar,[1] den Ismaïla Samba
Traoré in seinem Roman *Les Ruchers de la capitale* (1982) einen Spaßmacher bei einer
politischen Versammlung erzählen läßt. Er zeugt davon, daß die Bevölkerung der
französischen Kolonien in West-Afrika größtenteils stolz auf die Leistungen der
Tirailleurs war. In seiner Komik bestätigt dieser Witz den Mythos, der in den Köpfen
der Kolonisierten entstand, um das Trauma der Zwangsrekrutierung zu bewältigen und
die Freiwilligenmeldungen zu rechtfertigen. Gemäß diesem Mythos verdanken die
Franzosen ihre Siege in beiden Kriegen dem Einsatz der unerschrockenen Tirailleurs.
Besondere Bedeutung wird dabei dem Umstand zugeschrieben, daß die afrikanischen
Truppen im Zweiten Weltkrieg mit dazu beitrugen, Hitler unschädlich zu machen und
die Welt von der Bedrohung durch das nationalsozialistische Deutschland zu befreien.

Die Konfrontation der schwarzen Soldaten mit den Nationalsozialisten ist eines der
Themen eines Romans des malischen Autors Doumbi-Fakoly, *Morts pour la France*
(1983). Die Handlung verfolgt die Geschicke einer Gruppe von zwangsrekrutierten
Soldaten aus verschiedenen französischen Kolonien Afrikas, die 1939 in Marseille
buchstäblich "ausgeladen" und an die Kriegsschauplätze verteilt werden. Der Roman
setzt sich zusammen aus episodenhaft erzählten Einzelschicksalen, die in
chronologischer Reihenfolge organisiert sind. Einige unter den Tirailleurs trifft der
Leser mehrfach an, andere treten nur ein einziges Mal auf. Die Information wird
größtenteils in Dialogen vermittelt, die in einem streckenweise etwas gekünsteltem "p'tit
nègre"[2] gehalten sind; der Erzählerkommentar vervollständigt und ergänzt, so daß sich
der Leser ein umfassenderes Bild des Zeitgeschehens machen kann.

Um den afrikanischen Lesern die Schrecken des Nazi-Terrors begreiflich zu machen,
spielt der Autor Fälle durch, in denen Afrikaner zu dessen Opfern werden. So treffen
wir den Kaporal Koffi Paul, den wir in der ersten Episode des Romans kennenlernten,
als er sich mit seinen Kameraden in einem Schützengraben an der Somme befand, im
Konzentrationslager Buchenwald an, wo er und andere Afrikaner ständig in der Gefahr
schweben, "medizinischen" Versuchen zum Opfer zu fallen. (60)

> Considérés comme des sous-êtres, donc des cobayes, ils étaient, avec les juifs,
> préférablement destinés aux expériences de vivisection. On leur inoculait les virus

du typhus et du tiphoïde. On leur ouvrait le crâne pour voir la couleur de leur cervelle encore en activité. On leur découpait la poitrine pour juger aussi de la culeur de leur coeur. On les battait à mort et on les congelait. On les gazéfiait et on les enfournait. Leurs cendres servaient d'engrais et leurs cheveux à la fabrication de pantoufles spéciales pour le personnel des U-Boot. Desossés et réduits en miniature, leurs crânes étaient utilisés comme presse-papiers. (61)

Doumbi-Fakolys Schilderung des Lagerlebens ist minutiös und detailgenau. Er beschreibt die Demütigungen und Grausamkeiten, denen die Tirailleurs ausgesetzt waren, in allen Einzelheiten, um so einen realistischen Effekt zu erzielen. Um so bedauerlicher ist es, daß er nicht in einem Vorwort oder Anhang seine Quellen angibt. Er überläßt es dem Leser, zu entscheiden, ob es sich um eine Tatsachenschilderung handelt, die ein wichtiges historisches Dokument darstellen würde, zumal das Schicksal der farbigen deutschen Kriegsgefangenen bisher noch nicht Gegenstand historischer Forschung war, oder um eine romanhafte Verknüpfung von Wahrscheinlichkeiten.

Mit der Figur des Sanogo Seïba und der Schilderung seines Schicksals klagt der Autor die französische Rekrutierungspolitik an: Sanogo Seïba stellt sich, um seinem jüngeren Bruder und seiner eigenen, Sanogos, Frau die Flucht aus dem französischen Hoheitsbereich in das englische Kolonialgebiet zu ermöglichen. Doch sein Opfer wird sich als sinnlos erweisen: die Frau stirbt an den Strapazen der Flucht (34 ff.), sein Bruder aber wird nach langem Herumirren als Fünfzehnjähriger eingezogen und stirbt in Birma an Fieber. (99)

Der "brigadier-chef" Diop Mactar steht für all jene, die sich freiwillig für den Kriegseinsatz gemeldet haben, weil sie sich mit Frankreich verbunden fühlten und alles daran setzten, das Land, das sie als ihre geistige Heimat ansahen, endlich kennen zu lernen:

Son rêve de toujours était tout simplement de rejoindre les anciens dans l'Eldorado, chez le maître. Et la veille, quand le *Normandie* avait dépassé l'île de Gorée, il ne caressait plus ce rêve, mais la réalité qu'il allait devenir. Les conditions et le but du voyage lui importaient peu. (18)

Nachdem er aufgrund eines Glücksfalls als einziger seiner Abteilung den deutschen Panzern entkommt (50 ff.), läßt er sich von einem neuen Bekannten überreden, nach Paris zu gehen und sich dort der Résistance anzuschließen (63 f.). Obwohl er sich so mehrfach um Frankreich verdient gemacht hat, bleibt Diop Mactar bis zuletzt die Anerkennung versagt. Er wird im Alter von einundsechzig Jahren im Schlaf sterben, kurz bevor die Bemühungen der afrikanischen Veteranen um Gleichberechtigung einen ersten Erfolg erzielen (145 ff.).

Mit Schilderungen von "Exekutionen von Deserteuren" (46 ff.), der Mobilisierung von "cent milles tirailleurs à peine sevrés" (74), Halbwüchsige, die im Fezzan gegen die Italiener kämpfen müssen, des Massakers von Thiaroye, des Einsatzes afrikanischer Truppen in Vietnam und des Umstands, daß die Tirailleurs-Veteranen heute noch um ihr Recht kämpfen müssen, wendet sich Doumbi-Fakoly gegen den Mythos von der französischen "Gleichheit" und "Brüderlichkeit" gegenüber den Afrikanern: Doumbi-Fakoly verurteilt eindeutig das nationalsozialistische Deutschland und versucht, Frankreich gerecht zu werden: die Résistance, in der er auch Afrikaner kämpfen läßt, wird gewürdigt, der inhärente Rassismus der französischen Kolonialpolitik, der zur Folge hatte, daß die Soldaten aus den Kolonien als 'Kanonenfutter' verwendet wurden, wird bloßgestellt.

Einige Romane befassen sich mit der Rolle der afrikanischen Soldaten in Afrika. In seinem Roman *L'étrange destin de Wangrin ou les roueries d'un interprète africain* (1973) stellt A. H. Bâ (Mali) ein Motiv vor, das Afrikaner dazu bewogen hat, für die Franzosen zu kämpfen:

> Les atrocités inutiles commises par Yorsam poussèrent les gens de Noubigou à ouvrir leurs bras aux conquérants français. Beaucoup de jeunes gens s'engagèrent dans les corps constitués pour les indigènes. C'était l'armée des tirailleurs sénégalais.
> La population avait juré «d'avoir Yorsam et de le livrer aux Blancs» (19; s.a. ebda. 118)

Samory Ture (Touré), wie sein eigentlicher, von A. H. Bâ verschlüsselter Name lautet, war ein religiöser islamischer Führer, der in der zweiten Hälfte des 19. Jahrhunderts ein Reich gründete, das Glanz und Größe des mittelalterlichen Malis wiederaufleben lassen sollte. Er kämpfte erbittert gegen die Franzosen, aber auch gegen die einheimische Bevölkerung, die es wagte, sich ihm entgegenzustellen. Bâ stellt hier den gefeierten Widerstandskämpfer und Nationalhelden Malis als Eroberer dar, der auf die Menschen, die er zu seinen Untertanen machte, keinerlei Rücksicht nahm. Der "Große Marabout" ist hier nur noch die gefährlichere von zwei imperialistischen Kräften, das europäische Kolonialheer wird als wichtiger Verbündeter gegen den einheimischen Tyrannen begrüßt.

Der ivorianische Autor Bernard Dadié hat sich mehrfach mit den afrikanischen Kollaborateuren der Kolonialverwaltung befaßt. So kann man den Romantitel *Commandant Taureault et ses nègres* (1980) als Hinweis auf bestehende Strukturen der Zusammenarbeit und Abhängigkeit lesen. Die "Neger des Kommandanten" sind Männer, die ihre höhere soziale Position dem Bezirkskommandanten verdanken. Ihre Machtbefugnisse und Privilegien haben sie mit dem Verzicht auf ihre Freiheit und mit dem Verrat ihrer Landsleute bezahlt. Dadié spricht denjenigen unter seinen Figuren, die keinerlei Loyalität gegenüber den anderen Kolonisierten zeigen, den Titel "Afrikaner" ab: sie sind für ihn nur noch "Neger", im Sinne von Sklaven der Macht; es ist an ihrer Persönlichkeit nichts Eigenes, Afrikanisches mehr, sondern nur noch die Eigenschaften, die der Kolonialherr an ihnen zu sehen wünscht.

Unter den Parteigängern der Kolonialherren läßt Dadié zwei Figuren sich besonders hervortun. Der eine ist der "garde-cercle" Kouta, der als Oberaufseher des Gefängnisses durch seine Grausamkeit traurige Berühmtheit erlangt. (111) Der andere ist der "Griot"

Chaleub. In der traditionellen Gesellschaft war der Griot der Preissänger der Könige und Fürsten, dem aber auch die Aufgabe zukam, die Mächtigen zu unterweisen, sie an ihre Pflichten gegenüber dem Volk zu erinnern und sie gegebenenfalls in Spottliedern zu kritisieren. Dadiés Chaleub aber ist nicht mehr Lehrer und Richter der Mächtigen, sondern nur noch ein Arrivist und Denunziant, der bemüht ist, die Herrschaft der Kolonialherren zu unterstützen, weil damit seine eigene persönliche Macht wächst. Chaleub sagt nur, was seine Herren hören wollen, etwa, wenn er den neu ankommenden Kommandanten Taureault lauthals begrüßt und ihn im Namen der Bevölkerung willkommen heißt, obwohl diese gezwungen wurde, zur Begrüßung zu kommen. (20)

Chaleub steht zu seinem Opportunismus und vertritt ihn im Gespräch mit dem Führer der Anti-Kolonial-Bewegung, der "Apida". Widerstand, so Chaleub, sei zu gefährlich und könne gegen die französische Übermacht ohnehin nichts ausrichten: Kommandant Taureault sei der nunmehr dreißigste Kommandant des Bezirks, nach ihm würden wieder andere kommen. (27-31)

Chaleub wird Generalsekretär der von den Kolonialherren autorisierten "Verwaltungspartei" "PAG" ("Parti Administratif de Gbenou"), und damit vordergründig zu einer wichtigen Persönlichkeit. Er erhält hohe Auszeichnungen, wird zum "Officier du Mérite Agricole" (87) ernannt und sonnt sich im Wohlwollen des Kommandanten. Bei den Wahlen bemüht er sich um den Sieg der pro-französischen Partei und verspricht den Leuten, die Europäer würden die für sie positiven Wahlstimmen mit geschenkten Gewehren vergelten. (94)

Als sich Chaleub endlich vor lauter Übereifer lächerlich macht, distanziert sich der Kommandant von ihm, und mit ihm auch die anderen einheimischen Mitarbeiter der Bezirksverwaltung.

Depuis ce jour-là, l'amitié entre Commandant Taureault et Chaleub faiblit d'ardeur. Au Cercle on faisait attendre Chaleub. Les commis le saluaient moins spontanément. Le brigadier Birata faisait semblant de ne pas le voir. Et l'interprète l'écoutait à peine. (118)

Die Sympathie der anderen Kollaborateure steht und fällt mit der Gunst des ranghöchsten Europäers. Von den Kolonisierten verachtet, von den Europäern nur geduldet, solange er ihnen nützlich ist, ist der einzelne Kollaborant dem Intrigenspiel seiner Kollegen ausgeliefert.

Die Figur des Chaleub, der sich am Verrat seiner Landsleute bereichert, könnte man A. H. Bâs Figur des Wangrin (aus obengenanntem Roman) entgegenstellen, der sich am Kolonialsystem zu bereichern versteht, ohne zum Verräter zu werden.

Wangrin ist als Dolmetscher bei der Kolonialverwaltung angestellt und merkt bald, daß die Kolonialbeamten erstens der afrikanischen Sprachen nicht mächtig sind, daß sie zweitens wenig von Land und Leuten verstehen, und daß drittens das ganze Verwaltungssystem für den einzelnen Beamten nahezu undurchschaubar ist. Er nutzt sein Wissen, um sich die vorteilhaften Posten zu sichern und seine Konkurrenten auszuschalten. Den Höhepunkt seiner Karriere stellt eine geschickte Unterschlagung von Viehherden dar, die bei Beginn des Ersten Weltkriegs von den Franzosen requiriert werden sollten, und die Wangrin auf eigene Rechnung verkauft.

Um seine Ziele zu erreichen, baut Wangrin seine Position sorgfältig aus, sucht sich Freunde, Komplizen, Klienten. In gewisser Hinsicht ist er souverän und von den Europäern unabhängig, da er bald über eigene Macht und eigenes Kapital verfügt. Alles, was er von der Kolonialverwaltung braucht, ist eine Dolmetscherstelle als Basis für seine Transaktionen. Grausam ist Wangrin nur zu Seinesgleichen, den anderen Höflingen der Kolonialverwaltung. Zu den einfachen Leuten, den "kolonialen Untertanen", den Armen, ist er loyal und großzügig und wegen seiner Hilfsbereitschaft bei ihnen sehr beliebt.

Wangrin ist ein Opportunist, aber kein Kollaborant, denn er zieht aus der kolonialen Besetzung seinen Nutzen, schädigt aber dabei nicht seine Landsleute, sondern die Verwaltung oder einzelne Beamte. Bis zuletzt bewahrt er sich seine eigene Moral, seine geistige Unabhängigkeit, sein Gefühl der Überlegenheit gegenüber den Europäern, von denen er nichts erwartet, weil er ihnen nie mit der Überzeugung gedient hat, die wir für andere Figuren von afrikanischen Kolonialbeamten und Tirailleurs Sénégalais beschrieben finden.

Ein weiterer wichtiger Aspekt der literarischen Beschäftigung mit den Tirailleurs ist das Problem der Kriegsheimkehrer. Der ausgemusterte Soldat, der als Befehle brüllender Wahnsinniger in das Dorf zurückkehrt, das er einst als gesunder Mann verließ, ist zu einem Stereotyp der modernen afrikanischen Literatur französischer Sprache geworden und findet sich in der west-afrikanischen Prosa-Literatur vielerorts wieder.[3]

Mon père était revenu fou de la guerre des tubabus. Pour lui la guerre n'était pas finie, elle continuait à la maison. Certains jours, il rentrait et toute la maison devait se mettre au garde-à-vous: ses deux épouses dont ma mère, mes frères, mes soeurs, ceux qui marchaient à peine. (I. S. Traoré 1982: 96)

Die Familie dieses Soldaten mußte doppeltes Leid ertragen: zuerst wird ihnen der Mann, Vater, Ernährer genommen, dann kehrt er krank zurück und wird zu einer schweren Belastung, ja sogar zur Gefahr für seine Angehörigen: er tötet seine schwangere Frau bei dem Versuch, sie "gefangenzunehmen". Die Internierung dieses Mannes in eine Anstalt muß die Familie zuletzt als Erleichterung empfinden. Die Tochter des Tirailleurs, die Traoré in seinem eingangs erwähnten Roman dessen Geschichte erzählen läßt, lief schon vorher von zuhause weg und verdiente sich ihren Lebensunterhalt erst als Prostituierte, dann als Bordellbesitzerin.
Die Spätfolgen des Krieges wirken sich auf die Soldaten, ihre Familien und wohl auch noch auf die nächste Generation aus; die Mittel, die Traoré auswählt, um die langanhaltende Destruktivität des Krieges darzustellen, sind drastisch (gequälte Kinder, ermordete Schwangere, das zerstörte Leben der Tochter) und zielen auf die Emotionen des Lesers ab.

In seiner Kurzgeschichte "La folie de Mamadou Tassouman"[4] zeichnet Bernard Dadié das Porträt eines ehemaligen Tirailleurs, der nach seiner Heimkehr Karriere als "brigadier-chef" der Wachtruppen seines Bezirks macht.

Il faut qu'on sache qu'il a fait Verdun, le Chemin des Dames! La Marne! Partout ou ça bardait, il était là, baïonette au canon, lui, de son vrai nom Mamadou Traoré, Matricule 10-847, 10^0 Bataillon des Tirailleurs Sénégalais. (84)

Auf seine militärischen Leistungen ist Mamadou Tassouman sehr stolz, ebenso wie auf seine Fähigkeit als "brigadier-chef", alles unter Kontrolle zu haben. Den ihm gebührenden Respekt verschafft er sich dabei mit seinem Schlagstock. Dieser Gegenstand, der gleichzeitig Zeichen und Instrument seiner Macht ist, verhilft ihm zu Ansehen und auch zu Reichtum, da seine Opfer sich lieber freikaufen, als die Schläge einzustecken, die er großzügig verteilt. Deswegen bricht seine Welt zusammen, als ihm der Bezirkskommandant mitteilt, ab sofort sei es verboten, die Eingeborenen zu schlagen.

Assomé par cette nouvelle inattendue, surprenante, contraire à toutes les règles de la politique pratiquée, conseillée, expréssement recommandée, au point que le garde-de-cercle qui se montrait quelque peu humain était radié des cadres, le brigadier-chef eut le vertige. (81)

Die Weißen, denen er so lange und so hingebungsvoll gedient hat, sind verrückt geworden. Sie wissen nicht mehr, was sie tun. Sie haben ihre alten Regeln, auf denen ihre Stärke sich gründete, von jungen Schnöseln, wie der Kommandant einer ist, einfach beiseite fegen lassen. Die Welt hat keine Ordnung mehr - solche Gedanken gehen dem "brigadier-chef" nun im Kopf um. Im weiteren Verlauf der Erzählung wird sein innerer Monolog immer schneller, sprunghafter, wirrer. Es fällt ihm ein, daß er ohne Schlagstock ein Nichts, ein Niemand sein wird; daß sein Reichtum, den er seinem Stock verdankt, dahin ist, und damit sein Ansehen in seiner Familie und in seinem Dorf. Endlich beschließt er, das Ganze als Ergebnis einer Intrige zu sehen, die der Bezirkskommandant inszeniert hat. Jetzt richtet sich sein Haß gegen alle Weißen, sind sie doch potentielle Verbündete seines Feindes, des "commandant":

S'il n'avait pas été désarmé, il serait monté cette nuit au quartier des Blancs pour leur montrer, à coups de grenades, qu'il avait quelque chose de très vivant dans son caleçon! Le ridiculiser, lui, brigadier-chef Mamadou Traoré, dit Mamadou Tassouman! Le feu! au service des Blancs depuis bientôt trente ans!

Wie Chaleub, Dadiés andere 'Kollaborantenfigur' muß auch Mamadou Tassouman erleben, daß er in allem von den Weißen abhängig ist, daß seine angebliche Macht, auf der sein ganzes Selbstverständnis gründete, nur eine Leihgabe der Weißen war. Ihres Wohlwollens beraubt, ist er nur noch ein ohnmächtiger "Eingeborener".

Der neue Beschluß, nach dem die "Eingeborenen" nicht mehr geschlagen werden dürfen, wird vom Kommandanten höchstpersönlich und ausgerechnet anläßlich des

Fests zum 14. Juli, dem französischen Nationalfeiertag, von der Rednertribüne aus verkündet. Das, was als Beweis französischer Großmut und feierliches Geschenk an die "kolonialen Untertanen" gedacht ist, empfindet Mamadou Tassouman als öffentliche Entehrung, die sich schockartig auf ihn auswirkt. Er verliert den Verstand:

Tout à coup tout se brouilla. Et le brigadier-chef se crut en France, montant à l'assaut d'une tranchée, baïonette au canon. (89)

Die Häufigkeit der Anspielungen auf den "verrückt gewordenen Tirailleur" läßt vermuten, daß hier eine literarische Figur geschaffen wurde, die dazu geeignet ist, den Wahnsinn des Krieges im allgemeinen und den Einsatz der afrikanischen Soldaten im besonderen herauszustellen. Der "verrückt gewordene Tirailleur" ist im west-afrikanischen Roman so typisch geworden, daß, wenn ein Kriegsveteran vorgestellt wird, der sich noch im Besitz seiner geistigen Kräfte befindet, dieser Umstand wie ein besonderes Kennzeichen betont wird.

- Ne serait-il pas fou?
- Avez-vous vu un des nos garçons qui soit allé porter le fusil pour les Blancs et revenir sans afficher un comportement bizarre?

Im Roman *Le Lieutenant de Kouta* (1983) von Massa Makan Diabaté (Mali), dem dieses Zitat entnommen ist, (72) flüchtet sich der Held des Romans, Leutnant Siriman Keita, der nach längerer Abwesenheit in sein heimatliches Dorf in der französischen Kolonie A.O.F. zurückkehrt und zunächst große Schwierigkeiten im Umgang mit seinen Mitmenschen hat, tatsächlich für einige Zeit in den Wahnsinn.

Er verspürt im Umgang mit den anderen Dorfbewohnern ein ständiges Unbehagen und weist die Schuld daran anderen, immer wechselnden Urhebern zu. Er weiß selber nicht mehr, an welche Wertmaßstäbe er sich halten soll: an die modernen europäischen, die militärisch-kolonialen, die von der Tradition vorgegebenen oder an die Ethik des Islam.

Autrefois, dans ce pays, avant l'arivée des Blancs, avec leurs lois, leurs jugements, leurs circonstances atténuantes, eh bien, les voleurs, on leur enfonçait de longs clous dans le crâne... (6)

Les Blancs!... les Blancs, et rien que les Blancs! Ils ont gâté ce pays! Il faut le mener militairement, comme à la coloniale. (10)

Siriman Keita ist cholerisch, rechthaberisch, und wird lange Zeit von den anderen Dorfbewohnern für verrückt gehalten. Als Sohn eines "Chef de Canton", des "eingeborenen" Bezirksvorstehers, fühlt er sich berufen, über Recht und Unrecht im Dorf zu wachen, und versucht, dabei gleichzeitig die traditionelle und die koloniale Autorität zu verkörpern. Doch er hat auch gute Seiten: "(il) savait pardonner, reconnaître ses torts, rire de lui-même". (20)

Im Dorf macht sich Keita wiederholt lächerlich: zuerst damit, daß er seine Leidenschaft für die Perlhuhnzucht entdeckt, dann mit der Vehemenz, mit der er einen kleinen Eierdieb verfolgt und bedroht, den er später adoptieren wird; schließlich fällt er endgültig dem allgemeinen Spott anheim, als er bei der Parade des 14. Juli, bei der er sein Pferd vor seiner Angebeteten einige schwierige Dressurübungen ausführen läßt, aus dem Sattel und in eine Schlammlache fällt.

> Il paraît qu'il a fait ça dans son pantalon, comme un bébé, disaient les uns.
> Et ceux qui étaient cléments soutenaient qu'il avait seulement pissé. (29)

Keita versuchte die Integration in die Dorfgemeinschaft durch Übererfüllung des traditionellen Ethos *und* des kolonial-militärischen Ethos zu erreichen. Er wollte gleichzeitig ein Malinké-Krieger und ein "héros de la patrie" sein. Er flüchtete sich in zwei Fiktionen und übersah dabei, daß ihre Synthese nur in der Phantasie möglich ist. Der Unfall, der im Grunde das Scheitern all seiner bisherigen Integrationsbemühungen versinnbildlicht, soll ihn noch lange Zeit beschäftigen. Nun droht Siriman Keita wirklich verrückt zu werden. Er zieht sich in sein Gehöft zurück und läßt dort von seinen Leuten Schafe und Ziegen "exekutieren".

Die wiederholte Re-Inszenierung der im Krieg erlebten Schrecken ermöglicht ihm deren Bewältigung. Seelisch gestärkt, kann er sich wieder der Realität stellen und sich mit seiner Re-Integration in die Gemeinschaft befassen. Der Mann, der in das Dorf zurückkehrt, ist nicht mehr der gleiche geblieben wie der, der es einst verließ - auch wenn er nicht, wie im Extremfall, als Verrückter oder als 'schwarzer Europäer' zurückkehrt. Seine Erlebnisse, seine Erfahrungen im Umgang mit den Europäern in Europa oder in der Kolonialverwaltung, auch die erworbenen Auszeichnungen unterscheiden ihn von den übrigen Dorfbewohnern. Er muß erst wieder neu in die Gemeinschaft integriert werden, um dort wirklich zuhause sein zu können. Dem "Lieutenant de Kouta" stellt sich das Problem, eine Gemeinsamkeit zu finden, die als Fundament einer neu zu errichtenden Beziehung zu den Dorfbewohnern dienen kann. Diabaté bietet hier den Islam, die vermittelbare Buchreligion, die die Gleichheit und Gemeinschaft der Gläubigen postuliert, als Integrationsmodell an.

Ein heimgekehrter Tirailleur wird auch in *Les Crapauds-brousse* (1979) des guineischen Schriftstellers Tierno Monenembo vorgestellt. Dieser Veteran der Kolonialarmee übernimmt die militärische Leitung seines Dorfes, das sich, um einen jungen Lehrer zu schützen, den Milizen des Diktators widersetzt; bei seiner Einführung in das Geschehen findet sich auch wieder die Anspielung auf die "üblichen" geistigen Schäden der ehemaligen Tirailleurs:

> Ce Sarsan Yéro est terrible. On dit en général que les anciens combattants de la coloniale sont très diminués mentalement. Celui-là ne manque pas de sens. Il a tout de suite prévu qu'on enverrait de me quérir. (177 f.)

Der Tirailleur, Symbol der Unterwerfung unter eine Macht, die willkürlich ihre Untertanen in Kriege schickte, an denen sie keinerlei Interesse haben konnten, wird hier zum Anführer einer Rebellion gegen die Macht des - jetzt einheimischen - Diktators. Ebenso wie in A. H. Bâs *Wangrin* wird hier die französische Kolonialarmee als eine Kraft gesehen, die es ermöglicht, einheimische Tyrannen zu bekämpfen, oder die die Kenntnisse vermittelt, die notwendig sind, um sich ihnen entgegenzustellen. Darüberhinaus ist am "Sarsan Yéro" die Anspielung an Birago Diops "Sarzan", Protagonist der gleichnamigen Kurzgeschichte (in *Les contes d'Amadou Koumba*, 1947) nicht zu übersehen. Sarsan Yéro, der seinen militärischen Dienstgrad im Gegensatz zu Diops Figur nicht als Namen, sondern als Titel in Ergänzung zu seinem, offenbar der eigenen Sprache entstammenden Vornamen trägt, nutzt die in der Fremde erworbenen Kentnisse, um den Leuten des eigenen Dorfes, mit deren Zielen er sich weiterhin identifiziert, zu helfen. Sarzan dagegen war aus dem Krieg als ein 'innerlich Kolonisierter' zurückgekehrt; er hatte mit Gewalt versucht, sein Dorf nach europäischen Vorstellungen zu reformieren. Wenn Monenembo den Rebellenführer mit dem an seiner Entfremdung zugrundegegangenen Sarzan konfrontiert, so zeigt er damit, daß dem Tirailleur ein Raum für eigene Entscheidung geblieben ist.

In A. H. Bâs *Wangrin* (1973) finden wir einen weiteren Aspekt des Integrationsproblems. Hier sind die ehemaligen Tirailleurs zu Außenseitern der Gesellschaft geworden. In den Kaschemmen der untersten Kategorie stößt der frühere Dolmetscher Wangrin zu ihnen, dessen fulminante Karriere ein jähes Ende nahm, als er vergaß, den Pakt mit den Ahnen durch ein rituelles Opfer zu erneuern; das "Vergessen" ist ein Anzeichen seiner Entfremdung von der eigenen Kultur. Die Entfremdung der Kriegsveteranen äußert sich in ihrem Alkoholismus und ihrer Isolierung von Familien und Dorfgemeinschaft. Wangrin macht die heruntergekommenen Soldaten, die er früher verachtet hatte, zu seinen Gefährten:

> Ces grands buveurs et nasilleurs n'avaient d'autre souci que de trouver à boire et de boire d'abondance, (...) Wangrin adopta tous ces pilliers de cabaret, pour la plupart anciens tirailleurs, convertis en nouveaux clochards. (1973: 409)

Die gemeinsame Erfahrung der Entfremdung verbindet. Die Kneipen bilden hier einen Sammelpunkt, sie stellen einen kulturfreien Ort dar, ein Vakuum, in dem sich diejenigen treffen, die nicht mehr zu Afrika, aber auch nicht zu Europa gehören.

Die Autoren, die sich mit den Tirailleur Sénégalais befaßt haben, stellen die Frage nach dem Nutzen, den die Kolonialsoldaten selbst von ihrem Kriegseinsatz hatten. Ebenso wie in der Realität müssen die Veteranen in den Romanen lange und oft sogar vergeblich auf eine gerechte finanzielle Entschädigung warten.[5] Gleiches gilt für die Hinterbliebenen der Gefallenen.

Der alte Meka in Ferdinand Oyonos *Le vieux nègre et la médaille* (1956/1968) wird für den Verlust seiner beiden Söhne, die für Frankreich auf einem europäischen Schlachtfeld einen "glorreichen Tod" (1956/1968: 33) gestorben sind, mit einer Medaille und einer Rede des "Commandant du Cercle" 'entschädigt'. Durch die vorgebliche Feierlichkeit der Verleihung wird das ganze Ausmaß des kolonialen Betruges endlich für Meka deutlich. Er muß erkennen, daß die Europäer ihn und die anderen Afrikaner verachten. Der Tod seiner Söhne wird so zu einem sinnlosen Opfer.

Auch wenn ihm die Rückkehr aus dem Krieg und in die eigene Gesellschaft gelungen sind, ist für den Mann, der die Schrecken des Krieges mit eigenen Augen gesehen hat, nichts mehr so, wie es vorher war. Dies ist die Aussage des Romans *Princesse Mandapu* (1972) des Zentralafrikaners Pierre Bamboté. Im Bewußtsein Monsieur Boys, des Helden des Romans, vermischt sich die an sich friedliche Gegenwart ständig mit der Erinnerung an Kriegsszenen. Monsieur Boy, der sich seit dem Krieg nicht mehr von seinen Gewehren trennen kann, erlebt auf der Jagd von neuem die Agonie eines Kameraden, projiziert auf den sonntäglich stillen Dorfplatz das Bild einer nackten Frau, die versucht, mit ihrem Körper ihr Kind von den Peitschenhieben zu schützen, die auf sie niedergehen. Die Erinnerung an vergangenes Töten erweckt in Boy gleichzeitig Mordgelüste und die Angst um das Leben seines letztgeborenen Kindes. Angesichts seines Wissens um die Bedrohung des Menschen durch den Menschen kann er die Ruhe und Harmonie, die noch in seinem Dorf zu herrschen scheinen, nicht mehr genießen. Seine Unruhe treibt ihn dazu, das Dorf zu verlassen und in die Stadt zu ziehen, wo ihn das Schicksal mit voller Härte treffen wird.

Die Weltkriege haben nicht nur in Europa, sondern auch in Afrika tiefgreifende Veränderungen hervorgerufen. Selbst in den abgelegensten afrikanischen Dörfern kann das Leben nicht mehr so sein, wie es vor den Kriegen und der Kolonialzeit gewesen sein mag. Für Monsieur Boy sind die Tropen traurig geworden.

Bibliographie

Amadou Hampaté Bâ, *L'étrange destin de Wangrin ou les roueries d'un interprète africain*, Paris: Union Générale d'Editeurs (Coll. 10/18) 1973.

Pierre Bamboté, *Princesse Mandapu*, Paris: Présence Africaine 1972.

Bernard Dadié, *Commandant Taureault et ses nègres,* Abidjan: CEDA 1973.

ders., "La Folie de Mamadou Tassouman", in *Les Jambes du fils de Dieu,* Abidjan/Paris: CEDA - Hatier 1980, S. 79-89.

Massa Makhan Diabaté, *Le Lieutnant de Kouta*, Paris: Hatier 1979.

Doumbi-Fakoly, *Morts pour la France*, Paris: Karthala 1983.

Tierno Monenembo, *Les Crapauds-Brousse*, Paris: Seuil 1979.

Ferdinand Oyono, *Le vieux nègre et la médaille*, Paris: Juillard 1968 ([1]1956).

Ismaïla Samba Traoré, *Les Ruchers de la capitale*, Paris: Harmattan (Coll. encres noires) 1982.

Anmerkungen

1) Der Witz bezieht sich auf die hoffnungslose Lage des "Vieux Pays", mit dem die Republik Mali gemeint ist, und geht folgendermaßen weiter: "Quand *Krouchef* (Krustschov) était dans la pagaille semée par Staline, il est allé voir Allah pour l'inspirer. L'Union Soviétique est devenue la première puissance du monde et un pays développé. Et Kennedy aussi était venu, Senghor, et beaucoup d'autres. Allah leur dit à tous que leurs pays auraient beaucoup de richesses minières et qu'ils seraient très développés. Quand le Maréchal est venu, pour savoir seulement si les habitants du vieux pays pourraient un jour manger à leur faim, avant même qu'il ne dise quelque chose, Dieu secoua la tête et pleura" (Ismaïla Samba Traoré 1982: 164).

2) Lingua Franca der afrikanischen Kolonialtruppen in der französischen Armee.

3) Als Prototyp dieser Figur kann Birago Diops "Sarzan" (in Birago Diop, *Contes d'Amadou Koumba*, 1947) angesehen werden. Der ehemalige Unteroffizier kehrt mit der erklärten Absicht in sein Dorf zurück, es zu modernisieren. Der Wahsinn, dem er darauf verfällt, wird dem Zorn der Ahnen und Götter des Dorfes zugeschrieben, die er durch sein Vorgehen beleidigt haben soll. Sein wirklicher Name wird ihm verweigert, weil er ihn entehrt hat; er wird nur noch mit dem Dienstgrad der französischen Armee benannt, ein Name, der auch Sarzans Bruch mit seinem vor-militärischen Leben symbolisiert.

4) Erschienen in der Sammlung *Les Jambes du fils de Dieu*, Ceda-Hatier 1980, S. 79-89.

5) Etwa in A. H. Bâ 1973: 345, Doumbi-Fakoly 1986: 145 ff.

Résumé

Dans les littératures des pays d'origine des "tirailleurs sénégalais non-sénégalais", on rencontre chez les auteurs une préoccupation importante concernant les conséquences causées par l'incorporation des Africains dans l'armée française pendant l'occupation coloniale en Afrique et pendant les deux guerres en Europe. Doumbi-Fakoli suit dans son roman *Morts pour la France* (1983) les traces des tirailleurs, pendant que A.H. Bâ dans *L'étrange destin de Wangrin ou les roueries d'un interprète africain* (1973), cherche des raisons aux recrutements volontaires, et à la collaboration des Africains avec les colonisateurs, tout comme B. Dadié dans *Commandant Taureault et ses nègres* (1980). Le thème du soldat retourné chez lui est plus important encore que celui de son destin pendant sa mission. Avec le vétéran devenu fou, un type littéraire à été créé, auquel il est souvent fait allusion. Tout comme les familles des soldats morts à la guerre, qui ne peuvent ni comprendre les vraies causes des guerres, ni espérer un dédommagement équitable, il a pour fonction de montrer l'absurdité des guerres mondiales et de l'engagement des troupes africaines. A part cela, l'allusion à la folie sert, tout comme la figure du vétéran ivrogne, à décrire la difficulté de la réintégration du soldat dans une vie villageoise qui, dans la plupart des cas, n'a que faire de ses nouvelles connaissances et expériences. L'impact des guerres sur le soldat qui, sans devenir tout-à-fait fou, est obsédé par l'expérience d'une guerre abstraite, sans règles et sans véritables ennemis, est le thème du dernier roman ici considéré, *Princesse Mandapu* de Pierre Bamboté (1972). Les Grandes Guerres ont fait s'éffondrer un monde, aussi bien dans les théâtres de guerre, les métropoles que dans les colonies.

János RIESZ

DER TIRAILLEUR SENEGALAIS IN POETISCHER DARSTELLUNG AUS FRANZÖSISCHER UND AFRIKANISCHER SICHT

Wenn wir uns nachfolgend auf die Analyse einiger Gedichttexte beschränken, in denen die Gestalt der Tirailleurs Sénégalais behandelt, Ereignisse im Zusammenhang mit ihrer (z.T. zwangsweisen) Rekrutierung und ihrer Teilnahme am Krieg in Europa poetisch verarbeitet werden, dann einmal deshalb, weil die poetischen Texte den Vorzug der Kürze und größeren Handhabbarkeit haben. Was im Roman auf mehreren hundert Seiten in bisweilen komplexen Handlungs- und Personenkonstellationen entwickelt wird, erscheint in dem Verse- und Reimkorsett der Gedichte, in den durch poetische Traditionen vorgegebenen Bild- und Gedankenfiguren unmittelbar greifbar. Die poetischen Strukturen verbergen und enthüllen gleichermaßen: sie verbergen, weil in ihnen nicht alles gesagt werden kann, was im Roman in Beschreibung und Dialog, in Reflexion und Autorenkommentar vorgetragen wird; sie verraten aber auch, was vielleicht nicht gesagt werden sollte, geben schlaglichtartig Tatsachen und Einsichten preis, die sich fast gegen den Willen des Autors Geltung verschaffen. Oder sie schützen vor einer Zensur, der nur die poetischen Oberflächen-Informationen zugänglich sind, nicht aber deren Tiefenstrukturen oder verborgene Sinngehalte.

Gedichte sind, in unserm Zusammenhang, wie jene bunten *Images d'Epinal*, auf denen vordergründig ein bekanntes Motiv abgebildet ist, wo aber eine oder mehrere Personen oder Gegenstände nur zu erkennen sind, wenn man das Bild hin und herwendet und den Blick von der ersten Wahrnehmung gewissermaßen löst und neu und unvoreingenommen über das Bild schweifen läßt: So kommen der Müller und sein mit zwei Säcken beladener Esel auf einem Feldweg von der Mühle daher, aber: Wo ist der Sohn?, fragt das Bild. Erst wenn man das Bild umdreht, erkennt man den kleinen Jungen, der mit dem Kopf des Esels eins ist und wie die Säcke kopfabwärts hängt und sich versteckt hält: CHERCHEZ ET VOUS TROUVEREZ! fordern noch andere, ähnliche Bilder den Betrachter auf und symbolisieren damit nicht nur "la naïveté, la simplicité et l'authenticité", wie eine heutige ästhetisierende Betrachtung insinuieren will,[1] sondern sie vermitteln auch die Lehre, daß man sich nicht auf den ersten, oft trügerischen Eindruck verlassen, sondern hinter den schönen Schein der Bilder schauen soll: CHERCHEZ ET VOUS TROUVEREZ!

So kann das nachfolgende Gedicht, "Le Tirailleur" von Louis Barot-Forlière, das die *Revue Indigène* 1920 veröffentlicht hat,[2] als Bogen in fünf Bildern gelesen werden: (1) der Tirailleur unterwegs, gezeichnet nach seinem Aussehen als Einzelperson; (2) sein militärisches Auftreten unter den Bedingungen des afrikanischen Kontinents; (3) seine ruhmvolle Rolle in der (französischen) Geschichte; (4) erneuter Preis seiner Furchtlosigkeit und Unerschrockenheit; (5) seine Bereitschaft zum Tod in der Schlacht, den er klaglos hinnimmt.

LE TIRAILLEUR

Sous la forêt, dans la brousse, par la savane,
Constellé de gris-gris, l'air fier, le regard crâne,
    Dépenaillé et batailleur,
    Prompt à charger, vif au pillage,
    A travers l'Afrique il voyage,
    Son enfant est d'égale humeur,
        Le Tirailleur!

Il marche aveuglément, suivant l'ordre qu'on donne,
Du Niger au Congo, de colonne en colonne,
    Par la tornade ou la chaleur:
    Jamais il ne boude à l'ouvrage,
    Et parfois il prend, ce sauvage,
    Un air de farouche grandeur,
        Le Tirailleur!

De son sang noir, il a sur le livre d'Histoire
Ecrit certains feuillets, tout rayonnants de gloire:
    Soit Bambara, soit Toucouleur,
    Il a eu de jeunes épopées
    Qui furent en tous lieux frappées
    Au coin bien français de l'honneur,
        Le Tirailleur!

Et dans les vifs refrains de ses clairons stridents,
Les voix des "Morts au feu!" jettent à tous les vents
    Comme un vibrant appel vainqueur:
    Div, Sikasso, Tananarive,
    Dogba, Kong, Koussouri: Qui vive!
    Ceux qui jamais n'ont eu peur:
        Les Tirailleurs!

Si la mort, implacable, au combat vient le prendre,
Il la reçoit: farouche et muet, sans comprendre
    Les vains regrets et les douleurs,
    Et, disant de sa bouche éteinte
    Un dernier "Iniké" sans plainte,
    Il s'étend sur le sol et meurt.
        Le Tirailleur!

Von den sieben Versen einer jeden Strophe geben die ersten beiden jeweils das Thema; es sind Alexandriner, die seit Ronsard in der französischen Dichtung auch als "vers héroïques" bezeichnet werden, die "grands vers" der französischen klassischen Dichtung. Die vier darauf folgenden Achtsilbler (der älteste französische Vers) sind das Versmaß der erzählenden Gattungen: der Legenden, des höfischen Romans, des antikisierenden und heroischen Romans, der lais, fabliaux, Reimchroniken und der lehrhaften Gattungen; La Fontaine verwendet den Vers in den *Fables*, seit dem 19. Jahrhundert findet er wieder in die Lyrik Eingang. Das viersilbige "Le(s) Tirailleur(s)" schließt jede der fünf Strophen wie ein Fanfarenstoß ab. Nach Silbenzahl und Reim ergibt sich somit folgendes Schema: 12a 12a 8b 8c 8c 8b 4c was zugleich noch einmal den formalen Zusammenhang der Strophen verdeutlicht: der Exposition der beiden Alexandriner folgt das narrative Mittelstück mit umschlingendem Reim und der finale Viersilbler, der aber auf die rahmenden Reime des Mittelstücks zurückverweist.

Die ideologische Aussage des Gedichts kann man in einigen wenigen Punkten zusammenfassen: die afrikanischen Soldaten im Dienste Frankreichs haben alle kriegerischen Tugenden, die ein Soldat braucht: Mut und Todesbereitschaft, Gehorsam und Unterwerfung unter die Vorgesetzten; sie ertragen willig und ohne zu murren alle Strapazen. Diese Kern-Aussage wird auf zwei Ebenen realisiert, die freilich in einem gewissen Spannungsverhältnis zueinander stehen: einerseits erfolgt eine Annäherung der afrikanischen Soldaten an europäische Werte, eine Französisierung, die insbesondere in der zentralen dritten Strophe deutlich wird: "grandeur", "gloire", "honneur", "Histoire" (mit Majuskel!) sind zentrale Werte der französischen Geschichtsdarstellung; "honneur" und "grandeur" werden im Reim dem "Tirailleur" verbunden.

Neben dieser Erhebung des Tirailleurs in das Pantheon der französischen Geschichte erfolgt freilich parallel und ebenso durchgehend die symbolische und bildliche 'Unterwerfung' des afrikanischen Soldaten, seine Distanzierung und die Betonung des Abstandes zum europäischen Vorgesetzten, wobei die alten Clichés des Negers ungeniert Verwendung finden: "bon enfant", "sauvage", "farouche", "farouche et muet", "sans comprendre". Dabei wird die Verwendung dieser Clichés erleichtert, diese wirken gewissermaßen 'natürlich', weil die durch sie ausgedrückten Eigenschaften bestimmten soldatischen Tugenden entsprechen und man in der Verbindung mit den kriegerisch-rühmenden Epitheta die alten rassistischen Konnotationen vergißt. Das Gedicht verfolgt also gewissermaßen eine doppelte Strategie, die durchaus auch dem ambivalenten Verhältnis der Franzosen zu den Tirailleurs insgesamt entspricht und die man auch in entsprechenden Prosatexten nachvollziehen kann.

Etwa in der Sammlung von Erzählungen, die der General Yves de Boisboissel unter dem programmatischen Titel *Peaux Noires - Coeurs Blancs* 1921 (Neuaufl. 1954) veröffentlicht hat.[3] Um einen Eindruck von der Tendenz dieser Sammlung zu geben, ihrem 'Blanchissage du Nègre', mag es genügen, von einigen Erzählungen den Titel und die berühmten 'letzten Worte' der jeweiligen Protagonisten wiederzugeben.

-    Die Geschichte des Sergeanten "Karfa Makassouba" (pp. 17-20) endet so: "K.M., sergent rengagé, fixe sur moi ses yeux francs, salue et dit simplement: 'Bon, mon lieutenant! Si *eux* mirer (viser) moi, y a pas mirer *toi*! ...'" (p. 20).

-    Die "Mission Spéciale" (pp. 21-25) endet: "Manque personne, ma cap'taine." (p. 25)

-    "Jusqu'au Dernier" (pp. 26-28) erzählt, wie die Tirailleurs ihren schon auf den Tod verwundeten Leutnant Moncorgé bis auf den letzten Mann verteidigen: "C'est en

passant sur leur corps à tous qu'on arrivera jusqu'au chef. Plus de cartouches, alors, la baïonnette, la crosse, le coupe-coupe, vous connaissez cela ... Sur le cadavre chaud de l'officier, le bouclier vivant, peu à peu s'effondre. Dans une flaque de sang fumant, vingt-quatre caporaux et tirailleurs... Tout le monde a 'rejoint'. Manque personne!
'Messieurs, un ban pour Toumané!'". (p. 28)

-   Und die vierte Erzählung, "Le Combat d'Achourat" (pp. 29-34), deren Schlußworte der ganzen Sammlung den Titel gegeben haben: "Non, mon lieutenant, répond Moussa ... Pour moi a-bana (c'est fini) ... Ça fait rien mourir ... Tu vois, moi y a noir, mais, comme toi, *y a coeur blanc!*"

Todesmut und Opferbereitschaft bis zuletzt, bedingungslose Anhänglichkeit und Unterwerfung unter die französischen Vorgesetzten, ein kindliches Herz, das in einer 'naiven' Sprache zum Ausdruck kommt, die ihrerseits wiederum die Authentizität des Erzählten verbürgt. Auch das Gedicht kam nicht ohne solche Authentizitäts-Signale aus: von den "gris-gris" der ersten Strophe bis zum "Iniké" der letzten, was eine Fußnote erläutert: "mot bambara abréviatif de la formule d'adieu".

Unser zweites Beispiel ist ein Bambara-Gedicht, das von einem Kolonialbeamten mit Namen Jules Brevié 1917 in dem auf der Insel Gorée in der Imprimerie du Gouvernement Général gedruckten Band *Annuaire et Mémoires du Comité d'Etudes Historiques et Scientifiques de l'Afrique Occidentale*[4] veröffentlicht wurde. Der Kontext der Publikation ist nicht ohne Bedeutung, weil er gestattete, das Gedicht im Sinne der kolonialen Administration zu deuten und zu 'vereinnahmen'. In der Abteilung "Folklore & Ethnographie" wird der Text präsentiert als ein Gedicht, das aus einer vor nicht langer Zeit stattgehabten sozialen Erschütterung entstanden ist, nicht wie sonst die meisten Gesänge der Griots, die lange zurückliegende Ereignisse und Gestalten früherer Epochen besingen, sondern ein 'spontan' entstandenes, aktuelles Gedicht. In der Darstellung des Kolonialbeamten handelt es sich bei dem zugrundeliegenden Ereignis um einen Aufruhr ("mouvement insurrectionnel"), der im Februar 1915 unter der Bambara-Bevölkerung im Kreis Bamako ausbrach. Die Kantonschefs von Koumi und Massantola, Diossé und Samba, die schon 1898 versucht hatten, das Land gegen die koloniale Herrschaft zu mobilisieren, stehen auch diesmal an der Spitze der Bewegung.

Die Darstellung der dem Gedicht zugrundeliegenden Ereignisse ist auch in der Feder des Kolonialbeamten nicht ohne Respekt und Bewunderung für den Todesmut des Bambara-Anführers Diossé, der den Franzosen beträchtliche Verluste zufügt und sich, als er die eigene Sache verloren sieht, mit seinen besten Soldaten und einigen Mitgliedern seiner Familie selbst in die Luft sprengt, während der weniger "energische" Samba die Flucht ergriff und versuchte, den Widerstand neu zu organisieren. Die danach beschriebenen Reaktionen der Bevölkerung leiten schon zu dem Gedicht über, von dem gesagt wird, es spiegele die Meinung der Bambara nach dem Scheitern des Aufstandes wieder. Es hat die Form eines Wechselgesanges zwischen einer alten Frau, Diossé und dem Chor der Schwestern der getöteten Bambara-Krieger und wird in der Bambara-Version und in französischer Übersetzung wiedergegeben:[5]

TEXTE BAMBARA	TRADUCTION
La vieille femme:	*La vieille femme*:
Diossé târa tièou fili fou.	Diossé a perdu les hommes inutilement.
I e tièou bla mini?	Où as-tu laissé tes hommes?
I e kélékè tièou bla mini?	Où as-tu laissé tes guerriers?
Diossé:	*Diossé*:
I koun bo n kan. M'bé ni éré gnini.	Laisse-moi. J'essaye de sortir de ce
	mauvais pas.[1]
Tarha toubâbou gnininga;	Va le demander aux blancs;
I ka tarha sordassiou gnininga;	Va le demander à leurs soldats
I ka tarha kodiala danga filè.	Et va voir les bords du marigot sans
	eau.[2]
La vieille femme:	*La vieille femme*:
Diossé ma boli, a togo ma dia.	Diossé ne s'est pas enfui, mais il a perdu
	son renom.
Samba bolila: toubâbou yé kamélé mba yé,	Samba s'est enfui; les blancs sont braves.
Samba sirana,	Samba a eu peur.
Massantola Samba tè tiè yé.	Samba de Massantola n'est pas un
	homme!
Les soeurs des guerriers tués:	*Les soeurs*:
Samba ani Diossé kélé ouli gansa,	Samba et Diossé ont déchaîné la guerre
	sans raison,
Ka tarha an korokèou fagha gansa.	Ils ont fait tuer nos aînés inutilement.
La vieille femme:	*La vieille femme*:
Né den tè m'fè; n'té doumouni soro toun,	Je n'ai plus de fils; je n'aurai plus rien à
	manger,
N'té fini soro toun; né koro la!	Je n'aurai plus de vêtements ... et je suis
	vieille.
Les soeurs:	*Les soeurs*:
Moussou koro, ka na kassi;	Vieille femme, ne pleure pas.
An na tiè soro; an na doumouni dîma.	Nous nous marierons, nous te
	nourrirons.
Ka na kassi, am bé kolossi kossébé:	Ne pleure pas, nous veillerons bien sur
	toi.

---

[1] La locution "m'bè ni ere gini" signifie textuellement "je me cherche moi-même".

[2] Kodiala signifie le marigot désséché; c'est sur les bords de ce ruisseau qu'eut lieu le combat de Zambougou, où de nombreux guerriers bambara trouvèrent la mort.

Samba ni Diossé bila, kodiougou n'o do.   Laisse là Samba et Diossé, ce sont des
malfaiteurs.

Der französische Interpret verwendet alle erdenkliche Mühe darauf, um die Originalität des Gedichts zu beweisen, das sich wesentlich von den Gesängen der Griots unterscheide: "qui en sont encore restés aux mélopées narratives ou documentaires, semblables si l'on veut à nos contes, fables ou récits, mimées avec une débauche de gestes, de cris assourdissants et de bruits instrumentaux plus ou moins mélodieux. Le côté psychologique, humain, n'y apparaît jamais; ici, au contraire, il domine et constitue le caractère essentiel de cette production." Und zusammengefaßt lautet das Urteil: "Examinée au point de vue de sa facture littéraire, celle-ci se classe dans un genre beaucoup plus évolué que toutes les manifestations lyriques du génie africain."[6] Nach seiner literarischen Gestalt gehöre das Gedicht einem weit entwickelteren Genre an als alles, was man von afrikanischer poetischer Produktion bisher kannte. Bei seiner Absicht einer Aufwertung des Gedichts scheut der Interpret vor keinem noch so kühnen Vergleich zurück: es erinnert ihn an die öffentlichen Totenklagen der alten Ägypter und Griechen, ja er sieht in der dialogischen Form zugleich eine Parallele zur Entstehung der griechischen Tragödie, die sich ebenso aus "vagen" poetischen Formen herausgebildet habe. Zugleich betont er aber auch den 'Erlebnis'-Charakter des Liedes, seine biographische Glaubwürdigkeit, die bewirkten, daß das Gedicht sofort auch von andern aufgenommen und weiter verbreitet wurde.

Fragt man nach den Gründen für diese auf den ersten Blick etwas gewaltsame und überdeterminierte Deutung und Wertung, dann kann es dabei nur um die historische Bewertung der zugrundeliegenden Ereignisse gehen, des Bambara-Aufstandes gegen die zwangsweise Rekrutierung der Tirailleurs. In der Darstellung des Franzosen liest sie sich wie folgt: "L'échec de cette tentative de rébellion jeta la consternation parmi les Bambara qui avaient escompté une victoire facile et se réjouissaient déjà du retour à la pleine indépendance et à la vie aventureuse et guerrière des clans d'autrefois. Le découragement fut aussi rapide que l'avait été l'enthousiasme à proclamer la guerre contre les Français; autant les chefs de l'insurrection avaient été populaires, autant ils devinrent odieux pour n'avoir pas réussi, et ils furent bientôt tenus pour responsables des malheurs qui s'étaient abattus sur le pays."[7] Der Kommentar zu dem Ereignis vereinigt die meisten der Clichés zur afrikanischen Geschichte, mit denen sich die französische Kolonialherrschaft legitimierte: Chaos, Zerstrittenheit und Willkürherrschaft vor Ankunft der Franzosen; leichte Entflammbarkeit zum Widerstand, die aber ebenso schnell wieder erlischt, wobei die Begeisterung des Volkes für ihre Anführer in Haß und Ablehnung umschlägt.

Eine ganz andere Bewertung der Ereignisse gibt die Biographie eines der beiden Protagonisten der "Revolte" aus der Feder des malischen Schriftstellers und Historikers Issa Baba Traoré: *Un héros, Koumi Diossé. "Plutôt la mort que la honte"* (1962).[8] Im letzten Kapitel wird hier die Zeit des Weltkriegs und die Rolle behandelt, die der (zu diesem Zeitpunkt schon) alte Bambara-Anführer Diossé gegen seinen eigenen Willen spielen muß. In der Zusammenfassung von Kagnoumé Jean Bosco Konaré erscheint diese letzte Etappe im Leben Diossés unter folgenden Gesichtspunkten: "les conditions de la reprise des hostilités entre Bambara et Français (le recrutement), l'organisation de l'insurrection, l'éclatement de l'insurrection. La réaction des Français, l'affrontement du Kodialan, la résistance héroïque du Koumi, et le massacre qui suit, le geste pathétique de Diossé et de ses compagnons se faisant tuer plutôt que de tomber entre les mains des Français, tout cela est décrit dans une belle langue et soulève l'horreur et la compassion. Cet épilogue où pointe une confession de foi de l'auteur en l'avenir de son pays, se termine par un poème, hymne à la Liberté, à la République." Diossé erscheint in dieser Darstellung als malischer Nationalheld, Vorkämpfer der Unabhängigkeit seines Landes, während der Kolonialbeamte in ihm nur einen Aufrührer sehen konnte. Das von ihm veröffentlichte Gedicht dient in seinem Zusammenhang der Beglaubigung der eigenen Darstellung durch einen afrikanischen Zeugen - die alte Frau, welche das Gedicht verfaßt haben soll:

> "Diossé a perdu ses hommes inutilement".
> "Diossé <...> a perdu son renom".
> "Samba et Diossé ont déchaîné la guerre sans raison".

Doch trotz dieser Interpretation der Ereignisse im Sinne der Kolonialmacht enthält das Gedicht auch Aussagen, die sich nicht ohne weiteres in die offizielle französische Geschichtsdarstellung einfügen. In der dialogischen Struktur des Gedichts sind es gewissermaßen die 'Nebenstimmen':

> "Où as-tu laissé tes guerriers?
> <...>
> Va le demander aux blancs,
> Va le demander à leurs soldats
> Et va voir les bords du marigot sans eau."

Auch das Verhalten des flüchtigen Samba erscheint weniger heldenhaft, weniger mannhaft als der Widerstand Diossés:

> "Samba a eu peur, / Samba de Massantola n'est pas un homme!".

So endet auch das Gedicht insgesamt nicht auf den Ton der Klage der alten Frau, noch allein auf den des Vorwurfs gegen die Krieger, sondern hält Trost bereit für die alte Frau, die wieder in die Gemeinschaft integriert wird, der Hilfe und Unterstützung für ihr Alter versprochen wird, wodurch der entstandene Schaden in gewisser Weise wieder gut gemacht wird.[9]

Von ganz anderer Art ist der Bericht und die Liedstrophen, die uns von Abdoulaye Sadji in der Tageszeitung *Paris-Dakar* vom 11. und 12. Mai 1938 aus seinen Kindheitserinnerungen und dem Erlebnis der zwangsweisen Rekrutierung der Tirailleurs überliefert werden. Obwohl auch hier das Publikationsorgan im kolonialen Kontext zu situieren ist, entzieht sich die Darstellung des senegalesischen Lehrers und Schriftstellers doch weitgehend der französischen 'Zensur' (im weiteren Sinn) und bezieht einen Standpunkt im Innern der senegalesischen und afrikanischen Gesellschaft.[10] Vom ersten Satz an wird diese Innensicht deutlich: "C'était au temps où les Sénégalais partaient pour la guerre des Blancs. Epoque d'émois, de bouleversements des foyers. De fortes paniques saisissaient les bébés noirs que leurs mamans échevelées abandonnaient en hurlant dans les cours des maisons, dès qu'un convoi de soldats venant de Thiès était signalé par une sirène d'alarme, longue et déchirante." Die beiden Welten sind klar getrennt: auf der einen Seite die Senegalesen, auf der andern Seite die Weißen (ohne Unterschied). Die Erschütterungen, welche die schwarzen Familien treffen, kommen von außen. Sadji erinnert sich, wie er als Kind, wie alle andern kleinen Kinder, sich erschreckte, wenn er seine Mutter weinen und davonlaufen sah, wie die Mütter der andern Kinder.

Die sehr präzisen Erinnerungen an die damaligen Ereignisse bezeugen die Intensität des Trennungsschmerzes: Tumult und Menschenauflauf, Weinen der Frauen, herzzerreißende Abschiedsszenen. Aus dem allgemeinen Schmerz erheben sich die Stimmen derjenigen Soldaten, die der Sekte der Mouriden angehören. Ihr Abschiedsgesang hat den Charakter einer frommen Litanei, mit der sie darüber klagen, ihrem religiös-kontemplativen Leben mit Gewalt entrissen zu werden. Diesen Rekruten fehlt nicht nur jegliche Kriegsbegeisterung, Sadji betont auch noch ausdrücklich, daß sie in unbekannte Länder ziehen und daß sie von den Gründen, deretwegen die Weißen gegeneinander kämpfen, nicht die geringste Ahnung haben. Ihr Abschiedslied
> Nous allons à la mer
> O père Mbaké Balla

drückt einerseits die Angst vor dem Unbekannten aus, das sie erwartet, andererseits aber auch die fortbestehende Bindung an ihren geistlichen Führer Mbaké Balla, dem sie ihr Seelenheil anvertrauen, der ihr Mittler gegenüber Allah ist. Nur er kann ihnen jenseits der Meere beistehen, sie mit seinen Gebeten beschützen und erwirken, daß sie wieder in das Land ihres Glaubens und der wahren Religion zurückkehren. In gewisser Weise übernimmt er die Verantwortung für das, was sie im Feindesland erwartet.

Dennoch brechen immer wieder in ihrem Lied auch der Zweifel, die Angst durch und lassen sich nicht abweisen:
> Aller et revenir?
> Aller et y rester?

Sechs Monate nach der Abreise ihrer Männer finden die zurückgebliebenen Frauen Trost in kriegerischen Traditionen des Landes. Ihre Lieder sind nicht mehr ausschließlich auf den Ton schmerzlichen Abschieds und ungewisser Wiederkehr gestimmt, vielmehr bekennen sie sich zu den Erinnerungen ihrer eigenen Geschichte; wie A. Sadji sagt: "C'est une race d'amazones dans les oreilles de qui arrivent par échos lointains renvoyés de génération en génération les souvenirs de combats sauvages, livrés dans le Cayor ou le Baol par les anciens damels et teignes." So leiden sie auch nicht so sehr unter dem Krieg selbst, sondern unter der Ferne und Unbekanntheit des Kriegsschauplatzes, und sie wünschen nicht, daß sich ihre Männer unkriegerisch verhalten und an ihrer Ehre Schaden nehmen. Mit der Erinnerung an die alten Kriege ihrer eigenen Geschichte erwacht auch das Bewußtsein der alten damit verbundenen Tugenden: Mut, Kampfbereitschaft, Ehrgefühl. Gleichzeitig gewinnt auch der Feind ein deutlicheres Profil: Wilhelm II und der "Kronprinz", auch sie adelige Angehörige der Kriegerkaste wie die senegalesischen Kämpfer, tauchen wie ferne Silhouetten auf. Aus dem Lied der Trennung und der Klage ist ein Gesang der Teilnahme und der Anfeuerung geworden, der in die Aufforderung mündet, angemessene Beute vom

Kriegsschauplatz mitzubringen: eine deutsche Frau für die Hausarbeit, Auszeichnungen und Beförderungen, oder gar den Kopf des deutschen Kaisers Wilhelm II. Obgleich der Titel des Artikels von A. Sadji ("Ce que disent les mélopées sénégalaises") die darin aufgezeichneten Strophen bewußt 'bescheiden' im Umfeld der von Jules Brevié so genannten "mélopées narratives ou documentaires" beläßt, sind sie doch vielschichtiger und mehrdeutiger als auf den ersten Blick vielleicht erkennbar: in der Trennungsklage der verlassenen Frauen beispielsweise klingen Motive an, die wir aus der mittelalterlichen (von der arabischen Poesie vermittelten) Gattung des Tagelieds (der provenzalischen "alba", der altfranzösischen "aube") kennen, das die Trennung der Liebenden im frühen Morgengrauen beim Ruf des Wächters besingt:

> L'Allemand a gâté
> Une chose impossible à réparer
> Nous ne ferons plus l'amour
> jusqu'au petit jour,
> Pour nous coucher à six heures.

In ihrer Schlichtheit und scheinbaren Anspruchslosigkeit zeigen die hier aufgezeichneten Lieder der senegalesischen Frauen die grundlegende Ambivalenz der afrikanischen Teilnahme am europäischen Weltkrieg, wie sie uns auch in den späteren Texten der Romane und Novellen entgegentritt: einerseits Ablehnung und Widerstand gegen die Zwangsrekrutierung, Schmerz des Abschieds und Leid der Trennung, andererseits aber doch auch die beherzte Annahme und mutige Bejahung des Krieges, die sich aus den kriegerischen Traditionen der eigenen alten Feudal-Gesellschaft speist. Die Gesamtheit der von A. Sadji aufgezeichneten Strophen verdeutlicht diesen Zusammenhang und seine verschiedenen aufeinanderfolgenden Etappen:[11]

1	No ngui dem guédio (3x)	Nous allons à la mer (3x)
2	Baï Mbaké Balla	O père Mbaké Balla
3	Naouma dem déloussi	Allons et revenons
4	Naouma dem dess fa	Allons pour y rester
5	No ngui dem guédio	Nous allons à la mer
6	Baye Mbaké Balla.	O père Mbaké Balla.
7	Ger bi sou done cadior	Si la guerre se déroulait au Cayor,
8	Dou nou méttey nilé	Nous n'en serions pas aussi affligées
9	N'dah sounou dé doh di dioya dioye	Car si nous pleurons et pleurons encore,
10	Paris dof gno sori.	C'est que Paris est si loin de nous.

11	Kou sahi pèye gnémègne koula diam	Qui s'attaque à un pays ne doit craindre les balles.
12	Té gagna tia Paris dou nou dove	Or ceux qui sont à Paris ne fuiront pas
13	Yène và n'dakarou, và ndar	Vous gens de Dakar, de Saint-Louis,
14	Gorèk Tenguédj	De Gorée et de Rufisque,
15	Va tiou léne séne honor.	Vous n'avez pas démérité.

16	N'da bi gnou déclaré guerre bi	Car quand la guerre fut déclarée
17	Yéna dieuk dem def avancé doppel	Vous fûtes les premiers à vous être levés
18	Dem vouyou djilène	Pour aller les secourir
19	V'gala va quat commine	De grâce, vous gens des Quatre Communes
20	Boulène dimi tour	Ne faites pas demi-tour
21	Français bagne nà dimi tour.	Les Français ont refusé de faire demi-tour.

22	Vah tane va kouna	La paix est troublée
23	Paquet soufflé ti na	Car le paquebot a encore sifflé
24	Et vaï sou me dé doh di dioya dioye	Si je pleure et pleure encore
25	Balli allemand yé tah.	C'est à cause des balles des Allemands.

26	Allemand bi ya hana,	L'Allemand a détruit
27	Lougnou doutoul défar	Ce qu'on ne pourra plus reconstruire
28	Do tou gno n'gonal bé barou dieul	Nous ne ferons plus l'amour jusqu'au petit matin
29	Six her gnny teuri.	Pour nous coucher à six heures.

30	Allemand bi yahana	L'Allemand a détruit
31	Lougnou doutoul défar	Ce qu'on ne pourra plus reconstruire
32	Paquet n'gui ti rade bi	Le paquebot est dans la rade
33	Charcey cano	Chargé de canons
34	Djimbi sal fagnéma.	Djimbi Sall m'a cachée.

35	Bou lène dimi tour,	Ne faites pas demi-tour,
36	Tam ma n'guéna nâne n'gour,	L'honneur vous est familier,
37	Và quat commine.	Vous gens des Quatre Communes.

38	N'Gala bai so déné France,	Quand tu iras en France mon frère,
39	Ko fà hékali,	Contre qui te battras-tu?
40	Hamà Guillaume II, mba Kronprinz,	Contre Guillaume II, ou contre

| | Kronprinz bien sûr, |
| 41 Kidi nobal niké yave. | Un noble comme toi. |

42 N'Gala vaï so diémé France	Quand tu iras en France,
43 Maï ma diégou Allemand,	De grâce rapporte-moi une femme allemande
44 Da fa ma rotalé.	Elle ira puiser de l'eau pour moi.

45 Bo demé France,	Quand tu iras en France
46 Ko fà hékali	Contre qui te battras-tu?
47 N'dah médailles la fath m'bâté aï garad,	Je demande des médailles et des grades
48 Vala bopouy Guillaume.	Ou alors la tête de Guillaume.

Wenn man die von A. Sadji aufgezeichneten Gesänge der senegalesischen Frauen beim Abschied der Tirailleurs, ihre Anteilnahme am Krieg ihrer Männer in Europa im Ohr hat, dann kann man die poetischen Verarbeitungen der Tirailleur-Thematik aus der Feder französischer Autoren nicht anders denn als 'frivol' empfinden. So wenn Jean Boyer in einem aufwendig gestalteten Gedichtbändchen mit dem Titel *Les Muses Noires*[12] das Motiv des heimgekehrten Tirailleur in der Form eines Sonetts behandelt, wobei er kaum eines der Clichés ausläßt, die wir schon in dem Gedicht von Louis Barot-Forlière kennengelernt haben. Wir finden wiederum die Verbindung von kriegerischer Wildheit und Todesmut auf der einen, Unzivilisiertheit und Primitivität auf der andern Seite:

LE TIRAILLEUR

Son époux est un tirailleur
Au cerveau simple, au coeur fidèle.
Pour vaincre le rezzou rebelle
On n'en connaît pas de meilleur.

Pendant la guerre universelle,
Les boches en ont eu frayeur,
Aussi prend-il un air railleur
Quand le soir, auprès de sa belle,

Et de ses enfants ahuris,
D'une bouche pleine de riz,
Il décrit l'horrible tranchée

Qui n'a laissé pour tout effroi
Dans sa prunelle effarouchée,
Qu'un souvenir de très grand froid...

Nach ihrem dichterischen und gedanklichen Anspruch ernster genommen werden will die 1926 erschienene Gedichtsammlung *L'Ere Nigérienne* von Michel Perron,[13] deren 'offiziöser' Charakter durch ein Vorwort von Maurice Delafosse unterstrichen wird sowie durch die Angabe auf dem Titelblatt: "Ouvrage honoré d'une Souscription du Gouvernement Général de l'Afrique Occidentale Française". Maurice Delafosse würdigt die Leistung des Autors mit den Worten: "L'Afrique Occidentale méritait d'avoir son barde. Elle l'a maintenant en la personne de M. Michel Perron."

Der Autor unternimmt nichts Geringeres als eine poetische Darstellung der gesamten afrikanischen Geschichte von der Vor- und Frühzeit bis zur unmittelbaren Gegenwart. Von der "Epoque Fabuleuse" über die "Epoque Antique" zur "Epoque Historique", die sich zu gleichen Teilen aus der "Geste Indigène" und der "Geste Européenne" zusammensetzt, über die "Epoque Moderne", die sich wieder in eine "Epoque Ante-Faidherbe" und eine "Epoque Post-Faidherbe" aufteilt, bis zur "Epoque Actuelle", die in die "Paix Française" einmündet, wird ein Geschichtsbild in Versen und Reimen vermittelt, das die militärisch eroberten und politisch 'befriedeten' Regionen Westafrikas auch poetisch dem Mutterland einverleiben will und durch diese dichterische 'Besitzergreifung' den französischen Anspruch auf die Region untermauert. Maurice Delafosse, der in seiner Einleitung auch vor einem Vergleich mit den homerischen Epen und Victor Hugos *Légende des Siècles* nicht zurückschreckt, bringt den letzten Zweck dieser dichterischen Fleißarbeit auf den Punkt: "je suis bien certain aussi qu'il a rendu un immense service à son pays et que son *Ere Nigérienne* constitue, non seulement un monument poétique sortant de la banalité coutumière, mais encore une belle oeuvre de propagande coloniale."

Den zeitgeschichtlichen Höhepunkt dieser Geschichtsvision bildet das einzige Gedicht von Teil VI: "Epilogue-Apothéose", das in 23 Strophen "Les Tirailleurs de la Grande Guerre" besingt.[14] Die ersten fünf Strophen enthalten bereits das Wesentliche der hier vermittelten Lektion: In gerade 30 Jahren hat es Frankreich verstanden, die afrikanischen Krieger dem eigenen zivilisatorischen und soldatischen Niveau anzugleichen; nicht nur die ehemals benachteiligten Klassen und Kasten, sondern auch die von den Franzosen bekämpften und besiegten Krieger und Herrscher für sich zu gewinnen, die jetzt ihre Söhne dem französischen Mutterland anvertrauen, das es ihnen mit den Gaben des Friedens und der Zivilisation lohnt.

> Vers toi ils sont venus, les noirs fils de la Brousse.
> Ils se sont tous massés sous ton bel étendard.
> L'ébène de leurs troncs, contre les Barberousses,
> a su s'amalgamer, ô France, en ton rempart.
>
> Ils sont venus, les fils des farouches sofas
> du sanglant Samory ou d'El Hadji Omar.
> Car trente ans ont suffi pour qu'ils marquent le pas
> derrière leurs Toubabs, sans se mettre en retard.
>
> Ils sont venus aussi les fils de leurs victimes,
> de ceux toujours razziés par pillards incléments,

qui par nous ont cessé leur éternelle dîme,
dont les tams-tams joyeux chantent les sentiments.

Ils sont venus à toi les fils d'humbles captifs,
des gens de caste aussi, forgerons ou griots,
aux "Quartiers-Liberté", sans cris intempestifs,
ils avaient fait pour toi, par armées, des marmots.

Mais aussi les grands chefs t'ont donné leurs enfants,
fils de Damels, de Bours, Siratiques, Famas,
Koys, Tonkas et Serkis, de Tiguis, de Sultans,
d'Almamy ou d'Emirs ou de Moro-Nabas.

Nachdem die Strophen VI bis XVI im wesentlichen weiterhin nur eine Aufzählung der besiegten Völker enthalten, dadurch die Weite und Vielgestaltigkeit des französischen Kolonialreiches in Afrika zelebrieren, setzen die nachfolgenden Strophen das Heer der Tirailleurs mit dem Volksheer der Revolution, der im August 1793 beschlossenen "Levée en masse" in Parallele: auch die damaligen jungen Wehrpflichtigen waren keine ausgebildeten Soldaten, auch sie sprachen nicht alle die französische Sprache, auf ihre Weise waren auch sie noch 'Wilde', doch waren sie in ihrem revolutionär-patriotischen Elan den Berufsheeren der alten Mächte überlegen. Die Ideale der Aufklärung und der Französischen Revolution dienen hier als historisches Vorbild und zugleich als Legitimation der kolonialen Herrschaft.

France l'Africaine, admire tes cohortes,
tu peux les comparer avec les bataillons
qui se formaient ainsi, jadis, de porte à porte,
de ruelles à rues, pour l'Autre Invasion.

Ils n'étaient pas soldats de métier, Eux, non plus,
ne connaissaient pas mieux le fusil que ces "nègres".
L'enthousiasme à tous fit héros résolus.
Discipline naquit brusquement aux deux pègres.

Jadis pas d'unité. De province à province,
on jargonnait divers, tel que ces Africains.
Comprendre le clairon, ordres brefs, gestes minces,
"Vive la France!" crier aux glorieux matins,

Cela suffit toujours aux soldats de l'An deux
comme à nos tirailleurs hier encor des sauvages
que, France, ton génie fit troupiers valeureux,
pour leur Mémorial burinant d'autres pages.

Und so als würde dies noch nicht genügen, wenden sich die letzten Strophen noch weiter zurück an die Anfänge der französischen Geschichte, verbinden das römische Weltreich mit dem *Empire Colonial Français*, dem eine glänzende Zukunft geweissagt wird. Dabei signalisieren die kürzer werdenden Verse gegen Ende den Eindruck des Essentiellen, des In-Stein-Gemeißelten, durch den das Gedicht zum Monument wird, dessen Kernbegriffe weithin sichtbar strahlen: GLOIRE - NATION - FUTUR - FRANCE:

> Que cela te met au-dessus de Rome
> te sacre prime colonisatrice:
> Car il t'a suffi d'un seul cycle d'hommes
> pour qu'en légions ton sol se remplisse.
> César contenait Barbares du Rhin
> par des Barbares vendus à son or.
> Toi c'est tes enfants ces hommes d'airain
> de partout venus en joyeux renfort.

> C'est démonstration
> de ton génie superbe.
> Gloire à toi, Nation
> qui fait blé de toute herbe.
> Ne crains rien du Futur,
> car tu as puissance
> de mûter en or pur
> masse la plus dense.

> Souris toujours.
> Pas de transe.
> Tu as l'amour
> et prestance.

> France !

Wie das vorstehende Beispiel zeigt, begnügte sich die französische Afrika-Literatur nach dem Ersten Weltkrieg nicht mehr damit, in Reiseberichten, wissenschaftlichen Abhandlungen oder exotistischen Romanen ein Bild des afrikanischen Kontinents von a u ß e n zu entwerfen und an die Metropole zu vermitteln, sondern sie strebte nach einer literarischen Innensicht des eroberten Kontinents, die auch noch die bisher dem französischen Zugriff entzogenen Zonen sich literarisch einverleiben wollte: afrikanische Vergangenheit, Geschichte, Identität, Zukunft.

Freilich formiert sich zugleich auch der Widerstand: im wachsenden antikolonialen Bewußtsein in Frankreich selbst, bei afrikanischen Intellektuellen und in Werken afrikanischer Autoren, die offen gegen den kolonialen Imperialismus das Wort ergreifen wie Lamine Senghor in *La violation d'un pays* (1927)[15], in den wachsenden Freiräumen, welche das koloniale System selbst zunehmend bot, in dem sich divergierende Meinungen artikulieren und kundtun konnten, wie das Beispiel der von A. Sadji aufgezeichneten Strophen gezeigt hat.

Vor dem Hintergrund des herrschenden französischen Kolonial-Diskurses wird aber auch deutlich, welchen Mutes, welcher gedanklicher und dichterischer Anstrengung es bedurfte, um wie Léopold Sédar Senghor in seinen Tirailleur-Gedichten in *Hosties Noires* den poetischen Darstellungen der afrikanischen Soldaten durch die französischen 'Dichter' (hinter denen der ganze Apparat kolonialer literarischer Produktion stand) entgegenzutreten. Bereits die ersten Verse des Léon-Gontran Damas gewidmeten "Poème Liminaire" der Sammlung zeigen, daß der Dichter hier antritt, um den Gesang, den poetischen Diskurs über die Tirailleurs, denjenigen zu entreißen, die ihn sich bisher angemaßt hatten.[16]

> Vous Tirailleurs Sénégalais, mes frères noirs à la main
> chaude sous la glace et la mort
> Qui pourra vous chanter si ce n'est votre frère d'armes,
> votre frère de sang?
>
> Je ne laisserai pas la parole aux ministres, et pas aux généraux
> Je ne laisserai pas - non! - les louanges de mépris vous
> enterrer furtivement.
> Vous n'êtes pas des pauvres aux poches vides sans honneur
> Mais je déchirerai les rires *banania* sur tous les murs de France.

Mit einem Paradox, einer *contradictio in adjecto*, faßt Senghor die bisherigen Tirailleur-Gedichte französischer Autoren nach ihrer Tendenz zusammen: "louanges de mépris". Die am Anfang und am Ende des Gedichts gestellte Frage: "Qui pourra vous chanter si ce n'est votre frère d'armes, votre frère de sang?", diese Frage wird nicht nur im Sinne einer rassisch-biographisch-erfahrungsmäßigen Gemeinsamkeit beantwortet, sondern auch im Sinne einer historischen Legitimation, eines Kampfes um den richtigen Diskurs über Afrika, der weder den französischen Generalen, Ministern und Schriftstellern überlassen werden kann, noch weniger dem nackten Rassismus der *Banania*-Werbung, sondern der aus der Gemeinsamkeit der historischen Erfahrung, gemeinsamen Leidens und Kämpfens hervorgeht und auf dieser Grundlage das Thema mit Ernst und Würde behandelt, den Toten und den Lebenden Ehre erweist.

Anmerkungen

1) Das Beispiel verdanke ich einer illustrierten Speisekarte, die von *Air France* auf dem Flug Paris-Dakar gereicht wurde und die auf den Umschlagseiten vier Vignetten und einen erläuterten Text enthält (Edité par le Service Publicité d'Air France).

2) Janvier-Mars, p. 34.

3) Eds. J. Peyronnet & Cie., nachfolgend zitiert nach der Ausgabe 1954.

4) "A propos d'une chanson bambara", pp. 217-222.

5) Pp. 218 sq.   6) p. 221.   7) p. 218.

8) Die Kenntnis dieser (vergriffenen) Publikation von 64 Seiten, welche die Librairie Populaire in Bamako 1962 herausgebracht hat, verdanke ich der Besprechung von Kagnoumé Jean Bosco KONARE in: *Notre Librairie*, N^O 75, juillet-octobre 1984, pp. 189 sq.

9) Marc MICHEL: *L'Appel à l'Afrique (1914-1919). Contributions et Réactions à l'Effort de Guerre en A.O.F.*, Paris (Publications de la Sorbonne) 1982, gibt pp. 54 sqq. die genaueren historischen Umstände, denen das Gedicht seine Entstehung verdankt. Dieses wird zwar (in seiner französischen Version) zitiert, jedoch nur eindimensional (im Sinne des seinerzeitigen Kolonialbeamten) als Zeugnis für die nach der Niederlage bei den Bambara zu beobachtende "démoralisation" angeführt.

10) Hans-Jürgen LÜSEBRINK, dem ich den Hinweis auf die Gedichte und den Artikel von Abdoulaye SADJI verdanke, hat in seiner 1986 an der Universität Bayreuth vorgelegten Habilitationsschrift: "Schrift, Buch und Lektüre in der französischsprachigen Literatur Afrikas. Zur Wahrnehmung und Funktion von Schriftlichkeit und Buchlektüre in einem kulturellen Epochenumbruch" (erscheint: Tübingen 1989) u.a. den Nachweis geführt, daß im Unterschied zu der in Frankreich erscheinenden Kolonialpresse die in Französisch-Westafrika erscheinenden Tages- und Wochenzeitungen seit Mitte der 30er Jahre auch ein Forum bilden, welches der neuen afrikanischen Gebildetenschicht Möglichkeiten der Partizipation an der schriftliterarischen und kulturellen Öffentlichkeit der A.O.F. eröffnete. Gerade in den Zeitungen *Paris-Dakar* und *Dakar-Jeunes* läßt sich zeigen, "daß in ihnen keineswegs nur Zustimmung zur kolonialen Ideologie artikuliert wurde, sondern daß sich häufig auch Widerstand regte." (p. 86 sq.)

11) Bei dem Abdruck der Strophen habe ich zur leichteren Orientierung die Verse durchnumeriert und die einander entsprechenden Zeilen gegenüber gestellt. Bei der Wiedergabe in *Paris-Dakar* auftretende Ungenauigkeiten wurden mit Hilfe von Papa Samba DIOP korrigiert.

12) Eds. du Vieux Moulin, Paris 1923 (unpaginiert).

13) Editions de La Pensée Latine. - Den Charakter einer quasi militärischen Auftragsarbeit erhält diese Gedichtsammlung durch die Vorbemerkungen, die unter der Überschrift: "Pour tenir lieu d'Avant-Propos" ein dem Generalgouverneur der A.O.F. vorgelegtes "Mémoire-Résumé" auszugsweise wiedergeben, das in militärisch knappem Ton Ziele und Zwecke der Sammlung umreißt:

SUJET. - Histoire de l'Ouest-Africain Français à travers les âges.

FORME. - Sorte d'épopée anecdotique ou recueil de morceaux choisis versifiés sur des épisodes historiques saillants susceptibles d'intéresser le public.
Demeurant astreinte à une forte documentation prises aux bonnes sources. Notes,

dates et références complétant les poèmes.

BUT. - Avant tout autre, but de vulgarisation.
Aider à: faire connaître nos belles colonies d'Ouest Afrique, faire connaître leur magnifique passé, faire connaître davantage les bons auteurs qui en ont traité, dont les ouvrages sont en général, pour le public, trop amples et chacun d'eux limité à une trop courte période d'histoire; offrir, ainsi, sous une forme facile une vue d'ensemble susceptible d'éveiller les curiosités et de faire lire plus encore tous ces bons auteurs.

ORIGINALITE. - Rien de fait dans ce genre, ni sur l'A.O.F., ni sur toute autre colonie ou groupe de colonies.
Une réalisation même imparfaite et avec des faiblesses mérite de bénéficier de quelque indulgence.

UTILITE. - En dehors de celle qu'elle pourra avoir par elle-même, paraissant à l'heure d'éclosion dans notre domaine d'outre mer d'un néo-nationalisme dont certaines propagandes néfastes, anti-coloniales et anti-françaises, cherchent à tirer parti, cette oeuvre où un colonial, fils et petit-fils de coloniaux, a tenté de mettre le meilleur de lui-même, peut, semble-t-il, être de quelque utilité morale.

14) pp. 232-235.

15) Vgl. Papa Samba DIOP: "Un texte sénégalais inconnu: *La violation d'un pays* (1927) de Lamine Senghor", in: *Komparatistische Hefte* (Universität Bayreuth), H. 9/10, 1984, pp. 123-128.

16) Léopold Sédar SENGHOR: *Poèmes* (Eds. du Seuil), Paris 1973, pp. 53 sqq.

Résumé

L'exposé analyse quelques poèmes relatifs au personnage du tirailleur sénégalais. D'un côté des poèmes français qui, publiés dans le contexte des institutions coloniales, présentent de façon ambivalente le personnage, le louant de sa bravoure, de son esprit guerrier et de son comportement héroïque, mais de l'autre côté le rabaissent par l'emploi d'anciens clichés sur le "Nègre". Un poème bambara et un poème wolof, bien que publiés aussi dans le contexte colonial, trahissent néanmoins une autre orientation. Ils laissent apparaître une participation authentique et qui vient de l'intérieur des sociétés concernées. L'appropriation du discours poétique africain par des auteurs français sera finalement dépassée par Léopold S. Senghor qui attaque de front les "louanges de mépris" exprimés par des "ministres et par des généraux" envers des soldats africains et qui réclame le droit, en tant que "frère d'armes" et "frère de sang", d'arracher le discours de la main de ceux qui l'avaient accaparé.

Claudia ORTNER

VON DER ANKLAGE ZUR TOTENKLAGE - DER TIRAILLEUR SÉNÉGALAIS IN LYRISCHEN TEXTEN L.S. SENGHORS UND F. PACÉRÉ TITINGAS

> Car les poètes chantaient les rêves des chlochards sous l'élégance des ponts blancs.
> Car les poètes chantaient les héros, et votre rire n'était pas sérieux, votre peau noire pas classique.

Mit diesen Worten richtet sich L.S. Senghor im "poème liminaire" des Gedichtbands *Hosties Noires* (1948) an die Tirailleurs Sénégalais - der Autor grenzt seine Texte von der lyrischen Praxis der Parnassiens und deren Epigonen ab und formuliert seine Absicht des Dichtens als eine im weitesten Sinne politische: dem französischen Kolonialdiskurs des Totschweigens oder der Diskriminierung setzt Senghor sein "Beim-Namen-Nennen" und seine Anklage entgegen.

Am Beispiel der Senghorischen Tiralleurgedichte bestätigt sich die These Ki-Zerbos, daß der Zweite Weltkrieg - wie schon der Erste - ein emanzipatorisches Moment für die Geschichte Afrikas beinhaltete:

> Hunderttausenden von Schwarzen bot dieser Krieg die Gelegenheit, das wahre Gesicht des weißen Mannes schonungslos aufzudecken, ohne imperialistische Maske, ohne prokonsularisches Beiwerk. [...]
> In der rohen Verachtung, in der Hitler die anderen Weißen und die Schwarzen umfaßte, entdeckten die Schwarzen auf einmal ihren eigenen Wert. [...] Die afrikanischen Soldaten waren die Begründer der afrikanischen Emanzipation. [...] Manche von ihnen spielten eine aktive Rolle in den fortschrittlichsten politischen Bewegungen ihres Landes.[1]

In *Hosties Noires* werden die politischen und militärischen Ereignisse des Ersten und Zweiten Weltkrieges aus der Sicht eines afrikanischen Intellektuellen verarbeitet, der von deren Auswirkungen selber unmittelbar betroffen ist:

> Nous avons été faits prisonniers le 20 juin 1940, deux jours après l'armistice. [...] Le souvenir que je garde de tout cela? C'est que ces deux années de captivité, comme soldat de deuxième classe, ont été très dures [...]. C'est à Poitiers, au Frontstalag 230, où je commencais d'écrire les poèmes d'*Hosties Noires.*[2]

Anders der Text *Aux anciens combattus* von F. Pacéré Titinga aus dem Gedichtband *Refrains sous le Sahel* (1976), der ein zum Zeitpunkt seiner Entstehung mindestens drei Jahrzehnte zurückliegendes Ereignis thematisiert, an dem der Autor nicht unmittelbar beteiligt war.

F. Pacéré Titinga, der viele seiner poetischen Texte nach Totenklagegesängen seines Volkes, der Mossi, gestaltet, nimmt auch in seinem Tirailleur-Gedicht jene formalen Elemente auf, die für das Vorbild aus der Oralliteratur charakteristisch sind.

Die Tirailleur-Thematik in HOSTIES NOIRES

Wie in keinem anderen seiner Gedichtbände beeinflussen die politischen Ereignisse den Inhalt von L.S. Senghors zweitem Lyrikband *Hosties Noires*.
Die Strukturierung des Bandes liefert gewissermaßen schon den Autorenkommentar: zwischen dem "Poème liminaire" und dem Abschlußgedicht "Prière de Paix" werden die Texte in die beiden Abschnitte "Ethiopie" und "Camp 1940" unterteilt.

Das erste Gedicht in *Ethiopiques* thematisiert den Abessinienkonflikt, der aus der Sicht L.S. Senghors schon jene Konflikte und Umwälzungen ankündigt, die für Afrika durch den Zweiten Weltkrieg aktuell werden.
Ethiopie wird beendet durch einen Text, der kurz vor der französischen Kapitulation 1940 geschrieben wurde, am Tiefpunkt der Hoffnung auf die Aussicht, daß Frankreich dem Faschismus militärisch und ideologisch standhalten könnte.

Der zweite Teil des Bandes "Camp 1940", dessen Texte großenteils während der Kriegsgefangenschaft des Autors entstanden, beginnt mit einem Preisgedicht auf De Gaulle, der als Verkörperung der republikanischen Tradition Frankreichs und Hoffnungsträger für eine neue Zukunft dargestellt wird.
Beschlossen wird "Camp 1940" durch einen Text, der das Massaker von Tyaroye zum Inhalt hat, bei welchem jene Tirailleurs niedergeschossen wurden, die für die Einlösung des versprochenen Kriegssoldes demonstriert hatten.
Die Schrecklichkeit des Ereignisses wird dadurch abgemildert, daß Senghor das Sterben dieser Afrikaner als Opfertod für ein neues Afrika interpretiert.
Im letzten Text des Bandes der *Prière de paix*, werden alle Vorwürfe an Frankreich noch einmal zusammengefaßt und in einer großen Geste des Verzeihens aufgehoben.

Beim näheren Betrachtes des frühest datierten Textes des Bandes *A l'appel de la race de Saba* (1936) fällt auf, daß jenes panafrikanische Bewußtsein als etwas Neues und durchaus nicht Selbstverständliches dargestellt wird, in dem das gemeinsame Schicksal der Kolonisation als Unterdrückung empfunden wird, gegen das es sich gemeinsam zur Wehr zu setzen gilt:

Car nous sommes là tous réunis, divers de teint - il y en a qui sont couleur de café grillé, d'autres bananes d'or et d'autres terre des rizières.
Divers de traits de costumes de langue; mais au fond des yeux la même mélopée de souffrances à l'ombre des longs cils fiévreux.
Le Cafre le Kabyle le Somali le Maure, le Fân le Fôn
Le Bambara le Bobo le Mandingo. (p. 61)

Ausdrücklich wird darauf hingewiesen, daß das Bewußtsein der Zugehörigkeit zu den "damnés-de-la-terre" die bisherigen sozialen und historisch-geographisch bedingten Trennungen überwindet:

Ni maîtres désormais ni esclaves ni guelwars ni griots de griot. Rien que la lisse et virile camaraderie des combats, et que me soit égal le fils du captif, que me soient copains le Maure et le Targui congénitalement ennemis. (p. 59)

Der Einmarsch Mussolinis in Äthiopien wird zum Anlaß genommen, sich die Utopie von der Befreiung des gesamten kolonialen Afrikas auszumalen:

Nous étions là tous réunis [...]. Pour le dernier assaut contre les conseils d'administration qui gouvernent des colonies.

Hier wird ein Bild des afrikanischen Freiheitskämpfers entworfen, der für seine eigene Unabhängigkeit kämpft - worin er zum Gegenbild des Tirailleur Sénégalais wird, der sein Leben für die Belange des Unterdrückers einsetzen mußte.

Erst im Licht jenes in "A l'appel de la race de Saba" formulierten panafrikanischen Bewußtseins jedoch konnte 1938 das Gedicht *Aux tirailleurs sénégalais morts pour la France* geschrieben werden, das die Rehabilitierung der im Ersten Weltkrieg gefallenen Tirailleurs zum Ziel hat.
Ausgehend vom Mißverhältnis zwischen der Kriegs- und Heldenideologie des damaligen Frankreich und der schmählichen Ausklammerung der afrikanischen Soldaten aus dem Heldenkult ruft Senghor in diesem Text die verdrängte Erinnerung als Anklage ins Gedächtnis zurück:

On fleurit les tombes, on réchauffe le Soldat Inconnu mes frères obscurs, personne ne vous nomme.
On promet cinq cent mille de vos enfants à la gloire des futurs morts, on les remercie d'avance futurs morts obscurs.
Die schwarze Schande! (p. 64)

Das Zitat in deutscher Sprache spricht für sich - Frankreichs Verhalten wird mit den gleichen Ideologemen assoziiert, die für das Hitlerdeutschland zu jener Zeit, in der das Gedicht geschrieben wurde, charakteristisch sind.

Die Polysemie des Wortes "obscur" wird hier ausgespielt, um den Nexus von "dunkel - zwielichtig" und ergo "der Erinnerung unwürdig" deutlich zu machen, worin die gesamte faschistische Rassenideologie zum Aufschein kommt.

Noch pointierter kommt die Revolte angesichts jener Haltung und den damit verbundenen Handlungen zum Ausdruck, wenn Senghor im Poème liminaire schreibt:

Je ne laisserai pas la parole aux ministres, et pas aux généraux.
Je ne laisserai pas - non! - les louanges de mépris vous enterrer furtivement.

Vous n'êtes pas des pauvres aux poches vides sans honneur - mais je déchirerai les
rires *banania* sur tous les murs de France. (p. 53)

Gemeint sind mit dem "rire banania" jene Reklameplakate, auf denen ein grinsender
Negerkopf für die Werbezwecke eines Kakaogetränks herhalten mußte.
Nur selten gestattet es sich der Autor, seinen Gefühlen des Zorns und des Hasses
angesichts der rassischen Diskriminierung solch unverhüllten Ausdruck zu verleihen.

Neben der Äußerung von Empörung und Anklage als Reaktion auf die Behandlung der
Tirailleurs steht in den Texten noch ein anderes Interpretationsmuster zur Erklärung
der demütigenden Behandlung der Afrikaner: das des Opfers, welches eine
Veränderung der Situation zum Guten hin bewirkt.

Die Metapher der fallenden Blätter unter dem Aspekt des Welkens, Sterbens und zu-
Humus-Werdens durchzieht die Texte des ersten Teils von *Hosties Noires*.
Im Gedicht "Luxembourg" (1939) stellt der Autor die Assoziation von gefallenen
Soldaten und fallenden Herbstblättern her:

Vaincus mes rêves désespérément mes camarades, se peut-il?
Les voici qui tombent comme les feuilles avec les feuilles,
vieillis blessés à mort piétinés, tout sanglants de sang
Que l'on ramasse pour quelle fosse commune?

Dieses Bild wird in der "Prière des Tirailleurs Sénégalais" wieder aufgenommen und
expliziert in der Vorstellung von Humus, auf dem die nachfolgende Generation wachsen
wird:

Pour qu'ils poussent dru dessus nous les enfants nos
cadets, dont nous sommes les pères maturiers
Qu'à leurs pieds nous formions l'humus d'une épaisse
jonchée de feuilles pourries
Ou les cendres des vieux troncs et des vieilles tiges récoltées, maltraitées.

Die naturhafte Pflanzenmethapher wird ergänzt durch das religiöse Kultsymbol der
Hostie, welche per definitionem Wandlung und Verwandeltes beinhaltet:

Voilà que l'Afrique se dresse, la Noire et la Brune sa soeur.
L'Afrique s'est faite acier blanc, l'Afrique s'est faite hostie noire
Pour que vive l'espoir de l'homme.

Am deutlichsten kommt die Vorstellung des Nexus "Tod/Opfer/gewandeltes Leben" im
Gedicht *Assassinats* zum Ausdruck. Unter Berufung auf archaische mythische
Vorstellungen vom Ursprung der Welt und der Möglichkeit der Rückkehr zur "heilen
Zeit des Anfangs" erscheint das Hingeschlachtetwerden der Tirailleurs als nicht umsonst
angesichts der Tatsache, daß sie in die Unsterblichkeit der immerwährenden Rückkehr
eintauchen.

M. Eliade schreibt in *La nostalgie des origines* zur Funktion des Schöpfungsmythos in archaischen Gesellschaften:

> A l'occasion de chaque crise décisive et à chaque rite de passage, l'homme reprend le drame du Monde *ab initio*. L'opération est effectuée en deux temps: le retour à la totalité divine, indistincte et primordiale, et la répétition de la cosmogonie, c'est-à-dire de l'éclatement de l'unité primitive.[3]

Die revoltierende Stimme verstummt, wenn der Tod der Tirailleurs als Martyrium verherrlicht wird:

> En vain ont-ils coupé ton rire, en vain la fleur plus noire de ta chair.
> Tu es la fleur de la beauté première parmi l'absence nue des fleurs
> Fleur noire et son sourire grave, diamant d'un temps immémorial.
> Vous êtes le limon et le plasma du printemps viride du monde
> Du couple primitif vous êtes la charnure, le ventre fécond, la laitance
> Vous êtes la pullulance sacrée des clairs jardins paradisiaques
> Et la forêt incoércible, victorieuse du feu et de la foudre.
> < ... >
> O Martyrs noirs race immortelle, laissez-moi dire les paroles qui pardonnent.

Die Ambiguität im Umgang mit dem Schicksal der Tirailleurs - von der Revolte und Anklage bis zum Einwilligen in eine Märtyrerrolle - prägt auch die Haltung, welche das lyrische Ich in den Gedichten Frankreich gegenüber einnimmt.

Die Problematik kommt am explizitesten im "Poème liminaire" zum Ausdruck: das lyrische Ich präsentiert sich als die Stimme eines Gegendiskurses zu dem des offiziellen Frankreich in der schon zitierten Vorstellung vom Zerreißen der *banania*-Plakate. Bildet die Wut auf die von Frankreich zugefügte Schmach den einen Pol der Beziehung, so steht am anderen die Bewunderung, ja nahezu Verehrung für Frankreich, woraus eine Zerrissenheit im Bewußtsein des lyrischen Ich resultiert, die unauflösbar bleibt.

> Ah! ne suis-je pas assez divisé? Et pourquoi cette bombe
> Dans le jardin si patiemment gagné sur les épines de la brousse?
> Pourquoi cette bombe sur la maison édifiée pierre à pierre?

Die hier angedeuteten Vorgänge lassen die Tragödie erahnen, die sich im Bewußtsein dessen abspielt, der unter großen Anstrengungen die Integration in die andere Kultur geschafft hat, der vieles in sich "domestizieren" mußte, um zu einem modus vivendi zu gelangen, und der genau dieses "Werk" bedroht sieht durch die Erkenntnis, daß von Seiten Frankreichs ein gleichberechtigtes Miteinander von Afrika und Europa keineswegs intendiert wird, sondern daß auch Frankreich im Gegenteil zum Ausführungsorgan der Hitlerschen Vorstellungen verkommt.

> L'Europe m'a broyé comme le plat guerrier sous les pattes
> pachydermes des tanks

bekennt das lyrische Ich in seinem fiktiven Brief an die Mutter im Gedicht "Ndessé".

Auch nach der vorzeitigen Entlassung aus der Kriegsgefangenschaft spielt die Erfahrung der Entfremdung von der französischen Gesellschaft eine wichtige Rolle in der lyrischen Selbstdarstellung des Autors. In "Lettre à un prisonnier", geschrieben im Juni 1942, beklagt er seine Isolierung von der Gemeinschaft der afrikanischen "Brüder", der er trotz der Situation der Gefangenschaft den Vorzug von dem Alleinsein und Gemiedenwerden im Pariser Appartement gibt:

> Je t'écris dans la solitude de ma résidence surveillée - et
> chère - de ma peau noire.
> Heureux amis, qui ignorez les murs de glace et les appar-
> tements trop clairs qui stérilisent
> Toute graine sur les masques d'ancêtres et les souvenirs
> mêmes de l'amour. (p. 81)

Angesichts des Gefühls des Verratens- und Verlassenseins von der "Grande nation", die sich als die Trägerin und Verbreiterin von "humanité" und "civilisation" wähnt, entstehen folgende Zeilen im Camp d'Amiens:

> Dans la nuit nous avons crié notre détresse. Pas une voix
> n'a répandu.
> Les princes de l'Eglise se sont tus, les hommes d'Etat ont
> clamé la magnanimité des hyènes.
> "Il s'agit bien du nègre! il s'agit bien de l'homme! non! quand il s'agit de
> l'Europe!"

Umsomehr erscheint De Gaulle als Vertreter des "wahren" Frankreich, der die republikanischen Tugenden wiederherstellen wird und die Gleichheit und Brüderlichkeit nicht als Privileg der Weißen verstehen wird:

> Ta voix nous dit la République, que nous dresserons la
> Cité dans le jour bleu
> Dans l'égalité des peuples fraternels. Et nous nous répondons: "Présents, ô
> Guélowâr!"

Welch schallende Ohrfeige diese Hoffnung erhalten konnte, zeigen die Ereignisse von Tyaroye: wieder muß das lyrische Ich beklagen, daß sein ideales Frankreichbild nicht der Realität entspricht:

> Prisonniers noirs je dis bien prisonniers français, est-ce
> donc vrai que la France n'est plus la France?
> Est-ce donc vrai que l'ennemi lui a dérobé son visage?
> Est-ce vrai que la haine des banquiers a acheté ses bras d'acier?

Die Frage allerdings wird nicht gestellt, wo denn das heile, sakrosankte Frankreich, dessen Niederlage der Autor hier beklagt, je konkret in der Geschichte Gestalt gewann.

In den Texten von *Hosties Noires* wird deutlich, daß das Senghorsche lyrische Ich sowohl das Schicksal der Tirailleurs Sénégalais beklagt als auch unter der Destruktion seines idealen Frankreichbildes leidet.
Da sich beide Komponenten als konstitutiv für seine eigene Identität erweisen, schwankt das lyrische Ich zwischen Anklage und Verzeihen Frankreich gegenüber und projiziert eine Lösung des Konflikts in die Zukunft, im Lichte derer die schrecklichen Ereignisse der Gegenwart den Part des zu erbringenden Opfers einnehmen.

Die Tirailleur-Thematik im Text "Aux anciens combattus" von P. Pacéré Titinga

Eine im Vergleich zu Senghors Position sehr verschiedene Sichtweise des Tirailleur-Themas zeigt sich in Pacéré Titingas Text "Aux anciens combattus" von 1976.

Schon im Titel "Aux anciens combattus" wird die Doppelbödigkeit der Heldenmoral, mit der Frankreich die Tirailleurs gelockt hatte, entlarvt: es war für die afrikanischen Soldaten von vorneherein nie möglich gewesen, für ihre Sache zu kämpfen; bevor sie noch Opfer des Krieges werden konnten, waren sie schon Opfer Frankreichs. Deshalb konnten sie keine "anciens combattants", sondern immer nur "anciens combattus" werden.

Pacéré Titinga nennt die Rolle der Tirailleurs während der beiden Weltkriege beim Namen - Zielscheiben und Kanonenfutter.

> Ancien combattus
> Des grands échiquiers, soleil des âmes
> Engloutis
> Dans la médisance des Noirs-Minuits
> Anciens combattus
> Chairs à canons des fours crématoires
> Criblés de balles à Tyaroye ou à Madagascar

Das vorliegende Tirailleur-Gedicht verkörpert in seiner Form den Typ einer "écriture oraliste", eine Form von Literatur, deren Produktions- und Rezeptionskontext dem von schriftlicher Literatur identisch ist, deren Textstruktur jedoch der mündlicher Literatur ähnelt.
Charakteristisch dafür sind die repetitive Struktur (Parallelismen, Anaphern) und der überwiegende Nominalstil des Gedichts.

Nach dem Beispiel der Totengesänge der Griots seines Volkes nennt Pacéré Titinga zuerst das Thema des Vortrages:

Ils sont morts / morts / morts!
Tous ces tirailleurs Sénégalais.

Der Personenkreis derer, die im Text gemeint sind und der Anlaß des Textes sind hiermit markiert. Analog zu den Mossigesängen wird den topographischen Namen ein wichtiger Stellenwert eingeräumt:

Morts sur les champs de bataille
Bataille de Verdun
Bataille d'Orient
Du Levant
Du Danube
De Sébastopol
De Monastir
De Wiesbaden

Die Tragik dieser außergewöhnlichen Totenklage, die üblicherweise die für eine verstorbene Einzelperson ist, wird nur angedeutet in der Feststellung:

Nul ne saura jamais / leur nom / leur patrie / leur mère Patrie.

Die Abwesenheit der Namen bedeutet die Unmöglichkeit, die Person in den Aspekten zu benennen, die ihre Stellung innerhalb der Gesellschaft und zur Ahnenwelt charakterisieren.

Das namentliche Erkennen ist von größter Bedeutung. Das Erscheinen eines Verstorbenen und seine Namensnennung zum Zeichen des Erkennens setzt sich manchmal über vier bis fünf Generationen fort, solange noch jemand am Leben ist, der einst den Verstorbenen persönlich und namentlich gekannt hat. [...] Solange man jedoch des Verstorbenen und seines Namens gedenkt, ist er nicht wirklich tot.[4]

Die Unvereinbarkeit des europäischen Vaterlandspathos mit der Gedankenwelt der Tirailleurs kommt in der paradoxen Formulierung "mère Patrie" zum Ausdruck: Afrika ist das Mutter-Vaterland. Nur sie kann den Tirailleurs jene "Ehre" erweisen, die ihnen angemessen ist: "L'Afrique vous ceint d'un diadème de gloire."

In diesem Satz wird keine "Wiedergutmachung" vorgegaukelt, kein Trostpflästerchen verteilt - vielmehr geht es um das identitätsstiftende Moment, welches den Tirailleurs einen Raum schafft, in dem die menschenverachtende Ideologie der Europäer wirkungslos ist bzw. als Lüge und Unrecht enthüllt wird.

Nur so kann die verletzte Würde wiederhergestellt werden, können die Schimpfwörter entkräftet werden, denen die Tirailleurs in Europa ausgesetzt waren:

Zouaves inconnus
Chapardeurs sans vergogne
Zouaves inconnus
Goums supplétifs
Sahariens
Méharistes
Tirailleurs improvisés
Méconnus
Inconnus
Innommés
Mal nommés
Sans étiquettes
Travestis
Salis
Enterrés ou ressuscités! (p. 54)

Wenn man sich vergegenwärtigt, daß in der traditionellen afrikanischen Poesie die Worte keine "neutrale" Repräsentationsfunktion von Wirklichkeit bekleiden, sondern selber als wirkkräftig verstanden werden - um Leben zu mehren oder zu mindern - so kann in unserem Zusammenhang von einer "therapeutischen" Funktion des Textes gesprochen werden: er leistet Trauerarbeit und ermöglicht somit eine Aufarbeitung schmerzlicher Vergangenheit. Diese vollzieht sich weniger in einem explizierenden Diskurs als vielmehr in der Wiederholung der Klage, des Stammelns angesichts des nicht in Worte zu fassenden Leides und dem nahezu naiv klingenden Versprechen, daß Afrika als "mütterliche" Instanz das Geschehene ins rechte Lot zu rücken vermag.

Vergleich der Tirailleur-Thematik bei Léopold Senghor und Pacéré Titinga

Die Verschiedenheit der Autorenperspektive, die in der Behandlung des Themas "Tirailleurs Sénégalais" als lyrisches Sujet zum Ausdruck kommt, spiegelt die Wandlung im Verhältnis zu Afrika und Europa wider, die für die Vertreter der Senghor-Generation und der Post-Négritude-Generation charakteristisch ist. Für Pacéré Titinga stellt sich die Beziehung zur ehemaligen Kolonialmacht als unproblematisch dar - unproblematisch in dem Sinn, als das zugefügte Unrecht eindeutig als solches gesehen und benannt wird. Ansonsten wird Frankreich als ein die Gegenwart bestimmender Faktor im Text nicht ins Blickfeld gerückt - es ist Afrikas ureigenste Angelegenheit, die Gegenwart zu gestalten, was auch die Bewältigung der kolonialen Vergangenheit als Teil der eigenen Geschichte beinhaltet.
Senghor läßt in seinen Texten das lyrische Ich Partei ergreifen sowohl für die diskriminierten Tirailleurs Sénégalais als auch für das Frankreich der Résistance, mit deren Zielen sich der Autor identifiziert.

Senghor formuliert sein afrikanisches Selbstbewußtsein angesichts eines übermächtigen Frankreichbildes: Zusammenarbeit und Einvernehmen mit Frankreich bilden das höchste Ziel.

Wenngleich Senghors Analyse der Situation weitaus differenzierter ausfällt als jene in Bakary Diallos[5] autobiographischem Roman *Force Bonté* (1926) und die literarische Qualität der beiden Autoren nicht zu vergleichen ist, so sei doch die Beobachtung gestattet, daß das Festhalten am indoktrinierten Mythos der "force-bonté" Frankreichs - wenn auch in wesentlich subtilerer Form bei Senghor - die gemeinsame ideologische Einfärbung beider Autoren ist. Eine Vision von Afrika, das sich ohne expliziten Bezug zu Frankreich identifiziert, existiert in den Texten Senghors nicht.

Die Orientierung am Vorbild Frankreich findet auch ihren Niederschlag in der sprachlichen Gestaltung der Texte; denn auch wenn die den poetischen Bildern zugeordneten Symbole häufig auf afrikanische Ursprünge verweisen, stehen diese in einem poetischen Diskurs, der von der Rezeption der "vers-libre-Tradition" im Gefolge eines Paul Claudel geprägt ist.

Anders Pacéré Titingas Text: Sein Diskurs orientiert sich an dem afrikanischer Oralliteratur. Er ist in erster Linie für ein afrikanisches Publikum geschrieben, das mit den vorgestellten textuellen Strukturen vertraut ist.
Die Emanzipation von Frankreich hat sich hier auch auf der Ebene des poetischen Diskurses vollzogen. Erst so wird eine echte Bewältigung der Geschichte möglich; erst da, wo die Opferrolle des einen Dialogpartners überwunden ist, kann Anklage in Trauer und Verzeihen münden.

Ausgaben

Pacéré Titinga, Frédéric, *Refrains sous le Sahel*, Oswald, Paris 1976.
Senghor, Léopold Sédar, *Hosties Noires*, Paris, Seuil 1948.
Zitiert wird im Text nach der Ausgabe: *Poèmes*, Paris, Seuil 1973.

Anmerkungen

1)   Ki-Zerbo, Joseph, *Die Geschichte Schwarzafrikas*, Frankfurt a.M., Fischer, 1986, S. 517.

2)   Senghor, Léopold Sedar, *La poésie de l'action*, Paris, Stock, 1980, S. 81.

3)   Eliade, Mircea, *La nostalgie des origines*, Paris, Gallimard, 1971, S. 151.

4)   Mbiti, John, *Afrikanische Religion und Weltanschauung*, Berlin, De Gruyter, 1974, S. 32 u. S. 148.

5)   Diallo, Bakary, *Force-Bonté*, 1926, Neuauflage Dakar, NEA 1985.

Résumé

L'article donne une esquisse du traitement de la thématique du "Tirailleur" dans *Hosties Noires* de Léopold S. Senghor et dans le poème "Aux anciens combattus" de F. Pacéré Titinga. Tandis que chez le poète de la "Négritude" les souvenirs personnels des suites de la Première Guerre Mondiale et l'expérience de la Deuxième ont marqué sa façon d'aborder le sujet: accusation des responsables au sens historique et politique, distanciation d'une poésie non engagée et de l'art pour l'art, marquant ainsi une dépendance spirituelle envers l'Europe, l'auteur burkinabé dans son poème de 1976 prend le ton du genre de la complainte des morts de son peuple qu'il réintègre ainsi dans leur contexte historique et culturel, en leur rendant l'honneur que l'Europe leur avait refusé et restituant leur identité à des morts de et pour l'Afrique.

Koffi ANYINEFA

PORTRAITS DE MILICIENS ET DE TIRAILLEURS DANS LA LITTERATURE CONGOLAISE D'EXPRESSION FRANÇAISE

1. Introduction

Lorsqu'il est question des Noirs africains qui ont militairement servi la cause de la France coloniale, on a tendance à oublier les miliciens, employés à des fins policières dans les colonies, et à ne penser qu'aux tirailleurs, intervenus dans les différents conflits armés qui opposaient la France à ses adversaires sur le continent africain ou ailleurs.

Quelque soit le rôle joué par les uns et par les autres, ils ont tous servi les intérêts de la France. C'est pourquoi nous avons tenu, dans ce volume initialement consacré au personnage du *tirailleur sénégalais*, à retenir aussi celui du *milicien* qu'on rencontre d'ailleurs beaucoup plus souvent dans la littérature congolaise d'expression française.

Ceci s'explique en partie par l'histoire coloniale du Congo. La "pacification" du pays n'ayant pas posé de problèmes très sérieux à la France, l'action des tirailleurs y fut relativement limitée. De densité de population relativement faible, le Congo (l'Afrique Equatoriale Française en général, en raison du milieu naturel forestier et des ravages causés par l'esclavage), n'était pas en mesure de fournir à la France des contingents importants d'hommes pour son armée coloniale.[1] Ceci aurait d'ailleurs porté préjudice à la politique de la "mise en valeur économique" du pays essentiellement basée sur l'exploitation intensive du potentiel humain.

C'est dans ce contexte économique que le milicien trouve surtout sa raison d'être. Il a été l'auxiliaire efficace de l'impérialisme économique français au Congo. En effet, le pays fut livré en pâture aux fameuses "compagnies concessionnaires" auxquelles revenait de droit le pillage des ressources du pays.[2]

Notre exposé comprendra trois points principaux. Nous nous intéresserons d'abord au portrait (physique surtout) de miliciens, puis de tirailleurs que nous peint la littérature congolaise d'expression française. Le dernier point sera consacré à l'analyse du portrait moral de l'ex-tirailleur de l'armée coloniale dans le contexte de l'Afrique indépendante: il s'agira ici de démontrer la survivance du passé de tirailleur et surtout celle de l'idéologie militaire coloniale chez certains protagonistes. Si nous nous appuyons sur un certain nombre d'oeuvres littéraires d'auteurs congolais divers pour les deux premières parties de cet exposé, la troisième partie s'élabore uniquement sur la base de deux oeuvres d'Henri Lopes: une nouvelle, "Ancien combattant" et un roman, *Le Pleurer-Rire*.

2. Le milicien

On le rencontre dans toutes les oeuvres littéraires évoquant entièrement ou partiellement l'époque coloniale, mais rarement en tant que personnage complexe. Il est le plus souvent anonyme et ne jouit d'aucun statut individuel. Personnage secondaire, il représente ses compagnons de corps. Il est ainsi un personnage collectif.

2.1 *"M'Bwa Moundele": le chien du Blanc*

Le milicien est souvent désigné par le vocable de "Mbulu-Mbulu" (l'ortographe du mot varie),[3] et s'il y a un trait dominant dans son portrait, c'est sans doute celui-là qui le fait assimiler au chien du Blanc ("M'Bwa Moundele"). Cette métaphore traduit très bien la représentation qu'on se fait de lui. Le milicien, de par son comportement, est une bête, un chien docile au Blanc, son maître.

Les auteurs congolais ont cristallisé la répression perpétrée par les miliciens dans quelques faits principaux, symboles de l'occupation coloniale: l'impôt des trois francs, la cueillette de caoutchouc et de noix palmistes, les travaux forcés et la construction du Chemin de Fer Congo-Océan. C'est dans le cadre de ces impératifs économiques qu'ils portent à la charge du milicien de nombreux délits: incendies de villages "récalcitrants" à l'ordre colonial, pillages de biens, viols de femmes et de filles, assassinats, etc...

Il y a chez les auteurs congolais la volonté manifeste d'animaliser le milicien. Ils empruntent beaucoup de mots au registre animalier: le milicien est un «loup affamé, intraitable et intolérant», «un chien affamé, un hibou, une chouette», «un genre de sale bête» à l'«estomac d'ogre». Cette animalisation se relève aussi dans les verbes utilisés pour décrire ses actes: il ne mange pas, mais «dévore, happe avec indifférence», «braille, pousse des cris rauques et terrifiants».

Le milicien n'est pas seulement comparé à un animal. On lui dénie même parfois son statut d'être humain. C'est un être étrange: «Un sourire diabolique éclaira le visage du milicien, comme si le sang lui faisait plaisir à voir. Je ne reconnaissais dans aucune de ces caricatures ni les miens, ni mes semblables» (Dominique M'Fouillou. *La soumission*, p. 53). Le portrait qu'en brosse Jean-Pierre Makouta-Mboukou dans *En quête de liberté ou une vie d'espoir* est des plus caricaturaux: il a de «grands doigts de sorcier aux ongles d'hibou, des dents ébréchées et noires, une face terrifiante et des moustaches de Satan». Il est même l'incarnation du sorcier anthropophage:

> Un milicien au visage orné de longues balafres grosses comme le doigt, nous reçut en grinçant des dents. Nous eûmes bien peur; car nous avions grandi dans la croyance selon laquelle tous ceux qui grinçaient des dents étaient des sorciers. Ce "Sahara", comme nous appelions tous ceux qui portaient ainsi leur visage, était à coup sûr un sorcier. Il devait se gaver de tous ces malheureux prisonniers (*En quête de liberté ou une vie d'espoir*, pp. 77-78).

Les Saras (ou Sahara comme plus haut) qu'on reconnaissait facilement aux tatouages ethniques qu'ils portaient sur le visage, étaient majoritaires dans la milice opérant au Congo: c'est pourquoi on assimilait rapidement le milicien au Sara. La haine qu'il inspire se métamorphose parfois en xénophobie:

> Je leur racontais également que j'avais vu travailler les prisonniers sous le soleil, brutalisés et bafoués par des miliciens Saras au visage balafré. Ces Saras parlaient une langue étrange et s'exprimaient en émettant des sons bizarres et rudes.
> Les Saras, originaires du Tchad, étaient réputés dociles, disciplinés et courageux. Analphabètes, ils ont les moeurs rustres. Ils obéissent sans réfléchir (N'Zala-Backa, *Le tipoye doré*, p. 41).

Les auteurs congolais nous peignent des miliciens un vilain portrait, un portrait-charge. Les miliciens sont des personnages antipathiques, tout au plus ridicules dans leur uniforme, de drôles de loustics comme dans *Tarentelle noire et diable blanc* où Sylvain Bemba leur fait parler "petit-français" et les affuble de noms ridicules. Des miliciens sont en campagne. Le chef de section fait l'appel:

> Sékitio... fikissi! A gausse, gausse! [...] Arrrr... ma sir épau... au... h ough! Pressentê...houg! Rêposê...ê...ê...hi! Y en a bon. Moi faire l'appel. Abaraham Sarakolé? / - Pressent! / -Esaïe Sanga Sanga? / -Pressent! / -Cornebif Wangata? / - Pressent! / - Adam et Eve Makayabou? / - Pressent! / - Zésus-Marie-Zoseph Mayanga? / - Pressent! / - Gobi san pêr Molangi? / - Pressent! / - Cirage noir Makouanza? / - Pressent! (*Tarentelle noire et diable blanc*, p. 96).

Mais nous n'avons pas que cette image du milicien. Nous avons aussi, cas unique, dans *Tarentelle noire et diable blanc*, le milicien qui se révolte contre l'ordre colonial.

2.2 Le milicien rebelle

De façon assez significatrice, le milicien rebelle dans la pièce *Tarentelle noire et diable blanc* de Sylvain Bemba est un personnage individualisé, du nom de Faustin Moudouma N'goyi. L'histoire se passe dans le Congo colonial. Faustin se fait engager dans le corps des miliciens où il s'illustre par sa brutalité. Il est ensuite contremaître redouté sur les chantiers du Chemin de Fer Congo-Océan, puis dans une mine d'or appartenant à un commerçant européen. Dans la mine d'or, c'est un Faustin neuf, indulgent envers les orpailleurs qu'on retrouve, qui dénonce la cupidité de son patron et s'indigne devant les conditions rudes de travail. Il termine pour cette raison devant un peloton d'exécution. Dans la dernière scène qui tient d'épilogue à la pièce, sa mère défunte lui apparaît en songe, loue son courage et l'élève au rang de combattant de la liberté et de héros national: «Tu mourras pour revivre ici, et pour renaître dans le souvenir des jeunes générations à qui tu passeras le flambeau de ton exemple glorieux» (p. 127).

3. Le tirailleur

La littérature congolaise d'expression française nous offre des tirailleurs des portraits très variés dont nous ne retiendrons ici que les plus saillants.

3.1 *Le tirailleur naïf et enthousiaste*

L'imminence du départ pour le front fait naître chez le tirailleur une admiration naïve de soi. Emmanuel Dongala nous décrit dans *Le feu des origines* l'embarquement d'un contingent de tirailleurs pour la Deuxième Guerre Mondiale. Ils «fanfaronnent dans leurs tenues neuves, leurs brodequins bien lacés et bien cirés, rient, chantent, plaisantent au milieu de leurs parents et amis qui étaient venus leur dire au revoir» (pp. 145-146). C'est donc une atmosphère de fête qui règne à ce départ.

La France est notre mère / C'est elle qui nous nourrit / Avec ses pommes de terre / Et ses macaronis / Nous allons / Nous allons à la guerre / Si la guerre arrive / Nous serons ses soldats (*Le feu des origines*, p. 146).

Cette chanson reprise en choeur par les tirailleurs trahit beaucoup plus l'enthousiasme naïf avec lequel ils partent au front que le patriotisme primaire qu'ils affichent. La guerre leur apparaît comme une sorte d'aventure dont ils reviendraient agrandis: «Sûrs d'eux-mêmes, ils n'avaient aucun doute sur leur propre importance et l'importance de leur mission. On les enviait un peu, ces hommes qui allaient bientôt découvrir le merveilleux pays des étrangers» (*Le feu des origines*, p. 146). Ils vont au front comme en vacances, excités à l'idée d'en ramener des histoires à épater amis et parents.

Aussi, De Kélondi dit D'outre-mer ne manque pas, à son retour, de se targuer d'avoir vu Paris, Berlin et Dresde, et fait l'amour avec des Européennes, parfois au plus chaud d'une bataille:

Eh Mabiala [un autre tirailleur] tu te souviens, à Paris, non à Berlin, euh oui quand Dresde brûlait, que les bombes éclataient partout [...] tu sais ce que je faisais moi, homme sans peur et sans reproche, moi caporal De Kélondi d'outre-mer, ah, ah, je baisais une blonde aryenne aux yeux bleus dans une cave à moitié effondrée (*Le feu des origines*, p. 159).

3.2 *Le tirailleur désabusé*

De Kélondi fabule pour impressionner son auditoire, prenant à témoin son compagnon d'armes. Mais le séjour en Europe a été loin d'être une villégiature. Le spectacle qu'offrent les tirailleurs de retour au bercail en témoigne. A l'euphorie naïve du départ pour le front correspond l'image en abîme du retour:

Ils [les tirailleurs] arrivaient, un moignon à la place du bras, une jambe ou une main en moins. Des éclopés rutilants de médailles plantées à leur poitrine qu'ils tentaient de maintenir bombée en bons soldats qu'ils étaient. La foule poussa un murmure d'incrédulité et de déception [...]; ceux qui n'étaient pas touchés physiquement avaient des paroles tristes. Hélas, beaucoup ne revinrent pas du tout, ils avaient disparu là-bas, dans ce pays de merveilles [...]; on ne reconnaissait plus le séduisant De Kélondi, il avait reçu un éclat à la jambe gauche et boitillait (*Le feu des origines*, pp. 152-153).

Loin de sortir agrandis de la guerre comme ils en avaient rêvé, les tirailleurs en reviennent physiquement diminués. Mais si dans l'ensemble leurs espoirs ont été déçus, le séjour dans les rangs de l'armée coloniale et en Europe leur confèrent cependant un certain prestige:

Il y eut un silence de respect et d'appréhension, car ces anciens combattants étaient à la fois admirés et redoutés. Ils étaient revenus avec des pouvoirs acquis là-bas, de l'autre côté de l'Océan, et sans équivalents ici; ils surpassaient en puissance tous les fétiches locaux, toutes les amulettes des Sénégalais; ils avaient ramené des talismans qui les protégeaient des sorciers, des maladies, des empoisonnements, des talismans qui leur permettaient de séduire n'importe quelle femme! (*Le feu des origines*, p. 156).

L'ancien combattant, conscient de l'auréole dont on le pare, se sépare rarement de sa vareuse kaki (même lorsqu'elle tombe en lambeaux), de ses médailles et décorations, symboles de son passé militaire glorieux. La maigre pension qu'il touche périodiquement l'élève aux yeux de ses compatriotes, et il ne manque pas l'occasion de s'afficher en bonne place pendant les fêtes du 14 Juillet, où il a le privilège de serrer la main au Commandant et de démontrer ainsi sa familiarité avec le Blanc respecté et craint par les autres.

3.3 *Le tirailleur nationaliste*

Pendant son séjour en Europe, le tirailleur est entré en contact avec des idées nouvelles, a fait des expériences qui ont ébranlé en lui les sentiments de reconnaissance envers la France et ses citoyens. Fort de cela, il rentre au bercail en homme nouveau pour remettre en question le vieil ordre des choses:

Quelque soit notre origine nous étions tous frères là-bas, des Nègres. Je te dis, Massini, ce n'était pas la peine d'aller perdre une jambe ou un oeil pour défendre ces étrangers et puis revenir ici nous battre entre nous pour des raisons stupides d'ethnies; non, vraiment, ça n'a aucun sens, défendre les étrangers et nous entre-tuer dans notre pays.
[..] Massini Mupepe [le héros du roman] regarde ces deux êtres [des tirailleurs] vieillis, mutilés, suivre tristement et dignement les rails de leur vie, mais laissant derrière eux, bourdonnant dans sa tête comme un signal avertisseur du train, les deux mots: *notre pays* (*Le feu des origines*, p. 160).

Le tirailleur qui a pris conscience de sa condition, développe des idées émancipatrices (anti-colonialisme, solidarité de race, nationalisme) et en fait profiter ses compatriotes après son retour au bercail. C'est dans ce contexte qu'il apparaît comme l'un des personnages auxquels l'Afrique Noire doit son émancipation politique. L'histoire du Congo a connu un exemple particulier du tirailleur nationaliste et anti-colonialiste: André Matsoua.[4]

André Matsoua est né en 1899. Après avoir été catéchiste et douanier, il s'engage dans l'armée coloniale française et prend part à la guerre du Rif au Maroc contre Abd Al-Karim qui capitule en 1926. Démobilisé après cette guerre, il s'installe à Paris où il fonde l'Amicale des Originaires de l'Afrique Equatoriale Française, une association de charité pour ressortissants de l'A.E.F résidant en France, mais qui proteste aussi vigoureusement contre le code de l'Indigénat en vigueur dans les colonies françaises. A la suite d'une histoire de collecte d'argent au bénéfice de l'Amicale, Matsoua est arrêté en 1930 et interné à Brazzaville. Assigné à la résidence surveillée au terme de son incarcération en 1932, il quitte clandestinement le Congo puis y revient en 1936. De nouveau fait prisonnier, il s'évade, se rend en France et s'engage pour une seconde fois dans l'armée française. Répéré, il est arrêté et renvoyé à Brazzaville où il est jugé et condamné à la prison à vie. Il y meurt en 1942. Après sa mort, il a inspiré un culte messianique, le Matsouanisme.[5]

La littérature congolaise a rendu hommage à André Matsoua en faisant de lui un personnage littéraire[6] et en thématisant l'importance de sa personnalité dans la lutte anti-colonialiste congolaise.

La révolte du tirailleur contre l'ordre colonial s'exprime surtout au niveau du village. Dans *Le tipoye doré* de Placide N'Zala-Backa par exemple, le tirailleur Mountsompa qui fait office d'adjoint au chef du village, incite les villageois à ne pas payer les impôts et les défend devant le Chef de District blanc: «Il parla en français, comme il le faisait toujours dans des occasions de ce genre. Je n'avais jamais vu de Noir qui exprimât ses sentiments d'une façon aussi directe, aussi franche et aussi impertinente, et cela au nom des autres Noirs, devant un Blanc» (p. 52). Cette "effronterie" lui coûte la vie: des miliciens le brûlent vif sur l'ordre du Blanc.

Dans *La soumission* de Dominique M'Fouillou, l'oncle du narrateur, un tirailleur en permission, corrige de façon exemplaire un milicien qui a abusé de son autorité. Dans son commentaire, le justicier condamne la docilité des miliciens et donne à son acte le sens d'une légitime défense et d'une mesure préventive. Il met enfin l'accent sur la nécessité d'une solidarité raciale et proclame l'égalité entre les différentes races:

Cet homme est, comme vous le voyez, noir, c'est-à-dire qu'il nous ressemble... Il pourrait être notre compatriote... Le responsable ce n'est peut-être pas lui ou ceux qui viennent de s'enfuir, mais comme ils exécutent aveuglément les ordres des hommes qui ne les tolèrent que pour faire ce travail, il faut réagir, sinon ils continueront à nous manquer de respect... Nous sommes quand même des êtres humains autant que les Blancs pour qu'ils nous traitent comme des bêtes (*La soumission*, p. 164).

Mais le tirailleur revenu chez lui n'est pas seulement un homme déçu et révolté, remettant d'une manière ou de l'autre l'ordre colonial en question. Côté privé, c'est un personnage marginal: un alcoolique (De Kélondi), un ambitieux (Mountsompa qui veut devenir chef de village et investit à cet effet sa modeste pension dans la corruption des agents administratifs). Dans *Coeur d'Aryenne* de Jean Malonga, Obambi est un personnage humble, vivant à la limite de la misère, injustement oublié par la France qu'il a pourtant servi dignement, au même rang que les Leclerc et Koenig dont l'histoire a retenu les noms.

3.4 *Le tirailleur "évolué"*

Ce dernier portrait se rencontre dans *Case de Gaulle* de Guy Menga. Kibélolo, le protagoniste de ce roman, rencontre Jean-Marc Malonga Bokassidi en Janvier 1944 à Brazzaville, lors de la visite historique du Général De Gaulle. Malonga a fait la Première Guerre Mondiale et travaille maintenant comme serveur au Palais du Gouverneur. Accordant beaucoup d'importance à sa mise, il est ce jour-là «tout de blanc vêtu de la tête aux pieds, à l'instar des Européens» (p. 50). C'est à peine si Kibélolo ne méprise pas Malonga qui a le maintien fanfaron, mais qui est paradoxalement fier d'être le domestique d'un Blanc.

Malonga représente cette classe de Noirs qui se disaient "évolués" dans le Congo de l'après-guerre et pour lesquels l'adoption des valeurs vestimentaires blanches était un symbole d'évolution. Cette attitude dans le contexte colonial en effervescence paraît anachronique et même réactionnaire. Malonga proclame d'ailleurs sans gêne qu'il est de «ceux qui croient avec beaucoup de réalisme que le Blanc une fois parti de ce pays, ce sera la fin de tout et de tout» (p. 56).

Et pourtant l'image de l'"évolué" qu'il croit donner de soi n'est qu'un vernis contrastant avec la misère dans laquelle il vit: sa maison est insalubre et ses enfants sont malingres, sales et sous-alimentés. Il n'est en fait qu'un pauvre hère orgueilleux dont l'aliénation se réflète dans le nom métaphorique de "Blanc à la peau noire" que lui attribue Kibélolo.

4. L'ex-tirailleur dans le contexte de l'Afrique post-coloniale

Quelques oeuvres fortes de la littérature négro-africaine d'expression française écrites par des Congolais ont accordé leur attention à l'ancien soldat de l'armée coloniale française: les héros du *Pleurer-Rire* d'Henri Lopes et du *Destin glorieux du Maréchal Nnikon Nniku Prince qu'on sort* de Tchicaya U Tam'Si, présidents de leurs pays respectifs, furent des soldats de l'armée coloniale française.

On ne peut s'empêcher, à la lecture de ces oeuvres, de penser à la réalité politique de l'Afrique indépendante. Combien d'anciens soldats coloniaux ne se sont-ils pas parachutés à la tête de leur pays à la faveur d'un coup d'Etat? Pour s'en donner une idée, on n'a qu'à penser ici aux présidents Idi Amin Dada, Jean-Bedel Bokassa, Mobutu Sese Seko, Gnassingbé Eyadéma etc... Les pouvoirs de certains d'entre eux furent de véritables dictatures (Bokassa en République centrafricaine et Amin Dada en Ouganda). Des oeuvres telles que *Le destin glorieux du Maréchal Nnikon Nniku Prince qu'on sort* et *Le Pleurer-Rire* qui mettent en scène des dictatures militaires témoignent de cette réalité-là.

Pour les besoins de notre étude, nous nous limiterons à montrer la survivance du passé militaire colonial chez les protagonistes dans le cadre de leurs activités politiques.

4.1 *Le poids du passé*

Dans sa nouvelle "Ancien combattant", Henri Lopes met en scène un narrateur, ex-tirailleur qui, au lendemain d'un coup d'Etat militaire, est d'abord nommé Ministre de la Défense, puis Ambassadeur de son pays en Algérie où il a combattu dans les rangs de l'armée française contre les nationalistes. Il se retrouve dans une situation très inconfortable. Confronté à un passé douloureux, le narrateur est obligé d'éviter le contact avec les Algériens et de rejoindre les cercles français. Mais ce passé revient au galop lorsqu'il fait la connaissance de Nadia, une jeune Algérienne dont les parents sont tombés les armes à la main sous les balles du colonisateur. Le narrateur se souvenant qu'il avait participé à la bataille dans laquelle périrent les parents de son amante, est pris d'effroi par le spectre de l'assassin qu'il a pu être, et tire ses conséquences: «Nadia, je ne te reverrai plus. Je ne peux plus pousser trop loin les conversations avec les gens de ce pays, car je risque de découvrir le parent ou l'ami cher de quelqu'un que j'ai tué ou fait tuer. J'ai hâte qu'on me relève de mon poste» (p. 72). La confrontation avec son passé en Algérie fait prendre au narrateur conscience de ce qu'il fut: un agent de la répression coloniale.

Dans *Le Pleurer-Rire* du même auteur, l'ex-tirailleur, Bwakamabé Na Sakkadé, est président de la République. Mais ici, le passé militaire ne constitue en aucun cas un spectre pour le protagoniste. Au contraire, il réactualise l'idéologie de l'armée coloniale dans le cadre de ses fonctions. Le pouvoir de Bwakamabé est de type dictatorial, militaire et tribal et ses fondements peuvent se retrouver dans l'idéologie militaire coloniale à laquelle il fut formé.

4.2 *Militarisme colonial et pouvoir politique*

Bwakamabé, militaire de son état, est devenu président de la République à la faveur d'un coup d'Etat militaire. Il est impossible de concevoir son pouvoir sans prendre en considération l'élément militaire qui en fut à l'origine.

Dans une interview (pp. 281-287), Bwakamabé cite pêle-mêle ses modèles d'hommes d'Etat: De Gaulle, Napoléon, Hitler, Mao, Staline. Ce qui le fascine chez ces hommes pourtant idéologiquement éloignés, c'est le fait qu'ils furent de grands chefs militaires. Prenant exemple sur ces modèles historiques et sur lui-même, il avance la thèse d'une militarisation opportune des régimes africains: «Peut-être bien que le jour où l'Afrique ne sera plus dirigée que par des militaires, tout ira mieux. Ça ne saurait pas tarder, d'ailleurs. Y a qu'à voir le vent de l'histoire. Les régimes civils sont en sursis» (p. 285).

Sa conception de l'autorité politique est avant tout militaire. Il se veut un chef dans le sens le plus strict du mot, un homme qui sait commander, prendre des décisions unilatérales. Mais lorsqu'on sait que Bwakamabé a reçu sa formation militaire au sein de l'armée coloniale, sur les champs de bataille de Bir Hakeim, d'Indochine, du Maroc et d'Algérie, on ne doute plus de l'influence du militarisme colonial sur sa personnalité: «Bwakamabé Na Sakkadé n'est pas de ces officiers nègres, qui le sont parvenus après le départ de la sévérité blanche. Non, il a gagné, lui, le passage de ses galons de la poitrine aux épaules, dans le feu du baroud» (p. 26). Bwakamabé, on le voit, est fier de son expérience de soldat colonial.

4.2.1 Militarisme et conception de l'autorité politique

Bwakamabé se reconnaît lui-même comme le produit de l'armée coloniale française à laquelle il ne manque pas d'exprimer sa profonde gratitude. C'est d'ailleurs avec nostalgie qu'il se rappelle le temps de son service dans ses rangs:

La discipline. La discipline. Le sens de l'Etat [...] Au fond, c'était la bonne époque. En mille neuf cent trente et quelques années [...], suis entré dans l'armée française, dans ce qu'on appelait la milice. Tirailleur de deuxième classe. Suis resté deux ans dans ce grade. On était bien formé. Ce travail dans l'armée française m'a extraordinairement encouragé. Pu y faire des choses sensas' que je n'aurais jamais pu réaliser dans une armée commandée par des nègres. D'ailleurs ça n'existait pas encore en ce moment-là. Appris la discipline. Un soldat n'est rien s'il ne sait pas obéir. Tous les hommes doivent apprendre à obéir. Sinon pas question de savoir commander. Et c'est justement dans l'armée française que j'ai appris à obéir. C'est pourquoi aujourd'hui... (p. 124).

Le raisonnement est logique malgré le silence à la fin de ce passage. Bwakamabé a acquis son sens de l'autorité qu'il ne conçoit qu'en termes militaires (commandement/discipline et obéissance) au sein de l'armée coloniale à laquelle il doit d'être devenu président et dont il transpose les structures hiérarchiques sur celles de l'Etat qu'il dirige.

La reconnaissance et l'admiration qu'il témoigne à l'armée coloniale sont doublées de négrophobie. Bwakamabé a intériorisé le discours raciste du colonialisme qui justifiait l'intervention des troupes coloniales dans les colonies par la "mission civilisatrice" qui incombait aux puissances coloniales. Pour lui, le Noir est un être indolent, paresseux et oisif à mener par la force: «Les gens ne travaillent plus. Les gens volent. Le nègre redevient nègre. Réintroduire la chicotte» (p. 124).

L'une des conséquences[7] les plus évidentes de cette formation militaire est que Bwakamabé, chef d'Etat, concentrera tous les leviers de commande entre ses mains et usera de la violence: son pouvoir sera de type dictatorial.

Avec moi sera pas comme avant. Avec moi, plus de blablabla. De l'action, de l'action et toujours de l'action. Tout le monde va marcher. An, di, an, di, an, di, an... C'est l'action qui comptera. C'est à ça que le peuple, et surtout l'Histoire, je crois moi au jugement de l'Histoire (il leva l'index), nous jugeront. Vec moi, pas de crainte. Y aura la stabilité politique. Plus d'opposition. Moi Bwakamabé Na Sakkadé [...], serai jamais un ancien président, comme ce lâche de Polépolé (p. 35).

Ce passage au style elliptique et nominal (caractéristique du "français tirailleur"), peut être considéré comme le programme politique de Bwakamabé. On y lit bien l'influence de l'idéologie militaire: il s'agit de dresser les administrés au commandement du chef, de les mener au pas militaire. Ce que Bwakamabé nomme ici euphémiquement "stabilité politique" est synonyme de dictature, de pouvoir sans partage et à vie, essentiellement basé sur la force coercitive des armes, sur la violence militaire.

Le pouvoir de Bwakamabé est entaché à son origine même d'un acte de violence: le coup d'Etat. Bwakamabé a usurpé le pouvoir. Bwakamabé est un militaire. Or le militaire est par définition un homme de la guerre, de la violence: «Nous les militaires nous sommes des hommes d'action. Pas trop réfléchir» (p. 34). La brutalité n'est pas seulement physique comme le suggère le mot *action* ici, mais aussi morale, verbale. Bwakamabé est un soudard dans le plein sens du mot:

Allez, vous là. Ouvrez-moi sa gueule [...] Sale gueule de comploteur. Vilaine gueule de batard djatékoué. Allez, ouvrez-moi ça! (Hurlements de soldats.) Ah! le salaud! Vous mord? [...]
Ouvrez-moi sa gueule, maintenant, je vous dis... Là, comme ça... attendez. Et Bwakamabé d'uriner copieusement en visant la bouche de sa victime (p. 299).

Ou encore:

Alors savez pas répondre? (Grimace) Con de votre maman! Vous a coupé la langue? Pas encore. Mais bien envie de le faire, moi. Fort pour m'insulter derrière le dos, mais face à face, c'est le silence. Hypocrite, pédéraste! Moi quand j'ai quelque chose à dire à quelqu'un, je le lui crache en face, moi. Parce que je suis un homme moi. Suis un militaire (p. 64).

La violence, élément structurel du pouvoir de Bwakamabé, signifie à la fois bravoure, franchise et virilité, et plonge ses racines dans le militarisme. L'esprit belliqueux affleure dans la philosophie politique de Bwakamabé: «Il était prêt, lui, à se battre, à mourir et à tuer pour conserver entre ses mains pieuses le pouvoir conféré par Dieu» (p. 101).

Pour se donner les moyens de l'exercice d'un pouvoir totalitaire, Bwakamabé met sur pied un système de contrôle et de répression qui s'appuie particulièrement sur l'existence d'une police politique redoutable chargée de la protection du président et de l'intimidation des citoyens. Elle est secondée dans ses tâches par un corps d'auxiliaires, préposé à la collecte de renseignements. Il est intéressant de noter que le recrutement, l'encadrement des membres de ces organes et la répression menée par eux s'apparentent à ceux de la milice et de l'armée coloniales.

Bwakamabé confie l'organisation du système répressif à Monsieur Gourdain, un coopérant français dont la carrière professionnelle est très significative dans ce contexte: Monsieur Gourdain est un "frère d'armes" du président Bwakamabé. Soldat des troupes coloniales, il sert au Sénégal, fait les guerres de Dien Bien Phu et d'Algérie. A la fin de l'ère coloniale, il propose ses services aux Etats malgache et comorien. Monsieur Gourdain «jouit d'une grande expérience dans la répression coloniale et néocoloniale» (p. 76).

Monsieur Gourdain recrutera ses hommes au sein des groupes économiquement les plus faibles et les moins instruits de la population, en veillant cependant qu'ils fussent obligatoirement plus ou moins ethniquement proches du Président de la République:

Il [Monsieur Gourdain] s'attacha à la réorganisation des services de sécurité en recherchant systématiquement tous les individus qui parlaient kibotama [langue du président], ou ceux des régions avoisinantes qui n'avaient pas d'emploi ou venaient d'être exclus des établissements scolaires [...] Monsieur Gourdain créa aussi un corps d'*auxiliaires* qui furent recrutés par des communiqués invitant à se présenter au commissariat de police centrale, successivement, toutes les sentinelles, tous les chauffeurs de taxis, tous les garçons de café, tous les maîtres d'hôtel des responsables politiques et des hauts fonctionnaires. On renvoya, sans plus d'explication, tous ceux dont le nom ou le lieu de naissance évoquait la région de Polépolé [l'ancien président] (p. 78).

Ceci rappelle effectivement non seulement le modèle de recrutement militaire, mais aussi celui de tirailleurs ou de miliciens dans l'Afrique coloniale: l'administation coloniale a surtout levé ses soldats dans les régions où l'influence de la civilisation occidentale se ressentait le moins[8] et qui furent souvent aussi économiquement les plus faibles.[9] Le recrutement se fit aussi très souvent sur des bases ethniques, l'administration coloniale ayant "constaté", en Afrique, l'existence de races chez lesquelles les traditions guerrières étaient plus prononcées que chez d'autres.[10]

Nous avons déjà eu l'occasion de mentionner que les Saras du Tchad étaient majoritaires dans la milice opérant au Congo. Dans la nouvelle "Ancien combattant" dont il fut question plus haut, le narrateur dit ceci: «C'est dans ma région, en effet, qu'on a choisi, depuis l'arrivée des Blancs, les miliciens pour lutter contre les têtes dures qui ne voulaient ni payer l'impôt ni faire les corvées qu'ordonnaient les commandants français» (p. 66).

Les armées coloniales se sont donc formées en partie sur des bases économiques et ethniques pour des fins d'efficacité. C'est le même souci qui habite Monsieur Gourdain lorsqu'il recrute ses hommes au sein de la population lésée et de l'ethnie du président. Mais dans le cadre du *Pleurer-Rire* l'élément ethnique s'explique autrement: c'est sur la "solidarité tribale" que mise Monsieur Gourdain pour parvenir à ses fins: un djabotama trouverait plus d'intérêt à défendre le régime de Bwakamabé qu'un autre.

Il y a peut-être même des parallèles à tirer en ce qui concerne les victimes de la répression dans les deux contextes historique colonial et fictif. Le soldat ou le milicien colonial fut rarement en campagne dans sa région d'origine. Ses actes se perpétraient le plus souvent contre des populations auxquelles ne le liait aucun rapport ethnique, et qui à leur tour se sentaient aggresser par un "étranger". C'est cette situation qui explique par exemple la xénophobie des Congolais vis à vis des Saras dans *Le tipoye doré* de Placide N'Zala-Backa. Dans *Le Pleurer-Rire*, la répression se dirige contre les autres ethnies du pays, essentiellement contre celle de l'ancien président.

Si, dans *Le Pleurer-Rire*, l'élément ethnique du modèle de recrutement calqué sur celui de l'armée coloniale paraît discutable (nous avons seulement voulu tirer des parallèles), il faut surtout le replacer dans le cadre de la dictature militaire qu'il sert et qui, indiscutablement, est une conséquence directe du passage de Bwakamabé dans les rangs de l'armée coloniale.

5. Conclusion

Que faudrait-il, au terme de cet exposé, retenir de l'image que nous offre la littérature congolaise d'expression française des miliciens et des tirailleurs?

Celle du milicien est très négative dans l'ensemble. C'est un personnage foncièrement méchant, laid, brutal et soumis à la volonté du Blanc. Le portrait-charge qu'en font les auteurs sert, dans le contexte global, à dénoncer le système colonial dont il fut l'auxiliaire. Il peut être cependant capable d'évolution et servir de modèle didactique comme c'est le cas dans *Tarentelle noire et diable blanc* de Sylvain Bemba.

Du tirailleur, nous avons un portrait très diversifié. Enthousiaste au départ pour le front, il en revient désabusé et physiquement diminué. Il jouit cependant d'un certain prestige auprès des siens. Il a voyagé, vu du pays et entretient des rapports de familiarité avec le Blanc. Il est humble, ambitieux, fanfaron, alcoolique, orgueilleux et aliéné. Mais il est aussi un nationaliste de première heure.

Nous avons enfin noté que le passé militaire colonial de certains personnages littéraires ressurgit dans le contexte post-colonial. Avec l'"Ancien combattant", nous avons montré que l'ex-tirailleur traînait le poids de son passé d'agent de la répression coloniale. Dans *Le Pleurer-Rire*, l'ex-tirailleur président reproduit l'idéologie de l'armée coloniale: son pouvoir, conçu à partir de son expérience de tirailleur, est une dictature militaire.

Si les deux premiers points de l'étude nous ont permis de nous faire une idée de l'image du milicien et du tirailleur dans la littérature congolaise d'expression française, le troisième point nous éclaire sur un phénomène important des sociétés africaines contemporaines: la militarisation des pouvoirs politiques. Des romans comme *Le Pleurer-Rire* réfléchissent sur la nature des pouvoirs militaires en Afrique. Son analyse nous a montré que l'idéologie de l'armée coloniale à laquelle a été formé le militaire-président y jouait un grand rôle.

236

Bibliographie

Bemba, Sylvain. *Tarentelle noire et diable blanc*. Paris: Pierre Jean Oswald, 1976.

Dongala, B. Emmanuel. *Le feu des origines*. Paris: Albin Michel, 1987.

Lopes, Henri. "Ancien combattant" in *Tribaliques*. Yaoundé, CLE/Paris: Presses Pocket, 1983.- *Le Pleurer-Rire*. Paris: Présence Africaine, 1982.

Makouta-Mboukou, Jean-Pierre. *En quête de liberté ou une vie d'espoir*. Yaoundé: CLE, 1970.

Malonga, Jean. *Coeur d'Aryenne*. Paris: Présence Africaine, 1954.

Menga, Guy. *Case de Gaulle*. Paris: Karthala, 1985.

M'Fouillou, Dominique. *La soumission*. Paris: L'Harmattan, 1977.- *Les corbeaux*. Paris: Akpagnon, 1980.

N'Zala-Backa, Placide. *Le tipoye doré*. Paris: Pierre Jean Oswald, 1976.

Tchicaya U Tam'Si. *Le destin glorieux du Maréchal Nnikon Nniku Prince qu'on sort*. Paris: Présence Africaine, 1979.

Notes

1) Jean Suret-Canale, se référant aux chiffres de A. Sarraut (*La mise en valeur des colonies françaises*. Paris: Payot, 1923), avance le chiffre de 17.910 recrutements en Afrique Equatoriale Française contre 193.349 en Afrique Occidentale Française entre 1914-1918. Cf. *Afrique Noire Occidentale et Centrale. L'ère coloniale (1900-1945)*. Paris: Editions Sociales, 1964, p. 181.

2) Cf. Catherine Coquery-Vidrovitch, *Le Congo au temps des grandes compagnies concessionnaires (1898-1930)*. Paris/La Haye: Mouton & Co, 1972. La "mise en valeur économique" du Congo a eu des conséquences effroyables qui ont indigné à l'époque une certaine opinion européenne. Elle a inspiré des écrits célèbres comme *Voyage au bout de la nuit* de Céline et *Voyage au Congo* d'André Gide.

3) La récurrence de cette appelation montre bien que les auteurs s'appuient, dans leur évocation du passé colonial, sur un fond populaire authentique.

4) Cf. Martial Sinda. *André Matsoua: fondateur du mouvement de libération du Congo*. Dakar: Nouvelles Editions Africaines, 1977.

5) Sur l'histoire du Matsouanisme, lire Georges Balandier. *Sociologie des Brazzavilles noires*. Paris: Armand Colin, 1955 ou Martial Sinda. *Le messianisme congolais et ses incidences politiques*. Paris: Payot, 1972.

6) Cf. par exemple, *Matricule 22* de Patrice Lhony et *Les corbeaux* de Dominique M'Fouillou. Les oeuvres sont nombreuses qui accordent aussi leur intérêt au mouvement religieux qu'il a inspiré.

7) Le séjour dans les rangs de l'armée coloniale aura d'autres incidences: complexe d'infériorité vis-à-vis du Blanc et surtout admiration naïve et profonde pour la France, la "mère-patrie" qui, de ce fait, pourra pratiquer une politique néocoloniale vis-à-vis du pays de Bwakamabé; anti-communisme farouche: en Algérie, Bwakamabé a eu pour adversaires des militants du F.L.N qui «n'auraient jamais gagné si les Français de France, intoxiqués par la propagande communiste, ne nous avaient pas poignardés dans le dos» (p. 118).

8) Ali A. Mazrui. "Soldiers as Traditionalizers: Military Rule and the Re-Africanization of Africa". *World Politics* 28 (1975/76): 246-272. D'ailleurs, Bwakamabé lui-même est de l'Est, «pays des gorilles et des pygmées» (*Le Pleurer-Rire*, pp. 23-24).

9) Les deux parties y trouvaient leur compte: les conscrits voyaient dans le recrutement la possibilité d'améliorer leur condition économique et les recruteurs tablaient sur l'efficacité de ces hommes d'après la théorie qui voulait qu'un Africain "sauvage" (non occidentalisé) ferait un meilleur soldat qu'un autre, "civilisé".

10) Cf. Ali A. Mazrui, *op. cit.*, et Catherine Coquery-Vidrovitch, *op. cit.*, p. 92.

Manfred PRINZ

ÜBERLEGUNGEN ZUR SPRACHE DER "TIRAILLEURS"

1. Einleitung

L.-J. Calvet stellt im zweiten Teil seines Buches *La guerre des langues* einen interessanten Aspekt heraus, indem er die Bedeutung der Bereiche des Militärs und der Militäradministration für das Entstehen von Verkehrssprachen (langues véhiculaires) hervorhebt:

> ...la conquête de l'Amérique latine par les Espagnols nous montre de façon exemplaire des liens entre l'avancée militaire et le futur de la langue castillane. Mais l'armée, en tant qu'administration, joue aussi un rôle non négligeable dans l'histoire des langues véhiculaires. Le bambara p.ex. langue véhiculaire de l'Ouest africain, était la langue de commandement des troupes coloniales françaises en Afrique, et il en existait même un manuel officiel de l'armée... (134)

Calvet meint hier die *Grammaire et méthode bambara* von Capitaine Delaforge. Dieser Hinweis auf die sprachgeschichtlichen und sprachsoziologischen Implikationen der kolonialen Armee als Sprachgemeinschaft, in der Angehörige einer Vielzahl verschiedener sprachlicher Gruppen zusammenleben und zusammen ums Überleben kämpfen, d.h. darauf angewiesen sind, trotz sprachlicher Widerstände und Unterschiede wirksam und schnell miteinander zu kommunizieren, führen zu weiteren Fragen:

-   Welche politisch-ideologischen und welche sozialen-sozialpsychologischen Konsequenzen hängen mit der Wahl bestimmter Sprachen z.B. innerhalb der Armee zusammen, etwa die Wahl des Französischen oder die einer afrikanischen Sprache als Verkehrssprache?

-   Sind die Wiedergabe von Versatzstücken afrikanischer Sprachen in Form von Ethnotexten (Sprichwörtern u.a.) oder das wortgetreue Zitieren des sogenannten *français tirailleur* in Romanen oder Darstellungen von Kriegs- und Kampfgeschehen komisch-unterhaltendes Aperçu und exotischer Zierrat oder kommt diesem z.T. recht ausführlichen Eingehen auf die vielfältige sprachliche Realität eine weitergehende Bedeutung zu? Erhalten wir nicht über den rein sprachlichen Bereich hinaus Einblick in den psychologisch-persönlichen, und erweisen sich die sprachlichen Phänomene nicht als wesentlicher Bestandteil einer Kommunikation von Angehörigen unterschiedlicher sozialer und kultureller Herkunft?

-   Schließlich stellt sich die Frage nach den mit den jeweiligen Sprachen verbundenen Werte- und Stereotypsystemen. Je nach Sprecher läßt sich ein eigenes System von Urteilen/Vorurteilen hinsichtlich der verwendeten Sprachen

entwerfen, die Aufschluß über seine eigene (des Sprechers) Welt und das Bild, das
er sich von der Welt der anderen (Sprecher dieser Sprachen) macht, geben.

2. Sprachliche Situation

Unter der Bezeichnung *tirailleur* faßte man sämtliche aus der A.O.F. und A.E.F.
rekrutierten afrikanischen Soldaten zusammen, die nicht die französische
Staatsangehörigkeit hatten, im Unterschied zu den Bewohnern der sogenannten *quatre
communes de plein exercice*. Ethnisch und sprachlich vielfältig und verschieden, zum
überwiegenden Anteil des Französischen nicht mächtig und Analphabeten, wurden sie
in Bataillonen und Regimentern zusammengewürfelt und mußten innerhalb kürzester
Zeit in der Lage sein, Befehle zu verstehen und sich auch untereinander zu
verständigen. Bakary Diallo, selber Peul, berichtete in seinem Roman *Force-Bonté* von
seiner Begegnung mit der Wolof-Sprache. Des Französischen nicht mächtig, oder nur
sehr mangelhaft, sprechen die Soldaten jeweils ihre Muttersprache und bringen sich
gegenseitig ihre eigenen Sprachen bei (34/35). Neben Wolof- und Peul-Zitaten finden
sich in Diallos Romanen ebenfalls Redewiedergaben und Liedtexte in Bambara (61,
125, 132). Wolof und Bambara waren in der Tat sehr verbreitete Verkehrssprachen in
der kolonialen Armee, wie Doudou Diallo, der Präsident der *Association des Anciens
Combattants* in Dakar, mir in einem Interview bestätigte. Selten sprachen die
französischen Vorgesetzten eine afrikanische Sprache, so daß in der Regel ein
afrikanischer *Sergent* oder *Caporal* als Übersetzer fungieren mußte. So wie B. Diallo sich
erinnert, von seinem Kameraden und einem *Sergent* in Wolof unterrichtet worden zu
sein, so berichtet er ebenfalls von einem *Capitaine*, der ihm das Alphabet und die
Grundzüge des Französischen beibrachte (84/86). Ob solche gegenseitige, gezielte
Hilfestellung im sprachlichen Unterricht die Regel war, ist eher zu bezweifeln, wie
ehemalige Tirailleurs mir in Interviews bestätigten (cf. Ali Sène und D. Faye), doch es
kann sicherlich davon ausgegangen werden, daß die Situation der Vielsprachigkeit und
der ständigen Bedrohung insgesamt ein günstiges Klima für das Erlernen anderer
Sprachen schufen. So war ich beispielsweise erstaunt zu sehen, daß mir senegalesische
Anciens Combattants nach mehr als vierzig Jahren noch deutsche Satzbrocken und ganze
Zahlenreihen nennen konnten, die sie während ihrer Gefangenschaft zur Zeit der
Besetzung Frankreichs gelernt hatten.
In *La Randonnée de Samba Diouf* der Brüder Tharaud[1] wird das Phänomen des
Übersetzens als Prozeß des Informationsflusses von "unten" nach "oben" dargestellt, als
von der Basis der *tirailleurs* eine Petition, der Wunsch, fortan nicht mehr im Steinbruch
zu arbeiten, sondern an der Front zu kämpfen, über den *Caporal* an den *Adjudant* über
den *Colonel* an den *Général* weitergeleitet wird.
Samba Sarr, einfacher *tirailleur*, wendet sich an seinen *Caporal* Lamine Cissé, einen
ehemaligen Missionsschüler von Monseigneur Jalabert (89), folglich des Lesens und
Schreibens sowie des Französischen kundig, mit der Bitte, in seiner Funktion als *Caporal*
bei dem europäischen *Capitaine* vorzusprechen: "... tu es notre capolar et ... les Toubabs
t'ont fait notre guide. (...) Ta peau est noire comme la nôtre, mais tu approches du savoir
des Toubabs. (...) Mais va trouver demain le Toubab capitaine et dis-lui ce qui est dans
nos esprits." (133) Der Dienstweg führt Cissé jedoch nicht sofort zum *Capitaine*, sondern

er wendet sich zusammen mit seinen Caporalskollegen an den *Adjudant-Chef*, nachdem in Form eines Lauffeuers die Worte von Samba Sarr innerhalb der Kompanie übersetzt und verbreitet wurden: "...ceux qui n'avaient pas compris se firent traduire ses paroles, et de bouche en bouche, de dialecte en dialecte, son discours fit le tour de la chambrée." (133) Lamine Cissé trägt seinem Adjudanten die Petition nun in französischer Sprache und ebenfalls unter Berufung und Hervorhebung der Mittlerfunktion dieses seines Vorgesetzten vor: "C'est toi qui te tiens entre nous et les officiers Toubabs, et nous devons te dire tout ce qui est dans notre coeur." (134) Der *Adjudant-Chef* erst tritt an die europäischen Offiziere heran, die ihrerseits die Wünsche der *Tirailleurs* bis zum *Général* weiterleiten.

In einem anderen Zusammenhang wird dem Tirailleur Samba Diouf selber die Sprachbarriere zum Problem, nämlich als er, zu drei verschiedenen Zeitpunkten, Briefe aus seinem Dorf erhält, zu deren Entzifferung er eines Vorlesers und eines Dolmetschers bedarf. In den beiden ersten Fällen wendet er sich an seinen Bruder gleicher Hautfarbe, den Caporal Lamine Cissé (106 ff., 149 ff.), jedoch beim dritten Mal, aus Furcht vor einer Blamage, zieht er es vor, sich einem europäischen Offizier anzuvertrauen, weil er seinem Landsmann Lamine Cissé mißtraut und von einem "Toubab" aufgrund seiner Bildung und Erziehung ein höheres Maß an Diskretion erwartet: "Ouaï! mon Toubab, tu es bon! (...) Ouaï! ne te fâche pas, Toubab! En toi seulement j'ai confiance. Il y a des choses dont j'ai peur d'avoir honte devant la face de mon semblable. - Et devant moi donc? - Je ne le crains pas, car vous autres, Toubabs, êtes bien élevés et ne vous mêlez pas de nos affaires." (176/177)[2]
Diese hier einem Afrikaner in den Mund gelegte Hochschätzung und Bevorzugung der Europäer bei den Brüdern Tharaud wird uns an anderer Stelle in einem ähnlichen Zusammenhang, der auch sprachliche Aspekte betrifft, wieder begegnen.

In dieser an zwei Beispielen charakterisierten, durch soziale und kulturelle Faktoren bedingten sprachlich komplexen Situation, die die Kommunikation innerhalb der Kolonialtruppen ausmacht, lassen sich *zwei Tendenzen* ausmachen, die dem auf Vielsprachigkeit beruhenden Verständigungsproblem begegnen und der Vereinfachung der Kommunikation dienen sollen:

- Die *erste* besteht darin, planerisch-strategisch das Problem der Vielsprachigkeit zu beheben, durch die Förderung ganz bestimmter Sprachen, von denen man annimmt, daß durch sie aufgrund eines allgemeinen Konsens die Kommunikation innerhalb der Truppe erleichtert wird. Bei dieser Sprachplanung, einer *gestion in vitro*,[3] dachte man an das Französische und/oder eine überregionale afrikanische Verkehrssprache, wie etwa das Bambara.

- Die *zweite* Tendenz ist die ungesteuerte, "natürliche" Entwicklung einer *lingua franca*, orientiert an der jeweiligen akuten kommunikativen Bedarfslage und charakterisiert durch äußerste Ökonomie. Eine solche aus Not und Notwendigkeit entstandene und schließlich durch einen informellen Konsens allgemein akzeptierte Sprache, Beispiel für eine *gestion in vivo*, ist das auf der Basis des Französischen entwickelte *français tirailleur*.

3. "Gestion in vivo" - Die Rolle des Französischen und der afrikanischen Sprachen

In zahlreichen Sachtexten, Monographien, historiographischen Dokumenten, juristischen Texten, sowie in fiktionalen Texten bleibt das Problem der Sprache und der Wahl bestimmter Sprachen nicht ohne Bedeutung. Es lassen sich vielmehr deutliche Positionen der jeweiligen Autoren ausmachen.

Bezogen auf das Französische, von dem wir wissen, daß es in seiner puristisch-akademischen Form nur von einer Minderheit der Afrikaner beherrscht wurde, lesen wir in einem **Dekret vom 30. Juli 1919** "Sur l'armée noire", abgedruckt im "Journal officiel" die folgende Verordnung:

> Il a été également tenu compte de l'intérêt qu'il y a à faire passer sous les drapeaux le plus grand nombre possible d'indigènes, pour les rendre à la vie civile plus instruits, plus disciplinés, connaissant mieux notre langue, plus aptes, par suite, à toutes sortes de travaux.
>
> (Journal officiel vom 5.8.1919)

Bilanz aus den Erfahrungen im 1. Weltkrieg ziehend, werden hier noch einmal die *entscheidenden Gesichtspunkte*, die das Erlernen der französischen Sprache auch fortan für afrikanische Soldaten sinnvoll erscheinen lassen, genannt und in Form einer Empfehlung vorgetragen:

> Das Erlernen des Französischen ist Bestandteil der *mission civilisatrice* der Franzosen in Afrika.

> Das Erlernen des Französischen und die Zivilisierung gewährleisten eine größere Disziplin innerhalb der Truppe und ermöglichen einen effektiveren Einsatz der afrikanischen Rekruten in der Armee und anderswo.

Beide Argumente zeigen deutlich die Überlegenheit, die der französischen Sprache und Kultur zugeschrieben wird und unterstreichen die Zivilisierungs- und Erziehungsbedürftigkeit der Afrikaner sowie die Minderwertigkeit ihrer Sprachen und Kulturen aus der Sicht der Kolonialherren.

In der umfassenden Darstellung des General A. Duboc aus dem Jahre 1939 *Les Sénégalais au service de la France* finden wir nähere Erläuterungen und Ausführungen zu der Sinnhaftigkeit dieser Zivilisierung durch die Sprache und auch zu den Hindernissen in diesen spracherzieherischen Bemühungen: Er berichtet z.B. von einem Erlebnis, als er nach einem Angriff afrikanische Soldaten eine Art Kriegstanz um Granatenlöcher aufführen sah, Granatenlöcher, in denen sich die Leichen deutscher Soldaten befanden. Duboc stellte einen Bezug zwischen dem Verhalten der Afrikaner und deren Kenntnisstand in der französischen Sprache her und kommt zu folgendem Kommentar der Situation:

> C'était pour eux la danse de guerre après la victoire!
> D'autres lançaient des grenades dans des trous d'obus et se penchaient sur le bord pour voir l'effet produit par leur éclatement.
> Il est évident qu'avec de vieux tirailleurs, mieux instruits, connaissant mieux la

langue française, ces faits ne se seraient pas produits et beaucoup de pertes auraient été évitées. (83)

Implizit ist in dieser Kommentierung eine deutlche Kritik an der urtümlichen Primitivität und Emotionalität der Afrikaner enthalten, Eigenschaften, die ihnen als ursprünglich, vor dem Kontakt mit der europäischen Zivilisation, zugeschrieben werden. Duboc unterstreicht außerdem die bereits erwähnte Funktion der Rekrutierung, die er als bildungs- und ausbildungsfördernde Maßnahme begründet:

...la circonscription devant [...] nous permettre de faire passer, par le régiment, le plus grand nombre possible de jeunes indigènes où ils apprendraient la langue française, recevraient une bonne instruction militaire, industrielle et agricole, dans des écoles professionnelles, annexes des corps de troupe... (36)

Der General sieht zweifellos einen wichtigen Vorteil darin, daß ein französischsprachiges Regiment Befehle leichter versteht und schneller ausführen kann. Doch gerade hier erkennt er die großen Schwierigkeiten, die die Angehörigen "primitiver" Kulturen und Sprachen beim Erwerb des Französischen haben und empfiehlt den Ausbildern, Unterrichtsmethoden anzuwenden, die der minderen Intelligenz der Lerner und dem kulturellen Unterschied Rechnung tragen:

Les méthodes d'instruction des troupes indigènes devront être adaptées à leur moyens, à leur intelligence et à leurs qualités physiques et morales. (141)

Um diesem Mißstand vorzubeugen, schlägt er Übersetzer und Vermittler vor, die unter den Afrikanern auszuwählen seien und die Sorge dafür tragen, daß die Befehle verstanden werden:

Les ordres doivent être donnés en suivant la voie hiérarchique, et en s'assurant toujours que les explications verbales qui ont pu les accompagner ont été comprises par les intermédiaires.
Les tirailleurs qui connaissent suffissament la langue française pour pouvoir saisir l'esprit des ordres reçus sont rares, aussi faudra-t-il avoir toujours recours à un gradé indigène, pour les leur transmettre, après lui avoir expliqué la façon d'en assurer l'exécution et fait répéter pour s'assurer qu'il a compris. (125)

Es wird zunehmend deutlich, daß es bei aller Betonung der *mission civilisatrice* via *apprentissage du français* um eine Effektivierung des Einsatzes der afrikanischen Soldaten ging und daß kaum ein Europäer ernsthaft daran glaubte, daß Afrikaner - aufgrund ihrer mangelnden intellektuellen Voraussetzungen - das Französische erlernen könnten. Die Schwierigkeiten erwachsen aus dem bereits festgeschriebenen Stereotyp der Primitivität und der fehlenden Intelligenz; diesen Mißstand als objektiven Sachverhalt anerkennend, kann es nur noch darum gehen, dennoch einen optimalen Einsatz der schwarzen Truppen zu erzielen unter alleiniger Ausrichtung der Ausbildung auf das Utilitätsprinzip:

Les difficutés qu'ils éprouvent généralement à apprendre notre langue ne leur permettent pas, souvent, de s'assimiler facilement les leçons de l'instructeur, de sorte que les titulaires des emplois de spécialistes sont incapables, au combat, d'obtenir de leur armement tout le rendement utile que l'on devrait pouvoir en attendre. (44)

Auf der anderen Seite unterstreichen die gleichen Autoren, die von der kulturellen Überlegenheit der französischen Sprache überzeugt sind, daß es erfahrener europäischer Ausbilder für die afrikanischen Soldaten bedarf, die Sprache und Kultur ihrer Rekruten während längerer Aufenthalte in Afrika kennengelernt haben und sich von daher angemessen auf ihre Truppe einstellen können. Georges Pasquier fordert in seiner juristischen Studie mit dem Titel *L'Organisation des troupes indigènes en A.O.F.* bereits im Jahre 1912 unter Berufung auf eine gesetzliche Bestimmung vom 7.7.1900 eine "spécialisation" der Ausbildung für Offizierskandidaten, die die Truppen in Afrika und Indochina befehlen werden:

Cette mesure, en leur donnant la certitude d'accomplir toute leur carrière coloniale dans la même possession, aurait encouragé les officiers à pénétrer les moeurs et le caractère des soldats natifs qu'ils sont appelés à commander de façon durable; elle leur aurait fait aussi une obligation de connaître la langue indigène et de se passer des services d'un interprète dont l'intermédiaire entre l'administrateur et l'administré, le chef et le subordonné, a souvent été la cause d'injustices et la raison d'une hostilité sourde des populations conquises pour les représentants de la France. (42)

Teil dieser Maßnahme war es, in das Dossier der Offiziersanwärter für die Kolonialtruppen die Anzahl der vom Kandidaten gesprochenen "Dialekte" (42) anzugeben. Diese deutlichen Anklänge an Selbstkritik bereits im Jahre 1912 bei Pasquier werden nach den Erfahrungen im 1. Weltkrieg bei Duboc zur deutlichen Anklage gegen Qualifikation und Ausbildungsstand der europäischen Ausbilder, die zu einem großen Teil für die militärischen Fehlschläge und das Versagen der kolonialen Truppen verantwortlich gemacht werden. Bei dieser Gelegenheit unterstreicht Duboc erneut die Notwendigkeit, daß die französischen Offiziere u.a. eine der afrikanischen Sprachen beherrschen sollen:

En ce qui concerne les officiers et les sous-officiers appelés à servir dans les troupes noires, il est indispensable de les choisir avec soin, d'exiger d'eux, après un premier séjour de 2 ans, la connaissance de l'un des principaux dialectes, puis de les spécialiser dans le Commandement des indigènes de l'A.O.F. (141)

Diese Empfehlung entspringt jedoch bei aller selbstkritischen Haltung letztendlich der Sorge um einen nutzbringenderen Einsatz der Afrikaner und weniger einem echten Interesse an den Menschen, an deren Kultur oder an deren Sprache. Ziel der Bemühungen bleibt "la conservation des effectifs" (121) und die Konkurrenzfähigkeit der Kolonialtruppen mit den europäischen Einheiten: "Pour que les unités soient vraiment en état d'être comparées à n'importe quelle troupe de race blanche..." (141)

In der Regel bleibt es jedoch, wenn es um das Erlernen afrikanischer Sprachen durch Europäer/Franzosen geht, bei Lippenbekenntnissen und Absichtserklärungen. Die von Colonel Delaforge geschriebene *Grammaire et méthode bambara* bildet eine Ausnahme, und ehemalige Tirailleurs bezeugen in den Interviews, daß sie nur vereinzelt Franzosen begegnet sind, die sich in einer afrikanischen Sprache verständigen konnten.

In den *literarischen* Beispielen, die ich ausgewählt habe, werden weniger Empfehlungen oder Strategien zur Meisterung der Sprachenvielfalt formuliert, sondern es kommen deutlich mit der Beschreibung einzelner Sprachpraktiken und bei der Verwendung bestimmter Sprachen, Wertungen und Klischeevorstellungen zum Ausdruck.
In *La Randonnée de Samba Diouf* ist die Tatsache, daß Akonan Kouami nicht nur nicht Französisch, sondern eine keinem Kameraden verständliche afrikanische Sprache spricht, Grund für seine Außenseiterstellung und den Verdacht, er habe eine magische, gefährliche Ausstrahlung. Als "bête sauvage" von allen gemieden, stirbt er, ohne je mit den anderen in Kontakt gekommen zu sein, einen einsamen, mysteriösen Tod:

> Or, c'était Akonan Kouami qui avait trépassé dans la journée. Le Génie malfaisant qui habitait son corps misérable n'en voulait qu'à lui seul. Personne ne sut jamais de quel mal avait succombé ce soldat noir de langue et de race inconnues. (128)

Ist hier der Grad der Unbekanntheit bei dem Afrikaner Grund für Mißtrauen, Angst und Ausstoßung, so fühlt sich Samba Diouf ganz im Gegenteil zu dem nicht weniger unbekannten und für ihn unverständlichen Russen, den er im Lazarett kennenlernt, hingezogen. Statt ihn zu verachten, sieht er in der vordergründigen Kommunikationslosigkeit vielmehr die Möglichkeit zu einer tieferen und eigentlichen Verständigung mit dem anderen:

> Samba n'était même pas effleuré du regret de ne pas savoir ce que lui racontait le Russe, quand son voisin, pris à son tour du besoin de parler, lui faisait des confidences. Et à tous deux il suffisait de trouver des oreilles complaisantes et des yeux qui avaient l'air de s'intéresser aux histoires tout à fait inintelligibles qu'ils se contaient l'un à l'autre. (168)

Beurteilen die Afrikaner selbst Verschiedenartigkeit und Fremdheit untereinander eher als negativ, so fällt - wie hier zu sehen ist - auf die kultur- und sprachspezifischen Verschieden- und Besonderheiten zwischen Europäern und Afrikanern eher ein positives Licht. Negative Stereotype werden allerdings nicht vom Autor vorgetragen, sondern den afrikanischen Protagonisten selbst in den Mund gelegt, so daß sie um so überzeugender wirken und den Anschein von Objektivität erhalten sollen.
Auf der anderen Seite steht das offensichtliche Interesse der Autoren an der Vielfalt der afrikanischen Kulturen und Sprachen, das sich in den zahlreichen sachkundigen Andeutungen, spitzfindigen, auf Interferenzen beruhenden Wortspielen, Zitaten afrikanischer Sprichwörter und Redewendungen, den enzyklopädisch anmutenden Ausführungen zu afrikanischen Eigentümlichkeiten (Flora, Fauna, Sitten, Gebräuche, Geographie) und nicht zuletzt in den anerkennenden Bewertungen und Urteilen niederschlägt. Im Vorwort zu dem Roman wird ausdrücklich die Sachkundigkeit des

Informanten André Demaison (cf. Anmerkung 1) hervorgehoben, ohne den der Roman niemals hätte geschrieben werden können - so die Autoren - und der sich in Wolof und Mandingue sowie in den Besonderheiten der afrikanischen Kulturen sehr gut auskannte; sie verweisen insbesondere auf den Zusammenhang von Sprache und Kultur und kommen zu einem durchweg positiven Urteil über die afrikanische Welt:

> Eh, cher ami, vous disais-je à tout moment, vos Noirs s'expriment en vérité comme des académiciens! - Ma foi oui, me répondiez-vous. Mais que voulez-vous que j'y fasse? Je vous traduis mot pour mot ce qu'ils disent. Si leurs langues sont souples et riches, et capables de rendre des nuances, très subtiles, cela témoigne simplement que ces gens de l'Afrique Occidentale ne sont pas du tout les brutes qu'une médiocre littérature coloniale se plaît à nous représenter. (...) Ces Noirs ne parleraient pas ainsi s'il n'y avait derrière eux une civilisation très simple mais une civilisation tout de même. (9/10)

Dieses Zitat gibt die grundsätzlich positive Haltung der Autoren, bezogen auf die afrikanische Welt, wieder: Bewunderung und Erstaunen vor der Leistung und Differenziertheit afrikanischer Sprache und Kultur ("comme des académiciens"), erklären ihr Interesse, diesen Kulturbereich im öffentlichen europäischen Bewußtsein zu rehabilitieren.[4]

Andererseits finden wir aber subtile Hinweise auf die Minderwertigkeit der afrikanischen Kultur im Vergleich zur höher stehenden europäischen: Die Rehabilitierung des kulturellen Erbes Afrikas durch Europa, ein Ausdruck der *mission civilisatrice*, ist seinerseits Beweis für die Überlegenheit der Weißen. So ist es in keiner Weise als Widerspruch anzusehen, wenn die Autoren in zahlreichen Zitaten ihre profunden Kenntnisse in der Wolofsprache und -kultur unter Beweis stellen, andererseits aber in der Darstellung der Afrikaner und deren Autostereotypen hinsichtlich ihrer eigenen Kultur skeptische bis diskriminierende Urteile zum Ausdruck kommen, in denen die afrikanische Welt "auf Distanz gebracht" und "ironisiert" erscheint.[5] Wenn Wolofsprecher die Sprache der Mandingues "langage de chien" (114) nennen, die lediglich aus "cris gutturaux pareils à des aboiements" (92) bestehe, so wird diese Kritik zwar in den Mund der Afrikaner gelegt, doch verschweigt das stilistische Mittel der Redewiedergabe nicht das Überlegenheitsgefühl des europäischen Autors, das sich dahinter verbirgt. Bei allem Interesse der Autoren für die Eigentümlichkeiten der afrikanischen Sprache und Kultur lassen sich - wenngleich auch geschickt kaschiert - in *La Randonnée de Samba Diouf* zwei Stereotype bezogen auf die Afrikaner herauslesen, die vor allem sprachlich begründet werden:

- Verschiedenheit von Kultur und Sprachen führt zu Gespaltenheit, Zwietracht und Intoleranz der Afrikaner untereinander.

- Einzig die europäische Kultur vermag als einheitsstiftende Instanz diesem Mißstand ein Ende zu setzen. In der Darstellung des Romans finden sich geschickterweise derartige Vorurteile in den Aussagen der Afrikaner selber wieder, so daß diese als eigentliche Träger von Intoleranz und Zwietracht angesehen werden.

Auch wenn Bakary Diallo in *Force-Bonté* nicht weniger seinen Glauben an die Überlegenheit der Europäer und deren *mission civilisatrice* bekundet, so unterscheidet sich seine Einschätzung der afrikanischen Kultur- und Sprachvielfalt deutlich von der der Brüder Tharaud. - Für Diallo deutet die vordergründige, als schmerzvoll empfundene (68) Verschiedenheit vielmehr auf eine um so tiefere Verbundenheit und Solidarität der Afrikaner. (61) - Die Verschiedenheit der Sprachen bietet darüber hinaus stets eine neue Herausforderung, voneinander zu lernen und sich näher zu kommen; Diallo beschreibt zahlreiche Situationen, in denen Wolof, Peul und Franzosen einander Sprachunterricht erteilen und auf diesem Wege ihre menschlichen Gemeinsamkeiten erkennen und erleben (cf. 35).

Für Diallo stehen die afrikanischen Sprachen zunächst auf gleicher Ebene mit den europäischen, doch seine Hochachtung vor Franzosen und deren Kultur läßt es ihm als erstrebenswert erscheinen, ihre Sprache zu sprechen und dann auch lesen und schreiben zu lernen. Sein Wunsch, der den gesamten Roman durchzieht, ist es, französisch denken und träumen zu können, wie Frama, sein Kamerad, den er in Fréjus im Militärkrankenhaus kennengelernt hat (145).

4. Das "français tirailleur" - Beispiel für "gestion in vivo" ?

Ebenso schwierig wie es ist, aufgrund der wenig zahlreichen Quellen, gesicherte Aussagen über den Gebrauch afrikanischer Sprachen im Bereich der kolonialen Armee zu machen, so schwierig ist es auch, längere Textpassagen im sogenannten Tirailleur-Französisch aufzufinden. In der Regel handelt es sich um stereotype, knappe Äußerungen, die in ihrer fragmentarischen Form wenig ergiebig sind, möchte man Aussagen über Struktur und Regeln dieser "Sprache" machen. Die wohl bekannteste, aber auch kürzeste Quelle für das *français tirailleur* ist der die Reklame für das Produkt "Banania" begleitende Slogan "y a bon", der erstmals zwischen 1914 und 1915 in allen französischen Zeitungen zu finden war. Die Abbildung zeigt einen Tirailleur vor einer nicht genau zu lokalisierenden Landschaft (Felder, Wüsten oder Steppen) unter einem Baum sitzend, das angepriesene Produkt, den Kakaotrunk löffelnd. Sein breites Lachen verrät den Genuß, den ihm "Banania" bereitet, und für die französischen Kunden wird die Bildaussage noch einmal im *français pur* wiederholt: "Banania, le plus nourrissant des aliments français, petit déjeuner du matin, crème et entremets, en vente partout". Léon Fanoudh-Siefer sieht in dieser Werbung ein Beispiel für das Stereotyp des ständig lachenden, grinsenden Negers mit weißen Zähnen, freundlich-naiver Kontrapunkt zum unheimlichen, Grimassen schneidenden Wilden (51). Der Slogan "y a bon" im rudimentären Tirailleur-Französisch, im Druckbild an die brav-regelmäßige Handschrift eines ABC-Schützen erinnernd, zu übersetzen mit "c'est bon", unterstreicht diese Vorstellung des unbedarften, wohlerzogenen Schwarzen, der seine Situation als Soldat auf dem Kriegsschauplatz des 1. Weltkriegs beim Genuß von "Banania" zu vergessen scheint. Unbedarftheit, Ignoranz, Kindlichkeit, simple Freude am Leben sind die Eigenschaften, die diesen Afrikaner auszeichnen.

Auf ebenso eindrucksvolle Weise findet sich das gleiche Stereotyp in einem Bändchen wieder, das den Titel trägt *Les âmes de nos tirailleurs sénégalais*, aus dem Jahre 1941, das von den Ordensschwestern Petites-Servantes du Sacré-Coeur, Missionnaires-Catéchistes des Noirs d'Afrique (gegründet von Alice Munet) verfaßt wurde. Dieses Büchlein ist die mir bekannte umfangreichste Sammlung von Zitaten im "Tirailleur-Französisch". Es enthält auf 165 Seiten von den Schwestern gesammelte Glaubenszeugnisse afrikanischer Soldaten, die sich im Lazarett von Fréjus unter ihrer Obhut und Pflege zum christlichen Glauben bekehrt haben. Viele dieser Glaubensbekenntnisse sind im *français tirailleur* wiedergegeben und dies nicht ohne Grund: Die Bitte des Bischofs von Fréjus und Toulon, der die Schwestern um die Niederschrift dieser Zeugnisse angehalten hat, wird im Vorspann des Büchleins wie folgt begründet:

> Bien souvent le regretté Monseigneur Siméone nous parlait des Tirailleurs Sénégalais et il aimait à citer les réflexions exprimées souvent en termes naïfs, mais qui montraient combien ces âmes droites apprenaient les vérités de la Foi catholique. (7)

Spontaneität und Naivität des Ausdrucks, Aufrichtigkeit und Aufnahmebereitschaft für die christliche Wahrheit sollen anhand dieser Zeugnisse afrikanischer Katechumenen exemplarisch dem Leser vor Augen geführt werden. Die Tirailleurs als "humbles enfants noirs" (165) sehen wir ganz und gar in der Fürsorge des väterlichen Bischofs ("coeur si bon et si paternel") (5) und der mütterlichen Schwestern ("coeurs maternels des Petites Soeurs") (165).

Die Wiedergabe der Zitate im *français tirailleur*, die ja ursprünglich zur Andacht und als Beispiel christlicher Herzenseinfalt gedacht waren, befinden sich häufig - und dies wohl nicht erst für den heutigen weitgehend säkularisierten Leser - an der Grenze zum Lächerlichen:

> Ce bon petit n'appelait pas la Supérieure des Soeurs "Maman", comme le font des autres Sénégalais, mais sa voix douloureuse lui redisait plaintivement: "Ma Mère... ma Mère!" - Le dernier jour, il gémit: "Ma Mère... ma Mère, moi partir..." - "Où vas-tu?" - "Moi partir avec toi." - Le soir, il partit en effet, mais... pour le ciel. (88)

Dieses und andere Beispiele zeigen, daß die Wiedergabe der Tirailleurs-Zitate und die hierdurch erfolgte Darstellung der afrikanischen Soldaten eher eine komische Distanzierung bewirken und weniger der ursprünglich verfolgten Absicht dienen, tugendhafte Charaktere darzustellen. Das Büchlein erweist sich in doppelter Weise als verräterisch: Nicht nur die Darstellung der Tirailleurs und ihrer Sprache erscheinen wenig realistisch und ins Kitschige verfremdet; die Autoren selbst entlarven sich in ihrer Naivität und Ignoranz und zeigen so mit negativen Vorzeichen eben die Eigenschaften, die sie ihren afrikanischen Glaubensbrüdern positiv unterstellen wollten.

Diese Quellensammlung der Nonnen in Fréjus kann natürlich keinen Anspruch auf Authentizität erheben. Solange keine Transkriptionen real gesprochener Texte vorgelegt werden - und diese scheint es nicht zu geben und noch weniger Tondokumente - handelt es sich um Artefakte, in die willkürlich persönlich-subjektive, entstellende oder idealisierende Elemente und Vorstellungen des jeweiligen Schreibers einfließen. Solange authentische Quellen fehlen, kann keine ernsthafte sprachsoziologische

Untersuchung zum "Tirailleur-Französisch" angestellt werden, und Aussagen über diese Sprache sind dem Bereich der Imagologie oder dem der Stereotypenforschung der Sozialpsychologie zuzuordnen. Es erscheint sogar gerechtfertigt, grundsätzlich an der Existenz des Tirailleur-Französisch zu zweifeln und es als bloß literarisch-fiktionales Phänomen anzusehen.

Dieser Ansicht widersprechen allerdings die Aussagen zahlreicher noch lebender *Anciens Combattants*. So kommen ehemalige Kolonialsoldaten, auf die Kommunikationsformen innerhalb der Armee angesprochen, nicht nur immer wieder auf das *français tirailleur* zurück und können auch Beispiele aus dieser "Sprache" zitieren. Es wurde sogar über längere Zeit vom senegalesischen O.R.T.S. eine Sendung im Tirailleur-Französisch ausgestrahlt, die von dem Ex-Colonel Aly Ly gesprochen wurde. Diese zwar auf komische Effekte abzielende Sendung, hatte aber einen durchaus ernsten Hintergrund und sprach die Hörer auf eine als schmerzvoll empfundene Vergangenheit an, die alles andere denn als bewältigt bezeichnet werden kann, die von den meisten derjenigen, die sie erlebt haben, aber auch mit einem Rest Wehmut und Nostalgie als Erinnerung an eine "bessere Zeit" fortbesteht und bedauert wird. Zieht man die Situation der Vielsprachigkeit und der Verständigungsproblematik innerhalb der Kolonialarmee in Betracht, so muß es als mehr denn wahrscheinlich gelten, daß zwischen frankophonen Vorgesetzten und nicht-frankophonen Untergebenen als auch unter Tirailleurs, die nicht dieselbe Sprache sprachen, sich eine von allen gesprochene und verstandene Sprache gebildet hat, die als kleinster gemeinsamer Nenner ein Maximum an Verständnis mit minimalem Aufwand für alle gewährleistete.

Geht man von einem Bi- oder Trilinguismus auf seiten der Afrikaner aus und sieht die durch das Französische bewirkte Diglossie, d.h. funktional begründete Zweisprachigkeit, so ergibt sich ein Bild sprachlicher Komplexität, in der nur die Einigung auf eine neue Kommunikationsform, in unserem Fall das *français tirailleur*, gegenseitige Verständigung ermöglichen kann. (Schema 1)

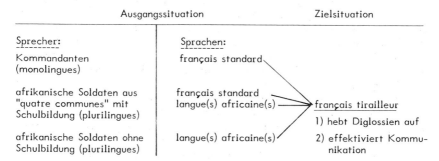

Diglossien: français standard - langues africaines
français tirailleur - langues africaines

Bilinguismen bzw. Mehrsprachigkeit: langue(s) africaine(s) - langue française

Ganz generell lassen sich für die Herausbildung einer *lingua franca* in einer derartigen Situation folgende Merkmale festhalten, die auch für das *français tirailleur* ihre Gültigkeit haben:

- In einer Situation, wo Sprecher verschiedener Sprachen zusammenkommen und innerhalb kürzester Zeit ein Kommunikationsmedium gefunden werden muß, das von allen verstanden und gesprochen werden soll, bildet sich selektiv auf der Basis der übergreifenden Kolonialsprache, des Französischen, eine *lingua franca*, unter Reduktion auf die kommunikationsnotwendigen Merkmale und unter Ausschluß von Redundanzen.

- Die grammatischen Regeln beruhen auf dem Gesetz der Ökonomie, historische oder rein normativ begründete Kriterien finden keine Berücksichtigung. Die Reduktion findet im phonemischen, morphologischen, syntaktischen und lexikalischen Bereich statt. Statt der Eindeutigkeit der grammatischen Form, entscheidet v.a. der Kontext und die Situation über den Inhalt der Aussage.

- Das Französische spielt deshalb die Rolle der Ausgangssprache bei der Entstehung dieses Soziolektes, weil sie politisch-ideologisch als Kolonialsprache und Sprache der Vorgesetzten per se dominierend ist und ein Medium notwendig ist, das die Funktion erfüllen muß, innerhalb der Hierarchie von oben nach unten und von unten nach oben zu kommunizieren. Außerdem kann davon ausgegangen werden, daß die zahlreichen Sprecher verschiedener Sprachen aus den Ländern der A.O.F. und A.E.F. ein Minimum an Sprachkenntnis als kleinsten gemeinsamen Nenner und Ausgangspunkt bereits mitbrachten.

Bei dem *français tirailleur* handelte es sich also nicht etwa um eine fest zu umreißende, klar determinierte Sprachform. Vielmehr gab es deutliche Unterschiede in der Kompetenz der einzelnen Sprecher, Varianten und Interferenzen je nach ihrer Herkunft. Weit mehr als andere Sprachen, die einen gewissen Grad an Kodifizierung erreicht haben, ist das *français tirailleur* abhängig von Variablen wie Herkunft und Muttersprache, Schulbildung, d.h. Kenntnisstand im Französischen, Dauer des Militärdienstes, Gesprächspartner, Situation u.a.m., so daß es nur von seiner Funktion, jedoch nicht in seiner grammatischen Form, definiert werden kann. Sicherlich spielen hier wie auf jeder Stufe einer Sprachentwicklung gewisse Mechanismen der Wort- und Satzbildung eine Rolle, die der Sprachökonomie Vorschub leisten und/oder aus Interferenzen mit der Muttersprache der Sprecher erklärt werden können. Die fehlenden authentischen Quellen und die überaus komplexe Situation (Vielsprachigkeit, Bildungsniveaus, Zeitfaktor, Statusfragen u.a.m.), aus der das Tirailleur-Französisch jeweils neu und anders geboren wurde, lassen es widersinnig erscheinen, ihm eine genaue und allgemeingültige Beschreibung zukommen lassen zu wollen, die über den einzelnen Sprechakt hinaus Gültigkeit beanspruchen kann.

Aus den gleichen Gründen erscheint es müßig, für das *français-tirailleur* etwa eine Grammatik oder ein Lehrbuch zu verfassen. Daß der Versuch im Ansatz aber dennoch gemacht worden ist, beweist uns ein weiteres Mal seine Existenz, macht aber zugleich deutlich, wie sehr die Sprache der Tirailleur ein für die Europäer willkommenes Konstrukt darstellte, das Gelegenheit bot, die Sprecher zu diskriminieren und ihre Kulturen und Sprachen als minderwertig zu deklassieren.

5. "Le Français tel que le parlent nos tirailleurs sénégalais"

1916 erschien in Paris ein Bändchen mit dem Titel "**Le Français tel que le parlent nos tirailleurs sénégalais**", dessen unbekannter Autor erkannt zu haben glaubte, daß sich das "petit nègre", das die "indigènes d'origines et de dialectes différents" mit ihren französischen Ausbildern sprechen, nach ganz bestimmten Regeln ("règles fixes") gebildet würde.
Von dieser Erkenntnis ausgehend, setzte sich der Verfasser des Büchleins folgendes Ziel:

> Nous allons essayer de dégager ces règles; leur connaissance facilitera la tâche des nombreux gradés européens versés dans les troupes noires, leur permettra de se faire comprendre en peu de temps de leurs hommes, de donner à leurs théories une forme intelligible pour tous et d'intensifier ainsi la marche de l'instruction. (5)

In den folgenden Kapiteln wird dann zunächst nach Wortarten und grammatischen Kategorien klassifiziert ein Überblick über die wichtigsten Besonderheiten des *français tirailleur* gegeben und an Beispielen illustriert. An diesem Grammatikteil schließt ein "Lektionsteil" an, in dem anhand typischer Situationen des Militäralltags Satzmuster auf Französisch vorgestellt und ins Tirailleur-Französisch übertragen werden. Abschließend werden noch Hinweise zur "Wortschatzarbeit" gegeben, so wie sie dem Autor im Umgang mit den afrikanischen Soldaten am wirksamsten erscheint.
Von der Konzeption her ist dieses Lehrbuch hinsichtlich seiner Zielgruppenausrichtung, der Situations- und Kontextadäquatheit als auch seiner methodisch-didaktischen Hinweise nahezu fortschrittlich. Erst in der Darstellung der Inhalte wird dem Leser deutlich, daß es dem Autor neben der vermeintlichen Sprachvermittlung auch um die Vermittlung eines bestimmten Bildes der sprachlich-kulturellen Welt Afrikas und des Afrikaners geht. So wird dem Lehrer gleich auf der ersten Seite als wichtige Regel folgender Satz aufgestellt:

> Donner toujours à la phrase française la forme très simple qu'a la phrase dans tous les dialectes primitifs de notre Afrique Occidentale. (5)

Die folgenden Ausführungen zur Sprache der Tirailleurs sind in ihrem Begründungszusammenhang nun keine Ergebnisse von Sprachanalyse mehr, sondern beruhen auf der eingangs vorgetragenen Fehleinschätzung der afrikanischen Sprachen. Jede auf Vereinfachung und Ökonomie hindeutende Besonderheit des Tirailleur-Französisch wird mit Hinweis auf die einfache und primitive Struktur der Muttersprache der Sprecher begründet. So beginnen mehrere Kapitel mit pauschalen Feststellungen zu der einfachen Struktur der "dialectes africains", wobei der Autor lediglich mit einem Verweis auf Bambara aufwarten kann:

Pas de genre pour les choses inanimées, considérons que tout est au masculin... (7)
Les verbes s'emploient toujours à l'infinitif... (12)
Les prépositions et les conjonctions sont assez peu nombreuses dans les dialectes
indigènes. On n'en trouvera donc presque pas dans notre langue-tirailleur. (14)
Toutes les langues africaines de l'A.O.F. sont d'une grande simplicité comme
syntaxe. (15)

Mit der gleichen Begründung wird jede differenziert-differenzierende Ausdrucksmög-
lichkeit, die das Französische bietet, für den Lerner unter zusätzlichem Hinweis auf die
einfache mentale Struktur der Sprecher des Tirailleur-Französisch ausgeklammert:

Pour éviter toute complication, il est bon de supprimer purement et simplement
l'article en parlant aux tirailleurs. (7)
En apprenant aux indigènes à compter, il y aura à insister également d'une façon
toute particulière sur les mots: 'cinq, dix, quinze, vingt.' Ce sont là des jalons qu'ils
retiendront facilement puisqu'ils représentent des nombres matérialisés par: 'le
poing, les deux poings, les deux poings et les deux pieds.'[6] (10)

Es steht außer Frage, daß im *français tirailleur* ein Höchstmaß an Ökonomie hinsichtlich
der grammatischen Formen, der Syntax und der Lexik festzustellen war, dies aber aus
der einfachen Struktur der afrikanischen Sprachen zu erklären, offenbart eine
diskriminierende Simplifizierung einer dem Autor nicht ausreichend bekannten
kulturellen und sprachlichen Realität. So wäre er beispielsweise schon mit rudimentären
Kenntnissen der Wolofsprache zu der korrigierenden Erkenntnis gekommen, daß es hier
nicht nur eine Differenzierung zwischen unbestimmten und bestimmten Artikelwörtern,
sondern auch ein höchst komplexes Aspekt- und Tempussystem gibt.
Daß selbst das *français tirailleur* entwicklungsfähig gewesen wäre, hätte es als
gesprochene Sprache lange genug existiert oder wäre daraus gar eine Schriftsprache
geworden, beweist der einzigartige Fall des senegalesischen Ex-Colonel Ciré Aly Ly, der
Jahre nach dem 2. Weltkrieg eine Radiosendung im senegalesischen Rundfunk in der
Sprache der Tirailleurs sprach, mit der er in der gesamten A.O.F. gehört und bekannt
wurde. Selber Soldat in Indochina, erzählt Ly aus der Sicht eines Tirailleurs und in
dessen Sprache die verschiedenen Stationen seines Lebens von der Rekrutierung bis zur
Rückkehr in sein Dorf. Die Texte zu der mehrteiligen Sendung hatte der Autor
schriftlich fixiert. Aus einem Manuskript, das er mir überließ, soll ein Zitat illustrieren,
daß es sich hier im doppelten Sinn des Wortes um eine Kunstsprache handelt:

Ehin! métinant ja suis ici à la Casablancan avec tout la zotro couillon on a trapé lui
partou. La lotro sa sénégali, la lotro dogomé, y en a la mossi, la bobo, la mortani.
Nou tout o a fouti ici. Passi ki, la manzé pour nou kan la cosson il vu lui, il va la
trapé la sa nez et oui il va couri juska cote divoire!

Dieser Auszug aus einem Brief, den der junge Tirailleur N'Djé Gaston an seinen
Beichtvater in Afrika schreibt, berichtet von der Ankunft des jungen Soldaten in
Casablanca, wo er mit Kameraden aus vielen afrikanischen Staaten und Ethnien
zusammenkommt und die schlechte Ernährung in der Armee beklagt.

252

Das *français tirailleur* stellt sich schließlich als ein relativ unkonturiertes, kurzlebiges Phänomen heraus, das keine Aussage über seine Sprecher zuläßt, die im Sinne einer empirischen sprachsoziologischen Analyse von Interesse sein könnten. Es handelt sich vielmehr um einen Mosaikstein, der in literarischen oder sonstigen Darstellungen in das Bild, das vom Tirailleur gezeichnet wird, funktional eingefügt wird.

6. Die Sprache des Tirailleur - Element eines Zerrbildes?

Bei den zahlreichen Zitaten im *français tirailleur*, wie wir sie bei den Autoren der Kolonialzeit vorfinden, lassen sich, in feinen Nuancen unterschieden, die gleichen Beobachtungen machen, wie sie in dem kleinen Lehrbuch *Le Français tel que le parlent nos tirailleurs sénégalais* möglich waren.

Meist wird hier allerdings ein bei weitem differenzierteres Bild entworfen und die Klischeehaftigkeit einer "Banania"-Reklame durchbrochen. In dem Maße, wie wir ein von Afrikanern selbst gezeichnetes Bild vorfinden, werden die Darstellungen zunehmend problemorientierter, die Sprache des Soldaten wird zu einem seine Gesamtmisere unterstreichenden Bestandteil.

Für die Brüder Tharaud in *La Randonnée de Samba Diouf* findet sich der interessante Versuch, die Sprecher des *français tirailleur* soziologisch in mehr oder weniger zivilisierte Sprecher zu unterteilen. Der Grad der phonetischen Korrektheit in der Aussprache wird zum Indikator für das Maß an Zivilisiertheit:

A l'appel du caporal, les plus civilisés répondaient en français: "Perzent!" tandis que les Bobos, les Monos, les Gouros, les Yakoubas et autres sauvages du Sud répondaient simplement: "Zan!" (115)

Als Samba Diouf an die Reihe kommt, ruft er stolz "Malatte!". Hier fällt erneut die ironische Distanzierung des frankophonen Autors und Lesers auf, die nicht unintendiert ist. Während Samba doch stolz auf seine Anpassung an die französische Kultur zu sein scheint, wird dem Leser durch den Aussprachefehler zu verstehen gegeben, daß diese Assimilation ihre deutlichen Grenzen hat.

In *Force-Bonté* stehen die Zitate im Tirailleur-Französisch in deutlichem Zusammenhang mit der vom Autor bekundeten ungeteilten Bewunderung und Hochachtung vor der französischen Kultur. Bakary Diallos erste Sprachversuche im Französischen, in aller Unvollkommenheit und Aufrichtigkeit vom Autor zitiert, werden als Wegstrecke auf dem Weg des Lernprozesses gesehen, dessen krönenden Abschluß der Leser in Form des Romans vor Augen hält. Selbst der unvollkomme Stand seines Französisch hindert Diallo nicht daran, mit seinem Capitaine in ein fast freundschaftliches Gespräch zu treten, in dem er lernt und eine gemeinsame menschliche Verbundenheit mit ihm erfährt. In der beschriebenen Situation wirkt es keineswegs diskriminierend, als der Capitaine selber mit Bakary im *français tirailleur* die Unterhaltung führt, vielmehr ist diese Geste Beweis für die menschlich hochwertige Persönlichkeit seines Vorgesetzten (86).

Anders als B. Diallo empfand es Souleymane Sega Ndiaye, *Ancien Combattant* aus dem 2. Weltkrieg, *citoyen français*, gebürtig aus Dakar, als ihn sein militärischer Vorgesetzter im Tirailleur-Französisch ansprach. In einem Interview berichtet er von der Anekdote, daß er diesem Vorgesetzten in gleicher Weise im *français tirailleur* antwortete. Als dieser ihn bei einer anderen Gelegenheit mit Dritten korrektes Französisch reden hörte, bat er ihn um eine Erklärung für sein Verhalten bei ihrer letzten Begegnung. Ndiaye konnte darauf nichts anderes sagen, als daß er sich aufgrund der Anrede im Tirailleur-Französisch gezwungen gesehen habe, in gleicher Weise zu antworten. In dieser Erklärung verschwieg er, daß er diese Anrede sicherlich als erniedrigend angesehen hatte und seine Antwort, die den Vorgesetzten ridikülisierte, Ausdruck seines Selbstwertgefühls war.

Abdoulaye Ly, in seiner kritischen Darstellung der französischen Praktiken im Umgang mit afrikanischen Soldaten *Mercenaires Noirs - Notes sur une forme de l'exploitation des Africains* betitelt, sieht im "français-tel-que-le-parlent-nos-Tirailleurs-Sénégalais" ein entstellendes Beschreibungsmerkmal für den schwarzen Söldner, das je nach Bedarf aus diesem einen naiv-gefügigen Zeitgenossen oder, wie im zitierten Beispiel, einen "Sénégalais monstrueux clamant sa mission civilisatrice" (30), den Popanz des französischen Kolonialismus machte.

Birago Diop schließlich sieht in der Gestalt des heimgekehrten Tirailleur Thiémokho Keita, dem Protagonisten seiner Erzählung *Sarzent* (Tirailleur-Französisch für *Sergent*), die Verkörperung der tragischen Konsequenz einer vollends gescheiterten *mission civilisatrice*. Zurückgekehrt nach Afrika, überzeugt, die Bewohner seines Heimatdorfs nach 15 Jahren Abwesenheit nun seinerseits zivilisieren zu können, verzweifelt er an seiner *mission* und wird wahnsinnig: "Chacun de ses pas lui révèle que l'Europe ne lui apporte aucune solution, tout juste une méthode, et que l'Afrique est restée telle qu'il l'avait laissée, mystique et entêtée, douloureuse et réaliste." (48) Der Titel im *français tirailleur*, *Sarzent*, wird zum Symbol für den betrogenen, kulturell, sozial und menschlich entwurzelten Afrikaner, der sein Leben in den Dienst Frankreichs/Europas gestellt hat, stellen mußte. Ähnlich der hybriden Sprachform, die er erlernt hat, bleibt er auf halbem Wege stehen zwischen seiner eigenen Kultur, zu der er den Kontakt verloren hat, und der fremden französischen, die er niemals vollständig assimilieren kann oder darf, und findet sich schließlich als isolierte, aus- und abgesonderte Existenz wieder.

SCHEMA 2:

Französisch	afrikanische Sprachen	français tirailleur
J. et J. Tharaud Zivilisationsindikator Indikator für soziale Unterschiede	ethnologisches Interesse, Indiz für den Wert der afrikanischen Kulturen; Hinweis auf Zerrissenheit, Uneinheitlichkeit, Intoleranz der Afrikaner untereinander	Indiz für mangelnde Kultur, differenziert nach zwei Niveaus; Gradmesser für den Zivilisationsstand; ironische Distanzierung
Bakary Diallo erstrebenswerte Kultursprache	Hinweis und Beweis für das Bemühen der Afrikaner um Einheitlichkeit, Solidarität; Gelegenheit, voneinander zu lernen (trotz der Verschiedenheit!)	Hinweis auf das Bemühen der Afrikaner, sich der französischen Sprache zu nähern; Möglichkeit für zwischenmenschliche Kommunikation
Jean Charbonneau höherer zivilisatorischer Wert		Ausdruck für Naivität und Einfalt des Herzens ihrer Sprecher
Général A. Duboc	Notwendigkeit für europäische Ausbilder, afrikanische Sprachen zu lernen zur effektiveren Verwendung der afrikanischen Soldaten	
Bildungs- und Ausbildungswert anspruchsvolle Kultursprache		
P. Servantes Soeurs Missionnaires		
Abdoulaye Ly		Mittel zur Diskriminierung und Teil eines Negativklischees
S. Sega Ndiaye		Mittel zur Ironisierung des Vorgesetzten im Gebrauch des Afrikaners; Mittel zur Diskriminierung im Gebrauch des Europäers
Birago Diop		Anzeichen und Symbol für kulturelle, soziale und menschliche Entwurzelung; Symbol für die gescheiterte "mission civilisatrice"

7. Schlußüberlegungen zur Soziologie des "français tirailleur"

Abgesehen von den mit den jeweiligen Sprachen und deren Sprechern verbundenen Stereotypen, stellt das Verhältnis der verschiedenen Sprachen untereinander im Bereich der kolonialen Armee sprachsoziologisch ein interessantes Phänomen dar. Der Wunsch, das Französische unter den Afrikanern und gewisse afrikanische Sprachen unter den französischen Offizieren zu fördern, bleibt weitgehend ein rein theoretisches Konzept. Steigerung der Effektivität sowie Erweiterung der Nutzbarmachung und Verwendungsmöglichkeiten der afrikanischen Kontingente war von Anfang an oberstes Ziel; *mission civilisatrice*, sprachliche Schulung als Bestandteil derselben und Ausbildung blieben untergeordnete Gesichtspunkte. Neben den "sprachpolitischen Vorstellungen", Ansätze einer "planification linguistique", die de facto nicht realisiert wurden, entwickelte sich, gleichsam vorort, eine Verkehrssprache, die den kommunikativen Bedürfnissen und Situationen *in vivo* angepaßt war und stets neu angepaßt wurde. Das *français tirailleur* bildet keinen bestimmten Sprachzustand, sondern vielmehr ein Kontinuum, das je nach Sprecher und Situation, Grad der Sprachbeherrschung und Muttersprache der Sprecher, neue Formen annehmen konnte. Daß Französisch als Ausgangspunkt für diese Verkehrssprache genommen wurde, hat seinen Grund vor allem in den machtpolitischen Konstellationen innerhalb der Armee, Spiegelbild der politischen, kolonialen. Die Aussagen und Schlußfolgerungen L.-J. Calvets bezogen auf die Meisterung der Mehrsprachigkeit auf Märkten in aller Welt, für ihn die natürlichen sprachsoziologischen Laboratorien par excellence, lassen sich ohne weiteres auf die Kolonialtruppen übertragen:

> Face aux **obstacles linguistiques à la communication**, le marché nous montre **comment** les gens communiquent malgré tout. Mais reste une autre question: **pourquoi** utilisent-ils telle langue plutôt que telle autre pour gérer leur plurilinguisme? (...) Il y a certes sur le marché (...) une gestion du plurilinguisme, mais aussi une guerre des langues dont témoigne cette gestion. (...) Et de ce point de vue le marché fonctionne comme un **révélateur**, au sens photographique du terme, il précipite les rapports de force entre groupes linguistiques. (122)

Für die sprachsoziologische Situation in der kolonialen Truppe können wir von Diglossie und Bilingualismus sprechen, wobei es sich bei der Diglossie um eine "diglossie enchâssée" (Calvet 46 f.), d.h. eine Binnenhierarchisierung innerhalb der als Verkehrssprachen möglichen Sprachen handelte. (Schema 3)

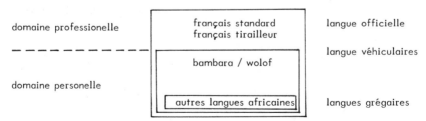

In der Begegnung der afrikanischen Sprachen mit der Kolonialsprache Französisch liegt uns ein typischer Fall von *Glottophagie* vor: Es handelt sich um eine Situation, in der eine Vielzahl eigenständiger Sprachen zugunsten einer, auf der Basis einer Kolonialsprache gebildeten, neuen Verkehrssprache verdrängt werden und eine Mehrheit zwei- bis mehrsprachiger Sprecher von einer Minderheit in der Regel nur einsprachiger Sprecher auf deren Sprache festgelegt wird.

Anmerkungen

1) Zur Autorenschaft dieses Romans merkt Robert Cornevin folgendes an: "Les frères Tharaud ont signé *La randonnée de Samba Diouf* écrite en réalité par André Demaison." (135)

2) Riesz weist an einem anderen Beispiel in dem gleichen Roman auf die Funktion der "doppelten Übersetzung" hin. Die Art der Übersetzung in die französische oder afrikanische Sprache kann Mittel einer impliziten Kritik am Kolonialismus sein und den "Zwangs- und Unterdrückungscharakter" bestimmter Maßnahmen oder Befehle hervortreten lassen (76).

3) Die im weiteren Textverlauf verwendeten Begriffe *gestion in vivo* und *gestion in vitro* sind der Abhandlung *La guerre des langues* von Louis-Jean Calvet entnommen (cf. 153 ff.).

4) Riesz unterstreicht dieses Interesse an der Kultur, Sprache und am Naturreichtum Afrikas bei André Demaison, dem eigentlichen Autor der *Randonnée de Samba Diouf*, welches Ausdruck eines Bemühens der Europäer war, es der "genuin afrikanischen Literatur" gleichzutun: "Mit der Konkurrenz der genuin afrikanischen Literatur und dem daraus resultierenden Bemühen um "Authentizität" bei den Autoren der französischen Kolonialliteratur, das sich in einer zunehmenden Verwendung afrikanisch-sprachiger Elemente äußert, erfolgt zugleich auch eine Aufwertung der afrikanischen Sprachen, die in zahlreichen Romanen thematisiert wird." (79)

5) Riesz hat diese zwiespältige Haltung bei André Demaison an anderer Stelle aufgezeigt: "Vollends fragwürdig wird die Forderung nach Bewahrung und Pflege der afrikanischen Sprachen, wenn sie einhergeht mit der Verweigerung einer Schulbildung für die jungen Afrikaner und der Polemik gegen die politische Presse in französischer Sprache." (76)

6) Zum Verständnis dieses Zitats bedarf es der ergänzenden Ausführungen des Autors zur Zählweise der Afrikaner, die er wie folgt erfahren hat: "Il faut aussi noter que pour compter sur les doigts, la plupart des peuplades noires commencent par ouvrir toute grande la main gauche et en disant 1, elles referment avec la main droite l'auriculaire gauche; en comptant 2, elles referment l'annulaire, et ainsi de suite jusqu'au pouce. Pour dire 5, elles montrent le poing fermé, pour dire 10, elles mettent les deux poings fermés l'un après l'autre, pour 20, elles impriment deux

petites saccades aux poings fermés 2 fois 10 ou placent les deux poings fermés près des deux pieds joints (total des doigts des mains et des pieds)." (10)

Literatur- und Materialverzeichnis
(*V* = Videokassette, Tirailleur-Archiv der Universität Bayreuth)
(*M* = unveröffentlichtes Manuskript)

CALVET, Louis-Jean: La guerre des langues et les politiques linguistiques, Paris 1985.

CORNEVIN, Robert: Littératures d'Afrique Noire de Langue Française, Paris 1976.

DECRET du 30 juillet 1969, in: Journal Officiel vom 5.8.1919.

DELAFORGE, Capitaine: Grammaire et méthode bambara, Paris 1937.

DIALLO, Bakary: Force-Bonté; Nouvelle édition, Paris 1985.

DIALLO, Doudou: Interview vom 16.4.1987; Tirailleur-Archiv der Universität Bayreuth. (*V*)

DIOP, Birago: "Sarzan", un conte, adapté par Lamine Diakhaté, in: Trait d'union, No 7, mars-avril 1955, p. 48-74.

DUBOC, Général A.: Les Sénégalais au service de la France, Paris 1939.

FANOUDH-SIEFER, Léon: Le mythe du nègre et de l'Afrique noire dans la littérature française (de 1800 à la 2e guerre mondiale), Abidjan u.a. 1980.

FAYE, Dethié: Interview vom 30.5.1987; Tirailleur-Archiv der Universität Bayreuth. (*V*)

LE FRANÇAIS tel que le parlent nos tirailleurs sénégalais, Paris 1916.

LY, Abdoulaye: Mercenaires Noirs, - notes sur une forme de l'exploitation des Africains, Paris 1957.

LY, Ciré Aly: Brief eines Tirailleur an seinen Beichtvater (unveröffentlichtes Manuskript). (*M*)

NDIAYE, Souleymane Sega: Interview vom 4.6.1987; Tirailleur-Archiv der Universität Bayreuth. (*V*)

PASQUIER, Georges: L'organisation des troupes indigènes en Afrique Occidentale Français, Paris 1912.

RIESZ, János: Die "eigene" und die "fremde" Sprache als Thema der frankophonen afrikanischen Literatur, in: Goetsch, Paul (Hrsg.): Dialekte und Fremdsprachen in der Literatur, Tübingen 1987, p. 69-93.

SENE, Ali: Interview vom 30.5.1987; Tirailleur-Archiv der Universität Bayreuth. (V)

SOEURS MISSIONNAIRES CATECHISTES: Les âmes des nos tirailleurs sénégalais, Lyon-Paris 1941.

THARAUD, Jérôme et Jean: La Randonnée de Samba Diouf, Paris 1924.

Résumé

L'armée coloniale représente une situation de plurilinguisme par excellence où tous étaient obligés de "se forger" un moyen de communication, une langue véhiculaire. Dans cette "gestion in vivo" du plurilinguisme est né le "français tirailleur" situé entre les langues véhiculaires africaines et le français standard, pour faciliter la communication entre simples soldats et supérieurs commandants. A défaut de documents authentiques en "français tirailleur", l'analyse de ce moyen de communication se fait indirectement à partir de textes écrits. Des méthodes conçues par des militaires français pour apprendre d'une part la langue bambara, et d'autre part le français tirailleur témoignent de l'importance qu'on accordaient à ce problème les autorités militaires.

Néanmoins, il aurait été surprenant que l'administration colonial trouve une solution adéquate, car le contexte colonial ne permettait qu'une solution utilitaire en faveur du colonisateur, solution consistant à imposer la langue française à une majorité de locuteurs non francophones. Mise à part cet aspect de glottophagie, il est frappant, de voir que le français tirailleur fait partie d'une image caricaturale voire diffamatoire qu'on a voulu donner du brave tirailleur à travers la littérature et les textes traitant de cette époque.

Doudou Diallo

Président de l'Association des Anciens Combattants et Prisonniers de Guerre du
Sénégal

Entretien avec Monsieur Doudou Diallo, Président de l'Association des Anciens Combattants et Prisonniers de Guerre du Sénégal 1939-1945

1) *Monsieur Diallo, à quel âge et dans quelles circonstances avez-vous été recruté?*

J'ai été recruté comme tirailleur sénégalais en 1938 à Mékhé, ma ville natale. Transporté à Dakar ensuite pour apprendre mon métier de soldat. Pour être dans les meilleures conditions, j'ai contracté un engagement d'un an pour aller à l'extérieur, en France. A l'époque, pour aller en France, il était plus facile d'y aller avec un engagement.

Le hasard a voulu que en 1939 il y ait eu la déclaration de guerre. En 1938 je me trouvais à Sarpotry, à quelques kilomètres de la frontière belge. Nous étions déjà presque au Front. On y est restés en 1939, à l'hiver 1939. On a fait ensuite repli pour revenir à Libourne. Libourne c'est dans la Gironde, là le climat était meilleur pour nous. On a attendu jusqu'au printemps. On est allé au Front. Cela n'a pas duré longtemps, parce que l'armée française n'a pas résisté au choc allemand. Malheureusement pour nous, nous avons été faits prisonniers de guerre. Nous étions au Front de la Meuse. Après on s'est déplacés pour les Vosges. Nous avons été faits prisonniers le 21 juin 1940 à Mircourt, pas loin d'Epinal. On y est restés quelques mois et nous avons été transférés en Bretagne, à Rennes.

Peu de temps après, en ce qui nous concernait, nous Sénégalais, on nous a amené à Redon dans un camp de munitions, où l'on envoyait les travailleurs de force. On était chargés de charger les wagons de munitions en direction du front russe. Personnellement, j'avais une certaine liberté, le soir après le travail. Je m'étais mis en rapport évidemment avec les Forces Françaises de l'Intérieur. Pour nous, les conditions de captivité étaient dures, car la privation de liberté, pour un homme, c'est quelque chose d'extraordinaire. Alors on s'est dit qu'il fallait se battre pour nous libérer. Le patriotisme était quelque chose de très important pour nous Africains. Alors nous avions pensé qu'il fallait se battre contre l'ennemi. Je me suis alors mis en contact avec la Résistance Intérieure. J'ai fait des actes de sabotage, la nuit.

2) *Votre groupe de résistance était-il en contact avec Londres et le Général de Gaulle?*

Nous anciens prisonniers de guerre, nous n'avions pas de contact avec le Général de Gaulle. Mais le chef du groupe, qui s'appelait Maurice Thénieul, était lui en contact avec Londres, donc avec le Commandant Costes, chef départemental des F.F.I. en Ille-et-Vilaine. De là-bas nous recevions des instructions et nous étions bien informés sur la situation. Après un an, il y a eu le Débarquement. Quand les Américains sont arrivés en Ille-et-Vilaine nous nous sommes mis en rapport avec eux. Nous avons libéré notre camp. C'est à ce moment qu'a été tué mon chef de groupe, Maurice Thénieul. J'ai alors pris le commandement, car j'étais son second. Son enterrement s'est fait à Redon même. Sans vouloir me vanter, je peux dire que nous représentions alors l'Autorité. Il n'y avait plus ni autorité française, ni autorité allemande. Nous étions seuls sur le terrain, chargés de réquisitionner les Maires de certains bourgs, pour leur demander quelques services. Après, le Commandant Costes, chef départemental des F.F.I. m'a nommé (j'étais brigadier) Maréchal des Logis, pour services rendus dans la Résistance. J'ai continué à travailler jusqu'à ce que l'armée régulière française soit arrivée sur les lieux. Nous nous sommes alors regroupés au Camp Marguerite avec des actions ponctuelles que nous confiait l'armée, laquelle connaissait notre statut d'Anciens Combattants Prisonniers de Guerre. Nous avons été faits prisonniers de 1940 à 1944. C'était très dur, mais nous pensions qu'on pouvait encore peut-être continuer à faire la guerre, comme d'ailleurs le pensait le Général de Gaulle, pour nous permettre d'avoir un traitement spécial, c'est-à-dire d'être à l'arrière au lieu de reprendre les armes et de continuer la guerre alors que l'espoir était déjà permis, les choses commençant à s'éclaircir. Alors on a pensé qu'on pouvait nous rapatrier dans nos pays respectifs. Nous étions au Camp Marguerite, à Rennes. C'est là que les problèmes ont commencé. Etant toujours en contact avec les Français, les familles françaises, nous étions presque assimilés, parce que, quand on vit dans un pays, on est assez familier avec les gens. On connaissait les droits des uns et des autres, et comme on commençait à nous occidentaliser, nous avions pas mal de revendications à faire. Nous avions donc pensé qu'à l'égalité des sacrifices consentis correspondait un égal droit à réparation. On avait soutenu cette thèse tout le long de notre séjour en France, ce qui nous a singularisés. Car l'opinion courante pensait que le tirailleur sénégalais n'avait pas de revendications à faire. On a même souvent dit que le tirailleur sénégalais était l'esclave de la discipline. Nous, tel n'était pas notre point de vue. On pensait qu'il fallait réclamer des droits. Et c'était le moment, compte tenu de tout ce qui s'était passé, avec la Conférence de Brazzaville et tout cela, nous nous sommes dits qu'il était temps, et nous avons demandé à être payés comme les Français.

3) *C'est à Rennes que cette prise de conscience s'est faite?*

La prise de conscience s'est confirmée à Rennes. Les prisonniers de guerre, c'était quelque chose d'extraordinaire! Nous n'étions pas tous dans le même camp. Il y en avait qui étaient au Mans et à Laval. Nous étions répartis dans toute la France. Et un vent avait soufflé partout. Personnellement, j'ai été surpris par ce mouvement de revendication, son ampleur! On s'est dit, nous avons traversé des difficultés, nous avons surmonté des obstacles, les Blancs et les Noirs se sont côtoyés pendant des années, par conséquent, chacun savait de quel bois son voisin se chauffait. L'égalité était, par conséquent, quelque chose de normal. On s'est battu ensemble, on doit se battre pour avoir les mêmes droits. Les Français étaient d'accord avec nous pour défendre la même cause.

4) *Dans la vie quotidienne, en dehors du temps passé dans les camps, quel était le sentiment des Français à l'égard des tirailleurs sénégalais? Les tirailleurs eux-mêmes sentaient-ils que les Français les traitaient comme des étrangers? Etiez-vous accueillis à bras ouverts?*

Pendant ma captivité, comme j'avais l'occasion d'aller à Rennes accompagné d'Allemands qui me gardaient, les dames françaises me demandaient, sachant que j'étais moins malheureux que mes camarades restés au Camp, s'il n'y avait pas des éléments au camp qui ne recevaient pas de nourriture, qui avaient des difficultés de nourriture et d'habillement, à cause de la rigueur du froid. Alors, pour avoir des lainages ou autre chose, je donnais des adresses et ces dames envoyaient des colis de lainage ou de chocolat. C'était quelque chose d'extraordinaire, une générosité sans pareille et une disponibilité! Elles étaient conscientes que nous n'étions pas dans notre pays et que nous n'étions en France que pour donner notre sang.

Mais il y a eu par contre, je ne dirais pas des racistes, mais des hommes qui ne voulaient pas nous voir. Et, je dis, partout où vous allez, il y a des bons et des mauvais. Quand on me dit que l'Allemand est mauvais, je dis c'est faux. J'avais rencontré de très bons Allemands qui m'ont accueilli à bras ouverts, ce qui ne voulait pas dire que je collaborais avec eux. Je sais que ce sont des gens qui peuvent être des éléments excellents. Donc, le problème n'est pas un problème de race.

Quand il s'agit de ségrégation, cela existe, c'est contre cela que nous nous battions. Quand on dit "tirailleur sénégalais", rien que l'expression est choquante, pourquoi "tirailleur sénégalais" et non simplement "soldat français"? Moi, je ne suis pas né à Dakar, ni à Saint-Louis, ni à Rufisque, ni à Gorée, qui étaient les quatre Communes de plein exercice. C'est pour cela que je dis, et j'ai la fierté de le dire, que j'étais "tirailleur sénégalais", je n'étais pas citoyen français, mais sujet français. C'est là que commence la ségrégation.

5) *Une ségrégation qui a continué après la guerre, au Camp de Thiaroye,[1] où les Français ont refusé de payer le pécule des tirailleurs. Thiaroye est devenu le symbole d'une injustice commise envers les tirailleurs. Lamine Guèye et le Président Senghor ont fait des démarches en vue de la libération des tirailleurs emprisonnés à la suite des événements de Thiaroye. Plus de 25 ans après, pensez-vous avoir obtenu entière satisfaction en ce qui concerne les pensions des Anciens Combattants africains comparées à celles que touchent leurs homologues français?*

Ah, il n'y a pas de commune mesure! C'est cela la cause du contentieux qui existe encore entre les Anciens Combattants africains et la France. Vous avez bien entendu ces jours-ci, c'est le Président Abdou Diouf qui défend maintenant la cause des Anciens Combattants vis-à-vis du Gouvernement français.

D'après la loi de finances de 1971, on a cristallisé les pensions des Anciens

Combattants de l'Afrique francophone, ceux des anciennes colonies qui ont accédé à l'Indépendance.

J'ai lutté pendant dix ans pour que les pensions soient versées. Il y a eu quelque amélioration: 10% de plus qu'avant. Mais mes camarades veulent l'égalité comme nous l'avons toujours revendiquée.

Notes

1) Thiaroye est une agglomération située à quelques kilomètres de Dakar. Pendant la période coloniale, ce village abritait un camp militaire où, à la fin de la guerre, les soldats africains rapatriés furent rassemblés avant leur retour définitif dans leurs familles. Toutefois, à leur surprise générale, les autorités françaises refusèrent, ainsi que cela avait été conclu, de leur payer leurs indemnités de guerre. Ce refus fut la cause d'une émeute, laquelle fut réprimée dans le sang. Ces événements se sont déroulés en décembre 1944 et les archives concernant cette période ne sont pas encore ouvertes aux Historiens. Doudou Diallo, notre interlocuteur dans cet entretien, témoigne sur Thiaroye dans un article intitulé: "L'aube tragique du 1er décembre 1944 à Thiaroye (Sénégal)" dans Afrique-Histoire, No 7, 1983, aux pages 49-51. Par ailleurs, le dernier film de Ousmane Sembène "Le Camp de Thiaroye" (1988), réactualise le débat sur les revendications des Tirailleurs sénégalais.

2) Nous avons restitué le texte de Monsieur Doudou Diallo tel qu'il a été dit.

Propos recueillis par Papa Samba Diop et Manfred Prinz, à Dakar, le 14.06.1987, à l'Ecole Papa Guèye Fall.

Entretien avec Ablaye Sène, a Gandigal (sur la Petite-Côte, Sénégal) 26 juin 1987

1) *Quel âge avez-vous?*

Je suis né en 1931 à Malacoudou.

2) *Pour quelle guerre avez-vous été recruté?*

J'ai été recruté le 27 septembre 1951 à Dakar. Au Cap Manuel. Je suis resté au Cap Manuel six mois. Après j'ai été affecté en France. Après nous avons pris un bateau pour aller en Indochine. En Indochine, nous avons débarqué à Saïgon. Nous sommes restés trois jours à Saïgon puis certains d'entre nous ont été dirigés vers Hanoï dans le bataillon mobile. J'en faisais partie. En fait nous n'avions pas de résidence fixe. Nous bougions tout le temps. Notre dernier combat à Hanoï, nous l'avons livré avec le Général Delattre. Aprés la mort du Général Delattre, nous avons été déplacés de Hanoï. Nous nous sommes reposés deux jours. C'est alors qu'on nous a appris que nous devions aller à Diên Biên Phû. J'avais alors terriblement mal aux yeux. Le médecin militaire a voulu m'interdire d'aller à Diên Biên Phû à cause de mes yeux. J'ai beaucoup insisté pour partir comme tous mes camarades. Je me disais que je n'étais pas venu là pour me reposer. J'avais une amie viet-namienne qui m'avait donné des médicaments. J'ai pu employer ces médicaments. Après une semaine je n'avais plus de problèmes avec mes yeux.

A Diên Biên Phû nous nous sommes installés, nous avons bâti notre campement. De temps à autre, nous descendions dans les environs pour procéder à des visites. C'était des patrouilles. Un jour, un dimanche, nous avons entendu sonner le clairon. L'ennemi s'est rué sur nous. Les premières balles ont touché l'aviation. Les seconds tirs ont atteint notre poste de communication. Alors, dans notre camp, on a sonné et on nous a appelés à nos postes. Nous avons résisté jusqu'à dix-huit heures trente et l'ennemi s'est alors retiré. Quand il est parti nous avons pu regagner notre camp pour dîner. En fait nous avons dîné entre sept heures et demie et huit heures. Nous avons longuement attendu ensuite, sans revoir l'ennemi. Le lendemain non plus, il ne s'est pas présenté. Ce n'est que le surlendemain qu'il s'est présenté, avec des tirs, cette fois-là plus sérieux. Cela a duré jusqu'à 21 heures. Après il s'est replié. Nous avions un jeune ami militaire américain qui venait nous voir avec son avion tous les deux jours. Et, un jour qu'il était venu nous voir et qu'il s'apprêtait à regagner son avion, un obus a déchiqueté son appareil. C'était le premier avion brûlé à Diên Biên Phû. L'avion appartenait à un général américain. C'est à partir de cet événement que Diên Biên Phû est devenu un enfer. Le premier soldat noir tué à Diên Biên Phû s'appelait Pierre Ndoye. C'était un ressortissant de la ville de Rufisque. Le jour-même de sa mort, il

265

venait de recevoir des photos de sa femme et de son premier enfant qui venait de naître. Pierre Ndoye était marié à une femme française. Le second soldat noir tué venait de la Casamance et s'appelait Mbaalo Mamadou. Il était très petit de taille. Nous nous moquions de lui en l'appelant De Gaulle. Voilà les deux premiers soldats noirs morts à Diên Biên Phû. Ils sont morts à dix-huit heures.

3) *Quelles sont les expériences qui vous ont le plus marqué?*

C'était vraiment extraordinaire ce que j'ai vu à Diên Biên Phû. Les Africains parachutistes qui ont été envoyés à notre secours ne savaient même pas sauter, car on ne leur avait pas appris à sauter.

J'avais un camarade d'âge nommé Alioune. Je ne me rappelle plus son nom de famille. Il venait de Bargny et il avait été recruté en même temps que moi, mais lui, devait aller à Madagascar. Il est même allé à Madagascar. Mais quand Diên Biên Phû est devenu explosif, j'ai été surpris de revoir parmi les troupes appelées à notre renfort ce camarade. Cela veut dire qu'on avait envoyé à Diên Biên Phû tous les militaires que la France avait à Madagascar. Ils ont été parachutés sur Diên Biên Phû. C'est en rampant dans les buissons que j'ai pu repêcher mon camarade de Bargny, qui n'avait jamais sauté en parachute. Nous nous sommes reconnus et nous nous sommes embrassés. Mais, vous savez, nous étions placés dans les conditions particulières. La guerre, c'est tout de même une circonstance exceptionnelle. On prend de nouvelles habitudes. Donc, moi, j'avais quelque chose dans ma poche. Et mon camarade de Bargny avait aussi quelque chose dans sa poche. Nous avons chacun sorti son quelque chose de sa poche. Et nous nous sommes soûlés pour fêter ce signe du destin.

J'ai ensuite expliqué à mon camarade comment faire pour survivre à Diên Biên Phû. Moi, dans la cellule où j'étais nous étions douze. Dix sont morts. Il ne restait plus qu'un Français nommé Charloton et moi. Au combat, j'avais encore deux Sénégalais avec moi. Mbaalo Moussa et Moussa Niangary. L'un était mon tireur F.M. et l'autre avait pour rôle de charger les F.M.. C'est moi qui leur donnait l'ordre de tirer. Au plus fort des combats, notre commandant, qui s'appelait Dubois, c'était un Parisien. Son nom complet était Dubois de la Patrière. Lorsque du commandement général l'ordre a été donné de cesser les combats, Dubois de la Patrière a répondu qu'il n'allait pas le faire. Il a dit qu'il avait sous ses ordres un nommé Abdoulaye Sène (moi) qui était très courageux et qui pouvait encore tenir le coup. Et Dubois de la Patrière ajouta: "Abdoulaye Sène est tellement courageux qu'il se ravitaille tout seul en munitions, aidé pour les tirs par deux autres Sénégalais."

Nous avons tenu le coup, à trois Sénégalais. Un moment, je me retourne et j'aperçois un autre Sénégalais. Il me dit son nom: Doudou Diagne. C'était lui qui tenait le poste de communication avec le Bureau Central. Il m'apportait de temps à autre du café ou de l'eau et me disait que je pouvais continuer à tenir tête à l'ennemi. Ce Doudou Diagne a eu une fin lamentable. J'ai entendu un moment un tir d'obus. Je me suis retourné et j'ai vu que Doudou Diagne a été écrasé avec tous ses apparails par le tir d'obus. La terre l'a recouvert avec tout ce qu'il portait sur lui d'appareils de télécommunication (Ablaye Sène s'est interrompu après cette phrase pour pleurer).

On va quand même essayé de continuer. Je me rappelle tout avec une précision extraordinaire. C'est pourquoi mon coeur est plein. Dieu est vraiment grand! J'ai vécu des situations tellement périlleuses au Viet-nam que je me demande comment je me trouve aujourd'hui ici.

4)   *Et vous-même, est-ce que vous avez eté blessé?*

J'ai eu ma première blessure sans même savoir que j'étais blessé. Pendant deux heures je n'ai rien senti. Un moment j'ai senti quand même que ma jambe était lourde. J'ai senti et j'ai vu que mon pantalon était rempli de sang. J'ai tout de même continué pour accomplir mon devoir. Je n'ai pas voulu avertir Mbaalo ni Abdoulaye, mes deux collaborateurs. Je ne voulais pas les décourager. Un autre moment, je suis entré dans mon gologos[1] et j'y ai rencontré deux ennemis. J'ai eu la force de les neutraliser. Je les ai attachés avec des cordes et je les ai mis dehors. Dieu soit loué! Tout a duré environ deux mois, notre présence dans ce camp à Diên Biên Phû. Nous ne connaissions plus ni nuits ni jours, nous veillions sans cesse. Nous n'avions plus rien à boire ni à manger. C'était devenu la jungle. Les plus forts mangeaient. Les plus faibles se faisaient arracher la nourriture. Pour ce qui est de l'eau, c'était aussi très difficile. Une rivière passait à côté de notre campement. Nous y allions pour boire. Mais pour boire, il fallait pousser des cadavres humains et éviter le sang charrié par le courant. Nous puisions alors l'eau avec notre casque militaire. C'était la seule manière de pouvoir boire.

A la fin de Diên Biên Phû, nous avons été faits prisonniers. Après deux jours de marche, on nous a demandé de nous arrêter. Le militaire viet-namien qui nous avait retenus prisonniers était un ennemi dissimulé parmi nous. Nous ne la savions pas pendant tout le temps des combats. Sa femme tenait un restaurant où nous allions manger. Il nous est souvent arrivé, dans ce restaurant, à nous combattants sénégalais, de corriger des clients trop soûls et qui voulaient menacer cette femme. Son mari s'est souvenu de ça lorsqu'il nous a retenus prisonniers. Moi, personnellement, le militaire viet-namien avait fait de moi son ami. Je lui portais ses affaires et il aimait bien que je lui tienne compagnie. Pourtant j'étais un prisonnier comme les autres. Dans notre prison, les Sénégalais avaient un régime spécial, certainement à cause de leur comportement à l'égard de la patronne du restaurant. Il y avait un hôpital à côté de notre camp de prisonniers. C'est là que l'on transportait les malades. Aucun prisonnier n'avait même pas le droit d'aller pisser en dehors du camp de prisonniers. Sinon on lui tirait dessus. Nous avions un

---

[1]   tranchées

interprète sénégalais appelé Ablaye. Il parlait chinois, viet-namien, français comme s'il était né dans ces pays-là.

A la fin de la guerre, la Croix Rouge est venue nous recueillir. Et De Gaulle nous a reçus. Il m'a tendu la main. Je lui ai tendu la main. Il m'a demandé si j'allais bien. J'ai répondu que je n'allais pas bien. Il a alors fait un signe et une ambulance est arrivée pour me prendre. J'ai été hospitalisé. Après j'ai été rapatrié. Je suis arrivé au Maroc et de là j'ai regagné le Sénégal. C'était en 1954.

5)   *Quelle a été la suite?*

En 1956, alors que l'Armée Royale était au Maroc, on nous a de nouveau rembarqués pour le Maroc. L'Armée Royale posait beaucoup de problèmes aux Français. Nous, nous sommes alors arrivés à Marrakech. Là nous avons recontré un viel arabe qui nous a dit que depuis 1949 il n'avait plus vu sur le sol marocain des soldats noirs. En ce temps-là les Arabes se moquaient beaucoup des Noirs. Ils nous croisaient dans la rue pour nous traiter d'esclaves. Nous étions toujours en groupe. Il était dangereux de se promener tout seul dans les rues de Marrakech car les arabes pouvaient vous tuer salement. Ce sont des personnes racistes et cruelles. Nous sommes restés six mois à Marrakech. Un soir, à vingt heures, un de nos camarades a eu des problèmes avec un membre de l'Armée Royale qui l'a giflé parce qu'il ne lui avait pas fait le salut militaire. Nous avons alors sonné l'alerte. Nous nous sommes donnés alors pour consigne de tirer sur tout ce qui était rouge. Nous avons combattu jusqu'à six heures du matin. Le commandant qui nous dirigeait était le Commandant Salif Sy du Sénégal. Alors, comme nous étions déterminés à nous bagarrer jusqu'au bout, le roi du Maroc est intervenu en disant qu'il fallait chasser tous les soldats noirs du Maroc. De toutes façons, six jours après nous avons été conduits vers le Canal de Suez. Après le Canal de Suez on nous a conduits vers l'Algérie.
En Algérie nous étions dans l'Infanterie. Là nous avons été par monts et par vaux. Trois jours par ci, trois jours par là. C'était sans fin. Nous étions un bataillon mobile. Nous sommes restés en Algérie pendant tout le reste de notre séjour en Afrique du Nord. Après nous sommes rentrés au Sénégal. Le Sénégal avait déjà obtenu son indépendance. En fait, quand le Sénégal a obtenu son indépendance, le télégramme l'annonçant nous a trouvés au Maroc à l'époque. D'ailleurs, moi, j'étais au courant de l'indépendance du Sénégal deux mois avant qu'elle ne nous soit annoncée. Un de mes camarades demeurant à Paris et avec qui j'entretenais une correspondance épistolaire régulière, c'est lui qui me l'avait dit avant tout le monde. Moi et mes camarades de bataillon, nous sommes rentrés au Sénégal un an après l'indépendance. Je suis alors allé à Saint-Louis où je suis resté un mois. Après j'ai eu quelques jours de congé. Après les congés je suis affecté à Thiès. De Thiès je suis allé à Dakar dans la compagnie du génie. Nous sommes les premiers au Sénégal à avoir animé ce corps de l'armée. J'y suis resté jusqu'à ma retraite.

6) *Que pouvez-vous encore nous dire sur la guerre?*

Moi j'étais un vrai guerrier. Je n'ai pas l'air modeste en disant ça, mais c'est vrai. J'ai été décoré. J'étais un vrai guerrier car je n'avais peur de rien. Je n'avais peur de rien car je portais sur moi un gris-gris que de génération en génération on a porté dans ma famille. Le petit frère de mon père l'a porté. Et quand j'ai été soldat mon père me l'a fait porté. Ce gris-gris, si on le porte on ne recule jamais devant l'ennemi. J'avais aussi un oncle bambara qui m'avait confectionné une bague. Il m'avait dit que cette bague faisait de moi quelqu'un qui ne reculerait jamais devant l'ennemi. J'ai été décoré à Diên Biên Phû. Mais à Diên Biên Phû on m'avait aussi promis une médaille. Finalement je n'ai pas eu la médaille. Elle a été donnée à mon chef, un Français. Cette médaille ne lui a pas porté chance car il est mort peu de temps après l'avoir reçue, en prison. Je n'ai jamais pu avoir cette médaille. En Algérie j'ai été décoré. Vous savez, nous n'avons pas toujours reçu ce à quoi nous avions droit. La guerre c'est véritablement un *"diot sa bopp"* (aide-toi, le ciel t'aidera). Les Toubabs eux-mêmes disent que c'est chacun pour soi Dieu pour tous. Chacun cherche à sauver sa peau.

7) *Pourriez-vous nous dire quelques mots sur Thiaroye? Est-ce que, lorsque vous êtes revenus d'Indochine il s'est produit quelque chose de similaire aux événements de Thiaroye?*

Thiaroye pour moi c'est la preuve que les Toubabs se sont toujours moqués de nous. Ils ne nous ont jamais rétribué selon nos mérites. Ils ont toujours sauvegardé leurs intérêts égoïstes sur notre dos. Nos droits ont toujours été bafoués. Pour nous revenant d'Indochine, il n'y a pas eu d'affrontements sanglants ou mortels entre nous et les Toubabs. Certains d'entre nous ont été tout de suite payés. D'autres courent toujours après leurs droits. Moi qui vous parle, depuis huit ans je me démène pour toucher des indemnités qu'on me doit encore. Ce mois-ci encore je me suis rendu au Camp Dial Diop à Dakar pour protester contre la lenteur des choses, ou l'oubli tout simplement. N'ayant pas reçu de réponse satisfaisante, je leur ai dit que j'allais retourner en France pour m'occuper de mes affaires de plus près. J'ai dit au Camp Dial Diop qu'on me fasse la copie des papiers attestant mes blessures d'Ancien Combattant. Qu'ils me délivrent mon livret militaire. Car auparavant j'avais écrit à Paris, qui m'avait répondu en me demandant de me présenter en France avec un certificat de blessure. J'avais un certificat de blessure, mais je l'ai perdu. Au Camp Dial Diop on m'a répondu qu'on ne pouvait pas me délivrer une copie de mon livret sanitaire parce que ce document est confidentiel. J'ai compris alors que l'on ne voulait vraiment pas m'aider dans mon propre pays.

8) *En Indochine quelle langue parliez-vous entre vous et avec les autres?*

Il y avait des interpètes. Mais pour nous Sénégalais, ils n'étaient pas tellement nécessaires car en général nous parvenions à nous débrouiller dans les langues des autres. Les interprètes ont surtout été utiles auprès des Nigériens, des Bambaras, des Saras et des Haoussas. Les Sénégalais, au bout de six ou sept mois parvenaient à baragouiner quelques mots des langues étrangères. En tant que prisonniers en Indochine, nous avons parlé viet-namien. Nous avons, il est vrai sous la contrainte, chanté en viet-namien.

9) *Qui étaient vos chefs, des Blancs ou des Noirs?*

Des Blancs évidemment. C'étaient des Français. Ce sont eux qui nous ont embarqués dans leur histoire de guerre, pour leurs intérêts personnels. Une fois tout fini, ils nous ont lâchés. Regardez-moi, je suis là avec une jambe invalide et personne ne se préoccupe de me verser les indemnités qui me sont dues. Le médecin qui m'a opéré la jambe au Maroc m'avait demandé si on me versait quelque chose pour ça. Ce médecin je l'ai revu au Sénégal en 1968 à l'Hôpital Principal. Je lui ai alors rappelé que je ne touche toujours rien pour ma jambe cassée. Il m'a dit qu'il ne comprend plus rien à cette histoire, il faut que je sois payé. Je crois même que ce sont mes propres compatriotes qui négligent cette affaire. Autrement, il y a longtemps que j'aurais dû déjà toucher quelque chose.

10) *Dans quelle langue étaient données les instructions militaires?*

On nous donnait des ordres en français. Mais entre nous, nous parlions wolof. Des Toucouleurs et des Bambaras en sont venus ainsi à apprendre le wolof. Des Sérères aussi ont parlé le wolof. Mais moi j'ai aussi appris un peu de bambara. J'ai aussi appris le toucouleur. J'ai eu pendant la guerre beaucoup d'amis bambaras. Mais il y avait aussi des Toubabs qui parlaient des langues africaines. Il y avait un commandant appelé Lyautey, qui parlait très bien le bambara. Il ne parlait pas le wolof. Il parlait le bambara parce qu'il avait servi auparavant au Mali. Maintenant que cet entretien se termine, j'aimerais formuler un voeu: que mes propos soient entendus. Ils pourraient servir de leçons pour mes enfants, mes petits-enfants et leurs congénères. Ils pourraient surtout servir à rappeler aux Européens qu'il s'est passé entre eux et nous quelque chose qu'il ne faudrait pas qu'ils oublient si vite.

Propos recueillis en wolof par Manfred Prinz[*]

---

[*]   Avec remerciements à **Ablaye Sène** lui-même, à **Alioune Dione** (I.F.A.N.-Cheikh-Anta-Diop à Dakar) pour m'avoir permis cette rencontre et à **Papa Samba Diop** (Université de Bayreuth) qui a aidé à rendre le texte en français.

Les Archives "Tirailleurs Sénégalais" à l'Université de Bayreuth

par Manfred Prinz

Pendant l'année 1987 il m'a été possible, grâce à la collaboration des responsables des Archives Nationales à Dakar et de l'Association des Anciens Combattants et Prisonniers de Guerre 1939-1945, de recueillir des documents permettant de retracer des points douloureux et cruciaux d'une époque dont les souvenirs s'effacent visiblement et dont les témoins meurent sans avoir rendu leur témoignage pour la postérité.[1]
Le matérial d'archive sur le tirailleur sénégalais présent à Bayreuth se divise en deux parties. La première contient des documents écrits et la deuxième du matériel audio-visuel.

1. Documents écrits:

1.1 *Livres*
- **Balandier**, Georges et **Ferro**, Marc: Au temps des colonies, Paris (Seuil) 1984
- **Biagui**, Elie: Efforts de guerre et résistances au recrutement des tirailleurs en Guinée pendant la 1ère guerre mondiale, Dakar 1980/81 (mémoire de maîtrise)
- **Bocquet**, Léon et **Hosten**, Ernest: Un fragment de l'épopée sénégalaise, Bruxelles-Paris 1918
- **Boisboissel**, Yves de: Peaux noires - coeurs blancs, autour d'un centenaire (1854-1954), Paris 1954
- **Bosio**, Gérard et **Renaudeau**, Michel: Souvenir du Sénégal, Dakar (Visiafric) 1983
- **Charbonneau**, Jean: Du soleil et de la gloire - la grandiose épopée de nos contigents coloniaux -, Paris 1931
- **Charbonneau**, Jean: Balimatoua et Compagnie, Zigzags à travers le vaste Empire Français, Paris 1934
- **Cousturier**, Lucie: Des inconnus chez nous, Paris 1920
- **Delaforge**, Capitaine: Grammaire et méthode bambara, Paris 1937
- **Desjardins**, R.: Avec les Sénégalais par delà l'Euphrate, Paris 1925
- **Duboc**, Général A.: Les Sénégalais au service de la France, Paris 1939
- **Dutreb**, M.: Nos Sénégalais pendant la grande guerre, Metz 1922 (avec une préface du Général Mangin)
- **Ly**, Abdoulaye: Mercenaires Noirs, note sur une forme de l'exploitation des Africains, Paris 1957
- **Mangin**, Lieutenant-Colonel: La Force Noire, Paris 1910
- **Marceau**, Capitaine: Le tirailleur soudanais, Paris-Nancy 1911
- **Pasquier**, Georges: L'Organisation des troupes indigènes en Afrique Occidentale Française, Paris 1912
- **Rosière**, Pierre: La Garde Rouge de Dakar, Spahis et Gendarmes du Sénégal, Dakar 1984
- **1er Régiment mixte de Madagascar**: Instruction sommaire par l'image des tirailleurs sénégalais et malgaches, Madagascar 1932
- **Historique** du 2e régiment de tirailleurs sénégalais 1892-1933, Paris 1934
- **Section d'études et d'information des troupes coloniales**: Noirs et Blancs, ./. 1945
- **Soeurs missionnaires-catéchistes**: Les âmes de nos tirailleurs sénégalais, Lyon-Paris 1941

1.2 *Textes photocopiés*
Parmi ces documents comptent des textes divers tels que l'article de Doudou Diallo dans "Afrique Histoire" (7, 1983) sur les événements de Thiaroye et

- Discours de Blaise Diagne devant le monument de Borgnis-Desbordes à Bamako, le 25 décembre 1933
- Lettre de Galandou Diouf au Président français Albert Lebrun du 19.6.1940
- "La naissance des troupes africaines, la création du bataillon de tirailleurs sénégalais" par Marcel Chailley, dans "Acta Geographica" (mai 1961)
- "Monsieur Goebbels, permettez-moi de vous présenter l'armée noire", article de Galandou Diouf dans "Paris Soir" du 22.4.1940

et d'autres.

---

[1]   Tous ceux à qui nous devons ce matériel d'archives ont été nommés dans la Préface de ce volume.

1.3 Textes sur microfilms (de la documentation des Archives Nationales à Dakar)

Ces documents sont en rapport avec l'histoire coloniale en général et traitent souvent des problèmes concernant l'armée coloniale et les tirailleurs sénégalais. Loin d'être exhaustifs, ces documents montrent un petit éventail de ce qui existe comme manuscrits historiques dans les Archives Nationales du Sénégal:[2]

1ère bobine

4 D 61, 89	Statut civil des militaires originaires, leurs mariages, mariages des tirailleurs (Sénégal, Côte d'Ivoire, Soudan, Guinée, Niger)
4 D 62, 89	pensions, primes, allocations des militaires après la première guerre (1922)
17 G 396, 126	suppression des brigades de cercle et création des compagnies de tirailleurs (circulaire de janvier, mars 1916)
17 G 239, 108	-Agitation de travailleurs wolof du cercle de Chemama en Mauritanie (1920)
	- Actes d'indiscipline commis à Santos (Brésil) par des marins sénégalais (1920)
	- Note du Gouverneur Gén. sur l'esprit frondeur d'indigènes sortant des écoles européennes (1921)
	- Agitation de tirailleurs contre le commandant de cercle à Podor (1931)
	- Note de l'Inspecteur de police Vallet sur l'état d'esprit des populations indigènes, en particulier au Sénégal (1922)
	- Participation de tirailleurs dans une opération de police au Quartier de l'Abattoir à Dakar (1922)

2e bobine

17 G 239, 108	(suite)-statistiques sur le recrutement et les pertes pendant la 1ère guerre mondiale
	- Note sur la "crise du recrutement" en A.O.F. (1922)
	- Note sur Laurent Carvalho (1922)
4 D 1	- Alimentation des recrues (1920-23)
81	- Primes aux tirailleurs appelés (1921-23)
17 G 99	- Etat d'esprit des tirailleurs (1934)
	- Troupes à envoyer au Maroc dès la période de tension politique (1933-37)
17 G 239, 108	- Réactions à la suite de la tentative d'assassinat du chef de la subdivision de Banfora (1928)
	- Renseignements politiques sur Blaise Diagne et Galandou Diouf (1919, 1922)
	- Incident de discipline chez les agents de Poste de Dakar (Août 1921)
	- Lettre de Guèye Fall, Directeur d'Ecole, avenue Faidherbe à Dakar, à Blaise Diagne (24 juin 1928)
	- Témoignages de sympathie manifestés au Gouverneur Gén. Merlin (1920-22)
17 G 419	Rapatriement par le "Richelieu" de 1000 tirailleurs sénégalais (1946)
2 D 26	En service à Djibouti, Correspondances 1941-42

3e bobine

2 D 26	(suite de la 2e bobine)
23 G 91	- 1925-1929 Jugements déclaratifs de décès de tirailleurs

4e bobine

17 G 160	- Alcoolisme 1937-40, Dispositions Générales oct. 1938 - janvier 1939, août 1940
	- Principes divers, lutte contre l'alcoolisme en Côte d'Ivoire 1938
	- Politiques Indigènes: Oeuvre française en A.O.F. devant l'opinion étrangère (1935)
	- Presse française: attitude vis-à-vis de la colonisation 1935-41
	- Article de Robert Delavignette sur "Le Front populaire devant l'Afrique Noire", dans: Bulletin du Comité de l'Afrique Française...
	- Contrôle postal, répression du commerce relevant de la magie, du spiritisme ou de l'occultisme, sept. 1939/févr. 1940
	- Rôle des chefs indigènes en matière de recherche des déserteurs (1941)
17 G 69	- militaires indigènes suspects de communisme (1930-32)
20 G 23	- Correspondance relative au vote des militaires (1945)
21 G 89	- Armes: Demandes d'achat et de permis de port d'armes des tirailleurs sénégalais en service à l'extérieur
23 G 88	- transfert des restes mortels, (1939)
	Correspondance o/s Transferts restes mortels, (1933-41)
23 G 87, 108	- Affaire Camus (1932)

---

[2]   Les cotes, indiquées à gauche se réfèrent aux dossiers des Archives Nationales à Dakar.

Documents qui n'ont pas encore été inventoriés:
- Personnel militaire, régiment des tirailleurs sénégalais, signalement d'hommes manquant aux appels, (1900)
- administration du personnel militaire: organisation des gardes de cercle, circulaire, correspondance (1912), transfert à Saint-Louis du 1er RTS (Régiment de Tirailleurs Sénégalais) et de la Batterie d'Artillerie 65 de Thiès; suppression de l'Escadron des Spahis: câblogramme officiel adressé au Gouverneur Général (1924);
- Pensions et allocations; succession de tirailleurs sénégalais décédés: correspondances entre les autorités administratives et militaires au sujet des recherches de leurs familles, 1920-27 et 1919-23;
- Administration du personnel militaire: Problèmes soulevés par les tirailleurs indigènes ou leurs familles: correspondance avec les autorités militaires et le Gouv. Gén. (1936-38); correspondance avec les commandants de cercles (1936-38); correspondance diverse, notes de service, circulaires (1936-38);

2. Documents audio-visuels

2.1 *Photos*
- 20 cartes postales montrant des Camps des Tirailleurs en A.O.F., en France et en Algérie, des scènes de travail, des défilés de tirailleurs e.a.;
- 3 reproductions de toiles de Moustapha **Souley**, peintre à Dakar, représentant des scènes de vie quotidienne parmi des tirailleurs: "Recrutement par force", "Arrivée à Casablanca", "Au camp";
- reproductions de trois sous-verres de Gora **Mbengue**, montrant des soldats africains;

2.2 *Cassettes sonores*
- Interview avec Charles **Etcheverry**, journaliste fondateur du Mouvement Unifié de la Résistance (M.U.R.) avec Demba Dieng (O.R.T.S.) du 27.8.84;
- Enregistrement de quelques scènes en "français tirailleur" par Ciré Aly **Ly** (extraits de textes diffusés par la radio sénégalaise après la guerre);

2.3 *Vidéo-cassettes*
Les vidéo-cassettes contiennent principalement des interviews en français et en wolof avec d'anciens combattants. Les **questionnaires** portent en général sur les aspects suivants:

- Circonstances du recrutement;
- Conditions de vie des tirailleurs dans l'armée par rapport aux ressortissants des quatre communes et aux soldats français;
- Rapports entre les ressortissants des différents pays et continents pendant la guerre;
- Captivité en France;
- Problèmes d'intercompréhension dans l'armée;
- Recrutement et rapatriement;
- Le camp de Thiaroye;
- Rôle de Blaise Diagne, Galandou Diouf et de Léopold Sédar Senghor;
- Rôle des autorités françaises et les revendications de droits des anciens combattants

1. Interview avec Doudou **Diallo**, Président de l'Association des Anciens Combattants et Prisonniers de Guerre (1939-45); 16.4.1987, réalisé par Papa Samba Diop et M. Prinz, en langue française, à Dakar;
2. Interview avec Doudou **Diallo**, Cheikh **Oumar** et Mamadou **Watt** (Secrétaire Général de la Fédération Nationale des Anciens Combattants du Sénégal); 29.4.1987, réalisé par P.S. Diop et M. Prinz, en langue française, à Dakar;
3. Interviews avec Ali **Sène** et Dethié **Faye**, agriculteurs dans la région de Sébikoutane; 30.5.1987, réalisés par Alioune Dione et M. Prinz, en langue wolof;
4. Interview avec Souleymane Sega **Ndiaye**, archiviste-historien; 4.6.1987, réalisé par M. Prinz, en langue française, à Dakar;
5. Interview avec Ousamne **Kassé**, tailleur; 13.4.1987, réalisé par M. Prinz, en langue française, à Dakar;
6. Interviews avec Moussa **Faye** et Ablaye **Sène** de Gandigal (Petite Côte, région de Mbour), agriculteurs; 26.6.1987, réalisés par A. Dione et M. Prinz, en langue wolof.

En dehors de ces interviews, nous disposons de deux autres documents audio-visuels:
- "Anciens Combattants 1914-1918", film de **Dussaux/Lelorrain**;
- Défilé des Anciens Combattants lors de la Fête Nationale, le 4.4.1987 à Ziguinchor.

Koffi Anyinéfa, M.A. (né en 1959). Etudes de Romanistique, Germanistique et Anglistique. Chargé de cours au "Sprachenzentrum" de l'Université de Bayreuth. Termine actuellement une Thèse de Troisième Cycle sur "Littérature et politique en Afrique Noire: Le socialisme et la dictature comme thèmes de la littérature congolaise d'expression française".

Papa Samba Diop. Né à Saint-Louis du Sénégal en 1949. Doctorat du IIIe. Cycle à Paris XII en 1982: "*La critique littéraire négro-africaine d'expression française.*" Akademischer Rat au Lehrstuhl für Romanische Literaturwissenschaft und Komparatistik à l'Université de Bayreuth depuis 1988.
Principales publications: "La critique littéraire négro-africaine: situation et perspectives." L'Afrique littéraire 63-66 (1982): 9-13. "Un texte sénégalais inconnu: La violation d'un pays." Komparatistische Hefte 9 (1984): 123-28. "Littérature africaine: problèmes littéraires et sociologiques." Bayreuth African Studies Series 3 (1985): 61-122.

Laurent Gervereau, Responsable du département "affiches contemporaines" du Musée d'histoire contemporaine - BDIC à Paris, commissaire des expositions *La France et les Français de la Libération 1944-1945*, *La Politique à l'affiche*, *Images de 1917*, *Mai-juin 68*, *Le Couteau entre les dents*. Laurent Gervereau poursuit des recherches sur la propagande et les images politiques et sociales.

Werner Glinga, geb. 1945 in Bernburg/Saale. Studium der Romanistik, Germanistik und Publizistik. Promotion 1977 in Münster. Von 1978 bis 1982 Rundfunkjournalist im Deutschsprachigen Dienst der BBC in London. Von 1982 bis 1985 Forschungsstipendium der Deutschen Forschungsgemeinschaft. Ab 1986 wissenschaftlicher Mitarbeiter im Sonderforschungsbereich "Identität in Afrika" an der Universität Bayreuth und ab 1. Nov. 1988 einjährige Vertretung des Lehrstuhls für Romanische Literaturwissenschaft und Komparatistik. Wichtigste Publikationen: *Der Unabhängigkeitskampf im afrikanischen Gegenwartsroman*. Bonn 1979; *Die Erben des Empire: Eine Reise durch die englische Gesellschaft*. Frankfurt a.M. 1983; *Literatur in Senegal: Geschichte, Mythos und gesellschaftliches Ideal*. Berlin 1989.

Hans-Jürgen Lüsebrink, geb. 1952; 1971-79 Studium der Romanistik, Geschichte und Vergleichenden Literaturwissenschaft in Mainz, Tours und Paris; Promotion in Romanistik 1981 an der Universität Bayreuth, Promotion in Geschichtswissenschaft 1984 in Paris an der Ecole des Hautes Etudes en Sciences Sociales, 1987 Habilitation in Bayreuth über das Thema "Schrift, Buch und Lektüre in der französischsprachigen Literatur Afrikas (1920-1985)" (erscheint 1989 im Niemeyer-Verlag in Tübingen). Veröffentlichungen zur französischen Literatur des 18. Jahrhunderts und der Französischen Revolution, zur Landeskunde Frankreichs sowie zu den frankophonen Literaturen Afrikas und der Karibik, u.a.: *Kriminalität und Literatur im Frankreich des*

18. Jahrhunderts (München, Oldenbourg-Verlag, 1983); (zus. mit J. Riesz, Hg.): *Feindbild und Faszination* (Frankfurt/M., Diesterweg, 1984); (zus. mit G. Berger, Hg.): *Literarische Kanonbildung in der Romania* (Rheinfelden, Schäuble, 1987).

Eva Martonyi, Maître de Conférences au Département de la Langue et de la Littérature Française à l'Université de Szeged, Hongrie. Nombreuses publications sur Balzac et d'autres romanciers français du XIXe et XXe siècles; sur la réception d'auteurs français en Hongrie, sur des auteurs hongrois et la culture et la civilisation française.

Marc Michel, Ecole Normale Supérieure, docteur ès lettres (Sorbonne), est professeur à l'Université de Provence (Aix en Provence). Il est l'auteur de la *Mission Marchand (1896-1899)*, 1972, de *L'Appel à l'Afrique, contributions et réactions à l'effort de guerre en A.O.F. (1914-1919)*, 1982 et de nombreux articles sur l'histoire coloniale de l'Afrique noire francophone. Il termine actuellement un *Gallieni* et prépare un colloque sur la décolonisation.

Gui Ossito Midiohouan, professeur de littératur africaine et comparée au Département des Lettres Modernes de la Faculté des Lettres, Arts et Sciences Humaines de l'Université Nationale du Bénin (B.P. 526, Cotonou, Bénin). Auteur de *L'utopie négative d'Alioum Fantouré* (Paris, Silex 1984) et de *L'idéologie dans la littérature négro-africaine d'expression française* (Paris, L'Harmattan 1986). Collaborateur de la revue *Peuples noirs - Peuples africains*. S'intéresse particulièrement aux relations entre littérature et pouvoir politique en Afrique.

Adjaï Paulin Oloukpona-Yinnon, professeur de lettres allemandes à l'Université du Bénin, Lomé (Togo). Il a fait des études supérieures à Lomé, Abidjan, München et Tours, où il a soutenu une thèse de doctorat de troisième cycle en 1978 sur le thème: "La Ligue Coloniale Allemande et la pénétration coloniale allemande en Afrique". Il a publié un livre sur *"Notre Place au Soleil"* ou *l'Afrique des Pangermanistes* (Paris, L'Harmattan 1985); actuellement il est boursier de la Alexander von Humboldt Stiftung à l'Université de Bayreuth.

Claudia Ortner, M.A. (geb. 1959). Studium der Romanistik, Germanistik und Geschichte an den Universitäten Regensburg, Lyon und Erlangen. Arbeitet an einer Doktor-Dissertation zum Thema "Afrikanischer Diskurs in französischer Sprache. Lyrik in Westafrika seit der Unabhängigkeit".

Cornelia Panzacchi-Loimeier, M.A. (geb. 1959). Studium der Ethnologie in Freiburg i. Br. und London. Seit 1985 Studium der Romanistik und Tätigkeit als wissenschaftliche Hilfskraft in Bayreuth. 1989 Vorlage einer Doktor-Dissertation über "Die Darstellung des Griots im frankophonen westafrikanischen Roman".

Manfred Prinz, né 1951 à Düsseldorf, études en lettres romanes et germaniques à Cologne, Nancy et Coïmbra, 1974-1984 professeur d'enseignement secondaire, 1984 Thèse de 3e cycle sur "Le motif du voyage dans l'oeuvre de Blaise Cendrars" (Genève 1985). 1984-1988 Lecteur d'allemand à l'Université de Dakar, 1987-1988 Conseiller Technique au Ministère de la Culture à Dakar, à partir de 1988 Chercheur à l'I.F.A.N.-

Cheikh-Anta-Diop (Dakar) et Chercheur auprès du C.N.R.S. allemand (D.F.G.) à Bayreuth. Principales publications: "L'image du Noir dans les manuels de lecture à l'usage des élèves allemands en R.F.A., ou: pour un nouveau départ dans l'enseignement de l'allemand" (1985); "L'einseignement de l'allemand au Sénégal - le bilinguisme Wolof-Français comme situation de départ dans un pays multilingue" (1986); "*Maïmouna* d'Abdoulaye Sadji-tradition et oralité" (1987); "*Maïmouna* d'Abdoulaye Sadji - roman initiatique et féministe", (1987); "Quarante ans, Imprimerie Diop à Dakar" (1988).

János Riesz, geb. 1941; 1961-1968 Studium der Germanistik, Romanistik und Vergleichenden Literaturwissenschaft in Heidelberg, Rom und Bonn. Promotion in Vergleichender Literaturwissenschaft 1968 in Bonn; Habilitation in Romanischer Philologie in Mainz 1975. Seit 1979 Inhaber des Lehrstuhls für Romanische und Vergleichende Literaturwissenschaft an der Universität Bayreuth. Veröffentlichungen zur französischen, italienischen, deutschen Literatur; zur afrikanischen Literatur in europäischen Sprachen sowie zu Fragen der Vergleichenden Literaturwissenschaft, insbesondere deutsch-romanische und europäisch-überseeische Literaturbeziehungen.

Joachim Schultz, Dr. phil., (geb. 1949). Studium der Romanistik, Germanistik und Philosophie in Mainz, Paris und Bayreuth. Unterrichtstätigkeit an den Universitäten Paris-X (Nanterre), Bayreuth, Fribourg (CH). Seit September 1985 Akademischer Rat auf Zeit am Lehrstuhl für Romanische Literaturwissenschaft und Komparatistik an der Universität Bayreuth.
Veröffentlichungen: *Literarische Manifeste der 'Belle Epoque'. Frankreich 1886 - 1909. Versuch einer Gattungsbestimmung* (1981). *Ist Begegnung möglich? Die Dritte Welt in der Kinder- und Jugendliteratur. Schwerpunkt Schwarzafrika* (1986). Als Herausgeber: *Werkausgabe Saint-Pol-Roux* in deutscher Übersetzung. Berlin 1986 ff. (bisher drei Bände). *Dort in dem Schloß am Meer. Ein Lesebuch über Schlösser, Burgen und Ruinen* (1988). - Weitere Publikationen über das Afrikabild der europäischen Avantgarden, Kinder- und Jugendliteratur, frankophone Literaturen u. a.

BAYREUTHER BEITRÄGE ZUR LITERATURWISSENSCHAFT

Band 1 Walter Gebhard (Hg.): Friedrich Nietzsche. Perspektivität und Tiefe. Bayreuther Nietzsche-Kolloquium 1980. 1982.

Band 2 Joachim Schultz: Literarische Manifeste der *Belle Epoque*. Frankreich 1886 - 1909. Versuch einer Gattungsbestimmung. 1981.

Band 3 Werner Jost: Räume der Einsamkeit bei Marcel Proust. 1982.

Band 4 W. Bader/J. Riesz (Hg.): Literatur und Kolonialismus I. Die Verarbeitung der kolonialen Expansion in der europäischen Literatur. 1983.

Band 5 Walter Gebhard (Hg.): Friedrich Nietzsche. Strukturen der Negativität. Bayreuther Nietzsche-Kolloquium 1982. 1984.

Band 6 Reinhard Sander (Hg.): Der Karibische Raum zwischen Selbst- und Fremdbestimmung. Zur karibischen Literatur, Kultur und Gesellschaft. 1984.

Band 7 György M. Vajda/János Riesz (Hg.): The Future of Literary Scholarship/Die Zukunft der Literaturwissenschaft/L'avenir des sciences littéraires. Internationales Kolloquium an der Universität Bayreuth, 15.-16. Februar 1985. 1986.

Band 8 Klaus H. Kiefer: Avantgarde - Weltkrieg - Exil. Materialien zu Carl Einstein und Salomo Friedlaender/Mynona. 1986.

Band 9 János Riesz (Hg.): Frankophone Literaturen außerhalb Europas. Vorlagen der Sektion 1c des Romanistentages in Siegen (30.9.85 - 3.10.85). 1987.

Band 10 Daniel Droixhe/Klaus H. Kiefer (éds.): Images de l'Africain de l'Antiquité au XXe siècle. 1987.

Band 11 Walter Gebhard (Hg.): Friedrich Nietzsche. Willen zur Macht und Mythen des Narziß. Bayreuther Nietzsche-Kolloquium 1985. 1989.

Band 12 Klaus H. Kiefer (Hg.): Carl-Einstein-Kolloquium 1986. 1988.

Band 13 János Riesz/Joachim Schultz: "Tirailleurs Sénégalais". Zur bildlichen und literarischen Darstellung afrikanischer Soldaten im Dienste Frankreichs - Présentations littéraires et figuratives de soldats africains au service de la France. 1989.

Abdo Abboud

Deutsche Romane im arabischen Orient
Eine komparatistische Untersuchung zur Rezeption
von Heinrich Mann, Thomas Mann, Hermann Hesse
und Franz Kafka.
Mit einem Überblick über die Rezeption
der deutschen Literatur in der arabischen 'Welt'.

Frankfurt/M., Bern, New York, Paris, 1984. 308 Seiten.
Analysen und Dokumente. Band 18.
Herausgegeben von Prof. Dr. Norbert Altenhofer
ISBN 3-8204-8091-9   br. sFr. 65,--

Wie wird die deutsche Literatur in einer fremden Kultur wie der arabisch-
islamischen rezipiert? Dieser interkulturellen Fragestellung geht der
Verfasser anhand einer komparatistischen Untersuchung der Rezeption
des modernen deutschen Romans im arabischen Orient nach. Werke von
Heinrich und Thomas Mann, Hermann Hesse und Franz Kafka werden
unter den Aspekten der Übersetzungsqualität, literaturkritischen Vermittlung und produktiven Aneignung behandelt. Ein geschichtlicher
Überblick über die Rezeption der deutschen Literatur in der arabischen
'Welt' beleuchtet den historischen Kontext, in dem die Rezeption des
modernen deutschen Romans erfolgte.

Verlag Peter Lang Frankfurt a.M. · Bern · New York · Paris
Auslieferung: Verlag Peter Lang AG, Jupiterstr. 15, CH-3000 Bern 15
Telefon (004131) 321122, Telex pela ch 912 651, Telefax (004131) 321131

Helena Kanyar-Becker

Karel Konrad und sein Roman *Rozchod!*
Das Kriegserlebnis bei Konrad
im Kontext des tschechischen Soldatenromans
aus dem 1. Weltkrieg

Bern, Frankfurt/M., Las Vegas, 1977. 216 S.
Slavica Helvetica. Bd. 11
ISBN 3-261-03005-4   br./lam. sFr. 54,55

F. Konrad (1900 - 1971) gehört zu jenen tschechischen Autoren, die
durch ihre Kriegserlebnisse gekennzeichnet sind. Sein autobiographischer Roman *Rozchod!* ist der Generation gewidmet, die mit siebzehn
Jahren an die Fronten des 1. Weltkrieges einrücken mußte. Die vorliegende Arbeit stellt eine umfassende inhaltliche, formale und sprachliche Interpretation dieses Romans dar. Sie skizziert seine Vor- und
Entstehungsgeschichte und konfrontiert ihn mit bedeutenden anderen
tschechischen Kriegsromanen der 20er und 30er Jahre.

Aus dem Inhalt: Der Roman *Rozchod!* im Kontext von Konrads lite-
rarischem Schaffen - Inhaltliche und Strukturanalyse, Untersuchung
der sprachlichen stilistischen Verfahren - Vergleich mit den tschechischen Kriegsromanen der 20er und 30er Jahre.

Verlag Peter Lang Frankfurt a.M. · Bern · New York · Paris
Auslieferung: Verlag Peter Lang AG, Jupiterstr. 15, CH-3000 Bern 15
Telefon (004131) 321122, Telex pela ch 912 651, Telefax (004131) 321131

Michael Roth

Das Selbstverständnis der Komparatistik
Analytischer Versuch über die Programmatik der
Vergleichenden Literaturwissenschaft

Frankfurt/M., Bern, New York, 1987. 158 S.
Europäische Hochschulschriften: Reihe 18, Vergleichende
Literaturwissenschaften. Bd. 46
ISBN 3-8204-0058-3   br. sFr. 34,--

In zahlreichen Einführungen und programmatischen Aufsätzen versuchten Komparatisten immer wieder, die Vergleichende Literaturwissenschaft zu definieren und von nationalphilologischen Studien abzugren-
zen. Die vorliegende Arbeit ist der erste umfassende Überblick über
komparatistische Einführungswerke. Sie enthält neben der Darstellung
der verschiedenen Definitionen von Gegenstands- und Aufgabenbereich
der Komparatistik, der Abgrenzungen von den Nationalphilologien und
den Entwürfen einer komparatistischen Methode den Versuch, die Hete-
rogenität der komparatistischen Programmatik durch die Rekonstruktion
der unterschiedlichen (literatur-)wissenschaftlichen Position der Autoren zu erklären.

Aus dem Inhalt: Die Komparatistik: Zur Selbstdarstellung einer literaturwissenschaftlichen Forschungsrichtung - Aufgaben- und Gegen-
standsdefinitionen als Spiegel von Literatur- und Methodenverständnis -
Die Geschichte der Vergleichenden Ltieraturwissenschaft: Schlüssel
zum Selbstverständnis der Komparatistik.

Verlag Peter Lang Frankfurt a.M. · Bern · New York · Paris
Auslieferung: Verlag Peter Lang AG, Jupiterstr. 15, CH-3000 Bern 15
Telefon (004131) 321122, Telex pela ch 912 651, Telefax (004131) 321131